# MONGOLIA, AMDO Y LA CIUDAD MUERTA DE KHARA-KHOTO

EJEMPLO DE ARTE CHINO DE KHARA-KHOTO. ENCUENTRO DE UN CREYENTE EN EL PARAÍSO SUKHAVATI CON EL BUDA AMITABHA ACOMPAÑADO POR LOS BODHISATTVAS AVALOKITESHVARA Y MAHASTHAMAPRAPTA

# MONGOLIA, AMDO Y LA CIUDAD MUERTA DE KHARA-KHOTO

POR

## PIOTR KOZLOV

Ecos de Oriente

Título original: *Монголия и Амдо и мертвый город Хара-хото (Mongoliya i Amdo i mertvyy gorod Khara-khoto).*

Año original de publicación: 1923

Autor: Piotr Kouzmitch Kozlov

© 2024, de la edición: Daniel Jorge Hernández Rivero

© de las fotografías en páginas 33, 86, 92, 93, 105, 106, 107, 109, 110, 119, 165, 174, 177, 179, 183, 209, 269, 270, 273, 274, 276, 345, 348, 350, 356, 359, 361, 365, 366, 368, 370, 383, 384, 413, 416, 417, 420, 421, 423, 426, 453, 453, 455, 456, 459, 484, 496, 497, 502, 503: Museo Conmemorativo de Piotr Kozlov

Publicado bajo arreglo con el Museo Conmemorativo de Piotr Kozlov, filial del Instituto para la Historia de la Ciencia y Technología de la Academia Rusa de las Ciencias, San Petersburgo, Rusia.

Primera edición: Diciembre 2024

© de esta edición: Ecos de Oriente

www.ecosdeoriente.com

ISBN: 978-1-0686007-1-5

# Nota sobre la edición

Es la misión de Ecos de Oriente publicar obras inéditas en español, de viajes y aventuras, respetando siempre la integridad de los textos originales. Siguiendo estos principios, en la presente edición de *Mongolia, Amdo y la ciudad muerta de Khara-Khoto* hay que destacar varias observaciones:

- Se ha mantenido la utilización original de la palabra «tangut». Nikolái Przewalski introdujo por primera vez el concepto de «tangut» en la literatura occidental con su obra *Mongolia y el país de los tangut* (1875), aplicando el término específicamente a los tibetanos de las regiones de Amdo y Kokonor. Más adelante, los exploradores rusos emplearían este término para referirse indistintamente a los nómadas tibetanos y mongoles de la región de Amdo. Es importante destacar esta particularidad lingüística para comprender el contexto histórico y cultural de la narrativa.

- Se han incluido seis mapas que representan la ruta aproximada de la expedición de Kozlov. No se ha podido garantizar la exactitud de la totalidad de la ruta, pues el mapa de la edición original (sobre el que se ha basado el aquí presente) es bastante simplificado y contiene fallos. Este hecho ha sido corroborado por el Museo Conmemorativo de Piotr Kozlov, que asegura que en una expedición posterior de Kozlov en 1926, el miembro de la expedición Konstantin Danilenko dejó constancia de la imprecisión de los mapas del desierto de Gobi en su diario. A pesar de ello, la localización de templos, localidades y accidentes geográficos resaltados en los mapas de esta edición se ha hecho de manera rigurosa.

- Se han evitado los plurales acabados en -s para los vocablos extranjeros acabados en consonante, ya que el español dispone del artículo para indicar el número.

- Los nombres científicos y algunos vocablos rusos se han mantenido tal como aparecen en el texto original, sin ser actualizados a nomenclaturas más recientes, con la intención de preservar la autenticidad histórica del documento.

- Las unidades de medida imperiales rusas han sido convertidas al sistema métrico.

- Los topónimos se han transcrito del ruso, acompañados de su nombre actual entre paréntesis en su primera mención (para aquellos que han podido ser ubicados), proporcionando así un contexto geográfico actualizado.

- Los comentarios de naturaleza peyorativa realizados por Kozlov se han mantenido en el texto, preservando la voz auténtica del autor y el contexto histórico de la obra, a pesar de que puedan resultar controvertidos desde una perspectiva contemporánea.

- Se han mantenido las notas a pie de página del libro original, salvo las que se han considerado redundantes. Además, se han incluido notas del editor específicas para esta edición, con el objetivo de mejorar la comprensión del texto.

# Agradecimientos

Deseo expresar mi más profundo agradecimiento al Museo Conmemorativo de Piotr Kozlov por su inestimable colaboración en la preparación y edición del presente libro. La generosidad y profesionalidad mostrada por todo el personal ha sido fundamental para llevar a buen término este proyecto. Quisiera destacar especialmente la extraordinaria labor de Valeria Dmitrievna Shaidarova, directora del museo, cuyo entusiasmo contagioso y desinteresada dedicación han ido mucho más allá de sus obligaciones profesionales. Su conocimiento sobre las expediciones de Kozlov y su disposición para compartir recursos únicos del archivo del museo han enriquecido enormemente esta obra. Sin su apoyo, este libro no habría sido posible.

Daniel Jorge Hernández Rivero

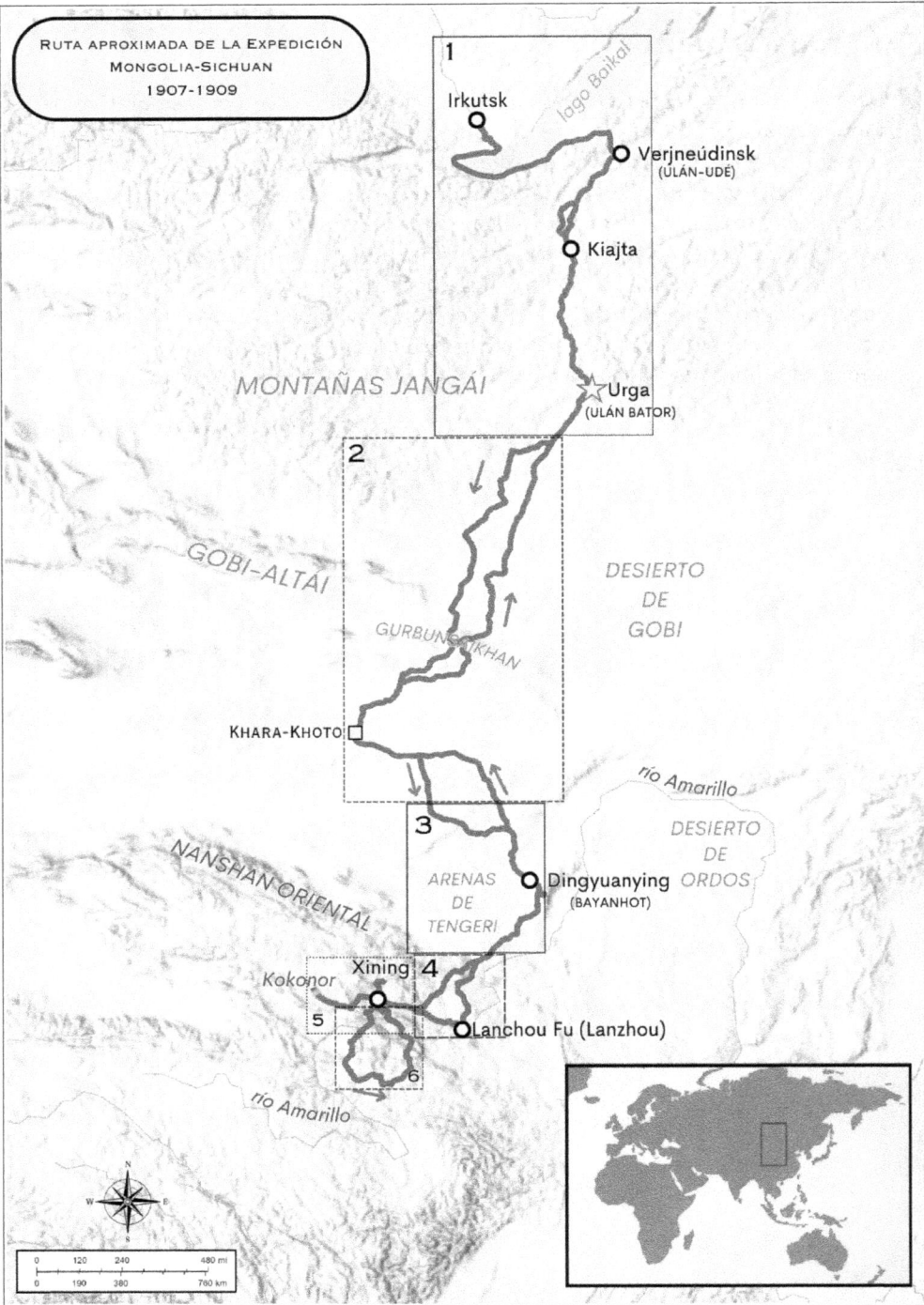

RUTA APROXIMADA DE LA EXPEDICIÓN
MONGOLIA-SICHUAN
1907-1909

1

Irkutsk

lago Baikal

Verjneúdinsk
(ULÁN-UDÉ)

Kiajta

MONTAÑAS JANGÁI

Urga
(ULÁN BATOR)

2

GOBI-ALTAI

DESIERTO
DE
GOBI

GURBUN GOIKHAN

KHARA-KHOTO

rio Amarillo

DESIERTO
DE
ORDOS

3

NANSHAN ORIENTAL

ARENAS
DE
TENGERI

Dingyuanying
(BAYANHOT)

Kokonor

Xining

4

5

Lanchou Fu (Lanzhou)

6

rio Amarillo

N
W    E
S

0    120    240         480 mi
0    190    380         760 km

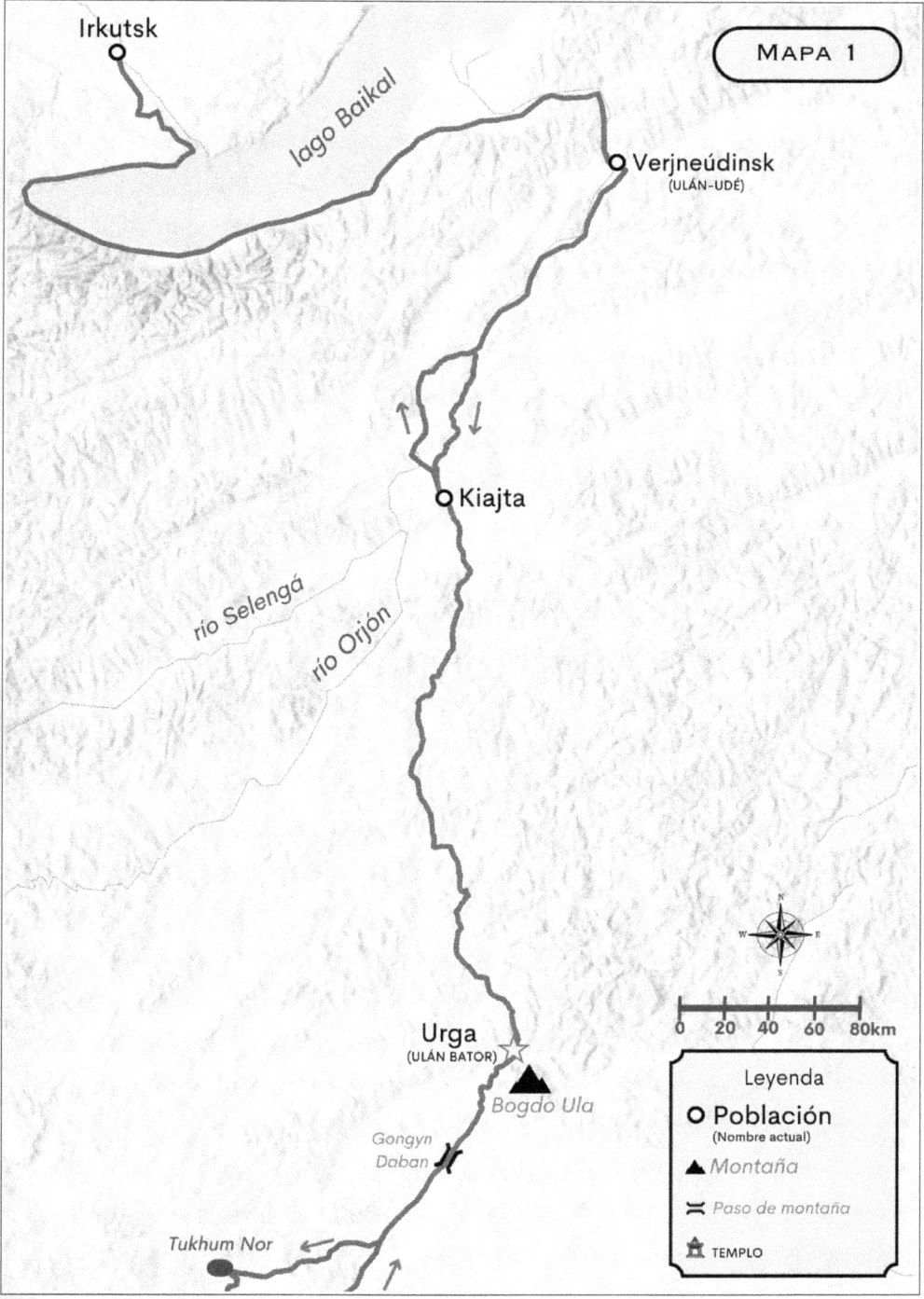

MAPA 2

JANGÁI

TUGURYUGIN
DOGYN

KHARA
UIDZUN

KHOSHUN
KHIT

Delger
Jangái

Ulan Nor

DESIERTO DE GOBI

GURBUNSAIKHAN

Khankhongor

Ulen Daban

Khurden
Daban

Argalinte

BAISHINTE

Noyon
Bogdo

Tsogonda

Sogo Nor

Etsin Gol

KHARA-KHOTO

Valle de Goitso

Zuslen

BADAN-JARENG

ARENAS
DE
YAMALIK

SHARTSANG
SUME

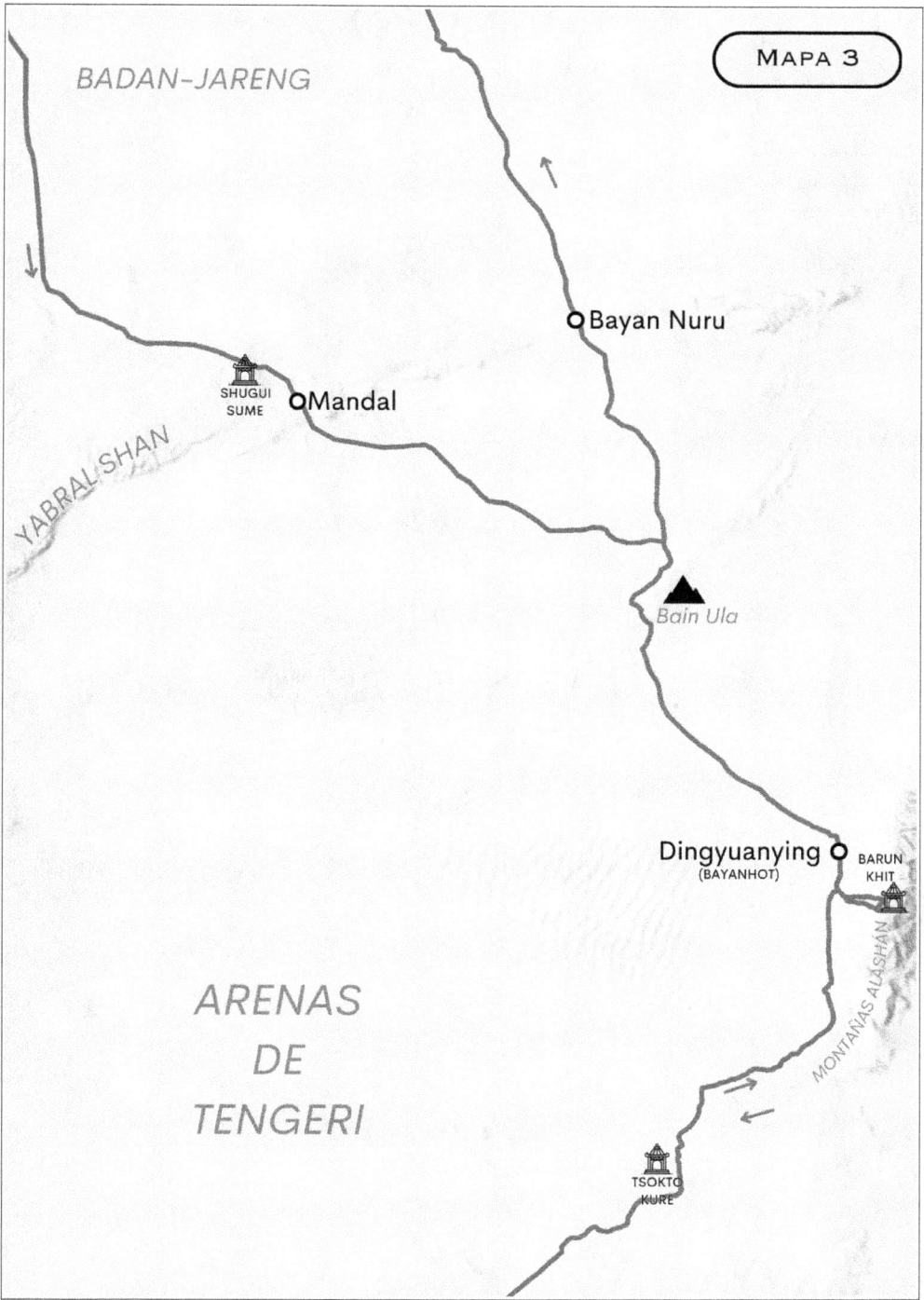

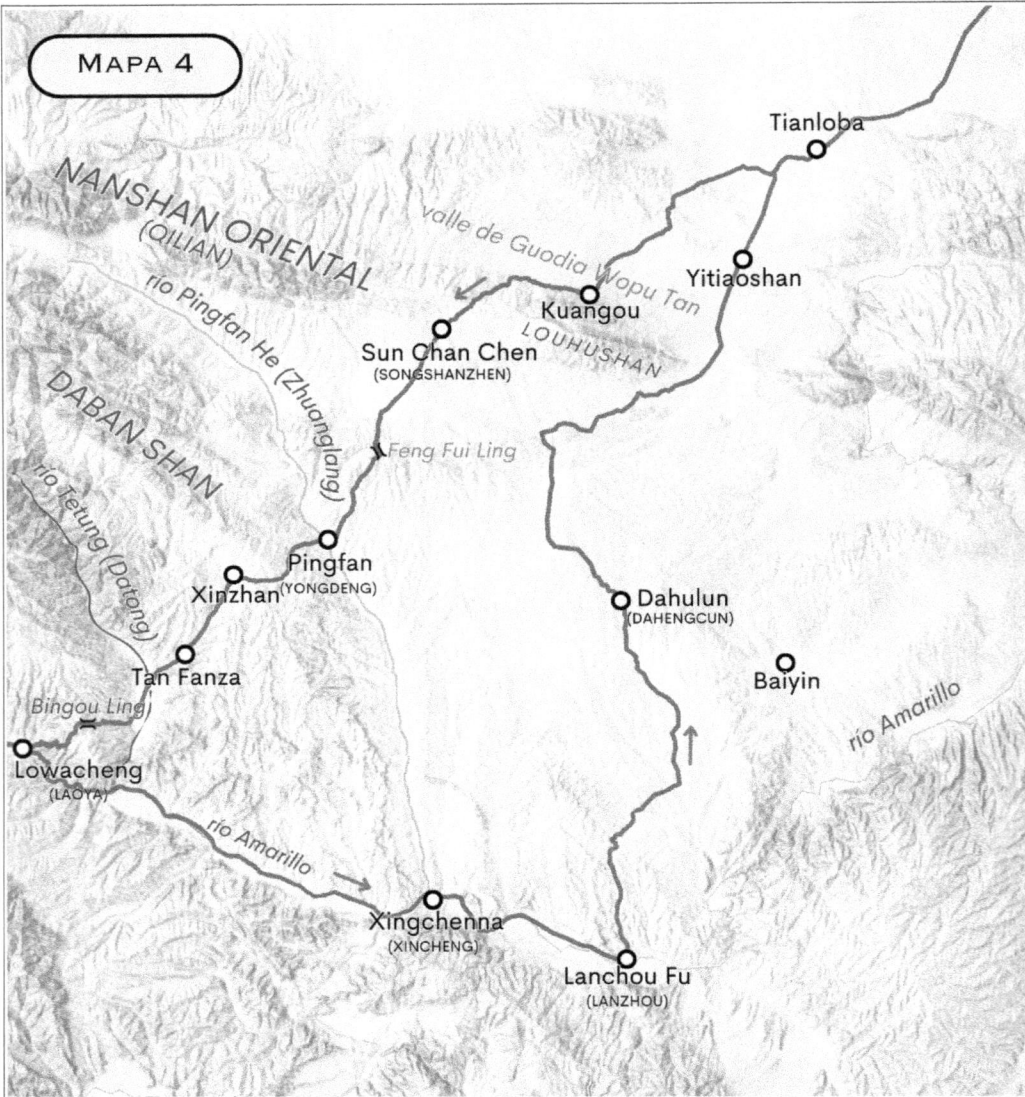

MAPA 4

NANSHAN ORIENTAL
(QILIAN)

DABAN SHAN

valle de Guodia Wopu Tan

Tianloba

Yitiaoshan

Kuangou

LOUHUSHAN

Sun Chan Chen
(SONGSHANZHEN)

río Pingfan He (Zhuanglang)

Feng Fui Ling

río Tetung (Datong)

Pingfan
(YONGDENG)

Xinzhan

Dahulun
(DAHENGCUN)

Baiyin

Tan Fanza

río Amarillo

Bingou Ling

Lowacheng
(LAOYA)

río Amarillo

Xingchenna
(XINCHENG)

Lanchou Fu
(LANZHOU)

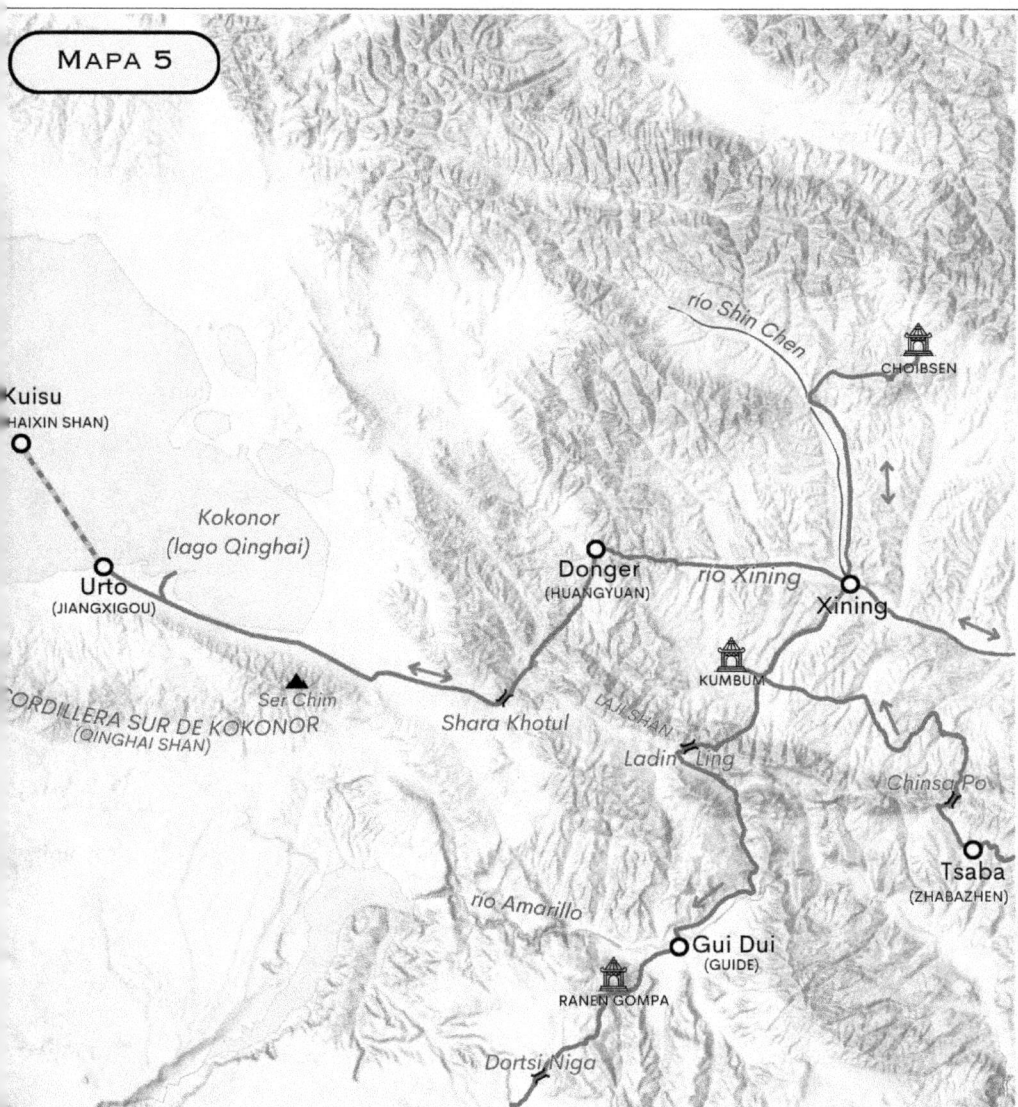

MAPA 5

Kuisu
(HAIXIN SHAN)

Kokonor
(lago Qinghai)

Urto
(JIANGXIGOU)

rio Shin Chen

CHOIBSEN

Donger
(HUANGYUAN)

rio Xining

Xining

Ser Chim

CORDILLERA SUR DE KOKONOR
(QINGHAI SHAN)

Shara Khotul

KUMBUM

TAJI SHAN

Ladin Ling

Chinsa Pov

Tsaba
(ZHABAZHEN)

rio Amarillo

Gui Dui
(GUIDE)

RANEN GOMPA

Dortsi Niga

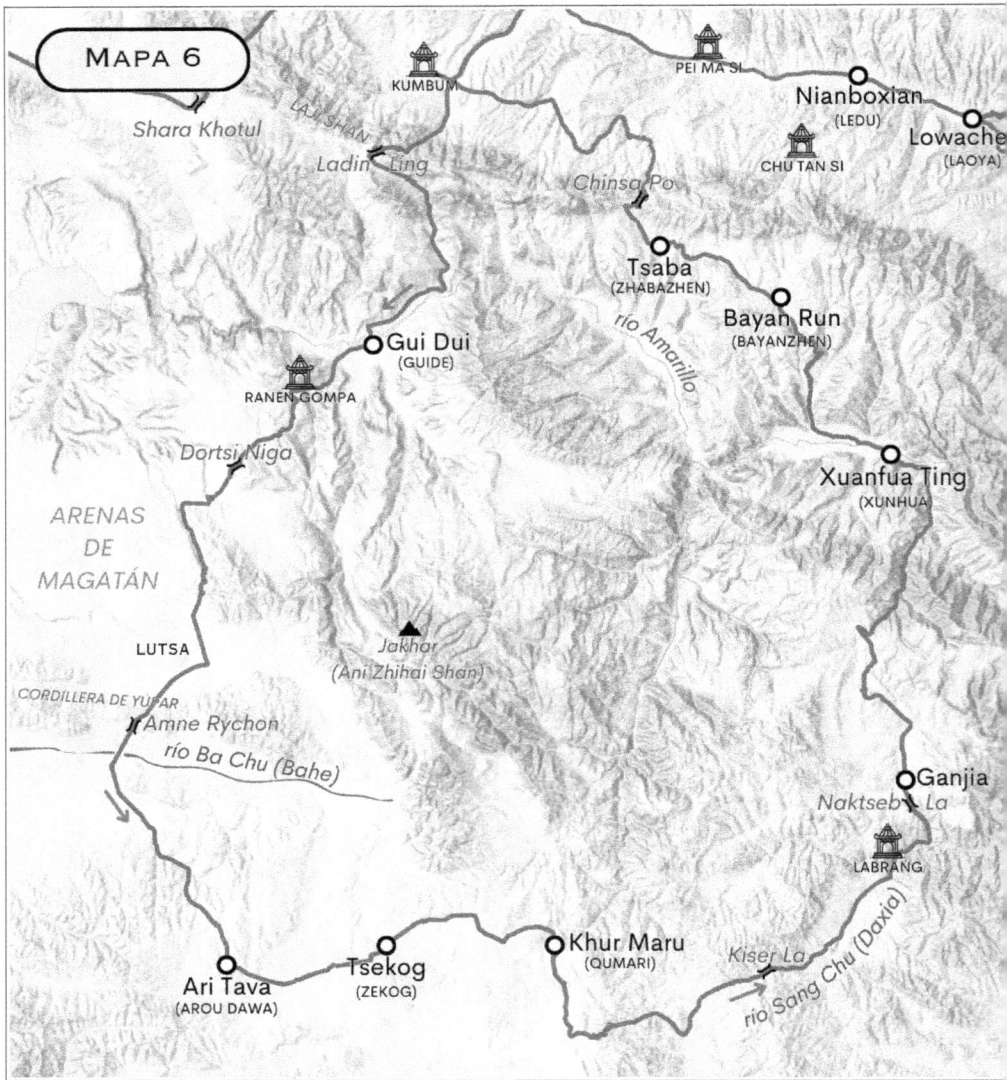

MAPA 6

Shara Khotul

LAJI SHAN

KUMBUM

PEI MA SI

Nianboxian
(LEDU)

Lowache
(LAOYA)

CHU TAN SI

Ladin Ling

Chinsa Po

Tsaba
(ZHABAZHEN)

Bayan Run
(BAYANZHEN)

río Amarillo

Gui Dui
(GUIDE)

RANEN GOMPA

Xuanfua Ting
(XUNHUA)

Dortsi Niga

ARENAS
DE
MAGATÁN

LUTSA

Jakhar
(Ani Zhihai Shan)

CORDILLERA DE YUFAR

Amne Rychon

río Ba Chu (Bahe)

Ganjia

Naktseb La

LABRANG

Khur Maru
(QUMARI)

Kiser La

río Sang Chu (Daxia)

Ari Tava
(AROU DAWA)

Tsekog
(ZEKOG)

# Índice

# Introducción

*...Tu primavera aún está por llegar, pero para mí el otoño ya se acerca.*

Nikolái Przewalski.

*L*A *distancia llama al alma del nómada...* Para un viajero, la vida sedentaria es como una jaula para un pájaro. En cuanto pasan las primeras ráfagas de alegría por el regreso a casa, el entorno de la vida civilizada con toda su ordinariez vuelve a ser pesado... La misteriosa voz de la distancia despierta el alma con su imperiosa llamada. La imaginación dibuja imágenes del pasado, que pasan vívidamente en una sucesión continua... Cuántas veces he sido realmente feliz, estando cara a cara con la naturaleza salvaje y grandiosa de Asia; cuántas veces he subido a las alturas más extremas; cuántas veces he sentido con el corazón y el alma el encanto de la belleza de majestuosas cordilleras. No puedo contar los momentos felices, no puedo recordar los rincones encantadores donde me tocó vivir entre las rocas y los bosques salvajes, entre el ruido y el zumbido de los arroyos y las cascadas, que producen una armonía mágica en las montañas; y no puedo resistirme a contemplar una vez más este templo de la naturaleza, lleno de sonidos vivos y encantadores, lleno de esplendor celeste de día y de infinita variedad de mundos estrellados de noche. Desde la antigüedad, la solemne majestuosidad de la naturaleza ha llamado la atención del hombre.

Esta pequeña confesión basta para comprender mi alegría, mi admiración por la nueva «Expedición Mongolia-Sichuan», que me confió la Sociedad Geográfica Rusa en el otoño de 1907.

Los principales fondos para esta expedición —treinta mil rublos— salieron de las sumas del Tesoro del Estado. Además, casi todos los participantes de la expedición estaban más o menos satisfechos con su asignación para el período de su misión en el lugar de servicio.

La tarea de esta expedición, que debía de durar dos años, era, en primer lugar, estudiar las zonas central y meridional de Mongolia, en segundo lugar, estudiar la región de Kokonor, incluido el lago Kokonor (Qinghai), y en tercer lugar, llegar al noroeste de Sichuan y recoger muestras histórico-naturales de esta interesante región.

En la expedición figuraban, además de mí, mis más estrechos colaboradores: Alexander Alexandrovich Chernov, geólogo de la Universidad de Moscú, Peter Yakovlevich Napalkov, topógrafo, y Sergey Silverstovich Chetyrkin, coleccionista de plantas e insectos.

A la cabeza del convoy de diez hombres seguía estando mi inseparable compañero, el granadero Gavriil Ivanov. De los antiguos compañeros de Transbaikalia, el papel de cazadores y asistentes fue desempeñado por cosacos de honor: Pantelei Teleshov y Arya Madayev, honrados oficiales de rango cosaco. También se unieron los granaderos novatos Vlas Demidenko, Martyn Davydenkov (más tarde observador en la estación meteorológica de Alasha) y Matvei Sanakoev como apoyo a los cosacos de Transbaikalia. Por último, estaban Efim Polyutov (traductor de chino), Buyanta Madayev, Gambozhap Badmazhapov (que me acompañó en un viaje para conocer al dalái lama en Urga en 1905) y Babasan Sodboyev. El personal de la expedición, por lo tanto, constaba de quince personas.

Los pasaportes chinos para tres miembros de la expedición se obtuvieron del Gobierno de Pekín a través de la misión diplomática rusa en Urga (Ulán Bator).

Tuvimos que lidiar mucho con todo tipo de equipos en Petersburgo, Moscú y en la frontera, basándonos en las lecciones del inolvidable maestro Nikolái Przewalski y haciendo nuestras propias adiciones personales. En general, y en esta ocasión, estábamos equipados en todos los aspectos casi tan a fondo como en la anterior expedición tibetana. La expresión «casi» excluye los regalos extraordinarios, que ahora no teníamos, pero que sirvieron para decorar el exterior de mi anterior viaje al Tíbet.

En lo más recóndito de mi alma abrigaba la acariciada idea de encontrar en el desierto de Mongolia las ruinas de una ciudad; en Kokonor, una isla habitada; en Sichuan, la más rica flora y fauna... La exuberante naturaleza de Sichuan, sus matorrales de bambú, sus originales osos, sus monos y, lo que es más importante, los maravillosos lofóforos chinos (*Lo-*

*phophorus Ihuysii*), —con los que Przewalski soñó con entusiasmo hasta sus últimos días—, me llamaban sin cesar...

El 18 de octubre me despedí de San Petersburgo. Un círculo de amigos y conocidos se reunió en la estación ferroviaria de Nikolaevsky. Personas estrechamente relacionadas con la Sociedad Geográfica o la Academia de las Ciencias me dieron, por un lado, vigor y energía; por otro, me recordaron la enorme responsabilidad que asumía...

En Moscú, durante mi estancia de tres semanas, conseguí no sólo terminar con las cuestiones del equipo adicional, sino incluso descansar un poco. Lamenté el retraso en estas tareas, que no fue culpa mía, pero no había nada que hacer. La energía y la entrega desinteresada a la causa lo ganaban todo. Además, mis jóvenes compañeros no hacían más que hablar del viaje, deseosos de emprenderlo cuanto antes.

El 10 de noviembre la expedición partió de Moscú con la mitad de su composición actual. Los viajeros estaban cómodamente sentados en el vagón de clase, y su equipo estaba junto a ellos en el vagón de equipaje. En el andén había un numeroso círculo de despedida. Honorables profesores se mezclaban con jóvenes, personal masculino con damas. Todos estaban unidos por la lejana Asia y el pensamiento de decir «adiós» a los que se iban. Los momentos de la despedida fueron duros... La locomotora resoplaba, las ruedas retumbaban. Todo se terminaba aquí, y más allá... nos esperaban dos años de una nueva vida, llena de ansiedades, privaciones y también de tentadoras novedades.

Viajamos rápidamente a través de Rusia, aunque un poco más despacio en Siberia. El lugar más pintoresco en el camino a través del país seguían siendo los Urales, que atraían a los viajeros a las ventanas del vagón durante todo el día. La vista no podía apartarse de las vivas imágenes de la naturaleza, que cambiaban como en un caleidoscopio. El lujoso vagón «de servicio», previsto para la expedición de Samara a Zlatoúst, contribuía aún más al poder de la maravillosa impresión. Las grandes ventanillas del coche nos revelaban a veces panoramas enteros de los Urales, sobre todo en la parte meridional del horizonte, que a menudo brillaba con reflejos de amaneceres de mano.

Después de los Urales, lo que más ocupaba a mis compañeros eran los enormes puentes ferroviarios, que desde lejos parecían un gigantesco encaje lanzado sobre los anchos ríos de aguas altas de Siberia. Al pasar sobre tales puentes, el tren aminoraba la marcha y sus ruedas característicamente cortaban los raíles, mientras las frías olas se precipitan por debajo. Detrás del puente, las vistas anteriores con arbustos, prados y bosques volvían a aparecer...

Aquí, por fin, estaba Irkutsk, con la transparente y fría belleza del río Angará, ligeramente cubierto de niebla. Las heladas eran cada vez más fuertes, las «moscas blancas» volaban en el aire, los siberianos estaban envueltos en prendas de piel. Aquí nos recibieron el topógrafo P. Y. Napalkov y los cosacos Badmazhapov y Sodboyev.

Irkutsk es el centro histórico de Siberia. Fue allí donde la expedición tuvo que vivir unos días, que pasaron imperceptiblemente. Los más altos representantes de la región y de la ciudad de Irkutsk, así como los miembros del departamento de Siberia Oriental de la Sociedad Geográfica Rusa, contribuyeron de la manera más preventiva a la realización rápida y exitosa de todos los asuntos regulares de la expedición, con los que me dirigí a mis viejos y nuevos conocidos.

Verjneúdinsk (Ulán-Udé) fue la última estación ferroviaria que contemplamos durante nuestra andadura. Hacia el sur, ya se olía la extensión de la estepa. Ahora aparecían los nómadas: buriatos, mongoles, lamas vestidos de colores. El obispo budista local, el lama Iroltuev, me dio la bienvenida con un *khadak*\* (o *khata*) y un cálido discurso, que terminó con una admoni-

KHADAK, EL PAÑUELO DE LA FELICIDAD

---

\* El *khadak* es una especie de bufanda oblonga hecha de seda y papel, normalmente teñida de amarillo, negro, blanco o lila. El *khadak* de seda más largo mide un metro, pero también los hay más pequeños. Los *khadak* de este tipo se confeccionan sobre todo con adornos: en algunos de ellos se tejen imágenes de diferentes *burkhan* personales —ídolos, principalmente Ayusha, el patrón de la longevidad—; estos *khadak* se denominan *vandan*; en otros, casi siempre amarillos, se tejen círculos de seda de los colores del arcoíris; a estos *khadak* se les llama *sonom*. Un *khadak* pequeño, sin *burkhan*, pero decorado con colores tejidos, se llama *dashi khadak*. Por último, un *khadak* de papel sin ninguna decoración se conoce como *sambai*.

ción que fue bien recibida: «Tú, viajero nato, vuelves a entrar en un país con una población que profesa el budismo gentil, una religión con cientos de millones de seguidores. El país budista te ama como tú probablemente lo amas a él, y esta vez seguro que te dará algo maravilloso... ¡Esta es mi profunda convicción!».

Un brioso tiro de tres caballos, y en algunos lugares incluso de cuatro, nos llevaron con celeridad a mí y a mi compañero Chernov, primero a lo largo del Selengá y de su afluente derecho, el Chikói, y luego contra el terreno montañoso, más o menos poderoso, que se extendía ampliamente hacia el sur. En esta dirección se expresaba nítidamente la gran escala en que está construida la naturaleza de Asia en general. Cordilleras, depósitos de minerales y rocas solitarias atraían la atención de Chernov y servían de tema a nuestra conversación. En las cimas de los puertos nos detuvimos para admirar durante más tiempo el amplio panorama montañoso.

El transporte pesado de la expedición seguía los pasos, bajo el convoy de granaderos y cosacos, a los que el veterano Ivanov cuidaba y enseñaba sabiduría...

PIOTR KOZLOV

PRIMERA PARTE

# MONGOLIA Y EL DESCUBRIMIENTO DE KHARA-KHOTO

1908

# CAPÍTULO I

## En el norte de Mongolia

E L 2 de diciembre de 1907 llegué por fin a la frontera china, a la conocida ciudad de Kiajta, donde encontré un buen refugio en una casa de reuniones públicas. Mi maestro Przewalski había vivido en esa misma casa muchas veces, antes y después de sus viajes. Al entrar en ésta, me vinieron a mi memoria los recuerdos de todo lo que había sucedido allí.

Las hospitalarias gentes de Kiajta, especialmente los Molchanov, Sobennikov, Lushnikov y Shvetsov, nos rodeaban con amistosa atención. Todos ellos trataron de prestar sus servicios a la expedición. El tiempo corría deprisa. Pasábamos las mañanas trabajando en el equipamiento de la caravana. Las tardes se dedicaban a ir a casa de conocidos o a la reunión de la sección local de la Sociedad Geográfica. En nuestro tiempo libre, nos íbamos de cacería de cabras montesas. En cuanto a la caza, los habitantes de Kiajta son envidiables: las tierras mongolas y la abundancia de animales a veces dan a este pasatiempo un carácter de cuento de hadas.

Era un maravilloso día de diciembre. A primera hora de la mañana helada, varias tríadas en tarantas (típico carruaje ruso tirado por tres caballos) rodaban por la suave carretera polvorienta. En el este, el amanecer era dorado, en el sur el cielo azul oscuro se fundía con las nubes grises que cubrían las cimas de las colinas lejanas. En algunos lugares, se percibía la nieve blanca en las laderas de las montañas. Tal paisaje provocaba que uno se envolviera con más fuerza en su abrigo de piel y dejase un amplio espacio a sus pensamientos. El embelesamiento sólo era interrumpido por las voces de los cazadores mongoles... Kaláshnikov, el cazador, que nos estaba esperando, ya había conseguido hacer un fuego «alegre». Pasaron unos minutos, los cazadores se sentaron en caballos ensillados y tomaron posición de tiro en media hora. El silencio sepulcral del bosque se rompió de inmediato: sonaron los cuernos, los cazadores gritaron; pájaros alborotados volaban aquí y allá, liebres asustadas parpadeaban entre los arbustos... *¡Bang bang!,* sonaron disparos desde la derecha; un poco más allá, otro y otro... entonces todo quedó en silencio. La recompensa se tradujo en dos cabras y un zorro.

Ahora los corraleros se quedaron en la posición utilizada por los tiradores, y los tiradores corrieron a la cantera para una nueva ronda. De esta manera se hicieron cuatro batidas antes del desayuno; durante este tiempo no pude hacer un sólo disparo, aunque en una ocasión las cabras saltaron en los arbustos distantes, dándome una oportunidad de admirar sus graciosos saltos.

«Fue un día glorioso», comentó acertadamente uno de los cazadores. En efecto, pasado el mediodía, el sol calentaba considerablemente; los tiradores que descansaban no se levantaron de sus asientos antes de la llamada de Kaláshnikov, pero en cuanto se oyó la llamada, los cazadores montaron en sus caballos y cabalgaron hacia la línea. Ahora la naturaleza del terreno era algo diferente: en lugar de un sólido bosque de abetos había flexibles arbustos de abedules. En algunos lugares se vislumbraban urogallos, que eran abatidos fácilmente cuando nos acercábamos a ellos.

Estábamos de nuevo en camino. Varias bandadas de pájaros pequeños volaban cerca de mí: herrerillos, petirrojos... Un cuerno sonó a lo lejos y la cadena de jinetes mongoles revivió. Las cabras corrieron. Entonces comenzaron los disparos. Excitado, me incorporé, agarrando con más fuerza el fusil. En el horizonte se distinguían de vez en cuando animales. En ese momento un pequeño grupo de cabras se dirigía directamente hacia mí. Un gran *guran* (cabra montesa en mongol) se levantó del suelo. Tras un minuto, los animales ya se habían acercado lo suficiente y se reanudaron los disparos... ¡Y blanco!, dos cabras cayeron a una distancia de quince pasos, la una de la otra. Estos momentos felices son recordados durante mucho tiempo por el cazador. Poco después los disparos cesaron y todo se calmó. De los arbustos vecinos saltaban de vez en cuando las ardillas y se colaban entre las filas de cazadores.

Cayeron unas cuantas plumas más, y el día de invierno se desvaneció. El crepúsculo se desplegó sobre el suelo. Íbamos rodando rápidamente en tarantas siberianas, admirando el cielo estrellado de Mongolia, y nuestros pensamientos cambiaban incluso con más rapidez. Envuelto por los sueños de la lejana patria, involuntariamente anticipaba una feliz y pronta vida viajera.

Además de cabras montesas, conseguimos fotografiar algunos pájaros más para la colección. Ya desde los primeros días de nuestra llegada a la frontera, nuestros asistentes hicieron excursiones por los alrededores de Kiajta, recogiendo los ejemplares más interesantes de la fauna local.

Al principio supuse que terminaríamos de equipar a la expedición para el día 20 de diciembre, de modo que pudiéramos ponernos en camino antes de las vacaciones de Navidad. Resultó que no fue posible por varias razones, la principal de las cuales fue la negativa del intérprete de la lengua china en participar en la expedición. Hubo que encontrar otro.

Sólo mediante la plena ayuda de los habitantes de Kiajta logramos emprender nuestro viaje de ida en 1907: partimos el 28 de diciembre.

Para entonces la expedición ya lo había hecho todo, pero, como es habitual en el período vacacional, sus miembros pasaron varios días improductivos. Nuestros amigos, los Molchanov, no dejaron de invitarnos a ver un «árbol de Navidad». En la ocasión, recibimos regalos agradables y útiles para el viaje. Además, las generosas gentes de Kiajta nos proporcionaron sabrosa comida, lo cual era muy importante, sobre todo al comienzo de un viaje en Asia, cuando uno tiene que desprenderse de todas las comodidades de la vida civilizada y pasar a las duras condiciones de la vida nómada.

El día de partida fue especialmente memorable para mí. La mañana era fría y ventosa; el cielo estaba cubierto de capas de nubes. Todos estábamos levantados mucho antes del amanecer; todo estaba ordenado y debidamente empaquetado. Después del té de la mañana, este «todo» fue llevado fuera, al espacioso patio. El equipaje se ordenó en tres filas. Pronto se trajeron los camellos y comenzó el atado de fardos. Una multitud de curiosos rodeó el patio, fotógrafos aficionados apuntaron sus cámaras desde distintas direcciones. Las voces de la gente y el griterío de los camellos se mezclaban en un conjunto desagradable, que en nada se parecía a la imagen habitual del viaje, cuando todo se hace deprisa y maravillosamente de memoria, cuando no se oye ni el griterío de un camello ni una palabra superflua de la tropa.

«¡Hecho!», exclamó el sargento de campo, ansioso. «¡Feliz viaje!», respondí a mi fiel compañero, el jefe de la caravana, y en pocos minutos, extendiéndose a lo largo de la calle, la caravana entró lentamente en movimiento. Vestidos para el camino, los miembros de la expedición se volvieron hacia Molchanov, le agradecieron sus atenciones y siguieron rápidamente a la caravana, que serpenteaba en una larga fila a través de la tierra china. Molchanov, que deseaba apasionadamente viajar con nosotros, nos dijo entre lágrimas: «¡Adiós!».

Era agradable ver en qué estricto y hermoso orden caminaban los camellos de la expedición rusa, y aún más agradable darse cuenta de que era el primer día del viaje. No podía creer que ya hubiera comenzado. Mi corazón rebosaba de gran alegría. ¿Sentiría el espíritu de mi gran maestro que yo invocaba su bendición en un momento tan solemne?

La escarcha se hacía más fuerte, el crepúsculo descendía sobre la tierra y un maravilloso amanecer se extendía por el cielo. Dejando atrás la ciudad comercial china de Maimachen (Altanbulag) y entrando en Mongolia, la expedición se refugió en el tramo del lago Gilyannor. Un silencio asombroso reinaba alrededor. En el silencio y en la extraordinaria belleza del brillante cielo estrellado de Mongolia, uno conoce más profundamente la grandeza del ilimitado universo. Una o dos horas más y el vivaque de la expedición ya dormía profundamente, confiando en la vigilancia del centinela.

Al día siguiente el tiempo cambió: sopló un viento frío y penetrante, y las nubes descendieron al valle, salpicándolo de nieve. Pronto levantamos nuestro campamento y continuamos avanzando en la misma dirección sur. El viento arreció hasta la noche, bañándonos con copos de nieve tanto en el camino como en el lugar. Los días siguientes tampoco trajeron mucho consuelo, pero seguimos avanzando cada vez con más éxito, estación tras estación o, como dicen aquí, *orton* tras *orton*.

Hay que señalar que en Mongolia o en China, en general, viajar por el llamado método postal no es muy diferente de lo que tenemos en Rusia. Las estaciones mongolas, al menos las que se encuentran a lo largo de la carretera Kiajta-Urga, están organizadas de tal manera: cinco o seis yurtas con *yamshchiks* (cocheros) mongoles, que no conocen otra ocupación, están situadas a lo largo de la carretera en puntos conocidos, la mayoría en zonas residenciales. Ser cochero es un deber, que en este caso desempeñan en cuatro *khoshun* (provincias): Tushetukhan (Tüsheet Khan), Sainnoyon (Sain Noyon Khan), Tsitsinvan (Setsen Khan) y Baldyn Jasagh. En el tramo de Urga, que consta de once estaciones y se extiende a lo largo de 335 kilómetros, vigila un funcionario con una «bola roja» en el sombrero. Cada estación tiene a su vez un supervisor y su ayudante.

Una estación postal mongola está equipada con varias docenas o incluso un centenar de caballos con ocho o diez cocheros. Según las necesidades, tanto los hombres como los caballos son reemplazados o repuestos en los *khoshun* antes mencionados; sin embargo, esta regla sólo se aplica a los caballos. Los puestos de jefe de estación y cocheros suelen transferirse por sucesión. Me indicaron que varios de los puestos empleados de la estación pasaban de generación en generación. Estos mongoles no tienen otras funciones.

Gracias al acuerdo especial entre los representantes oficiales de Kiajta y Urga, el puesto mongol transporta de buen grado no sólo todas las mercancías propias o chinas, sino también las rusas. La correspondencia ligera y pesada o, como dicen aquí, el «correo», se carga en fardos con la ayuda de camellos; el transporte de personas se realiza a caballo, excepto los grandes funcionarios o comerciantes, que suelen ir en carruaje.

Los carruajes europeos son conducidos por cocheros mongoles de una forma peculiar, a saber: dos o cuatro jinetes cogen un *donnur** y, a la orden de «¡adelante!», apresuran rápidamente los carruajes de una estación a otra. Según el rango y la posición del viajero, se designa una escolta mayor o menor, una cabalgata más o menos numerosa. Mientras unos cocheros dirigen las tarantas, otros cabalgan a su lado, cambiándose a menudo en marcha. El desplazamiento de un dignatario importante es un espectáculo digno de ser visto, cuando aún se ve desde lejos una

---

* Barra transversal unida a los ojetes del carruaje, generalmente cogida por ambos bordes por uno o dos jinetes a cada lado y sostenida por la silla y el vientre del cochero. Al cambiar de caballo, el *donnur* se levanta ligeramente, y luego el nuevo jinete, ocupando el lugar del anterior, vuelve a bajar y reforzar esta barra. Al subir una montaña, otros dos jinetes mongoles también ayudan a tirar del carruaje tirando de la cuerda fijada en el centro del *donnur*. Una vez subida la montaña, los cocheros delanteros se apartan rápidamente, arrojando hábilmente el extremo liberado de la cuerda sobre el *donnur*. El movimiento, algo más lento, vuelve a alcanzar su velocidad anterior.

gran columna de polvo y una masa de gente que se precipita hacia uno. Ni zanjas, ni piedras, ni otros obstáculos encontrados en el camino incomodan a los nómadas *yamshchiks*, nada frena su movimiento, y ruedan toda la distancia hasta bien entrada la noche. En estos casos es costumbre pagar generosamente el «té», unos tres, cinco o más de nuestros rublos de plata en cada estación.

Gracias al difunto señor Genke, comisario de fronteras de Kiajta, que se había puesto oportunamente en contacto con la administración chino-mongola, el personal de la expedición viajó bien en caballos de posta mongoles, y, en la mayoría de los casos, a pie, acompañados por el equipaje de la expedición transportado en camellos especialmente alquilados por la expedición a contratistas mongoles.

Los mongoles son sirvientes indispensables como cocheros o de cualquier otra clase: concienzudos, trabajadores y resistentes. Son aún mejores cuando cumplen las funciones de mensajeros o correos, cuando hay ocasión de recorrer una gran distancia a lomos de caballos recelosos. El mongol es un excelente jinete, además tiene una vista aguda, está acostumbrado a la silla de montar y a las dificultades climáticas, en una palabra, es un verdadero nómada. En su monótono camino sobre la estepa, el mongol diversifica su viaje con oraciones, canciones, tabaco y té. Reza en los pasos de montaña, canta en los valles, fuma y descansa con una taza de té en cualquier yurta...

Nuestra caravana, que viajaba en fila india, ocupaba una distancia considerable. Yo iba delante, el capitán Napalkov detrás; el geólogo de la expedición coordinaba su movimiento con la realización de observaciones especiales, así como los cazadores, que a veces se quedaban rezagados detrás de la caravana o se apartaban, a la caza de animales o pájaros.

Nos levantamos antes del alba. Al amanecer emprendíamos la marcha hasta el siguiente alojamiento, a menudo durante un día entero. Desayunábamos temprano por la mañana, almorzábamos a última hora de la tarde y nos íbamos a dormir. Gracias a la abundancia de leña en el camino, la cocina de hierro del campamento calentaba nuestra yurta y nos permitía descansar bien. Las heladas seguían aumentando, la nieve se hacía más numerosa; por todas partes, a nuestro alrededor, había una verdadera estampa invernal.

CIUDAD DE KIAJTA

Casi desde Kiajta hasta Ibitsyk (Ibitseg) nevaba sin cesar, impidiendo observar los pliegues montañosos; y sólo en los dos últimos días del año, el cielo se despejó y, durante el amanecer y el atardecer, se vistió de un púrpura áureo. Al amanecer del nuevo año, el aire estaba especialmente despejado y refrescaba a -47,3 °C. Nunca había observado semejante temperatura en ninguna parte. Afortunadamente, todo estaba absolutamente tranquilo.

Los pinzones de montaña (*Leucosticte giglioli*) y las perdices grises (*Perdix dauurica*) se apiñaban en torno a las viviendas de los mongoles, manteniéndose en numerosas bandadas sobre el oscuro suelo ganadero. Los perdigueros eran los más confiados de todos, corrían hacia la gente como pájaros aleteando y cogían al vuelo los granos que les eran arrojados. Durante el día, las perdices retozaban al sol, tumbadas en el polvo, batiendo las alas. A veces, sólo sus chirridos rompían el silencio del lugar. Sin embargo, a veces se producía una gran alarma entre estas aves cuando su formidable enemigo, el halcón sacre (*Falco cherrug*), se precipitaba de repente en picado. Este orgulloso depredador se acercaba con la velocidad de una flecha y, tras apoderarse de una de las perdices, desaparecía con la misma rapidez, arrastrándola en sus garras hasta el montículo más cercano, donde destrozaba su presa con avidez. Entre otras aves que veíamos a menudo en los bosques se encontraban los urogallos negros, posados en grupos sobre abedules; arrendajos, en los bordes y a lo largo de los barrancos, y camachuelos siberianos (*Uragus sibiricus*) de un color rosa muy vistoso.

El día del nuevo año de 1908 lo pasé en parte en el camino y en parte estacionado, en el tramo de Shara Hada (traducido como «roca amarilla», hecho de rocas sedimentarias que contienen curiosos fósiles paleozoicos). Aquí felicité a los tres granaderos vitalicios por su ascenso a suboficiales, deseándoles más éxito en nuestro viaje. A mis compañeros recién llegados les parecía extraño que fueran a pasar el nuevo año enteramente en las profundidades de Asia central, y que no sólo durante ese año, sino también durante todo el tiempo del viaje en general, no podrían enviar ni recibir cartas en la medida en que cada uno de ellos estaba acostumbrado a hacerlo en casa. Por hogar entendíamos ahora la patria, que se alejaba cada vez más de nosotros con cada travesía.

El tiempo, que había sido malo al principio, pronto volvió a mejorar. El aire transparente revelaba amplias distancias nevadas y relucientes, de un ardiente color dorado, más espectacular en las cimas de las montañas o colinas. El silencio helado lo teñía todo. Nuestra caravana se vistió de escarcha plateada y, temblando de frío, realizó con éxito las travesías del día.

Más allá de Shara Hada, hacia el sur, el camino estaba bloqueado por una cresta bastante alta conocida como Manjadái, que parecía especialmente imponente por la nieve profunda, sobre cuyo fondo blanco destacaba nítidamente la zo-

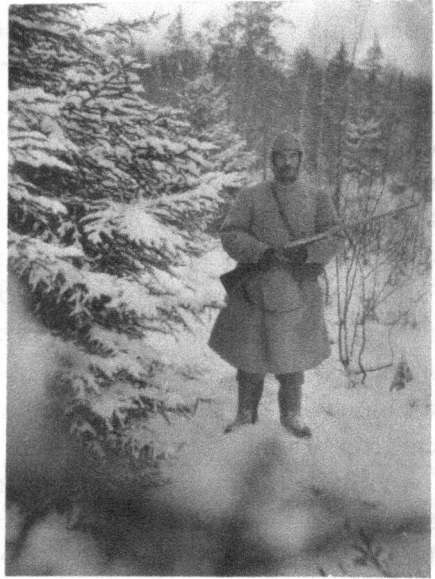

PIOTR KOZLOV

na de vegetación boscosa. Debido a la abundancia de la misma nieve, tuvimos que dejar de lado el camino habitual a través de Manjadái y sustituirlo por una carretera invernal, más larga, pero algo más baja y menos pedregosa, que discurría por el paso de Sepsul Daban, que se elevaba sobre el mar a 1.360 metros de altitud. La subida a esta cresta era muy empinada, pero no presentaba grandes dificultades, pues el camino estaba bien dividido, además de estar constantemente transitado por caravanas que trillaban el camino.

Como en todos los pasos de Asia central en general, también aquí hay un *obo* (*ovoo*), una construcción sagrada hecha principalmente de piedras y ramas secas de árboles, con huesos de cordero ensartados en ellas y retazos de tela escritos con la fórmula sagrada *om mani padme hum*[*]. De los abedules vecinos, se precipitaban de vez en cuando gallos lira que escarbaban en la nieve suelta. Cerca, corría un grupo de tímidos corzos siberianos, que no se cazan con éxito en invierno. Por eso preferimos ca-

---

[*]   «¡Oh, tesoro en el loto!». *Hum* es una exclamación sagrada; el loto (*Nelumbium*) es una hermosa planta que, según la mitología india, sirve de trono al creador del mundo y también se considera un símbolo de la tierra.

zar pájaros y añadimos a nuestra colección ornitológica los siguientes e interesantes ejemplares: un halcón común, un búho de los Urales y otros.

El pie meridional de la cordillera Manjadái (Mankhadai) está bordeado por el valle del río Khara, a lo largo del cual se ven aquí y allá granjas chinas, un intento de China por colonizar Mongolia. Con el fin de fusionarse con la población local, el Gobierno chino prohibió definitivamente a los chinos llevar a sus esposas fuera de la China propiamente dicha; estos, por su parte, demasiado inclinados a la vida familiar, encontraban familia allí donde el destino les deparaba. De este modo, los chinos colonizaron sistemáticamente el norte de Mongolia, fusionándose con los mongoles jalja* del mismo modo que ya se habían fusionado en parte con los mongoles del sudeste, habiendo perdido en la mayoría de los casos su carácter original.

Entre las *fanzas* (cabañas) de barro chinas destacaba una casa rusa de troncos de madera, donde, muertos de frío, fuimos a calentarnos. Sólo había mujeres en la casa, que inmediatamente se esforzaron por darnos un desayuno caliente y té. Estaban muy sorprendidas de que hubiéramos decidido empezar a viajar en invierno. A mi pregunta: «¿Dónde están sus amos?», las mujeres respondieron: «en Kiajta, se han ido a por comida y algunas mercancías, pero no volverán pronto, no son como tú, no marcharán bajo una helada tan amarga y fuerte...».

En algún lugar del camino vimos algunas casas rusas más, la mayoría con ventanas tapiadas. A estas casas se las conocía con el nombre de «Badmaevs», pues resultó que estos edificios eran fruto de la infructuosa idea de un tal Badmaev.

En el mismo valle de Khara nos visitó un funcionario mongol —en la carretera de Kiajta-Urga— para interesarse por nuestra salud y bienestar.

Más allá del valle de Khara el terreno seguía siendo montañoso. Los *urton* (estaciones) mongoles estaban situados en lo alto de la zona de rocas y bosques de coníferas; la carretera describía una ola gigantesca, sobre todo en los caminos acortados, accesibles sólo para jinetes ligeros. Las caravanas tomaban una ruta más larga, siguiendo los sinuosos senderos al pie de las estribaciones. Especialmente alto se encontraba el campamento nocturno en el tramo de Khuntsyl, que mostraba un amplio

---

* Los mongoles jalja son el mayor grupo étnico de mongoles nómadas. (N. del E.)

horizonte en el oeste. Mis compañeros viajaron aún más alto y hablaron con entusiasmo del panorama que se les presentaba en este anfiteatro natural. «Fue impresionante observar un conjunto tan enorme de montañas, desplegándose en todas direcciones, pero inferior en altura al macizo en el que yo estaba situado. El brillante amanecer de la tarde realzaba aún más la mejor impresión...», aseguró Chernov.

En Khuntsyl, entre otras cosas, conocimos a uno de los alumnos de la escuela de intérpretes de Ursk, Kandakov, que me informó de que el consulado local esperaba con impaciencia la expedición y estaba preocupado por su suerte a causa de las heladas sin precedentes que habían retrasado a todos los viajeros en la carretera.

El 5 de enero, hacia las dos o tres de la tarde, mientras estaba en la carretera, logré observar un halo alrededor del sol, que me recordó un fenómeno similar en el Gobi central, observado el 18 de diciembre de 1899.

MAIMACHEN. PABELLÓN DEL LEÓN

Todavía quedaban cuatro marchas hasta Urga, y estábamos decididos a completarlas en los cuatro días siguientes. La helada no amainó; al contrario, pareció aumentar aún más. Especialmente memorable a este respecto para la expedición fue el día 7 de enero, cuando a cada uno de nosotros se le cubrió la cara con la escarcha, a pesar de los amplios gorros de piel. Con temperaturas de hasta -28 °C y viento en contra, el frío era cruel y agonizante. Estoy seguro de que nunca lo olvidaremos, al igual que nunca olvidaremos el significado de las palabras «helada molesta» y «viento constante». La semana anterior habíamos soportado una helada de -47,3 °C en el camino con relativa facilidad. Sin embargo, no soplaba ningún viento, por lo que esa temperatura mínima no nos dejó ningún mal recuerdo.

En general, durante el día, sobre todo cuando el sol estaba más alto, la temperatura del aire subía considerablemente, se hacía muy agradable e involuntariamente daba sueño. En los picos más cercanos, la capa de

nieve brillaba con resplandor, el viento llevaba el grito alegre de los mechones de montaña, y en las alturas azules volaban orgullosas las águilas
reales, atrayendo la atención de las águilas ratoneras.

A medida que el grupo se acercaba a Urga, aumentaba el deseo de llegar a esta ciudad sagrada de los budistas. Por eso, desde el último
albergue de «Kui-Ayushi», aprovechando la luz de la luna, la expedición
partió muy temprano, antes del amanecer.

Yo iba siempre delante y algo más rápido que la caravana, que se re-
zagaba cuanto más difícil era el camino. Esta vez era casi desde el punto
de ascensión del paso de Tologoitu, que está a unos 1.600 metros sobre el
nivel del mar, y naturalmente, cuando yo estaba en la cumbre, la caravana aún se arrastraba hacia el pie de la cresta. No pude resistir la
tentación de dejarme llevar por las oraciones del *obo* que me abrió la vista de la montaña sagrada de Urga, la joya de Mongolia: ¡Bogdo Ula! (Bogd
Jan Uul). Al verla, involuntariamente me invadió la admiración y pensé:
«cuántas veces te he visto y admirado... desde hace infinito tiempo miro
tu misteriosa belleza austera, tu orgulloso atuendo de santa. Sigues siendo la misma: pensativa, silenciosa, cubierta por el humo azulado y por
dos o tres delicadas y finas nubes de plumas que pasan esbeltas sobre tu
poderosa cabeza. Los lamas de los monasterios de Urga guardan piadosamente tu maravillosa cubierta, honran piadosamente el precepto del
más sabio emperador chino Kangxi y del no menos sabio, el segundo de
los *kutuktus* de Urga, Undur Gegen*. La libertad más ilimitada la disfrutan
tus habitantes del bosque, sus animales y pájaros. Con qué agrado y edifi-
cación os mirarían todos esos europeos, a quienes los monumentos de la
naturaleza pura son tan queridos y encantadores».

Después de volver a medir barométricamente la altura del paso, comenzamos a descender. El viento volvía a calarnos con su frío

---

* Undur Gegen, bajo el patrocinio del emperador chino Kangxi , contemporáneo de
Pedro el Grande, emitió un decreto sobre la santidad y la inviolabilidad de Bogdo
Ula, su bosque y su vida animal. Numerosas gargantas (hay unas ochenta), que
conducen a las profundidades de las montañas, estaban cerradas para los cazadores
y destructores de bosques, del mismo modo que lo están para los guardias mongoles
y ahora... Bogdo Ula es accesible sólo a los contempladores. Tanto los mongoles
como los rusos pueden penetrar libremente en sus puras profundidades vírgenes
para admirar la belleza de los altos bosques, las rocas sombrías, las cascadas ruidosas
y los prados coloridos con una alfombra de flores fragantes, sobre las cuales
revolotean muchas mariposas en un día soleado de verano.

DESPLAZAMIENTO POR EL NORTE DE MONGOLIA CON JINETES
MONGOLES EN CABALLOS *URTOP*

insoportable. Ahora empezamos a encontrarnos con mongoles a caballo
o con largas filas de carretas mongolas que crujían tiradas por melancó-
licos bueyes. Las yurtas se agrupaban cada vez con más frecuencia cerca
de la carretera, y no pocos lamas y funcionarios ataviados se agolpaban
galopando en una u otra dirección. También avanzábamos más deprisa
que antes y el tiempo pasaba imperceptiblemente en observaciones de
todo tipo. Aquí podíamos ver el valle del Tola y la carretera en forma de
serpiente que rodeaba las estribaciones de Bogdo Ula por el noroeste, la
carretera por la que la expedición tendría que dirigirse al desierto. Empezamos a ver carreteras secundarias, miserables viviendas de
mendigos, e incluso presenciamos a perros caníbales, comiéndose un cadáver, arrojado por los monjes budistas.

A la derecha, hacia el oeste, se extendían los edificios del monasterio
de Gandan, donde tan recientemente se había alojado el dalái lama tibetano. A la izquierda, al noreste, había otro gran monasterio de Urga,
fundado en honor del dios Maitreya, patrón de los pastores. Todo el pasado volvía a la memoria con una claridad asombrosa.

Mientras tanto, la carretera en forma de trinchera nos conducía a las
afueras de la ciudad y al bazar. De las viviendas mongolas salía un denso
humo que, a cierta altura, se convertía en una nube gris que se deslizaba
a lo largo del río Tola (Tuul). Unos minutos más y nos encontrábamos entre el ruido y el clamor de la ciudad, en medio de una amplia calle llena
de una abigarrada multitud de mongoles, chinos, rusos, lamas y plebe-

yos, hombres y mujeres, adultos y niños. Los gruñidos de los camellos, los relinchos de los caballos, los ladridos de los perros; todo ello se mezclaba con las diferentes voces de la gente y resultaba terriblemente sobrecogedor para un hombre refugiado que acababa de abandonar la tranquila y monótona carretera.

UN MONGOL CERCA DE UNA YURTA DE FIELTRO

Detrás del bazar nos recibieron cordialmente los cosacos del convoy consular, que condujeron a la expedición hasta el edificio más ornamentado de Urga, el del consulado ruso. A la izquierda podíamos ver los barracones de la guarnición china, el *yamen* chino —la sede de su administración—, los edificios más nuevos de pequeños templos y casas de los seguidores del *kutuktu* de Urga. Pero lo que más me interesaba seguía siendo la misma montaña colorida Bogdo Ula, que enseñaba toda su cara norte cubierta de nieve profunda. La fachada del consulado, con la brillante luz del sol mongol que pegaba a través de sus ventanas, daba justamente a Bogdo Ula.

Superando todas nuestras expectativas, el consulado no preparó para nosotros un apartamento compartido. Se hubiera tratado de una pequeña casa apartada, que alguna vez estuvo ocupada por el comandante del destacamento, con la que contábamos. Se decidió dividir nuestro destacamento en grupos y albergarlo entre el personal consular, para causar la menor de las molestias tanto a los invitados como a los anfitriones.

Tuvimos que acondicionar la cabaña de Domelunksen<sup>*</sup>, y habiéndola acondicionado, inmediatamente la calentamos con una estufa de manera continua. Al principio, la temperatura en nuestra habitación era un poco más alta que en el exterior, es decir, -17 °C, pero por la tarde ya había subido a -6,5 °C, y a medianoche —a la hora de dormir— a cero grados. Nos sentíamos bien, nos acomodamos y ordenamos nuestros aposentos; el fuego de las estufas ardía alegremente y la leña crepitaba. A la mañana siguiente ya teníamos signos de calor, que había sido llevado a 9 °C durante varios días gracias a la estufa, lo que nos pareció bastante suficiente antes de ponernos en camino.

MAITREYA, DIOS PATRÓN DE LOS NÓMADAS

La cabaña de Domelunksen tenía cuatro habitaciones, de las cuales yo y mi personal ocupábamos dos, y las otras dos quedaban para el destacamento. Desde el primer día abrí los barómetros, monté otros instrumentos y empecé a poner en orden las anotaciones de mi diario. Mis compañeros también se sentaban a escribir o hacían excursiones por los alrededores. Los asistentes prepararon para conservar varias docenas de pieles de aves y roedores, en parte obtenidas en el camino y traídas congeladas, en parte *in situ*, en Urga, a lo largo del valle del Tola.

Urga, capital sagrada de Mongolia, es el centro administrativo, cultural y espiritual-religioso de la vida mongola. Todo mongol, por muy lejos que se encuentre su aldea nómada de Urga, se esfuerza al menos una vez en la vida por visitar la gran Da Khüree, como suelen llamar los nómadas a Urga, para venerar sus templos y a la reencarnación de su líder espiritual, el *kutuktu*.

En la actualidad, la salud algo quebrantada de Bogdo Gegen no le permite salir a ver a su pueblo tan a menudo como antes, y sus audiencias se limitan a veces a breves visitas con príncipes mongoles y otros visitantes nobles y adinerados.

---

<sup>*</sup>  N. F. Domelunksen, oficial del Estado Mayor, comandante del destacamento. Véase *Mongolia y Kham* (edición 1905-1906).

El Bogdo Gegen moderno es la octava reencarnación de Jebtsundamba Kutuktu. Los budistas honran a Jebtsundamba como la encarnación del famoso predicador del budismo en la India y el Tíbet, Taranatha (1573-1635). Según la costumbre budista, el nombre de Bogdo Gegen en general, así como el de cualquier persona importante en particular, no puede conocerse en vida y sólo se hace público tras su muerte.

MANJUSHRI, DIOS DE LA SABIDURÍA

La elección de una nueva reencarnación de un *kutuktu*, según los tibetanos, se realiza de la siguiente manera: después de que la muerte de un *kutuktu* haya sido comunicada al Tíbet, el panchen lama (a su vez una reencarnación del buda Amitabha, el «Buda de la Luz Infinita», y segundo jerarca del Tíbet) y el dalái lama asignan los nombres de doce niños nacidos aproximadamente al mismo tiempo y ordenan que sean presentados en Lhasa, en el monasterio de Potala. Allí los niños son examinados por lamas eruditos que van eliminando a los que poseen signos menores del ser físico de un buda; así, finalmente, quedan tres niños, que son reconocidos como renacidos.

Los tres candidatos dejados por los lamas son elegidos finalmente en el Potala. Tiene lugar en presencia del dalái lama, el panchen lama y el *demo kutuktu*\*. Los nombres de los muchachos se escriben en tres trozos de papel separados y se depositan en una urna dorada, de la que se saca uno de estos trozos de papel después de haber realizado el ritual divino y las oraciones: el nombre escrito en él determina el renacido que será enviado a Mongolia. La designación de tres candidatos se debe a que cada bodhisattva renace por separado en tres partes: espíritu, palabra y cuerpo.

El espíritu renacido es elegido para ser enviado a Mongolia, los otros dos muchachos, que son reconocidos como renacidos en palabra y cuerpo, asumen también un rango espiritual: viven generalmente en el Tíbet, gozan de honores y ocupan a veces los puestos de abades de monasterios

---

\*    El *demo kutuktu* (demo rinpoché) es uno de los cuatro lamas más importantes de Lhasa, tradicionalmente actúa como regente durante la infancia del dalái lama.

fundados por Taranatha, y a veces simplemente se encuentran entre los monjes de estos monasterios.

URGA. EL EDIFICIO DEL CONSULADO RUSO

En cuanto a un *kukutku* que va a Mongolia, también recibe la ordenación del dalái lama y luego, tras haber sido instruido en las sagradas escrituras por él, suele ser enviado a uno de los monasterios fundados también por Taranatha, situados en la provincia tibetana de Ü-Tsang. Allí pasa de tres a cinco años en el estudio de los libros sagrados y el culto budista. Reside en Tíbet hasta que los embajadores de Mongolia vienen a Lhasa a buscarlo.

El traslado de un *kutuktu* del Tíbet a Mongolia se realiza con una ceremonia especial. Para invitarle es necesario enviar al menos doscientas personas del departamento de Shabin\* y de cada uno de los cuatro *aimags* mongoles —los distritos en que se divide Mongolia del Norte, o Jalja—, por lo que el menor número de personas que viajan al Tíbet para conocer al *kutuktu* es de mil, aunque a veces este número puede ser mucho mayor. La caravana del *kutuktu* avanza siempre muy despacio, retrasada por

---

\*   Desde hace mucho tiempo, los jaljas o príncipes mongoles del norte tienen la costumbre de construir templos y presentarlos a los *kutuktu* para que las reencarnaciones, honradas por todos, vivan en ellos y recen por el bien del pueblo. Una vez construido dicho templo, cada uno de los príncipes separaba varias familias de entre sus tributarios y también se las entregaba a los *kutuktu* para que las poseyeran eternamente. Estas familias constituyen ahora un departamento separado conocido como Shabin.

todo tipo de ceremonias y reuniones. Durante todo el trayecto de Lhasa a Urga, el Bogdo Gegen va acompañado de tropas tibetanas y mongolas.

Con la entrada del *kutuktu* en Jalja, la multitud de personas que lo acompañan aumenta cada vez más, porque los mongoles se unen a la procesión, y escoltan al *kutuktu* en su mayor parte hasta Urga. Finalmente, desde la misma Urga la gente sale a recibirlo durante diez o quince noches consecutivas.

A su llegada a Urga, Bogdo Gegen pasa la primera noche en su palacio de verano a orillas del río Tola, y al día siguiente es llevado desde aquí, en un palanquín amarillo, hasta la propia ciudad. Para la entrada del *kutuktu* a este lugar siempre se decora una puerta triunfal especial en el lado suroeste de la ciudad; de esta puerta cuelgan los *khadak* (bufandas de seda) y adornos de oro y plata.

Al entrar en Da Khüree, el *kutuktu* es conducido primero al Barun Orgo (yurta del guerrero), donde es recibido por Tushetu Kan como el más anciano de los parientes de Jebtsundamba Kutuktu, y luego el Bogdo Gegen es llevado al monasterio de Tsokchen Sume. Allí es recibido por las más altas autoridades seculares de Da Khüree, y en tiempos pasados también se hacía en nombre del emperador chino la transferencia del poder y sus símbolos, consistentes en una pluma de oro y un certificado para su posesión, escrito en un folio de oro.

Acabada la ceremonia, la vida de Bogdo Gegen transcurrirá sin que el común de los mortales sepa nada, en las profundidades de su palacio. A los ojos de los budistas, todos los actos del *kutuktu* son, por supuesto, de naturaleza milagrosa y se realizan únicamente en beneficio de los seres vivos.

Tras la muerte de Bogdo Gegen, su cuerpo es embalsamado. Los lamas suelen realizar esta operación durante tres meses o incluso más. No anatomizan el cadáver, sino que lo sientan en una postura adecuada, lo frotan con diversos tipos de incienso y líquidos alcohólicos, y luego lo cubren con una composición de sal y otras sustancias. El cadáver suele permanecer en este estado durante dos meses, hasta que está completamente seco. Entonces se retira de él la mezcla de sal; las partes del cuerpo, libres de ropas, y en primer lugar la cara, se cubren de dorado; sobre el dorado de la cara del cadáver se pintan las cejas, el bigote y los labios, pero los ojos se dejan cerrados.

URGA. NOGON LABRANG Y SIETE GRANDES LAMAS DEL SÉQUITO DEL KUTUKTU

En esta forma, el cadáver de Bogdo Gegen se llama *sharil*; se coloca en un *suburgan\** de plata y se deposita en el templo con un ritual solemne, tras el cual se le rinden honores divinos.

En la actualidad, la residencia del *kutuktu* se encuentra a las afueras de la ciudad, no lejos de la orilla derecha del río Tola, situada frente a la montaña sagrada Bogdo Ula. Detrás de la alta valla blanca del modesto palacio, que se asemeja en líneas generales al antiguo edificio del consulado ruso, se pueden ver varias celdas, en las que viven lamas cercanos a Bogdo Gegen.

Como un verdadero budista, el *kutuktu* aprecia a todos los animales en general, adora los caballos, los perros, e incluso posee un pequeño jardín zoológico en el que se crían exclusivamente animales de dos pezuñas: ciervos, marales, corzos y algunos otros.

LA OCTAVA REENCARNACIÓN DE JEBTSUNDAMBA KUTUKTU

Urga es la Lhasa mongola, está creciendo y desarrollándose. La colonia comercial rusa está en expansión, aumentando su volumen de negocios cada año. Hoy en día hay hasta quinientas familias rusas en Urga. El prestigio de nuestra patria se mantiene a una altura adecuada. Los rusos residentes se sienten en Mongolia del Norte tan tranquilamente como en su tierra natal.

No carece de interés citar una pequeña nota sobre el ya fallecido Yakov Shishmarev, uno de los fundadores del consulado ruso en Urga y su primer cónsul, que sirvió a Rusia durante casi medio siglo. Este venerable representante de nuestros intereses en el país, trabajó incansablemente, esforzándose por un mayor acercamiento y unificación de los rusos con los mongoles.

---

\*   *Suburgan* es el nombre dado en Mongolia a las estupas originarias de la India. Uno de sus usos es como tumba para los lamas budistas.

EL LAMA KHAMBO CHOICHYEP (HERMANO DE BOGDO GEGEN)

Shishmarev era siberiano y comenzó su carrera en su tierra natal en aquella época conflictiva en la que Siberia Oriental estaba gobernada por el famoso conde Nikolái Muraviov-Amurski. Uno de los méritos sobresalientes de este gran estadista era, entre otros, su capacidad para seleccionar a sus empleados, desde los más altos hasta los más básicos. Entre los elegidos se encontraba un joven, un funcionario discreto en aquella época, Shishmarev, que fue nombrado por su capacidad y diligencia.

Shishmarev nació el 14 de septiembre de 1833 en la ciudad de Troitsko-Savsk, región de Transbaikalia. Recibió su educación inicial en su ciudad natal en la escuela ruso-mongola y a los dieciséis años entró en el servicio militar. Hasta 1855 prestó sus servicios en diversas cancillerías de Troitsko-Savsk y, ante la sugerencia de nombrarle miembro secular de la misión espiritual de Pekín, comenzó a estudiar las lenguas manchú y china con el orientalista K. G. Krymsky, enviado por el Ministerio de Asuntos Exteriores a Kiajta para supervisar y enseñar en la escuela ruso-china.

En 1855, Shishmarev fue enviado por primera vez en una expedición al río Amur como traductor de las lenguas mongola y manchú. A partir de entonces, y durante cinco años, viajó continuamente a lo largo del Amur por cuenta del conde.

Después de haber viajado desde el Amur hasta Irkutsk, pasando por Ayán, en 1856, Shishmarev fue de nuevo al Amur para acompañar a la tercera expedición del Amur hasta la ciudad de Aigun, y en 1858 estuvo personalmente ligado a Muraviov-Amurski tanto durante el viaje del gobernador general al Amur como durante sus negociaciones con los chinos sobre la frontera. Tras la conclusión del Tratado de Aigun, en virtud del cual la región de Ussuri fue anexionada a Rusia, Shishmarev fue a Ussuri para participar en la expedición con el objetivo de trazar una nueva frontera.

La actividad en el Amur de Shishmarev terminó con un viaje diplomático a Blagovéshchensk en 1859 y un nuevo viaje de negocios, aún más lejano, a Pekín, a disposición del embajador extraordinario, el conde Ignatiev, en un período especialmente tenso de la guerra anglo-francesa con China y la conclusión del Tratado de Pekín (1860). El nuevo superior ilustrado de Shishmarev lo apreciaba tanto como a su patrón, el conde

Muraviov-Amurski. Poco después de su paso por Pekín fue condecorado y nombrado para el recién inaugurado consulado ruso en Urga.

Casi desde la misma fundación del consulado, en 1861, y los primeros pasos de su actividad, Shishmarev fue cónsul en Urga bajo diferentes formas de este título: director del consulado, cónsul y cónsul general. Durante este período fue desviado de su puesto para cumplir misiones especiales en contadas ocasiones. Así, en 1881, Shishmarev fue destinado a Gulja (Yining) como comisionado plenipotenciario para la transferencia de la región de Ili al Gobierno chino, y al año siguiente fue enviado a Mongolia occidental para estudiar cuestiones comerciales y considerar las reclamaciones mutuas de los súbditos rusos y chinos. El principal mérito

YAKOV PARFENEVICH SHISHMAREV, CÓNSUL GENERAL DEL IMPERIO RUSO EN URGA

de Yakov Shishmarev para Rusia, como señaló acertadamente Grigori Potanin, residió en su servicio a los intereses del comercio ruso en Mongolia, que estaría destinado a proteger durante tantos años. Durante mucho tiempo tuvo que vigilar nuestras relaciones comerciales en la frontera occidental de Manchuria.

Shishmarev recibió todos los honores en su persona, como representante del consulado ruso en Urga. Como prueba de su imborrable legado y popularidad en el entorno mongol, se puede señalar el regalo que recibió del Bogdo Gegen de Urga: un cuenco de madera de sándalo. La entrega de tal regalo a una persona no religiosa es casi el único caso en la historia de los rituales espirituales budistas mongoles.

Durante su larga estancia en Urga, Shishmarev recorrió Mongolia, como se la conoce a lo largo y ancho, especialmente su parte norte. Algunos datos geográficos fueron comunicados por primera vez por él, como la existencia de picos nevados en Jangái y en el Altái oriental o mongol. Sus notas de viaje sobre el río Kerulen fueron durante mucho tiempo la única fuente para conocer esta zona del norte de Mongolia.

Pero lo que Shishmarev conocía especialmente bien eran los mongoles, la vida hogareña de los príncipes mongoles, sus relaciones mutuas, el

Gobierno de Mongolia, las condiciones económicas en las que vivía la clase baja, la importancia del clero budista y, lo más importante para los rusos: el comercio ruso, de cuyo crecimiento había sido testigo constante durante los últimos cuarenta o cincuenta años.

Por desgracia, la actividad literaria de Shishmarev sólo se expresó en unos pocos artículos impresos en revistas geográficas siberianas, a saber: *Información sobre las posesiones de Jalja*, *Un viaje de Urga a Onon* e *Información sobre los darjads y los urianjais del departamento de Urga*.

Muchas expediciones centroasiáticas y la mayoría de los viajeros, empezando por el famoso Nikolái Przewalski, se alojaron en Urga y recibieron más o menos asistencia y hospitalidad rusa en Shishmarev.

Personalmente, yo conocí al venerable cónsul en 1883, durante mi primer viaje por Asia central con el difunto Przewalski, que mantenía las mejores relaciones con Shishmarev. Así lo demuestran también las cartas de Nikolái Przewalski a Shishmarev, amablemente ofrecidas por este último a mi entera disposición.

En el banco ruso-chino de Urga, recibimos plata en lingotes chinos y de Hamburgo, necesaria para la expedición en toda su ruta caravanera por las profundidades de Asia central. Aquí también tuvimos que conseguir una buena cantidad de *tsampa* (harina tostada de cebada o trigo) y otros víveres diarios. Como de costumbre, los cosacos consiguieron dos perros guardianes para la marcha, que seleccionaron fácilmente entre la masa de perros vagabundos que revolvían en la basura.

Desde los primeros días de nuestra llegada a Urga fuimos acosados por caravaneros mongoles que querían llevar la expedición al Altái mongol; entre ellos había un hombre de Alashán (Alxa), que pronto regresaría a Dingyuanying (Bayanhot). Agarré a este individuo, literalmente, con las dos manos, porque, en primer lugar, tenía la mejor recomendación de mi compañero Badmazhapov, que vivía entonces en la ciudad de Dingyuanying como representante de la firma comercial rusa en Mongolia del Sur, «Sobennikov y Molchanov».

En segundo lugar, el hombre de Alashán se comprometía a transportar hasta Dingyuanying veinte de nuestros bártulos más pesados, que sólo necesitaríamos más tarde, y en tercer lugar, daría a la aligerada caravana más movilidad para hacer una excursión circular por la parte baja del valle de Etsin Gol (río Ejin), hasta la misma Dingyuanying.

Pronto nos pusimos de acuerdo con el hombre de Alashán y el 17 de enero enviamos nuestro transporte bajo la supervisión de Chetyrkin y del cosaco Buyanta Madayev. Esta caravana siguió a través del Gobi hasta Dingyuanying, ciñéndose a la ruta de Nikolái Przewalski.

Mientras tanto, también se contrataron mongoles locales para la caravana principal, que pretendía partir de Urga el 21 de enero. Sin embargo, los mongoles protestaron enérgicamente contra mi decisión; el hecho era que justo el 20 de enero los mongoles comenzaban una gran fiesta, *Tsagaan Sar* (el mes blanco), y me instaron encarecidamente a que aplazara el día de la partida de la caravana al 25 de enero.

No había nada que hacer, así que tuve que ceder ante los nómadas. En tales casos, los participantes en la expedición solían coger una pluma y escribir cartas. En general, no me gustaban las paradas largas, ya que distraían de los asuntos directos y provocaban el mayor despilfarro de dinero, a veces incluso improductivo.

Así fue como tuvimos que pasar más de quince días en Urga, que, a pesar de la vida monótona, transcurrieron de forma rápida. Todos nuestros pensamientos se concentraban involuntariamente en el próximo viaje, y no nos dábamos cuenta en absoluto de cómo pasaba el corto día, normalmente sustituido por una larga y fría noche.

A pesar del frío extremo de las noches, no pude apartarme durante mucho tiempo del maravilloso espectáculo del cielo estrellado. Aquí es especialmente brillante, y las luminarias celestes observadas a través de los telescopios de la expedición provocaron una gran admiración, especialmente Júpiter y sus satélites. Al final de las observaciones especiales, el observatorio itinerante de nuestro campamento no se desmanteló tras varias noches, lo que atrajo la atención de los habitantes locales y sirvió para notar la maravillosa belleza del universo.

La festividad mongola de *Tsagaan Sar* trajo gran expectación a Urga. Delante del edificio del consulado pasaban, desde por la mañana hasta por la noche, cabalgatas de mongoles, mujeres y hombres, vestidos de gala. Me gustaba mirar a los nómadas que se apresuraban con rapidez, en su original ropaje.

En el centro de la ciudad había aún más gente venida de los alrededores para felicitar al *kutuktu* y a los principales funcionarios. Por todas partes ondeaban banderas, brillaban farolillos de colores y se oía el crepitar de cañones y fuegos artificiales. El comercio estaba tranquilo, las tiendas cerradas, pero las puertas de todos los templos budistas permanecían abiertas, llamando a la oración.

Nuestros guías cumplieron su palabra y llegaron puntuales. Era hora de seguir nuestro camino...

# CAPÍTULO II

# De Urga al Altái mongol

ANTES de comenzar la narración de nuestro viaje al interior de Mongolia, me gustaría hacer un repaso de la naturaleza de todo el país y sus habitantes. En nuestro camino, desde el norte de Kiajta, comienza inmediatamente Mongolia, primero esteparia, luego montañosa, con crestas más o menos macizas, todavía muy rica en flora y fauna. Y allí está Urga —el centro espiritual y administrativo— más allá de la cual la faz de la naturaleza mongola cambia bruscamente, el relieve montañoso se aplana, la cubierta vegetal se empobrece, la población disminuye, sobre todo al sur de las montañas que constituyen la continuación oriental del Altái mongol o del desierto de Gobi. Aquí uno se encuentra con un verdadero desierto, el de Gobi, que se despliega como un liso mantel arenoso y pedregoso o como pliegues de colinas suaves y rocosas, en cuyas cimas, en las horas vespertinas, el resplandor del atardecer juega pintorescamente. Por último, el sur de Mongolia, que es casi en su totalidad un mar de arena en movimiento, compuesto en su mayoría de dunas oblongas, que a menudo se elevan a cien o más metros de altura.

La población autóctona de Mongolia también se ve afectada, por una parte, por las condiciones físicas de la naturaleza y, por otra, por la mayor o menor influencia de sus príncipes ancestrales o de los chinos. En el norte de Mongolia, el viajero observa a nómadas que siguen orgullosos de sus proezas tradicionales, de su juventud, de sus atuendos coloridos y elegantes, de sus alegres ponis, de su arrogancia y destreza al montar; estos mongoles hacen que el observador se transporte involuntariamente a tiempos pasados, a épocas en las que crearon su propia historia. La conservación por parte de los mongoles de gloriosas tradiciones del pasado es promovida en gran medida por el jerarca de Urga, Bogdo Gegen, y los gobernantes de los *khoshun,* príncipes mongoles, con los que los chinos tratan cortésmente, intentando situarlos en la corte de Bogdo Kan. Los mongoles de la parte central del país son muy inferiores en riqueza y vestimenta a sus vecinos del norte, pero no pocas veces superan en este aspecto a los habitantes del sur, quienes, en su apariencia y costumbres, se acercan cada vez más a los chinos, olvidando su vida nacional y renunciando a su vida ancestral. En general, desde nuestro punto de vista, las condiciones de vida del mongol son pobres y poco envidiables, al igual que su mundo interior; aunque el mongol se diferencia de los nómadas vecinos en que ha alcanzado un desarrollo mental comparativamente superior, tiene su propia escritura, leyes impresas y estudia el alfabeto tibetano.

El día 25 de enero de 1908 podría considerarse significativo para la expedición. Ese día nos despedimos por mucho tiempo de nuestros compatriotas, de nuestra habla y entorno nativos. Todo lo nuevo y ajeno —tanto la naturaleza como las personas— se mostraba ante nosotros. La mañana era gris, fría, ventosa. El patio consular estaba lleno de camellos, caballos y equipajes de la expedición. Junto con los granaderos y cosacos, los mongoles estaban ocupados en sus tareas. Un círculo local de compatriotas vino a despedirnos. Sobre todo me conmovieron los niños: alumnos y estudiantes de la escuela consular, en nombre de los cuales el profesor M. P. Tkachenko transmitió a la expedición el deseo de éxito para enriquecer la ciencia con nuevos descubrimientos.

Mientras nos despedíamos, el primer grupo con Ivanov ya se había puesto en marcha, seguido por el segundo y el tercero. Comenzó el viaje. Pronto la caravana se extendió en una hermosa línea y empezó a cubrir la distancia con pasos aún mayores que antes. En el valle abierto, el viento era incluso más feroz: tiritábamos y muy a menudo abandonábamos nuestras monturas para calentarnos en el camino. Los mongoles que encontrábamos se despedían de nosotros amistosamente: juntaban las manos sobre el pecho y exclamaban: *¡Zhuytuya baina!* (¡mucho frío!).

PRINCESA MONGOLA

A pesar del éxito en el desplazamiento, recorrimos el valle del Tola durante mucho tiempo antes de abandonarlo y cruzar por el paso de Gongyn Daban, que finalmente ocultó el Tola a nuestros ojos. Justo delante de nosotros se extendía la franja estepraria, y sólo al este continuaban extendiéndose las estribaciones del macizo Bogdo Olsk, oscurecidas por una espesura de bosque. Al cabo de un rato éstas franjas también desaparecieron. Entramos en la cuenca interior de Asia central y al día siguiente recorrimos el vasto valle del Sharjai Junde, que relucía con el amarillo brillante de la exuberante hierba conocida como *deresun* (*Lasiagrostis splendens*). Las yurtas de los nómadas se agrupaban aquí y allá, y en las cercanías de las yurtas estaban sus numerosos rebaños, a menudo en las proximidades de manadas de gacelas de Mongolia o *zerens* (*Procapra gutturosa*), que eran muy astutas, siendo capaces de distinguir entre una persona pacífica y un cazador. Cuando pregunté a los guías: «¿De quiénes son estas caballadas y rebaños de camellos y ovejas?», respondieron: «todo esto pertenece a los *kutuktu* y a los monasterios».

En el rico valle de Sharjai Junde abundan al mismo tiempo los conejos de roca (*Ochotona daurica*), presas habituales de las águilas ratoneras y los halcones que invernan en Mongolia y suelen posarse en las cimas de las colinas a lo largo de la carretera. En esta localidad obtuvimos un interesante hurón grande, que durante mucho tiempo fue perseguido por un cuervo negro (*Corvus corax*), que se abalanzó sobre el animal con un chillido desde el cielo; el hurón dobló el lomo, gruñó y se defendió ferozmente.

Observando a diario a los mongoles y sus nómadas, pronto nos acostumbramos a nuestro entorno de marcha, es decir, a los camellos, caballos y yurtas, y a nuestra principal ocupación: viajar. En otras palabras, nos parecíamos a los nómadas en nuestro modo de vida y nos sentíamos muy bien. Por la tarde, nuestra vivienda de acampada siempre era algo cálida, pero por la noche, sobre todo antes del amanecer, cuando solíamos levantarnos, hacía un frío terrible. Mientras me vestía muy deprisa, era inevitable castañetear los dientes y oír los chasquidos de estos. Después, tras tragar una o dos tazas de té caliente con una desagradable mezcla de *tsampa*, nos poníamos en marcha. En el camino, el tiempo corría rápido, y días enteros pasaban desapercibidos. Después de cuatro o cinco días de marcha, celebramos una jornada considerada por todos nosotros como una gran fiesta.

El primer campamento de este tipo se organizó no lejos de la alta montaña en forma de cono conocida como Khairkhan (que podría traducirse como «querida» o «sagrada»), cerca del campamento del dueño de nuestros camellos alquilados, un rico mongol llamado Tseren Dorzhiev. Este último resultó ser muy amable y complaciente, en particular con respecto a la cuestión de ampliar nuestra ruta, de desviarla más hacia el suroeste para visitar el lago Tukhum Nor (Tekhemii Nuur) y la zona adyacente a él, en el sur, que aún no había sido estudiada por los geógrafos. Dorzhiev y su esposa recibieron algunos regalos de la expedición como recuerdo de los rusos.

Cada día la expedición se acercaba más al ansiado sur, la cantidad de nieve disminuía y el sol se hacía más cálido. Por la noche seguía haciendo mucho frío; aun así, el cielo estrellado centelleaba y brillaba intensamente y seguía embelesando con su belleza.

Todo estaba en silencio, ni un solo sonido perturbaba la solemnidad del espacio estepario, sólo una estrella fugaz surcaba el cielo y desaparecía cerca del horizonte.

El camino hacia el lago Tukhum Nor discurría entre montañas bajas, entre los pliegues montañosos de Sonin Khangai, por un lado, y Ortsik, Ongon Mongol y Tangyt Tot por el otro, a lo largo del paso Ulen Daban (Uulyn Davaa), que se sitúa a unos 1.417 metros sobre el nivel del mar. La roca predominante aquí era el granito rosa, cubierta por una gruesa capa de guijarros con rica vegetación esteparia, donde, hasta donde alcanzaba la vista, pastaban rebaños de carneros. Muchos busardos mongoles (*Buteo hemilasius*) se mantenían cerca de una de las escarpadas colinas vecinas de granito erosionado. Estos no podían soportar la aparición de un depredador más fuerte: el águila, que a menudo volaba a lo largo de las mismas montañas o colinas. Pronto descubrimos sobre el cadáver de un caballo los buitres negros (*Aegypius monachus*), que volaban en círculos en las alturas azules. Las poderosas rapaces emitían fuertes rugidos y luchaban desesperadamente por su presa. En esos momentos es más fácil pasar desapercibido a distancia de tiro de los buitres. En la misma zona, por primera vez este año, observamos una concentración masiva de gangas de Pallas (*Syrrhaptes paradoxus*), que mostraban su presencia sobre todo por la mañana, cuando las perdices rojas volaban de un lado a otro con el ruido de una tormenta. La velocidad de su vuelo es realmente maravillosa. Enormes bandadas de diversas alondras (*Otocorys, Melanocorypha, Alaudula*) se veían a menudo posadas a lo largo de barrancos cubiertos de hierba, casi completamente libres de nieve.

Debido a la extraordinaria transparencia del aire, a menudo el viajero se confunde al determinar las distancias, reduciéndolas considerablemente con respecto a la realidad. Tales errores aumentan aún más cuando el observador se sitúa en una elevación y los valles se extienden frente a él, a lo largo de los cuales el espejismo —el «espíritu maligno del desierto»— se recrea, construyendo estructuras fantásticas desde alturas lejanas, hundiéndose en el tembloroso espacio lacustre. Así nos ocurrió en el camino hacia el lago Tukhum Nor, que desde las colinas marginales parecía muy cercano, pero en realidad tardamos varias horas en llegar a él. El propio valle parecía llano y liso desde la distancia, pero se convirtió en un terreno atravesado por barrancos perpendiculares, que cansaron mucho a nuestra caravana.

En la orilla noreste del Tukhum Nor había un monasterio llamado Tukhumyn Dogyn, cerca del cual acampó la expedición.

En invierno, Tukhum Nor es una penosa zona yerma sin agua, casi indistinguible de la vista general del valle, cubierta por un fino manto de nieve. El tamaño del lago es insignificante: diez kilómetros de largo y seis de ancho. Un único río, el Jergalante, desemboca en Tukhum Nor desde el oeste. Las orillas del lago son llanas y bajas, salvo una pequeña franja en la que están ligeramente elevadas. El fondo es fangoso y salino. La vegetación de la orilla es pobre y se manifiesta por la caragana, el *deresun*, varias especies de salicornias y algunas otras formas típicas del país.

Según los mongoles, en primavera y verano, Tukhum Nor se llena de agua, sobre cuya superficie se reúnen un buen número de aves: patos, gansos, negrones especulados (*Melanitta fusca*), y en las orillas, correlimos (*Calidris*), garzas, grullas y gaviotas. Allí nos encontramos con una lechuza polar blanca, que se mantenía extremadamente erguida, una lechuza común oscura, un águila real, y entre los pájaros pequeños apenas unas alondras.

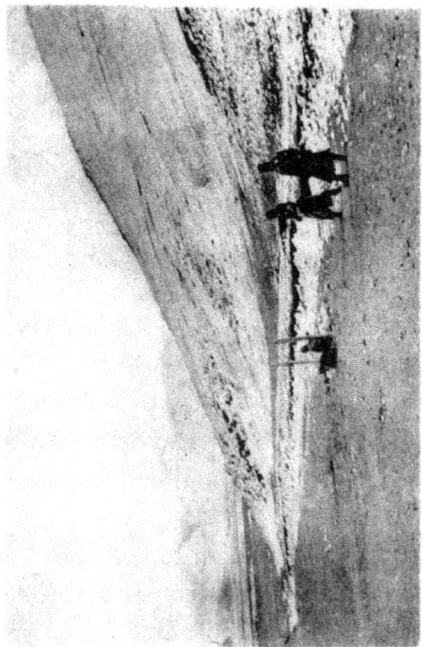

NORTE DE MONGOLIA; SECUENCIA DE LA EJECUCIÓN DE UN CRIMINAL MONGOL (ARRIBA A LA IZQUIERDA — ANUNCIO DE LA SENTENCIA DE MUERTE; DERECHA — EL CRIMINAL REZA FRENTE A UN BURKHAN; ABAJO A LA IZQUIERDA — EL CRIMINAL RECIBE UN DISPARO Y FINALMENTE — EL CADÁVER)

En cuanto a los mamíferos, además de las citadas gacelas de Mongolia, son comunes aquí los lobos, que organizan desagradables conciertos nocturnos con sus aullidos, y luego los zorros, las liebres y varias especies de roedores más pequeños. La liebre de Tolai (*Lepus tolai*), muy numerosa, está tan acostumbrada a la virtud del mongol que merodea por su morada como un perro. Sin embargo, este roedor se acobarda fatalmente frente a los depredadores alados, como las águilas, que se alimentan exclusivamente de liebres. En el norte de Mongolia he presenciado repetidas veces interesantes escenas de acoso entre un depredador regio y una liebre cobarde. El águila persigue a la liebre con un vuelo suave y, en cuanto intenta apresarla, la liebre da un salto desesperado, a menudo sobre el lomo del águila, y desaparece. El depredador de montaña se lanza de nuevo al ataque y la liebre repite el increíble salto. Al final, la liebre es capturada y conforma la cena del águila, que suele darse el banquete cerca de alguna colina.

Gracias a la transparencia del cielo, pude determinar astronómicamente la posición de Tukhumyn Dogyn. Durante la noche, estrellas nevadas en el aire helado aparecieron graciosamente en el cielo, junto con la luna ceñida por un hermoso anillo iridiscente.

DORJE O VACHIR (VARA)

Pensábamos acampar un día cerca del monasterio de Tukhumyn Dogyn, pero los caravaneros se opusieron enérgicamente a ello, aludiendo a la falta de forraje, lo cual podría haber afectado gravemente a los caballos. Por lo tanto, al día siguiente, por la mañana, nuestra caravana partió como de costumbre, excepto Chernov y yo, que decidimos pasar una o dos horas en el lago por la tarde para familiarizarnos con el carácter de su fondo transparente, que podía recorrerse a caballo. El resultado de estas observaciones fue la nota anterior sobre Tukhum Nor.

La ruta de la expedición se dirigió estrictamente hacia el sur durante las siguientes dos marchas, luego se inclinó hacia el sur-suroeste y mantuvo esta dirección hasta el pie septentrional de los montes Gurbunsaikhan (Gurvansaiján). El carácter general del terreno era montañoso, sobre todo en la mitad septentrional de la ruta, mientras que en la mitad meridional predominaban los valles abiertos, los principales de los cuales son utilizados por las grandes rutas de caravanas desde el noroeste de Mongolia hasta Kukuhoto (Hohhot)[*]. La superficie de montañas, colinas y valles habla en favor de una actividad constante: tormentas y vientos que modifican el relieve de Mongolia interior. La masa de material clástico, a medida que se aleja de la roca madre, se vuelve más fina y triturada; trozos más pequeños de escombros son arrastrados más lejos, moliendo en su camino pequeños guijarros separados, que a veces representan triedros típicos, y con menos frecuencia cuadrángulos. Los salientes de las rocas más duras también recuerdan la actividad eólica por su pulido, aunque en estos casos se nota más a menudo la costra protectora creada por calor

KHONKHO, CAMPANA DE ORACIÓN

del desierto, que cubre por todas partes tanto las rocas eruptivas como las antiguas. Al igual que las gotas de agua que se han originado en lo alto de los glaciares, en su avance se precipitan al fondo de los valles, acumulándose en ríos o lagos; aquí los granos de arena de las montañas, recogidos por el viento, se precipitan hacia abajo y juntos crean un mar de dunas. En la mayor parte de su interior, el territorio es monótono, apagado y yermo; resulta aún más deprimente para el viajero durante una tormenta, cuando se levantan nubes de fino polvo de la tierra que oscurecen el aire. En estos casos, todos los seres vivos se esconden, las voces se acallan y sólo el viento ruge y silba furiosamente, aterrorizando a los supersticiosos nómadas.

[*] La ciudad de Kukuhoto o Guihua, como la llaman los chinos, está situada en la parte norte de la provincia de Shanxi en el interior de China, pero fuera de la Gran Muralla, que se extiende unos ciento treinta kilómetros desde ella hasta el sureste. Guihua mantiene un amplio comercio con casi toda la China exterior y, en términos del volumen de su comercio con Mongolia, no tiene rivales en todo el imperio.

Cuando se produce una tormenta de este tipo, debido a la llamativa monotonía del paisaje desértico, no es fácil distinguir el camino ni siquiera para una persona familiarizada con él. Por eso, en las cimas de las montañas más cercanas o en las elevaciones opuestas, así como en cada giro característico, los mongoles han construido señales hechas con piedras, por las que el viajero puede orientarse, del mismo modo que cuando hace mejor tiempo uno se guía por la ubicación de los macizos dominantes, por sus contornos originales, que pueden captarse a veces a largas distancias de varias decenas de kilómetros. De hecho, casi cada paso abre nuevos horizontes, nuevas imágenes; algunas montañas se acercan, otras van más allá de la distancia opuesta. Con un libro y una brújula en las manos durante toda la travesía, marcaba continuamente cualquier objeto digno de atención, cualquier fenómeno característico. A menudo había que observar un mismo macizo durante varios días, y otras tantas travesías, para cartografiarlo debidamente. Tal fenómeno ocurría más a menudo cuando tales macizos se encontraban cerca del camino, pues primero nos acercábamos a ellos, realizábamos múltiples mediciones a nuestro paso, finalmente los dejábamos en la retaguardia de la ruta. Vimos la confirmación de lo antedicho en el segundo o tercer día de nuestro desplazamiento desde Tukhum Nor, donde, desde las cimas de las alturas transversales, se abría ante nosotros un amplio horizonte: las crestas de Delger Jangái (Delger Khangai) que se oscurecían al sur por delante, y las familiares Sonin Khangai, Ortsyk y otras del norte que quedaban atrás. Como veremos más adelante, nos acercamos a Delger Jangái, y al mismo tiempo apareció una nueva cresta transversal en dirección sur.

En el camino posterior, el carácter general del terreno seguía siendo el mismo. Las mismas cadenas montañosas, las mismas interminables alturas simples y complejas, huecos entre las alturas, a veces con manantiales o pozos, cerca de los cuales siempre se acurruca un hombre para pasar la noche. Hasta ese momento, la ruta tenía forma de línea recta, y había que tomar los azimuts o grados de dirección desde nuestro lugar de alojamiento hasta el objeto vecino en la siguiente parada.

Día tras día, la expedición avanzaba hacia el sur, el sol mongol nos bañaba con todo su calor y las alondras cantaban más a menudo y más fuerte. El aire volvía a ser transparente: las distancias azules se atisbaban a ambos lados. Al amanecer del 5 de febrero, logramos observar un fenómeno interesante: por un lado salía el sol, por el otro se escondía la luna; hubo un momento en que en el este y en el oeste, sobre las crestas de las montañas, ambas luminarias adornaban el firmamento. Nunca olvidaré la impresión que me causó la armoniosa combinación del solemne silencio y la majestuosidad del cuadro del desierto. Feliz es el viajero que vive durante años cara a cara con la naturaleza, pura y virgen, y tiene la oportunidad de observar sus diversas imágenes.

Durante el desplazamiento en caravana, todos los fenómenos llamaban la atención de un modo u otro: tomaba notas de todo lo que veía y el tiempo pasaba rápidamente, desapercibido. Además, los cortos días de invierno pasaban rápido viajando. Con el fin de la travesía, terminaba también la actividad diurna de la caravana. Mientras esperaban el tardío almuerzo, los miembros de la expedición trabajaban en el diario, ponían en orden sus observaciones, pero tras el almuerzo y el registro de la observación meteorológica vespertina, se iban inmediatamente a la cama. Los nuestros se acostaban incluso antes, pero también se levantaban más temprano. En invierno era especialmente duro para el convoy, que realizaba guardias jornada tras jornada por la noche, divididos en dos turnos. Así, tenían que estar de pie en medio del aire helado durante cinco horas seguidas, lo que era muy, muy difícil. Sólo los granaderos y cosacos rusos podían soportar todas las dificultades y penurias de una campaña de invierno, lo que siempre hizo que nosotros —sus camaradas mayores— los quisiéramos y respetáramos tanto. El destacamento o convoy de la expedición trabajaba en una tarea, nosotros en otra, y, en general, poco a poco todos cumplían un difícil y responsable cometido.

En la mañana del 8 de febrero soplaba un fuerte viento que cubrió de nieve la superficie de la tierra, y si no hubiera sido por los hitos de camino colocados con frecuencia, habría sido imposible avanzar sin desviarse de la dirección correcta. Caminamos todo el día hasta el anochecer y nos instalamos con seguridad para pasar la noche en un tramo del río Khashaten Gol. El viento era cada vez más fuerte y por la noche se convirtió en una verdadera tormenta, que cesó sólo a la mañana siguiente, cuando la temperatura del aire bajó a -27 °C.

El mismo día tormentoso cruzamos el camino superior de Kukuhoto, cerca del monasterio Tuguryugin Dogyn. Este monasterio fue construido con el permiso de los chinos para las ofrendas voluntarias de los *khor-chins*, es decir, mongoles que servían la carretera de posta de Kukuhoto. Los principales artesanos eran chinos, que dejaron como recuerdo una torre de hornos, en los que se cocían ladrillos.

Mientras nuestra caravana viajaba cerca de Tuguryugin Dogyn, se oían sonidos de grandes trompetas y un tambor procedentes de este monasterio.

En cuanto a los instrumentos musicales de los templos budistas en general, se dividen en cuatro categorías: idiófono, percusión, viento y cuerda; estos últimos, sin embargo, han sido abandonados.

Entre los instrumentos de la primera categoría se encuentran: la campana y el *damaru*, una especie de tambor pequeño. El *damaru* es un cilindro de madera vacío, con forma de reloj de arena, cuyos extremos están cubiertos de cuero; en el centro del cilindro hay dos bolas atadas a una correa especial que, al girar rápidamente el cilindro, golpean el cuero estirado sobre él y producen un sonido parecido al redoble de un tambor.

A la segunda categoría pertenece el *kengerge*, un tambor plano turco, de madera y corteza de abedul, cuyas paredes suelen tener unos trece centímetros de alto, pintadas de rojo y decoradas con la imagen de cinco o siete dragones entrelazados entre sí. Sobre estas paredes del tambor, y sin mediación de aros, se extiende una piel de cabra, revestida como un pergamino, de cien centímetros o más de diámetro transversal. Tal tambor se refuerza en el soporte y se golpea con un palo curvado especial, llamado *dokur*. El *dokur* consiste en un mango, en cuyo extremo está tallada la cabeza de un animal mítico conocido como «Matar». La parte curva del *dokur* se introduce en la boca de este Matar, que se utiliza para golpear el tambor. Además del tambor, la segunda categoría incluye platos y platillos de latón.

Entre los instrumentos de viento de los monasterios budistas se encuentran el *dun bure*, el *bishkur*, el *ganlin* y, por último, el *bure*. El *dun bure* es una concha marina común y corriente, cuyo sonido es similar al de un cuerno. Los budistas atribuyen el uso de la concha como instrumento de culto a la época de Sakyamuni. Según el orientalista ruso Aleksay Pozdneev, en la biografía de Tsongkhapa (1357-1419), el maestro reformador del budismo, se cuenta que una vez el rey de los dragones regaló a Sakyamuni una concha blanca, que fue utilizada por los discípulos de Buda en lugar de una trompeta para llamar a los rituales divinos en verano. Entonces Buda ordenó a Mutgalvani (Maudgalyayana), el discípulo más antiguo, que fuera al país de los tibetanos de cara roja y escondiera esta concha bajo la montaña Durikhtu, y supuestamente predijo que sería encontrada por Tsongkhapa, lo que realmente ocurrió durante la construcción del monasterio de Ganden. En este monasterio, la mencionada concha se conserva hasta el día de hoy como una reliquia que obra milagros[*].

El *bishkur* es un instrumento musical cuyos sonidos se asemejan a los de un silbato. Consta de tres partes separadas: la del medio es de madera resistente, y las dos de los extremos son de cobre; su longitud es de poco más de cincuenta centímetros. Los lamas mongoles atribuyen el momento de la introducción del *bishkur* en el uso ceremonial al período de estancia del monje bengalí Atisha (982-1054) en el Tíbet, y cuentan que cuando este predicador del budismo llegó de la India al Tíbet, no encontró allí muchas de las cosas que se consideraban sagradas en la India, por lo que pensó en satisfacer sus necesidades religiosas rituales de alguna manera. Así, por ejemplo, no existía el pájaro sagrado de Galandaga[†] ni el árbol de Galbivaras utilizado para el incienso. Para imitar el sonido del primero, se dice que inventó el *bishkur*, y en lugar del segundo hizo velas rojas humeantes. Es notable que cuando se toca el *bishkur*, siempre se encienden estas velas rojas humeantes delante del músico. El *ganlin* es un instrumento de viento que también consta de tres partes: la parte central está hecha de hueso de tibia humano y las dos partes de los extremos son de plata. La parte delantera del *ganlin* suele estar algo comprimida y en uno de sus lados tiene dos agujeros llamados «orificios nasales de caballo». Se supone que los sonidos del *ganlin* se asemejan a los relinchos de los míticos «caballos de viento», que transportan a los creyentes desde este mundo a las dichosas moradas de *Sukhavati*[‡]. El *bure* es una gran trompeta de cobre de aproximadamente metro y medio, y el *uher bure* es una trompeta de cobre similar, de casi cuatro metros de largo; su rugido incluye sólo las notas graves más bajas, y produce un efecto

---

[*]   *El Tíbet y el dalái lama* (1920), Piotr Kozlov, págs. 49-51.

[†]   Nombre mongol de un pájaro cantor de la India.

[‡]   *Sukhavati* es un concepto budista para designar una tierra pura en la que uno aspira a renacer.

terrorífico en los nervios. Se dice sobre el origen de estos tres últimos instrumentos de viento que, cuando Padmasambhava (717-762), un erudito budista, fue invitado a Urjan*, se negó a ir allí por la razón de que en la India no podía oír los relinchos de los «caballos de viento», y en segundo lugar, el rugido de los elefantes celestiales. Los devotos indios de Padmasambhava, que ciertamente deseaban ver a este santo, inventaron entonces un *ganlin* para imitar el relincho de un caballo e invocaron una tempestad para imitar el rugido de un elefante.

INSTRUMENTOS DE PERCUSIÓN Y VIENTO UTILIZADOS EN EL CULTO
BUDISTA

En el siguiente cruce, después del monasterio de Tuguryugin Dogyn, las abruptas cordilleras de Boin Geche nos abrían un vasto horizonte ha-

---

* Urjan es la antigua capital del rey Vikramaditya y una de las siete ciudades santas de la India.

cia el sur. Cerca, a la izquierda, sobresalían agudamente los montes Delger Jangái, a la derecha, los Akhyr, y entre ellos serpenteaba un canal pedregoso que ocultaba la misma dirección del mediodía. La silueta del extremo oriental del Altái mongol, Gurbunsaikhan, que tanto ansiábamos alcanzar, estaba inconmensurablemente más lejos, hasta donde alcanzaba la vista. El terreno estaba desierto.

INCIENSO BUDISTA

Tras descender al valle, cubrimos rápidamente la distancia que separaba el borde de las montañas del río Ongijn Gol (Ongi), y en la terraza limítrofe posterior, cerca del monasterio de Khoshun Khit, hicimos un vivaque.

A pesar de su considerable longitud —hasta ciento cincuenta kilómetros—, el río Ongijn Gol estaba sin agua en febrero. Cuando se da el caso, los habitantes de los alrededores cavan pozos, que no suelen ser profundos, de hasta dos metros de profundidad, rara vez más, de los que extraen buena agua dulce. Sin embargo, a menudo se encuentran ricos manantiales a lo largo del río, que delatan su presencia desde lejos por su brillante superficie helada.

El río Ongijn Gol nace en el extremo sureste de las montañas Jangái; en sus tramos superior y medio se precipita hacia el sureste, y en el inferior fluye directamente hacia el sur, hacia el lago Ulan Nor (Ulaan Nuur). En su curso inferior, el valle del Ongijn Gol, que hemos examinado, tiene una anchura de entre kilómetro y medio y dos kilómetros, con un canal rocoso que serpentea en el centro o en uno de sus lados, en la mayoría de los casos bordeado de altos acantilados, de hasta veinte metros de altura.

Las terrazas de las orillas bajas del Ongijn Gol están en algunos lugares cubiertas de un sauce bajo y rechoncho (*Salix*) y en otros de *deresun* plateado (*Lasiagrostis splendens*); las más altas están cubiertas de arbustos del género *Nitraria* (*Nitraria Schoberi*) y otros setos espinosos. Se ha observado que la mejor vegetación a lo largo del Ongijn Gol se concentra donde el valle se estrecha por macizos montañosos, y viceversa: más desolación acompaña al río en la llanura abierta. La fauna es la misma que antes. Entre los animales observamos: lobos, zorros, gacelas (*zerens*), liebres y pequeños roedores; y en cuanto a las aves: los antiguos halcones grandes y pequeños, busardos mongoles, lechuzas, cuervos negros, ocasionalmente el águila real, arrendajos terrestres (*Podoces hendersoni*), alondras cornudas (*Otocorys*), pinzones, perdices y algunas otras, que fueron observadas por primera vez en la vecindad de Khoshun Khit.

El camino de caravanas del norte cruza el Ongijn Gol cerca del monasterio y recorre toda la ruta hacia el sur a lo largo de la orilla derecha del río hasta la empinada curva del río hacia el oeste, donde el camino atraviesa de nuevo el Ongijn Gol y entra en los tramos septentrionales del sistema Altái mongol.

En apariencia, Khoshun Khit es un monasterio bastante rico y bello con un número de tumbas blancas (*suburgan*), dispuestas en una serie de templos, excepto el *suburgan* principal, que muestra una estatua de Buda de pie en su interior, y se distingue por su chapitel con imágenes de la luna, el sol y el fuego llameante de la sabiduría. En el lado sur de los templos hay una hermosa pagoda china, desde la que los lamas admiran el barrio.

El número permanente de monjes de este monasterio se estima en doscientos, y durante los *kurultais* (consejos o asambleas) de verano, hasta quinientos. Durante nuestra estancia estuvo ausente el abad del monasterio; le había sustituido un enérgico y estricto lama, que me hizo una visita y me proporcionó mucha información interesante. Antes de la aparición del lama, nuestro campamento estuvo asediado por molestos monjes que nos acosaban con todo tipo de peticiones. Pero cuando el lama se acercó a nosotros, con su sonoro grito de «¡lamas, a vuestros puestos! ¡Esto no es una caravana comercial china!», los monjes, aterrorizados, desaparecieron rápidamente, escondiéndose y, como ratones, asomando sus cabezas rapadas por las esquinas.

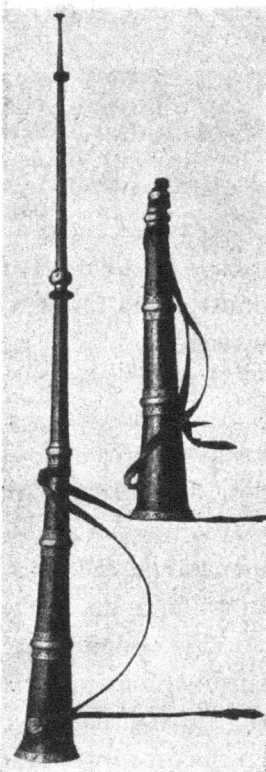

TROMPETA GRANDE (EN POSICIÓN EXTENDIDA Y CONTRAÍDA)

Invitamos al lama al té «habitual», durante el cual, por cierto, nuestro invitado preguntó delicadamente si Rusia había pagado una contribución a Japón. Tras recibir una respuesta adecuada, el locuaz monje comentó: «¿Qué medios utilizará Japón para organizarse y recuperarse, ahora que ha gastado todos sus ahorros en la guerra? Rusia aún tiene mucho dinero y otras riquezas. Todas nuestras leyendas hablan de incalculables riquezas del Estado ruso, al menos porque las principales fuentes de los ríos que alimentan el precioso lago Baikal, por así decirlo, las fuentes de nuestras riquezas mongolas, se transportan en balsas por los ríos hasta alcanzar las posesiones de Rusia». El sonido del cuerno que llamaba a la oración interrumpió mi conversación con el lama, pues este iba a participar en el servicio vespertino.

Si Khoshun Khit es rico por fuera, aún lo es incomparablemente más por dentro, tanto en lo que se refiere a su biblioteca como a los *burkhan* (ídolos budistas) metálicos y pintados, imágenes de deidades o, en general, todo el mobiliario del templo.

Con el permiso del lama, no sólo pudimos ver los templos, sino incluso asistir al

SUBURGAN (ESTUPA)

*kurultai* matutino de los monjes, que duró varias horas, interludio incluido. Durante el descanso, los monjes salían a tomar el aire, y los más jóvenes, además, a jugar y correr. Nuestra presencia al principio desconcertó a los lamas, pero al cabo de un rato se acostumbraron y se acercaron respetuosamente a nosotros y entablaron conversación, preguntándonos por nuestro aspecto y atuendo, pero sobre todo, al parecer, por la cuestión de adónde íbamos, si a Labrang o a Lhasa.

Desde su punto de vista, una caravana grande y poderosa, como evidentemente consideraban que era la nuestra, no tenía otro destino que uno de los famosos centros mencionados anteriormente. Por mi parte, tras mis constantes encuentros con lamas, en general me sorprendía el número de clérigos en Asia central, aunque en el Tíbet son aún más numerosos.

El profesor Pozdneev escribió: «Si por clero de Mongolia del Norte entendemos todas las personas que han tomado el rango clerical y los votos sagrados, este constituye una clase tan numerosa en Jalja que abarca más de las cinco octavas partes de toda la población». Este fenómeno, sorprendente a primera vista, se debe en cierta medida a la propia doctrina del budismo. Y es que el buda Sakyamuni siempre reconoció como único medio de salvación del hombre la renuncia completa al mundo, el desprecio de todas las cosas mundanas y la actividad exclusiva del hombre en beneficio del espíritu. Así, según las enseñanzas básicas y originales de Buda, todos sus seguidores debían ser ermitaños ascetas.

El ayuno y la oración, la abstinencia de todos los placeres de la carne seguían siendo los requisitos básicos de la religión y, además, cuantos más votos de abstinencia hiciera una persona, más probable sería su salvación, pues ninguna de las virtudes puede compararse con la virtud de los votos. «La virtud de ofrecer joyas a los vencedores de los enemigos no vale ni una centésima, ni siquiera una milésima parte, frente a la virtud de una sola observancia del ayuno».

Las propias enseñanzas de Buda se dividen en tres partes: la superior, la media y la inferior. Uno puede estudiar una u otra de las enseñanzas, y en consecuencia asimilarla por sí mismo, sólo después de tomar los votos correspondientes. No obstante, se considera pecaminoso leer los libros sagrados sin haber tomado la iniciación. Esta disposición, plenamente observada por los budistas mongoles modernos, es una de las principales razones por las que los mongoles asumen el rango espiritual y dedican a él a sus hijos incluso en la infancia. Sin ser iniciado, el niño no tiene derecho a leer libros sagrados y, por tanto, no sólo a prepararse para las etapas superiores del sacerdocio, sino también a conocer a fondo las reglas de su religión.

El consiguiente aumento excesivo del monacato en Jalja debería, al parecer, haber afectado al bienestar de ese país y haber provocado una restricción por parte del Gobierno chino, sobre todo teniendo en cuenta que éste siempre ha mantenido la norma de eximir al clero de toda clase de impuestos, tasas y derechos; pero los chinos son bastante peculiares en su política. Todavía no oprimen al clero, mientras los lamas tengan sus licencias clericales.

En Mongolia no existen aldeas ni pueblos, según nuestros conceptos europeos. Estos son sustituidos por monasterios, que no sólo son el centro de culto, sino a menudo también centros sociales, comerciales y administrativos. Los monasterios se construyen en las mejores zonas: las más convenientes y normalmente habitadas, sobre todo en valles fluviales, montañas, etcétera, a veces en vecindad unos con otros. En este caso, por ejemplo, ocho kilómetros río arriba, según los mongoles, había dos pequeños monasterios, situados casi uno frente al otro en ambas orillas del Ongijn Gol.

Incluso desde lejos, acercándose al monasterio, se podían admirar los hermosos tejados multicolores de los templos, a veces ricamente dorados; así como las cimas de las estupas donde ondeaban diferentes banderas y sonaban melodiosamente las campanas. Rodeados o no de murallas, los monasterios eran pilas de pequeños patios con celdas de monjes, divididos en calles y callejones con templos, capillas, *chaityas* (santuarios rupestres excavados en cuevas), palacios de reencarnaciones y lamas mayores que se alzaban en medio o a los lados. Los templos, en su mayoría de arquitectura tibetana, parecían especialmente majestuosos y bellos, sobre todo si se levantaban sobre verdes prados; eran limpios y silenciosos, excepto por el melodioso tintineo de las campanas atadas a los tejados estampados, el susurro de las banderas y el olor de las velas humeantes. En el interior de los templos reinaba una misteriosa penumbra, humo de incienso, una masa de iconos, velos, doseles, paños, diversos ornamentos que colgaban de lo alto; en el fondo había altares, estatuas de budas y bodhisattvas, a veces de tamaño colosal y muy artísticas, con lámparas que titilaban ante ellas. Durante las ceremonias, los lamas se sentaban en filas y recitaban o cantaban a coro la letra de los himnos, y una extraña orquesta toca su música. Por la mañana temprano, se oía el sonido lúgubre y prolongado de una caracola que sonaba como una trompeta; de diferentes partes de los pequeños patios aparecían figuras amarillas y rojas de monjes que caminaban despacio, con paso firme, tocando cuentas de sus rosarios. Luego rodeaban el templo en silencio, hacían un círculo y en una larga fila se abrían paso hasta la puerta abierta de par en par del templo, que lucía como unas fauces negras. Después se sentaban en sus lugares y un monje comenzaba a entonar el himno de alabanza en un tono muy grave: «Po-be-do-no-no-

no-mu». Y así comenzaba la ceremonia diaria habitual. Sin embargo, en otras ocasiones, los monasterios budistas también celebraban magníficos servicios solemnes, con el encendido de miles de lámparas y grandiosas procesiones de vivos colores. Danzas místicas, llamadas *dam*, que, cuando son bien interpretadas, siempre han deleitado a los europeos que las han visto al combinar los colores, la acción y el tempo de la danza con la música y el ritmo de todo el ritual. Además, se celebran ritos tántricos más complejos y misteriosos, a los que sólo pueden asistir los iniciados.

En Khoshun Khit había un pequeño núcleo comercial en forma de colonia china de diez a doce personas, refugiadas en siete yurtas, la mitad ocupadas con mercancías y la otra mitad destinadas a vivienda. Los chinos suministraban a los mongoles no sólo artículos de primera necesidad, sino también tejidos de seda y todo tipo de abalorios, así como pendientes de plata, anillos, pulseras con piedras de colores y muchos otros. A cambio de todo esto, recibían materias primas, pieles y también animales domésticos, especialmente ovejas, que los chinos solían mantener durante años en los pastos mongoles. Los comerciantes chinos eran como unas arañas que han tejido alrededor del país de los nómadas una compleja red. Los mongoles hacían depender su existencia de los chinos sin reparos, tanto los nómadas como los sedentarios. En la estepa, un mongol necesitaba dinero; en casa, té, tabaco, *dalemba* (tejido de sarga usado en confección de abrigos), percal, etcétera. Los chinos eran capaces de proveer todo esto a un mongol con recursos, presentándole una vez al año una demanda de materias primas y pieles u ovejas.

REPRESENTACIÓN DE LA SABIDURÍA (PRAJÑA O PRAGYA), UNA DE LOS PARAMITA O VIRTUDES BUDISTAS

Los chinos de Khoshun Khit, a quienes habíamos admirado bastante, vivían no lejos de nuestro campamento.

El primer día de nuestra estancia en Khoshun Khit fue bueno. El tiempo estaba despejado, lo que nos dio ocasión de realizar una serie de trabajos astronómicos para determinar las coordenadas geográficas de este punto; la altitud absoluta de la zona fue averiguada a partir de una serie de lecturas barométricas, anotadas durante dos días, a una hora fija. Apuntaré brevemente que el monasterio de Khoshun Khit está situado a unos 1.250 metros sobre el nivel del mar o, dicho de otro modo, a unos setenta metros por debajo de Urga.

A partir del segundo tercio de febrero, los atisbos primaverales de calor se hicieron notar cada vez con más frecuencia. El canto de las alondras se hizo más sonoro y prolongado; a veces estos pájaros, apretando sus garras, se peleaban ferozmente; por lo que pude observar, se trataba sólo de los machos, probablemente a causa de sus parejas. Los busardos ratoneros también mostraban excitación, elevándose en lo alto y sondeando el aire claro, emitiendo sonidos de júbilo.

A medida que nos acercábamos al Altái mongol, encontrábamos una actividad meteorológica más intensa que antes, que

LAMA

afectaba tanto a las cumbres de los macizos como a las rocas sueltas y guijarros, que abundaban en la superficie de los valles o desfiladeros. Dependiendo de la forma y dureza de los guijarros, de la mayor o menor tosquedad de la grava o arena que redondea y muele a éstos y, por último, según el tiempo de exposición de los agentes atmosféricos y la arena a las rocas en cuestión, estas últimas se frotan, se alisan, se trituran y a menudo se modifican hasta adoptar feas o, por el contrario, bellas y fantásticas formas. Cuando se viaja por estos terrenos, uno se detiene muchas veces para tomar un guijarro, lo admira, lee en él la dirección de los vientos dominantes y luego se lo lleva al bolsillo o lo tira. Sobre mi mesa, los especímenes geológicos, así como los de otras ciencias naturales, solían estar dispuestos en grupos. Los guijarros bruñidos y pulidos, con contornos intrincados, a menudo llamaban la atención incluso de nuestros granaderos y cosacos, que los metían en sus bolsillos y los traían a nuestra tienda. Así, en términos de meteorización, pulido y cur-

tido en el desierto, conseguí recoger los ejemplares más típicos y características, que en general formaban una colección significativa. Durante esos días, la expedición se movía con especial éxito, ya que recorría largas marchas. Parecía que la vista de los picos de Gurbunsaikhan daba nuevas fuerzas al destacamento. El 15 de febrero llegamos a la zona de Shovangyn Junde, en las cercanías del monte Unegete, bordeado por saxaules (*Haloxylon ammodendron*), que sirvieron de excelente combustible para nuestro campamento. Los graznidos de las perdices chukar (*Caccabis chukar*) se oían desde las colinas más cercanas, rompiendo el silencio del monótono desierto gris oscuro.

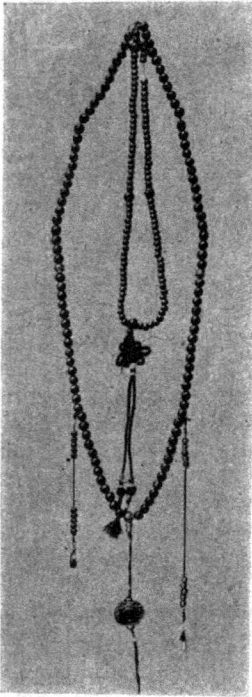

Nuestra llegada aquí coincidió con el momento en que se esperaba la llegada de oficiales chinos desde Ulyasutai (Uliastai), eran los jueces de un mongol convicto. Sin embargo, al vernos, los ancianos del lugar se reunieron de inmediato y ofrecieron amablemente a la expedición utilizar las yurtas habilitadas para los chinos. Como los ancianos también estaban informados sobre la ruta de nuestra expedición a través de esta zona, con mucho gusto utilizamos el *urton* (estación postal) y muy rápidamente establecimos un vivaque. Por la noche, junto a la hoguera y con una taza de té, el charlatán capataz nos contó la historia de un delito que en otro tiempo había causado conmoción entre los apacibles mongoles. En esa misma noche, hace un año, ocurrió lo siguiente:

ROSARIO BUDISTA

Un grupo de ocho mongoles que, como nosotros ahora, acampaban para pasar la noche, viajaban en dirección contraria a la nuestra. Sentados alrededor del fuego, los viajeros conversaban pacíficamente, cuando de repente uno de ellos levantó la voz y empezó a atacar a su camarada, un joven mongol, que le había hecho una broma muy pesada. Y esta vez el necio y ofendido interlocutor se vio obligado a escuchar aún más burlas, por lo que se enfureció de la manera más terrible y desapareció sin que nadie se diera cuenta. Los demás mongoles se rieron a carcajadas; el joven se había convertido en el héroe de la velada. Pocos minutos después, el alegre mongol regresó con un palo en las manos y, acercándose por detrás, golpeó al muchacho en la cabeza con todas sus fuerzas. El golpe fue tan fuerte que el joven mongol murió en el acto. Los compañeros se horrorizaron y agarraron al asesino. Éste, al parecer, se acobardó y gritó que nunca había tenido intención de matar al joven, sino que sólo quería herirle para que el «muchacho» no se atreviera a reírse de sus mayores en el futuro. Al amparo de la noche, los mongoles discutieron largamente su situación y, finalmente, tras cargar el cadáver en un camello, lo condujeron a las colinas más cercanas y lo enterraron en la arena. Por la mañana, como si nada hubiera ocurrido, el grupo de mongoles emprendió su camino. El oficial mongol que lo había visto todo se lo contó al administrador local, Tushetu Kan. Fue entonces cuando tanto el asesino como sus acompañantes fueron arrestados y el asunto pasó a manos de los chinos, a quienes se esperaba aquí, en la escena del crimen.

Conociendo a los mongoles en general, no es difícil adivinar la tristeza que debía reflejar la noticia de la llegada de los jueces chinos, que, como siempre en estos casos, amenazaba con pesar sobre los bolsillos de los habitantes de Mongolia, que, en rigor, son bastante pacíficos y están muy lejos de los delitos criminales. Si en Mongolia ocurre algo semejante, es por inadvertencia o, como en este caso, en un momento de terrible cólera e irritación.

Las alturas situadas al sur de Unegete nos revelaron la silueta aún más trágica de Gurbunsaikhan, que se extendía en dirección transversal. Entre estas alturas y las «Tres Excelentes Cordilleras» (significado literal de Gurbunsaikhan) se extendía un vasto valle atravesado por colinas, crestas y cuencas secundarias de lados bien definidos, de color rojo. En el fondo de las hondonadas había arenas grumosas cubiertas de maleza de saxaúl, que daban cobijo a mongoles que apacentaban los llamados *bogdokan* o camellos imperiales, cuyo número superaba el millar de cabezas.

De estos mongoles tuvimos que aceptar un obsequio en forma de té de ladrillo aromatizado con leche de camello. Los habitantes del desierto conocían bien el *khoshun* de Baldyn Jasagh, situado en la zona de las montañas frontales del Altái mongol. También conocían al propio gobernador, el *yasag* (*jasagh*), que era conocido en la vecindad como un viejo bondadoso y popular. Aquí también tratamos accidentalmente con uno de los habitantes del mencionado *khoshun*, un rico mongol, que se dirigía a Urga y nos dio un consejo práctico: seguir sus huellas frescas que conducían al mismo desfiladero por el que debíamos ascender al paso de Ulen Daban.

Hacía mucho calor a mediodía entre arenas y arbustos de saxaúl. La superficie abierta e iluminada por el sol de la arena se calentaba hasta dieciséis grados centígrados.

Los gorriones de saxaúl (*Passer ammodendri*) gorjeaban ruidosamente, y un alcaudón (¿*Lanius mollis?*) cantaba bellamente. Al notar nuestra presencia, esta inteligente ave se calló y se marchó volando sin darnos la oportunidad de disparar ni un solo tiro. De otras aves, observamos todavía muchos *Syrrhaptes paradoxus*, y de mamíferos nos encontramos por primera vez aquí con la gacela persa (*Gazella subgutturosa*) y un jerbo grande (*Rhombomys opimus*), que se delató con un fuerte chillido.

Desde la cuenca más profunda, ascendimos a lo largo de los intrincados sedimentos rojos de Hanhái (como los chinos llaman al desierto de Gobi*), hasta tierras altas cuya superficie era más suave, donde está marcada la carretera de Kukuhoto. Recorrimos este camino durante varios kilómetros y acampamos en el hermoso manantial de Tala Jashat. Me imagino lo bien que se debe estar aquí en verano, que ahora es un rincón tan acogedor para los viajeros de esta rica primavera, que se extiende como una cinta plateada por la ladera cubierta por un prado esmeralda. Junto al hombre ocasional, vuelan aquí en abundancia aves migratorias y nidificantes, mariposas multicolores, o cautelosas y ligeras gacelas que se escabullen al abrevadero por las mañanas y las tardes.

Incluso ahora se respiraba aquí cierta vivacidad y acogimiento, pues ahora la ladera del manantial estaba libre de hielo, que, por otro lado, cubría sólidamente como una costra la llanura lacustre. El manantial brotaba de la tierra con un fuerte chorro de agua cristalina con una temperatura de 1,4 °C, que gorgoteaba por la escarpada ladera.

Desde Tala Jashat hay una amplia vista del Altái mongol, del macizo de Arts Bogdo, que me resultaba familiar del trayecto anterior, con sus característicos picos en forma de embudo. Por allí discurría una gran ca-

---

* En esas zonas escarpadas, debido a la mayor elevación del terreno, se encuentra a menudo una desolación extrema, ausencia total de vida vegetal o animal, ni un solo sonido. Por todas partes hay un color gris amarillento deprimente. Los mongoles llaman a estos lugares *gobi*.

rretera serpenteante, en cuyas inmediaciones se encontraba el pozo de Chatseringi Juduk, punto astronómico de la «Expedición Mongolia-Kham». Por aquel camino circulaba ahora una gran caravana comercial que transportaba cuero, lana y otras materias primas a Kukuhoto. Los camellos chinos parecían terriblemente agotados y cansados; los guías mongoles tampoco estaban en su mejor forma, quejándose del frío y de la falta de alimentos, a causa de lo cual habían perdido hasta diez anima-les de carga. Comparados con los camellos chinos, nuestros camellos se consideraban buenos, y mirábamos sin miedo a las montañas de enfrente...

CARAVANA EN MONGOLIA

# Las montañas de Gurbunsaikhan, la sede del *jasagh* de Baldyn y el camino hacia Etsil Gol

E L majestuoso macizo Gurbunsaikhan*, al que ahora nos acercábamos, constaba de tres crestas separadas: la occidental (Baruun Saikhan), la intermedia (Dund Saikhan) y la oriental (Zun Saikhan), situadas sobre una vasta y alta base común. Vladímir Obruchev, que en su tiempo también prestó seria atención a una división tan marcada del macizo considerado en la dirección vertical, opina con razón que la extensión vertical de la base sobre los valles adyacentes supera la altura relativa de la propia cresta que yace sobre esta base.

A medida que nos acercábamos a Gurbunsaikhan las montañas se hacían más altas; la nieve que cubría las laderas septentrionales de Dund Saikhan en sus franjas superior y media se volvía de un blanco más claro y brillante. Las cordilleras más adelantadas, Argalinte (Argalint) y Jalga (Haalga Nuruu), flanqueadas al este por los picos separados de Builusen, Dan y Khuchzhar, eclipsaban algunas partes del macizo principal y estrechaban el horizonte. Nuestra caravana se extendía en una larga hilera a lo largo del prado llano de las estribaciones y destacaba sobre el fondo dorado de la exuberante y densa vegetación herbácea. Estos hermosos pastos atraían no sólo a los mongoles con sus rebaños de caballos, vacas y ovejas, sino también a los habitantes salvajes de las estepas, las veloces y gráciles gacelas de Mongolia (*Gazella gutturosa*) y gacelas persas (*Gazella subgutturosa*), que vimos en gran número durante nuestro camino. Pues-

---

* Literalmente, «las tres bellezas».

to que viven en constante contacto con el ganado de los pacíficos nómadas, estos encantadores animales tienen poco miedo de la gente, y por
ello no se esconden, lo que les permite ser vistos y exponerse a un tiro
fácil. Así, sin mucha dificultad, conseguimos cazar un excelente ejemplar
de un joven macho de *Gazella gutturosa*.

Aprovechando la proximidad del campamento del funcionario mongol Tusalakchi Jasagh, dejé la caravana por un rato y le visité para
conseguir un guía local. A pesar de que el propio Tusalakchi se había au-
sentado debido a un viaje a Pekín, fui recibido muy amablemente por su
esposa, que prometió toda la ayuda posible y, de hecho, nos envió un
guía esa misma tarde.

La ruta ulterior atravesaba la estepa de Gurbunsaikhan, que me recordaba, entre otras cosas, el carácter general de las estepas del lago
Kokonor (Qinghai). Una vez cruzamos esta zona, la expedición acampó
durante la noche en la llanura de Tsagan Irge Butse, con la expectativa
de que al día siguiente pasaríamos la cresta y descenderíamos hasta el
cuartel general del príncipe mongol, el *jasagh* de Baldyn, donde pensábamos hacer una parada bastante larga.

El fuerte viento del sudoeste que nos había perseguido durante un
tiempo considerable soplaba también esta vez, pero, como de costumbre,
cesó al atardecer. El fino polvo que había estado nublando el aire desapareció en el horizonte, y un maravilloso amanecer comenzó a jugar en el
claro cielo. En general, los amaneceres de Mongolia central se caracterizan por un inusual encanto tranquilo. El aire limpio favorece que los
delicados matices de los tonos aparezcan en especial relieve, creando así
un cuadro inimitable en su arte. Permanecí inmóvil durante mucho
tiempo, contemplando en silencio la puesta de sol que se desvanecía; con
colores que cambiaban a cada minuto, pasando del púrpura al rosa y al
violeta. El cielo se volvió poco a poco más oscuro, más profundo, y se ilu-
minaron las estrellas una a una, primero las grandes, luego las medianas
y, finalmente, las más pequeñas. La luna se asomaba furtiva por detrás
de las lejanas cumbres del Gobi, de contornos nítidos. La naturaleza terrestre se dormía, y la naturaleza celestial desplegaba su tentador reino
majestuoso.

A la mañana siguiente, el 18 de febrero, nos pusimos en camino con
un ánimo especial, pues todos éramos conscientes de que sólo faltaba

una travesía antes de alcanzar un placentero y merecido descanso en las laderas meridionales del Altái mongol. La imagen de las montañas que se acercaban no paraban de agradar a la vista. Ahora se veían claramente rocas separadas, grietas y prados alpinos. Unos cuantos kilómetros más adelante, la expedición entró en un estrecho desfiladero serpenteante, parcialmente cubierto de nieve, que debía conducirnos al paso. Cuanto más ascendíamos, más empinado y pedregoso se volvía el camino. Debajo de nosotros, en la terraza de una dehesa, podíamos ver los *kereksur* (*khirigsuur*)* en forma de túmulos de piedra. Un arroyo corría por el fondo del desfiladero, gorgoteando monótonamente, aunque se escuchaba un silencio sepulcral alrededor. Los raros nómadas mongoles se acurrucaban en las montañas, sólo las chovas piquirrojas (*Pyrrhocorax pyrrhocorax*) y los gorriones alpinos (*Montifringilla alpicola*) revoloteaban por los sombríos acantilados.

El paso de Ulen Daban está situado en la parte occidental de Dund Saikhan y, como todos los pasos no sólo de Mongolia, sino de Asia central en general, está coronado por un obo. En las inmediaciones del obo, en la cima llana y nevada del paso, nos recibió un mensajero mongol, que debía indicar a la expedición la ubicación exacta del cuartel general del *jasagh* de Baldyn. Aquí hicimos una medición barométrica de la altitud absoluta de Ulen Daban, que era de 2.436 metros sobre el nivel de mar, y luego comenzamos a descender cautelosamente hacia el sur, donde Gurbunsaikhan está cortado por acantilados particularmente escarpados y altos. Un buitre negro (*Aegypius monachus*) se elevó orgulloso cerca de nosotros sin batir las alas, y un poderoso halcón del género *Falco* se precipitó en picado, en la parte estrecha del desfiladero, con las alas plegadas en el cuerpo.

Al salir del desfiladero, cambiamos el rumbo hacia el este y empezamos a avanzar por el pie meridional de las crestas rocosas del macizo, atravesando numerosos barrancos y cañadas estrechas que ocultaban traicioneramente la lejanía. El mejor monasterio de los dominios del *jasagh* de Baldyn, Khoshun Khit, estaba enclavado en la terraza de la ladera derecha de un profundo barranco. A nuestro paso, los perezosos y apáticos lamas habían abandonado su refugio y trepaban por las acogedoras rocas de la montaña para tomar el cálido sol primaveral. La vasta cuenca

---

* Túmulos funerarios de la Edad de Bronce típicos de Mongolia.

adyacente a las laderas meridionales de Baruun y Dund Saikhan estaba cubierta de nieve sólida y delimitada en el lejano horizonte meridional por las erosionadas montañas Ihz y Baga Argalinte.

Nuestros cansados camellos avanzaban muy lentamente; todos esperábamos con impaciencia la aparición del cuartel general del gobernador local. De repente, como salidos de la tierra, surgieron dos jinetes: uno de ellos era un miembro de la expedición, el cosaco Badmazhapov, enviado por mí desde el paso anterior, con saludos para el príncipe mongol, y el otro era un oficial del propio *jasagh* de Baldyn, que me presentó un saludo formal de su jefe, junto con un *khadak* azul y una invitación para una «taza de té». Unos minutos más tarde, después de haber adelantado a la cansada caravana, entramos en la zona de Ugoljing Tologoi, donde dos yurtas y una tienda de campaña azul, cuidadosamente preparadas para los participantes en la expedición, ya se encontraban en un prado acogedor. Esta visible atención hacia nosotros, los viajeros, así como el informe de Badmazhapov, me complació sinceramente, y fui con especial placer a tomar el té con el hospitalario *jasagh* de Baldyn.

El cuartel general principesco, compuesto de cuatro yurtas, estaba situado al este, a una distancia de casi un kilómetro de nosotros, en una pequeña hondonada, y algo oculto a la vista. En la primera yurta, destinada a los invitados, nos recibieron amablemente los oficiales, que nada más entrar me sentaron en un lugar de honor. Frente a mi mullido asiento de

TAZA PARA COMER Y BEBER TÉ

cojines de alfombra apareció tranquilamente una mesita con un tentempié: una taza de té de ladrillo mongol (con leche y mantequilla) y un plato entero de deliciosas tortas de pan, azúcar y pasas sultanas. Pronto apareció también el hospitalario anfitrión, primorosamente vestido con traje ceremonial.

Pequeño de estatura, de rostro agradable y abierto, no carente de cierta nobleza y de hablar vivaz y sociable, el bondadoso y anciano *jasagh* despertó en mí desde el primer encuentro un sentimiento de la más sincera simpatía. Después de haber intercambiado saludos, el príncipe comenzó a preguntarme sobre el curso del viaje, sobre la vida errante, sobre nuestra patria, y recordé cómo en mi anterior viaje habíamos ha-

blado con él en ausencia por mediación de sus funcionarios y de mi in-
sustituible, entonces joven, compañero Tsokto Badmazhapov. La llegada
de la caravana al campamento interrumpió nuestra amistosa conversación y, después de despedirme de mi agradable nuevo conocido, me
apresuré a salir al encuentro del primer grupo que se aproximaba. Al
anochecer del mismo día, se enviaron los regalos al príncipe.

Desde el primer día de nuestro vivaque en el tramo de Ugolyin Tologoi, establecimos las típicas observaciones barométricas y
meteorológicas, realizamos una serie de determinaciones astronómicas
necesarias, y organizamos unas entretenidas excursiones de tipo geológico y zoológico en las montañas. Todo nos parecía favorable, sólo
sentíamos un pequeño inconveniente por la falta de agua, que había que
sustituir por nieve derretida, que yacía a la sombra de los salientes de las
montañas, y una pequeña cantidad de leña. La altitud absoluta de Ugolyin Tologoi era de 1.878 metros. La primavera, poco a poco, como con
miedo, hacía acto de presencia: la temperatura nocturna hasta finales de
febrero se mantuvo persistentemente de quince a doce grados centígrados (las mediciones se hacían a la una en punto). Durante el día, a la
sombra, la lectura del termómetro por encima de cero grados (0,8 °C) sólo se registró el 27 de febrero. Las montañas de Zun Saikhan se
oscurecieron notablemente, liberándose de la capa de nieve, que ya casi
había desaparecido en la cuenca de Ustyn Tala que las colindaba por el
sur. En los días grises, las nubes cargadas de nieve blanqueaban las arru-
gas de las montañas adyacentes, pero esta nieve fresca solía evaporarse
pronto. El aire, en general, era extremadamente seco. A finales de febrero, en el pozo de un desfiladero de las montañas cercanas, descubrimos
unas gambas que se mantenían muy vivas. Pero la llegada de la primavera se percibía sobre todo al amanecer, especialmente con tiempo
tranquilo y despejado, cuando la alegre voz de la alondra cornuda (*Otocorys brandti*) llegaba hasta nuestros oídos....

En los dos o tres primeros días de nuestra estancia en Ugolyin Tologoi, estuvimos casi exclusivamente ocupados en las negociaciones con el
príncipe acerca del próximo viaje al río Etsin Gol. El príncipe y sus dos
consejeros trataron de convencerme de que no había caminos en la dirección indicada, que sólo había desierto, a veces pedregoso, otras veces
arenoso, que incluso los mejores camellos difícilmente podrían llegar a

Etsin Gol. Según el *jasagh*, en el siguiente trayecto que iba desde Etsin Gol a Alasha Yamen (Dingyuanying o Bayanhot), tendríamos que vérnoslas con el príncipe Torgut Beile*. Al final, mi compañero se comprometió a guiar la expedición hasta los dominios de este último, y dicho sea de paso, a cambio de una elevada suma.

Cuando la cuestión de nuestro ulterior viaje quedó así resuelta de manera positiva, fijándose el primero de marzo como día de partida de la caravana, el *jasagh* de Baldyn no dejó de preguntarme:

—¿Por qué te insistes en ir por todos los medios a Etsin Gol y no directamente a Alasha Yamen, donde el camino es bueno y el tiempo requerido es menor, y, por tanto, menos trabajo, penurias y menos gastos materiales?, —y añadió— ¿cuál es el interés en Etsin Gol?

—Sí, —respondí al príncipe— tienes razón: ¡allí se encuentran unas ruinas muy curiosas de una ciudad antigua!

—¿Y cómo lo sabes? —inquirió mi interlocutor.

—Por los libros de nuestros viajeros y por las cartas de mis amigos— respondí yo.

—Así es —dijo el príncipe—, he oído hablar de Khara-Khoto a mi gente, ellos han estado allí. En efecto, hay una ciudad amurallada, pero poco a poco se está cubriendo de arena. Me han dicho que allí, en las ruinas, hay mercaderes que cavan para buscar riquezas ocultas. También he oído que algunos han encontrado algo. ¡Ve, y tal vez tú también encuentres algo maravilloso! Ustedes, los rusos, lo saben todo, y sólo ustedes pueden hacer este tipo de trabajo. Me parece que los torgut[†] no os pondrán trabas para llegar a las ruinas, como tampoco os las pondrán para las excavaciones; aunque debo advertir que, hasta ahora, nadie como vosotros ha estado allí, y los torgut han estado ocultando cuidadosamente Khara-Khoto y la antigua ruta a través de esta ciudad hasta Alasha Yamen hasta hace poco. Por favor, —concluyó el *jasagh*— no digas que yo te informé de las ruinas, sino que tú simplemente ya lo sa-

---

* Aunque usado por Kozlov como el nombre del príncipe, se podría traducir como «jefe» o «príncipe torgut». Puesto que *beile* era un título nobiliario manchú equivalente a príncipe. (N. del E.)

† El clan torgut es uno de los cuatro clanes mongoles que antaño compusieron la llamada Alianza de los Cuatro Oirates, una confederación de tribus mongolas que existió entre los siglos XIV y XVII.

bías y que pediste estrictamente al *jasagh* de Baldyn guías y camellos para llegar a la sede de Torgut Beile.

Entonces nuestras miradas sonrientes se encontraron, me levanté y estreché firmemente las manos de mi compañero.

Ahora acariciaba más que nunca el sueño de no sólo de llegar a las ruinas, sino también de trabajar en ellas y, si tenía suerte, hallar de manera exitosa algunas antigüedades para así complacer a mis amigos de la Sociedad Geográfica Rusa, a quienes había confiado mi plan secreto antes de partir para el viaje.

Veía diariamente a mi vecino, el *jasagh*; me presentó a su familia, compuesta por su esposa, una mongola muy atractiva, de rasgos característicos pero bellos, tres hijos y tres hijas. Los dos hijos mayores, jóvenes enfermizos y débiles, servían como lamas, uno en el monasterio del *khoshun*, el otro en Urga. El hijo menor, Tsultum, un mongol apuesto, sano y gallardo, que había sido nombrado noble por el Gobierno chino, simpatizaba especialmente conmigo. El anciano príncipe, que acudía a menudo al campamento de la expedición, se interesaba particularmente por nuestro armamento y no ocultaba su ardiente deseo de adquirir un revólver y un fusil Berdan.

En general, las armas son la pasión de los nómadas. Por las armas, los nómadas están dispuestos a sacrificar casi todas sus posesiones sin dudarlo. Cuando le regalé al *jasagh* de Baldyn un revólver y le prometí darle también el deseado fusil, a condición, sin embargo, de que me entregase su obsoleto fusil mongol, el viejo quedó tan encantado que olvidó su mala salud, de la que se había estado quejando hasta entonces; le brillaron los ojos, cogió primero una y luego otra de mis armas, y empezó a apuntar con ellas y a ejercitarse en todos los sentidos. Cuando empezó a sentirse cansado, el príncipe se sentó sin soltar las armas, y comenzó a acariciarlas, pasando suavemente la mano sobre los cañones. A mi pregunta: «¿Cómo son nuestras armas?», el príncipe sonrió y levantó el pulgar derecho en señal del mayor elogio. Finalmente, nuestros hombres hicieron una demostración de tiro con sus fusiles y mi amigo y su séquito quedaron encantados.

La vida en nuestro vivaque transcurrió con ininterrumpidas ocupaciones; terminadas las negociaciones con el *jasagh* y hechas las observaciones astronómicas, nos dedicamos a clasificar y colocar colec-

ciones, tres cajas de las cuales, junto con informes y cartas, fueron enviadas a casa.

Muy a menudo, durante la jornada de trabajo, nos asediaban parientes y amigos del príncipe mongol, o incluso simples vecinos. Todos estos
lugareños se sentían atraídos por nuestro indispensable instrumento
musical: el gramófono. En este caso, los nómadas se convirtieron en en-
tusiastas niños curiosos. Se reían, intentaban meter la cabeza en la
bocina, preguntaban quién cantaba y estaban especialmente encantados
con los discos en los que podían oír ladrar a los perros y cantar a un gallo. Muchas veces pedían reproducir la imitación del relincho de un
caballo, el mugido o el gruñido de un camello, el balido de una oveja,
etcétera. No les gustaba nada la ópera, pero también causaba gran alegría la interpretación de canciones corales rusas con acompañamiento de
armónica o grabaciones de marchas militares, etcétera.

Durante nuestra estancia de diez días en la zona de Ugolyin Tologoi,
sólo una vez pudimos hacer una excursión a las montañas vecinas. La
parte rocosa de Zun Saikhan, adonde fuimos con el geólogo Chernov y
dos cazadores. En sus partes más prominentes, como el pico Khairkhan,
se elevaba hasta los 2.500 metros sobre el nivel del mar y se caracterizaba por grandes desfiladeros de guijarros, donde la vegetación herbácea y
semiarbustiva aún encontraba un lugar, prefiriendo en general las laderas suaves y las partes aterrazadas de los valles, que proporcionaban
alimento a muchos rebaños en Baldyn.

A lo largo de los cauces secos de muchos lugares había pozos con excelente agua de manantial. Las montañas de Zun Saikhan eran, por
tanto, excelentes pastos, con un clima moderado e incluso fresco en los
meses de verano, que permitía tanto a los animales salvajes como a los
domésticos escapar del sofocante calor del vecino desierto de Gobi.

En cuanto a colecciones zoológicas, nuestra excursión no fue satisfactoria; de animales sólo vimos lobos y gacelas (*Gazella subgutturosa*) y
conseguimos un interesante conejo de rocas (*Lagomys**). Entre las aves
observamos los ya mencionados buitres negros (*Aegypius monachus*), halcones (*Hierofalco et Tinnunculus*), gorriones alpinos (*Montifringilla alpicola*),
un búho (*Bubo*) que voló desde la ladera de una montaña y pronto desapareció de nuestra vista, pero sólo conseguimos atrapar un acentor

---

\*    Género taxonómico obsoleto dentro de la familia *Ochotonidae*. (N. del E.)

pardo (*Prunella fulvescens*). El geólogo, como siempre, fue generosamente recompensado con una minuciosa colección de rocas que componen la parte oriental del macizo de Gurbunsaikhan.

En las inmediaciones de nuestro campamento, el número de aves y su diversidad también eran escasos. El visitante más común del vivaque de la expedición era el cuervo negro (*Corvus corax*), que aparecía en forma de una pareja indivisible por la mañana, pasaba todo el día con nosotros, y volaba a las montañas más cercanas por la noche.

Además de los cuervos, traían un poco de emoción los pinzones (*Montifringilla alpicola et Pyrgilauda davidiana*), y el arrendajo de saxaúl (*Podoces hendersoni*). Grandes halcones y águilas, así como gangas de Pallas (*Syrrhaptes paradoxus*) sólo se veían a distancia; aunque, a menudo, sentíamos a las gangas desde dentro de la yurta o la tienda, ya que estas aves del desierto revelaban su presencia con un peculiar aleteo o un original timbre de voz.

Mientras tanto, el tiempo volaba deprisa; se acercaba el final de febrero, ese mes tormentoso y frío. Según nuestras observaciones, los días tranquilos eran una excepción, pero por lo general los vientos soplaban fuertemente del oeste, con mayor o menor inclinación al norte o al sur, trayendo nubes de polvo, que a veces oscurecían la atmósfera durante mucho tiempo. Sucedía, sin embargo, que nuevas ráfagas más fuertes arrastraban el mismo polvo a lo largo de las montañas.

Durante una tormenta en Mongolia o en el Gobi no hay dónde refugiarse: el viento penetra fácilmente en las viviendas de fieltro. La vida animal también se paraliza: todo se esconde, todo está en silencio y, aparte del ruido de la tormenta, no se oye nada en los alrededores.

Sin embargo, después de la tormenta llega el silencio absoluto y el día siguiente es inusualmente bueno: el sol empieza a calentar enseguida; la nieve se evapora rápidamente; al sentir el calor, las alondras (*Otocorys brandti*) se elevan en el cielo, y su canto anuncia la primavera.

A medida que se acercaba el final de febrero, se acercaba también la nueva etapa del viaje de la caravana.

Los hombres del destacamento, con el sargento mayor Ivanov a la cabeza, estaban terminando enérgicamente la reparación de los accesorios de acampada y la preparación de carne de carnero seca*, porque, según los mongoles, el camino hacia Etsin Gol se encontraba en una zona desierta y deshabitada. A su vez, nosotros, los miembros de la expedición, ultimábamos nuestros informes y últimas cartas; en resumen, nos disponíamos a emprender la marcha. En la víspera de la partida, todos pusimos las últimas piedras sobre la cima del gran obo construido por la expedición en el campamento de Baldyn. Este cúmulo de piedra debía marcar la ubicación exacta del punto astronómico puesto en el mapa por los viajeros, y también recordar a los mongoles la larga estancia de la expedición de la Sociedad Geográfica Rusa.

Una mañana fría y nublada, la primera de marzo, abandonamos el campamento y, acompañados por un apuesto príncipe y su séquito, nos dirigimos hacia el sur-suroeste. Una pequeña pendiente pronto condujo a la caravana a la parte más baja del valle adyacente, al pozo de Bartan Huduk (Bartan Hudag). Aquí no había nada de nieve; la temperatura del agua del pozo a la una de la tarde era de 0,2 °C; la atmósfera estaba llena del alegre canto de las terreras marismeñas (*Alaudala rufescens*). Desde aquí, el *jasagh* de Baldyn tuvo que regresar a su campamento, tras haberse retirado a las montañas vecinas. El anciano se despidió de nosotros amistosamente, y en la despedida me susurró al oído: «Adiós, estoy seguro de que encontrarás Khara-Khoto y descubrirás muchas cosas interesantes allí». Después de unos minutos, mi amigo desapareció de mi vista: los caballos de la estepa se llevaron a los ágiles jinetes mongoles.

Gracias a la extraordinaria pureza y transparencia del aire, el horizonte era lejano. A mediodía, los pliegues de las montañas eran azules y los valles moteados con *deresun*. Los nómadas seguían acurrucados contra las montañas al amparo de sus refugios circulares orientados al sur.

---

* La preparación de un carnero consistía en lo siguiente: se mataban varios carneros al mismo tiempo, a ser posible los mejores alimentados y, tras retirar las pieles de sus cadáveres, se separaba la carne de los huesos. Esta carne se cortaba en trozos finos y largos, se sumergía en agua salada hirviendo durante unos diez minutos o como máximo un cuarto de hora. Luego se colgaba al aire libre con cuerdas para que se secara. Al cabo de tres o cinco días, la carne adquiría su forma adecuada y, a menudo, nos servía como fuente de alimento, periódicamente, por supuesto, durante el resto del año. Por lo general, matábamos una oveja todos los días, cuya carne comíamos entera y la piel era entregada al guía.

Subiendo gradualmente desde la depresión de Bartan Huduk, la expedición se internó el primer día de su viaje en los montes de Argalinte, compuestos de porfiritas rojas y granitos de composición gruesa en una extensión oeste-este. El segundo día cruzamos dichos montes y nos detuvimos en el manantial helado de Nyudun Bulyk.

CABRA MONTESA (*CAPRA SIBIRICA*)

Desde aquí hicimos dos pequeñas excursiones de caza al grupo montañoso más cercano de Shara Hada con la esperanza de conseguir cabras montesas (*Capra sibirica*), cosa que desgraciadamente no logramos. Los cautelosos animales no nos permitían acercarnos a ellos dentro del radio de tiro, y lo empinado de las laderas y la dificultad asociada de caminar sobre piedras afiladas creaban unas condiciones extremadamente desfavorables para el éxito de las batidas. Una vez, con los prismáticos en las manos, pude admirar a los hermosos animales que andaban lejos de mí, al pie de la montaña, en este orden: una hembra vieja iba en cabeza, seguida de una fila de jóvenes, y un macho viejo y experimentado en la retaguardia. Todos los animales, al parecer, eran capaces de escuchar el mínimo sonido de los alrededores. A pesar de la distancia que nos separaba, no sólo me quedé quieto, sino que incluso intenté no respirar, para no perturbar la integridad y espontaneidad de esta imagen de la vida de los animales en libertad. Probablemente, habíamos espantado al mismo grupo de cabras montesas el primer día de cacería, cuando aún avanzábamos hacia el lugar del campamento de caza. Las cabras se encontraban en la cornisa de un pico dominante y, al ver nuestra cabalgata, se asustaron, huyeron y nunca conseguimos acercarnos a ellas sin ser advertidos. Durante esta excursión, aparte de chovas piquirrojas (*Pyrrhocorax pyrrhocorax*), buitres negros (*Aegypius monachus*), halcones del tipo *Tinnunculus* y un solitario colirrojo siberiano (*Phoenicurus erythrogastra*), no vi otras aves.

Desde la cima de Shara tenía una maravillosa vista en todas direcciones. Al sur, la llanura desértica se extendía a lo lejos, desapareciendo gradualmente en una bruma vaporosa; desde el norte, el horizonte estaba flanqueado por montañas, de las que destacaba nítidamente el grupo de Gurbunsaikhan, que brillaba hermosa y contrastadamente con la nieve recién caída, delicadamente blanca. Desde aquí, el pedestal de las montañas parecía el más majestuoso, mientras que su propia cresta parecía ser muy pequeña; esto, sin embargo, como ya he señalado anteriormente, es un rasgo característico del Gobi oriental del Altái mongol.

Al atardecer del 3 de marzo, acampamos en la zona de Khara Obo, un poco al sur del principal camino de caravanas a Kukuhoto, que pasa por Tsurumtai (Dzuramtay) y Tsokhonin Shili. Esa noche observé en el cielo el hermoso y original fenómeno del cinturón de arcoíris alrededor de la luna; soplaba una ligera brisa del norte, que aparentemente no alcanzaba las capas superiores de la enrarecida atmósfera, mientras delgadas nubes esponjosas se extendían desde el sur.

Nuestro viaje nos llevó en dirección suroeste, a través de un terreno extremadamente desolado, miserable y lleno de guijarros, cortado por crestas de colinas o cerros a un lado, y lechos secos entre ellos al otro. Sobre esta sombría superficie del terreno había por todas partes muestras de poliedros, desgastados y pulidos por la acción del viento y la arena. Lo único que animaba el triste paisaje eran las gacelas persas (*Gazella subgutturosa*), de las que vimos al menos un centenar de ejemplares durante una travesía. De vez en cuando, un buitre negro (*Aegypius monachus*), que tiene una envergadura de más de dos metros, sobrevolaba nuestra caravana en círculos, o simplemente descendía al suelo cerca de los campamentos mongoles.

Tras descender poco a poco hacia por una pendiente ligeramente pronunciada, pronto empezamos a encontrarnos con colinas de arcilla amarilla o rojiza, más escarpadas, que crecían como un espejismo hasta alcanzar un tamaño enorme. A menudo había pozos al pie de estos precipicios, en uno de los cuales, Amyn Usu o Bukte, se refugió la expedición en un vivaque improvisado. No obstante, el campamento era excelente: la comida para los animales no dejaba nada que desear, el agua también era buena; cerca del campamento había una franja de lomas arenosas con densos arbustos de saxaúl, que proporcionaban una leña abundante.

El calor primaveral se acercaba visiblemente. Los primeros escarabajos de cuernos largos y arañas empezaban a aparecer en el calor soleado;

los gorriones locales (*Passer ammodendri*) piaban animadamente entre los matorrales de saxaúl, se oían los cantos de pardillos norteños (*Acanthis flammea*) y el canto de la cojugada común (*Galerida cristata*) resonaba en el aire. Los roedores del desierto, en su mayoría gerbiles grandes (*Rhombomys opimus*), salían de vez en cuando de sus profundas madrigueras y se paraban sobre las patas traseras, chirriando y mirando con curiosidad el entorno. Los mongoles que viven cerca de los pozos como auténticos ermitaños, suelen capturar especialmente estos roedores, que utilizan como alimento, alegando que su carne es mucho más tierna que la de cordero. Con la ayuda de primitivas trampas de madera, un hábil trampero puede capturar hasta treinta de estos pequeños animales en un día. Estos mongoles, al igual que los alashanos*, pueden obtener fácilmente pan con la harina de un grano conocido como *sulkhir*, o suljir, (*Agriophillum gobicum*). En el valle adyacente a Bukte crece bastante *sulkhir*, y a menudo observé matas de esta planta del desierto ya trilladas, de las que sólo quedaba paja en el lugar.

Más allá de Buket el terreno se volvió ondulado de nuevo. Atravesamos la espesura del saxaúl, que era todo un obstáculo para la marcha, pues se pegaba a las ropas y nos salpicaba de polvo salino, y entramos en la parte más baja de la cuenca. Aquí, entre las suaves colinas, sobre el suelo arenoso, se perfilaban claramente las huellas de los *kulan* (*Equus hemionus*), o asnos salvajes mongoles, que se alcanzan estos parajes desde Etsin Gol, donde, según los mongoles, son bastante comunes.

Ahora, como antes, un espejismo —este espíritu maligno del desierto — erigía edificios de los contornos más extraños y fantásticos, desde alturas y colinas lejanas. Lo más molesto era contemplar los engañosos y temblorosos lagos del desierto, que se alejaban poco a poco del cansado y sediento viajero.

En algunos lugares, los lechos de guijarros arenosos iban acompañados de hileras de enjutos álamos del desierto (*Populus euphratica*), a lo largo de los cuales se posaban las parejas sedentarias de cornejas negras (*Corvus corone*) y una solitaria grajilla (*Coloeus neglectus*). Estas aves me llamaron la atención en la zona de Bag Moto (literalmente, «callejón de los árboles»), donde nos instalamos para pasar la noche.

---

* Grupo etnolingüístico mongol que habla el dialecto *alasha* del lenguage oirate de la familia de lenguas mongólicas.

El fuerte viento del suroeste, que nos recibió en el alto del pozo, mecía con fuerza los viejos y robustos árboles que cubrían nuestra sentida morada, y creó ese familiar aunque inaudito ruido del bosque para nosotros, que el oído echa rápidamente de menos, sobre todo cuando se viaja por una zona tan desolada como el Gobi central. Hacia el atardecer, cuando amainó la tormenta, oímos claramente el ululato del búho chico (*Asio otus*), y por la mañana, yendo de cacería con los dos cazadores, capturamos cinco excelentes ejemplares de esta ave bastante interesante. Debería señalar que los búhos hacían compañía a más de diez individuos y que, al parecer, la intensa luz del sol no les molestaba mucho. Otras aves observadas o capturadas aquí fueron un mochuelo (*Athene bactriana*), un alcaudón boreal (*Lanins excubitor*) y una alondra (*Calandrella*), que entonaba sus cantos primaverales. Los primeros escarabajos del año fueron desenterrados en un pedregal seco por Napalkov.

Cerca de nuestro vivaque residían mongoles que tenían muy buenos camellos. Crías de camello recién nacidas descansaban al lado de cercas hechas de saxaúl. Observé con gran interés la ternura y el amor con que las jóvenes trataban a estos torpes animales. Acariciaban a los camellos con sorprendente afecto, y a veces incluso los besaban en el hocico, acercando sus caras confiadas a sus labios.

De una amistosa conversación con los mongoles vecinos me enteré, entre otras cosas, de que el camino que yo había planeado hacia Sogo Nor (Sub Nur), a través del tramo de Shil Bis, era muy desierto, largo y menos interesante que el otro camino recto y más corto hacia Tortso. Después de discutirlo detenidamente, decidimos tomar el segundo camino, con la esperanza de llegar antes a Sogo Nor y pasar un día más en la ya cercana pero aún misteriosa ciudad de Khara-Khoto.

Durante los días siguientes, del 7 al 12 de marzo, la expedición tuvo que proseguir sobre el desierto más desolado y salvaje. Uno tras otro, troncos, pequeñas cordilleras y valles, se iban relevando en una sucesión interminable.

Desde el tramo de Ihe Gun seguimos una gran carretera de caravanas que conducía directamente a Sogo Nor. Al norte de esta carretera se extendía una vasta llanura, cerrada en el horizonte por el macizo de Noin Bogdo (Noyon Uul), caracterizado por un perfil dentado. Al sur, a lo largo del horizonte, se alzaba la cordillera de Jongorye (Hongorzhe), hacia cu-yo lado oriental se dirigían los arroyos secos provenientes del norte.

Como los pozos eran muy escasos en nuestro camino, tuvimos que cambiar el orden de la marcha; tras pasar la noche cerca del agua, ahora solíamos salir bastante tarde, hacia el mediodía, y caminábamos hasta la puesta de sol. Por la mañana, al amanecer, acampábamos de nuevo, y así, sólo a la hora de comer, es decir, después de veinticuatro horas, descan-sábamos de nuevo en otro gratificante pozo. Estos trayectos vespertinos, sofocantes y sin agua, eran extremadamente agotadores, tanto más cuanto que la primavera y el calor que se avecinaba se hacían sentir cada vez con más fuerza. Comenzaron a aparecer moscas y escarabajos, las arañas se arrastraban por el suelo, y el 11 de marzo observamos el pri-mer lagarto del género *Phrynocephalus*. A veces el sol que se acercaba nos relajaba lánguidamente. No había animales ni pájaros alrededor, todo es-taba absolutamente tranquilo y muerto, apenas el viento se paseaba libremente por el espacio abierto, levantando a veces polvorientos torbellinos.

En general, debo señalar que el camino desde Gurbunsaikhan hasta el lago Sogo Nor, o parte baja del Etsin Gol, es bastante desolado y triste en toda su longitud. El agua sólo se encuentra en lechos de guijarros secos, que sobresalen a la superficie del suelo en forma de pozos someros; los acuíferos discurren a una profundidad de entre metro y medio y dos me-tros. Las formas de vegetación están dominadas por el saxaúl, sustituido gradualmente por tamariscos, semiarbustos y hierbas duras del desierto, que sólo los camellos comen de buena gana. En mi opinión, son los úni-cos animales que pueden soportar el calor del clima y la escasez de alimento vegetal.

Al atardecer del 11 de marzo, cuando la caravana de la expedición ca-minaba con gran éxito por la llanura ligeramente inclinada de Mongolia central hacia Sogo Nor, contemplábamos con placer la franja plateada de la parte de la orilla del lago más próxima a nosotros. Con los rayos del sol deslizándose intensamente sobre el seno de las aguas, podíamos ver per-fectamente con los prismáticos bandadas de pájaros que volaban en una red oscura sobre la parte abierta de la laguna. El cansancio, el hambre y el desierto en el que aún nos encontrábamos quedaron olvidados. Alguna sensación especial y elevada envolvía toda el alma a cada uno de nosotros, y nos atraía al lugar donde la vida de la naturaleza primaveral latía con fuerza. Caminamos hasta el anochecer y nos detuvimos a la vista de Sogo Nor, que aún destacaba brillantemente entre el fondo gris general de los alrededores, hasta que por fin encontramos una especie de faro en el desierto: Boro Obo, construido en la alta orilla norte del lago. La noche primaveral descendió tranquilamente a la tierra y el cielo se iluminó con brillantes estrellas.

Al día siguiente, nuestra impaciencia por llegar a Sogo Nor aumentó todavía más. Ahora podíamos distinguir claramente en el horizonte delicados cordones blancos o plateados de garzas, cisnes (o quizás gaviotas) y charranes que se posaban por separado en el agua. Al aproximarnos, oíamos el trinado de los pájaros, pero el lago en sí empezaba a quedar oculto por las escarpaduras costeras. Una manada de gacelas (*Gazella subgutturosa*) se cruzó velozmente en nuestro camino, asustando a los asnos salvajes o *kulan* (*Equus hemionus*), que, a su vez, huyeron en desbandada hacia el desierto. Desde la última altura del borde de la carretera se abría una amplia franja de dorados juncos costeros, entre los que pastaban libremente manadas de caballos pertenecientes a los torgut. Nuestra caravana probablemente llamó la atención: dos jinetes armados se acercaron a una de las manadas por el lado occidental.

BUITRE PARDO O BUITRE MONJE (*UULTUR MONACHUS*) EN UN CAMPAMENTO MONGOL EN MONGOLIA CENTRAL

CAMPAMENTO MONGOL EN EL GOBI CENTRAL (APERTURA DE LA YURTA EN DIRECCIÓN SUR)

# CAPÍTULO IV

## El curso bajo del Etsin Gol y las ruinas de Khara-Khoto

D URANTE el apogeo de la migración primaveral de las aves, la expedición se adentró en la cuenca del Etsin Gol y estableció un vivaque en el tramo de Tortso, en las inmediaciones de dos lagos de agua dulce, bordeados por altas lomas. Estos lagos atraían a los pájaros, aunque todavía estaban medio cubiertos de hielo azul, que se derretía vigorosamente, sobre todo con el sol de la tarde, cuando la ladera sur de la duna vecina se calentaba hasta 40 °C e incluso más. Entre el mismo Sogo Nor, cuyas aguas estaban abiertas sólo en la bahía sudoriental más próxima a nosotros, y nuestro campamento, había un vasto carrizal espeso. Este carrizal ocultaba una masa de lagos secundarios, en uno de los cuales, que estaba a tres kilómetros de nosotros y se extendía hasta dos kilómetros de circunferencia, concentramos nuestras cacerías y observaciones primaverales sobre la naturaleza local.

Cabe señalar que desde Tortso enviamos a nuestro intérprete al cuartel general de Torgut Beile para establecer comunicación con este príncipe, de quien dependía en gran medida el éxito de nuestro ulterior movimiento hacia Khara-Khoto. Mientras tanto, nos dedicábamos a observar la migración y la vida primaveral de las aves, que era igualmente animada tanto en Sogo Nor como en el lago oculto entre los juncos. Este último, con su vida rebosante, también nos levantó el ánimo. Siempre visitaba este lago con gran placer, despertaba en mí los mejores recuerdos de mi primer viaje acompañando al inolvidable Przewalski y me transportaba involuntariamente a orillas del Lop Nor. Al igual que en Lop Nor, aquí se podía pasear tranquilamente entre los juncos; en medio del monótono silencio se oía algún sonido, entre ruido y zumbido. Era el regocijo de los pájaros. A veces se escuchaban claramente, y por separado, los graznidos excitados de los patos. Revoloteaban por todas partes en el horizonte, mostrando toda la belleza de sus plumíferos: ahora oscuros, luego blanco-plateados, después grisáceos... De vez en cuando sonaban notas musicales eufónicas creadas por el vuelo del cisne e indescriptiblemente encantadoras para el oído. Aquí, por fin, desde lo alto de la colina se abría la superficie del agua. Las gaviotas reidoras (*Chroicocephalus ridibundus* [*Larus ridibundus*]) se arremolinaban en el aire como copos de nieve. Se veían patos, ánades buceadores, pollas de agua de color claro y cormoranes oscuros por todas partes. Las aves zancudas estaban completamente ausentes, sólo un avefría grazna en su vuelo tambaleante. Muchos gansos se tumbaban a descansar, otros permanecían de pie o caminaban despreocupados mientras se alimentaban. Los cisnes nadaban tranquilamente cerca de los gansos, buceando hábilmente en busca de comida como los patos. Se veía un sinfín de aves nadando por todas partes, hasta donde alcanzaba la vista, con la ayuda de binoculares.

Los disparos siempre provocaban una conmoción inimaginable. El ruido y los gritos se duplicaban, o incluso triplicaban; el aire se oscurecía y literalmente se llenaba de nubes de asustados pájaros que salían volando en todas direcciones. Cientos de otras aves afines se cernían sobre la pareja abatida durante largo rato. Pero a medida que el sol se inclinaba gradualmente hacia el horizonte, la agitación en el lago desaparecía. Sólo en los alrededores se oían los melodiosos crujidos del carricero común y el trino fino y plateado del herrerillo bigotudo (*Panurus biarmicus russicus*). A lo lejos, los milanos se arremolinaban en el cielo, y un águila de cola blanca describía amplios círculos. Allí, sobre los pequeños juncos, el aguilucho pardo volaba suave y silencioso, como si patrullara. En algún lugar se oía el chillido sordo de una cigüeña, y de nuevo todo quedaba en silencio.

Lentamente, regresamos al vivaque, donde el fuego ya arde alegremente y los compañeros reunidos junto a la hoguera compartían animadamente las experiencias de sus excursiones del día de primavera.

Puedo asegurar que la parte sureste de Sogo Nor me recordó vívidamente la primavera que pasé con la expedición de Nikolái Przewalski en las orillas de Lop Nor: con sus polinias* de color azul oscuro, altos juncos, lagos más pequeños escondidos detrás de estos, la abundancia de aves errantes volando en formación sobre el horizonte gris polvoriento y ensordeciendo los alrededores más cercanos con sus diversos graznidos. Tanto entonces como ahora, me impresionó la extraordinaria actividad que traía esta «feria» aviaria. Me sentí igualmente atraído por este «bazar» y me vi obligado a contemplarlo durante horas. No podía creer que estando tan cerca, a cien pasos de distancia, o incluso menos, bandadas de gansos, patos, cisnes, cormoranes, negrones, garzas, gaviotas y muchas otras, nadasen y se retozasen despreocupadamente, volando de un lugar a otro. Todas estas aves se preocupaban por el mismo fin: la reproducción. En plena noche, tumbado en la tienda de campaña, podía sentir la energía creciente de los pájaros: ya fuera con el ruido agudo de los patos que sobrevolaban rápidamente el vivaque, o cuando desde las alturas del cielo las voces de gansos, grullas y los sonidos musicales de un cisne fluían armoniosamente en medio del silencio nocturno.

Según los testimonios fiables de los comerciantes locales y, basándonos en nuestras propias suposiciones, el comienzo de la migración primaveral puede considerarse el último tercio de febrero; el momento en que llegamos al curso inferior del Etsin Gol fue el de la migración más abundante, sobre todo en relación con las aves acuáticas antes mencionadas...

El 12 de marzo, es decir, el primer día de observaciones del vuelo de las aves en la cuenca de Etsin Gol, vimos gansos grises (*Anser anser*), que se desplazaban hacia el norte en enormes bandadas, aunque también descansaban en gran número en los lagos locales. También había gaviotas reidoras (*Larus ridibundus*) presentes en un número igualmente grande; los cisnes (*Cygnus cygnus*), los tarros canelos (*Casarca ferruginea*), los patos haveldas (*Clangula clangula*) y los porrones moñudos (*Fuligula*) eran mucho menos frecuentes. El ánade real y el ánade rabudo (*Anas platyrhyncha et Anas acuta*) figuraban entre las aves migratorias más abundantes. El mismo día, las avefrías (*Vaneilus vanellus*) fueron vistas a menudo, mientras que los alcaudones pardos (*Lanius cristatus*) se posaban con bastante firmeza en las cimas de los montículos o arbustos, y las co-

---

* Espacio abierto de agua rodeado de hielo marino. (N. del E.)

llalbas (*Oenanthe pleschanca*) se desplazaban de cañaveral en cañaveral o cimas de arbustos cerca del campamento de la expedición.

El 13 de marzo, gansos y patos siguieron haciendo acto de presencia, y entre los recién llegados se encontraban la garza real (*Ardea cinerea*), el águila marina de cola blanca o pigargo (*Haliaeetus albicilla*), el milano de orejas negras (*Milvus migrans lineatus*) y la collalba isabel (*Oenanthe isabellina*).

En la noche del 13 al 14 de marzo, gansos, patos, cisnes, grullas y probablemente otras aves volaron de sur a norte, haciendo su lejana migración, mientras se delataban con sus chillidos. La tarde del 14 de marzo, una lavandera blanca (*Motacilla alba baicalensis*) llegó a nuestro campamento en vuelo ondulante, y tras un corto período de tiempo se volvieron numerosas: las aves llegaban en parejas o en procesiones enteras. Cada nuevo ejemplar atraía nuestra atención. Por la tarde apareció una serreta chica (*Mergus albellus*) en un lago vecino.

El 15 de marzo, entre ánades reales y rabudos, destacaba el bello tarro blanco (*Tadorna tadorna*), así como patos cuchara (*Spatula clypeata*), patos de pico rojo (*Fuligula rufina*) y cormoranes (*Phalacrocorax carbo*). El mismo día, las garzas reales señaladas anteriormente, fueron ocasionalmente atraídas hacia el norte.

En la mañana del 16 de marzo, la focha común (*Fulica atra*), el somormujo lavanco (*Podiceps cristatus*) y algunas otras aves nadaron en el lago. La única recién llegada fue una collalba desértica (*Oenanthe deserti atrogularis*), que añadió un poco de emoción a nuestro campamento.

Al día siguiente, el 17 de marzo, la expedición partió de Etsin Gol, en dirección hacia la aldea de Toroi Ontse (Bayan Toroi Nongchang). Allí se regocijaban en el cielo los busardos mongoles (*Buteo hemilasius*), sacudiendo el aire con un chillido sonoro.

El 18 de marzo, por primera vez, se reveló con un silbido característico el zarapito real (*Numenis arquatus*), que al día siguiente se acurrucó en las riberas del río y en la pradera adyacente a la orilla. No muy lejos, una pareja de cigüeñas negras (*Ciconia nigra*) caminaba con porte regio.

El 20 de marzo, hasta una docena de milanos de orejas negras volaron en círculos sobre el campamento de la expedición, en busca de desperdicios de comida, y en un momento dado se apoderaron de ellos con una rápida caída en picado. Un día después, el 22 de marzo, se oyó el graznido característico del avetoro común (*Botaurns stellaris*).

El 24 de marzo*, un cisne (*Cygnus cygnus*) barrió el valle con su vuelo, entonando una maravillosa melodía en el aire tranquilo.

Estas son, a grandes rasgos, nuestras modestas observaciones de la migración parcial de las aves en primavera y del despertar de la vida animal en el curso bajo del Etsin Gol.

El lago Sogo Nor tiene una circunferencia de hasta cincuenta kilómetros. Su orilla sudoriental, la más conocida, es baja; el suelo, húmedo y pantanoso en la orilla, se va secando a medida que uno se aleja de la orilla del lago; hay depósitos de arcilla y limo, sustituidos gradualmente por dunas de arena.

Sogo Nor se encuentra en la cuenca más profunda del desierto de Gobi central, a 838 metros sobre el nivel del mar. El color de su superficie acuática es extremadamente variable, dependiendo de la luz y de la distancia a la que se encuentre el observador. En general, los tonos predominantes son dos: el verdoso, que se observa de cerca, y el azul oscuro, de lejos. El agua sabe ligeramente salada y es bastante potable cuando se necesita. Sólo hay una especie de pez en el lago: la carpa dorada (*Carassius auratus*), a juzgar al menos por nuestras observaciones y muestras de fauna ictiológica[†].

Resulta bastante curioso que hasta ahora no se haya observado en absoluto la carpa dorada en la cuenca interior de Asia central y que ningún viajero la haya capturado.

Según la información recibida localmente de los comerciantes de lugar, la gran zona costera del Sogo Nor en el sureste[‡], ahora ocupada en su totalidad por altos juncos, era, hace cuatro años, una bahía sudorien-

---

[*] También se vieron por primera vez jóvenes juncos verdes, apenas asomando del suelo húmedo; el 25 de marzo una urraca (*Picus pica bactriana*) renovó su nido; el 28 de marzo empezaron a aparecer con más frecuencia moscas, escarabajos y lagartijas; el césped estaba verde, la temperatura del agua en el río a la una de la tarde alcanzaba los 11,3 °C; al mismo tiempo, en la vertiente sur de la duna de arena, la superficie se calentaba hasta alcanzar los 54,4 °C. El 30 de marzo, una serpiente gris, larga y delgada salió de su madriguera para tomar el sol.

[†] El profesor L. S. Berg tuvo la amabilidad de identificar los peces traídos por la expedición.

[‡] La orilla noroeste de Sogo Nor es elevada, compuesta de colinas de pórfido, en una de las cuales, la más alta, se encuentra un gran *obo*.

tal cubierta del lago, o mejor dicho, su continuación hacia el interior del continente. En aquella época, el brazo oriental del Etsin Gol, conocido como Morin Gol, era comparativamente más rico en agua; ahora el excedente de agua en lugar de este brazo se dirige a través de otro ramal del Morin Gol desembocando en el lago salado Gashun Nor (Gaxun Nur). Cabe señalar que los lechos de los ríos desérticos de Asia central, en general, son bastante inestables, por lo que cambian de posición con bastante frecuencia.

Aquí, al igual que en la cuenca inferior del río Tarim, gruesos sedimentos fluviales cubren un área considerable. Hay pruebas indudables no sólo del trasvase de agua entre los diversos brazos, sino también de movimientos de las partes bajas de los canales causados por la acumulación de sedimentos fluviales en algunos canales y el aumento de la erosión en otros. Estos finos sedimentos, de tipo areno-arcilloso, amontonados por los ríos durante el movimiento de sus aguas o durante el movimiento de sus canales, proporcionan un rico material para las formaciones eólicas.

La presencia de estas propiedades de los ríos del desierto, tanto en el sistema del Etsin Gol como en el del Tarim, acerca aún más el carácter de estas cuencas y crea una similitud casi indistinguible. Asimismo, en ambos ríos se pueden encontrar casi los mismos representantes de flora y fauna. Además, en los dos casos, el aire es extremadamente seco y está perpetuamente lleno del más fino *loess* o de *loess* salino, lo que da la sensación de que los horizontes sean tan cortos y la luz del día tan pálida.

Los cuatro días de estancia en el lago Sogo Nor, con su jubilosa naturaleza primaveral, pasaron imperceptiblemente.

El cosaco Badmazhapov, que había sido enviado a Torgut Beile, regresó con resultados positivos: el príncipe mongol, que al principio había adoptado una actitud muy altiva, pronto cambió de estrategia. Ordenó a su guía principal que llevara a la expedición a las cercanías de su campamento, conocido como «Dashi Obo», en la orilla oeste del Morin Gol, y prometió plena asistencia y cooperación para ayudar a la expedición a cruzar el desierto de Alashán y arribar a las ruinas de Khara-Khoto.

Teníamos que darnos prisa en nuestra actuación. El 16 de marzo fui por última vez a echar un vistazo al lago más cercano a nuestro vivaque, que ya estaba completamente libre de hielo. El agua había subido de ni-

vel considerablemente; fochas, ánades reales y patos se deslizaban sono-
ramente por su tranquila superficie azul bajo los rayos del sol matinal;
mientras un solitario somormujo nadaba despreocupadamente en medio
del lago.

Como el Morin Gol podía interferir en nuestros movimientos con su
desbordamiento, dejamos su valle por un rato y nos dirigimos cerca de
una franja de altas dunas de arena y seguimos hasta el camino de Toroi
Ontse, a lo largo del ramal seco del río, que presentaba huellas de una
presencia anterior de una cantidad considerable de agua. También observamos los restos de antiguas presas y molinos.

Las dunas de arena tenían una altura de hasta treinta metros y se encontraban en las proximidades la cuenca del río, predominantemente
con una dirección sur. Algunas de las dunas se erguían aisladas, otras,
con forma de serpiente, se caracterizaban por las formas más extrañas,
entre las que destacaban conos con pendientes equiláteras, que indicaban la periodicidad constante de los vientos dominantes del oeste y del
este. Durante nuestro desplazamiento se levantó un fuerte viento del este-sureste, que revitalizó las arenas: algunas cimas de las colinas de
arena empezaron a humear como si fueran volcanes. La arena se disper-
saba hacia arriba y volvía a caer en columna. El viento arrastraba la
arena desde el lado escarpado de la duna hasta el llano y la llevaba más
allá hasta la llanura. Pronto el viento se convirtió en tormenta. Los alrededores se cubrieron de un polvo espeso que oscurecía el aire y reducía
el horizonte a medio kilómetro. Largas rayas arenosas se extendían por
la llanura, recordándonos a nuestras tormentas de nieve en Rusia. De vez
en cuando, las ráfagas contrarias de la tormenta arreciaban en espiral, la
arena cegaba los ojos, haciendo imposible dar un paso; no sólo la arena
fina, sino también los grandes guijarros de arena volaban alto en el aire y
azotaban la cara de los que iban sentados en camellos. La arena se desprendía en masa de las crestas de las dunas al borde de la carretera y
modificaba así sus contornos.

Tras haber perdido la orientación entre la niebla polvorienta, nuestro guía se extravió un poco, pero con esfuerzos conjuntos conseguimos
llegar rápidamente al pozo de Omuk Tala, pasando por el camino las ruinas de la torre conocida como Attsa Tsonji, construida con ladrillos de
adobe y cañas, y que probablemente sirvió en tiempos de Khara-Khoto

como una especie de baliza. Al día siguiente, el 17 de marzo, llegamos a la zona de Toroi Ontse, que había sido señalada para nuestro campamento por el propio príncipe de Torgut Beile.

Originándose en los campos nevados del majestuoso Nanshan, el río Etsin Gol se precipita hacia el norte, luchando contra el aire caliente del desierto durante casi quinientos kilómetros antes de perecer finalmente, rompiéndose en numerosos brazos, cuyas aguas se recogen en dos cuencas: la oriental, más pequeña, caudalosa y casi fresca, que desagua en el Sogo Nor; y la occidental, tres o cuatro veces mayor que la del Sogo Nor, cerrada por el lago salado de Gashun Nor. Los principales brazos del Etsin Gol son: el Morin Gol, de aguas altas, que desemboca en el Gashun Nor, y el Ikhe Gol, más bien pobre en agua, que a su vez se divide en varios brazos más, el más oriental de los cuales es el Munungin Gol, que desemboca en el Sogo Nor. Esta distribución del agua en el curso inferior del Etsin Gol no parece tener un carácter permanente. De los datos proporcionados por V. A. Obruchev y A. N. Kaznakov, se desprende que a principios del siglo xx, por el contrario, el Ikhe Gol, o «Gran Río», justificaba su nombre: tenía mucha más agua que el Morin Gol. Según los datos comparativos de los viajeros y los testimonios de los nativos, podemos concluir que durante un cierto período histórico el movimiento de las arterias fluviales del bajo Etsin Gol fue de este a oeste.

La zona de Toroi Ontse, donde íbamos a vivir algún tiempo, estaba situada en la orilla derecha, la más alta, del Munungin Gol. Este río, que cambiaba constantemente de nivel, alcanzaba ese día entre veinticinco y treinta metros de ancho, y casi un metro de profundidad. Sus aguas turbias fluían con suavidad, aunque con bastante rapidez, y sobre ellas se deslizaban pequeños témpanos de hielo vidrioso de vez en cuando. Las tranquilas y monótonas orillas reflejaban poco del humor primaveral de la naturaleza; sin embargo, los juncos empezaban a reverdecer a ambos lados de las orillas, y en algunos lugares de los bancos podíamos ver a los pájaros migratorios: como una bandada de grandes zarapitos o un par de cigüeñas negras. En un paisaje tranquilo y claro, después de sufrir las molestas tormentas de poniente y levante, observamos una pareja de elegantes faisanes (*Phasianus colchicus satscheuensis*) que se alojaba cerca del vivaque. De vez en cuando, gansos, cisnes, gaviotas chillonas pasaban volando junto a nosotros a lo largo de la corriente del río, y los milanos daban vueltas casi constantemente sobre el campamento, emitiendo sus silbidos armónicos y abalanzándose sobre los trozos de carne que los cosacos colgaban para secar. No obstante, nuestros cazadores los ejecutaron por semejante insolencia. Por las tardes podíamos escuchar la agradable melodía de un pájaro cantor local, el pequeño timalí del Tarim (*Rhopophilus albosuperciliaris*).

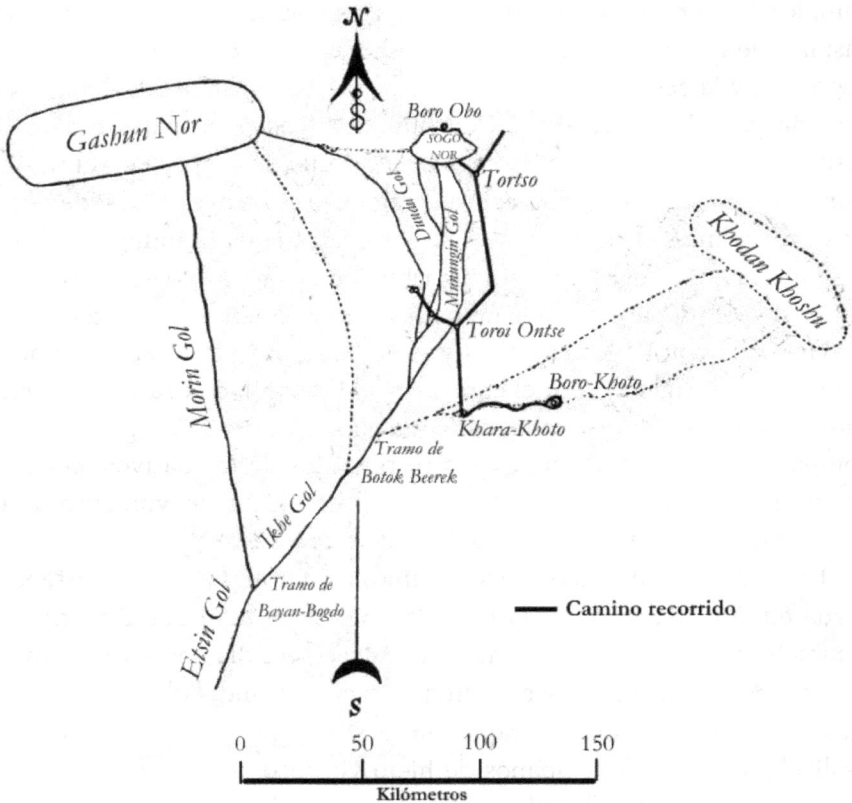

Entre las aves sedentarias, en general, observamos en el curso bajo del Etsin Gol, además de las ya mencionadas, el herrerillo bigotudo (*Panurus biarmicus russicus*), el escribano palustre (*Emberiza pyrrhuloides*), la urraca (*Pica pica*), la corneja negra (*Corvus corone*), la grajilla (*Coloeus neglectus*), el arrendajo mongol (*Podoces hendersoni*), el cuervo grande (*Corvus corax*), el gorrión del saxaúl (*Passer ammodendri stoliczkae*) y la cogujada común (*Galerida cristata leaudungensis*). Entre las aves invernantes se hallaban: ratoneros, aguiluchos, alcaudones (*Lanius*), colirrojos siberianos (*Phoenicurus erythrogastra*) y algunos otros. En cuanto a los mamíferos, el valle de Etsin Gol se caracterizaba por: el antílope *khara sulta* (o gacela persa), lobos, zorros, gatos monteses, linces —que los nativos diferenciaban por las tonalidades del pelaje: rojizo, grisáceo y oscuro— liebre, jerbos y otros roedores más pequeños.

No había muchos habitantes cerca de nuestro campamento, como tampoco los había en el curso medio y bajo del valle del Etsin Gol: sólo de ciento treinta a ciento cincuenta yurtas o familias. Los torgut mongoles llegaron aquí desde el valle de Kobuk, en Zungaria, hace unos cuatrocientos cincuenta años, cuando las riberas aún vírgenes del Etsin Gol estaban cubiertas de matorrales infranqueables de bosque, que los torgut quemaron durante los tres primeros años para crear zonas libres de pastos. Hasta el día de hoy, los torgut siguen manteniendo lazos familiares y amistosos con sus parientes de Kobuk y aprovechan cualquier ocasión para visitarse de paso. A menudo, un torgut viajero deja a sus cansados animales para que se alimenten con el forraje de sus hospitalarios amigos hasta su viaje de regreso, y a cambio recibe camellos y caballos frescos durante un tiempo.

El *khoshun* estaba gobernado por un príncipe de un clan de tercer grado, Torgut Beile, que tenía su cuartel general en el sistema del brazo occidental del río Morin Gol, a unos diez kilómetros de nuestro campamento. El ayudante y consejero más cercano al gobernador era el anciano Tsange Tsyden Dagvo, casado con una joven de veintiséis años, hija del príncipe, y que se encargaba por sí mismo de casi toda la sencilla administración de Torgut Beile. Dos o tres pequeños funcionarios componían la oficina de administración.

Conocido como «Dashi», el jefe era en ese momento el décimo administrador desde el reasentamiento de los torgut. No heredó el puesto de su padre, sino de su hermano mayor, quien, según se contaba, murió repentinamente, no sin el pecado de su hermano menor, un hombre ambicioso, tacaño y cruel, que se convirtió así en el jefe del *khoshun*.

Badmazhapov fue enviado de nuevo a Torgut Beile inmediatamente después de nuestra llegada a la aldea de Toroi Ontse. El príncipe recibió muy amablemente mi *khadak* y nos cedió una yurta, una tienda de campaña y asistentes para uso temporal, prometiendo facilitarnos en lo posible el camino a Khara-Khoto y más adelante a Alasha Yamen. Mi alegría no tenía fin. Francamente, nunca dejé de interesarme por Khara-

Khoto, desde que supe de estas ruinas por el mejor libro de mi compatriota y difunto viajero G. N. Potanin. Este escribió: «De los monumentos pertenecientes a la antigüedad, los torgut mencionan las ruinas de la ciudad de Erge Khara Buryuk, que se encuentra a un día de camino al este del Kundelen Gol, es decir, desde el brazo oriental de Etsin; aquí, dicen, se puede ver un pequeño *karim*, es decir, las murallas de una pequeña ciudad, pero hay muchos vestigios de casas alrededor, que están cubiertas de arena. Al escarbar en la arena, se pueden encontrar objetos de plata. Hay grandes dunas en los alrededores del *karim*, y no hay agua cerca». Durante mi viaje a Mongolia en 1900, mi compañero Kaznakov, explorando, entre otras cosas, el curso inferior del Etsin Gol y sus lagos, intentó, mediante indagaciones, obtener datos adicionales sobre Khara-Khoto en vano: los nativos negaron unánimemente la existencia de ruinas en las cercanías, señalando: «vosotros los rusos queréis saber más que nosotros incluso sobre nuestros propios lugares». Antes de mi expedición a Mongolia, siguiendo las pistas de Grigori Potanin, Obruchev me acompañó por el valle de Etsin Gol, con quien mantuve una conversación sobre la mencionada nota de Potanin acerca de Khara-Khoto poco antes de mi partida para el viaje a la provincia china de Sichuan. Los torgut ocultaron a Obruchev la existencia de Khara-Khoto y la posibilidad de penetrar en Alashán por el camino más corto, obligándole a dar un rodeo enorme para atravesar las posesiones del príncipe de Alasha, Tsing Wang*, por el nordeste, y no por el noroeste, como deseaba nuestro talentoso geólogo.

Durante el presente viaje, desde nuestra partida de Baldyn, no dejé de preguntar sistemáticamente a los lugareños del camino sobre la ciudad muerta, y casi siempre recibí información positiva, más o menos concordante, y sin muchas contradicciones. Los propios nativos mostraban muy poco interés por las silenciosas ruinas y no buscaban objetos arqueológicos en absoluto; ni siquiera mi oferta de una elevada recompensa por cada objeto recuperado en Khara-Khoto pudo inducir a los nativos a iniciar excavaciones, y me di cuenta de que muchos tenían aparentemente miedo de acercarse siquiera a las ruinas y consideraban el lugar inseguro.

---

* Tsing Wang, aunque usado por Kozlov como nombre del príncipe, se trata en realidad de un título nobiliario de origen manchú: *Qinwang*. (N. del E.)

TORGUT BEILE CON SUS HIJOS

Por lo tanto, los pensamientos sobre Khara-Khoto ocupaban toda nuestra atención e imaginación. ¡Cuánto pensamos y sentimos sobre esta ciudad, en San Petersburgo, en Moscú y finalmente en Mongolia! ¡Cuánto soñamos con Khara-Khoto y sus misteriosas profundidades! Ahora, por fin, no estábamos lejos de nuestro objetivo y en cualquier momento podíamos emprender un viaje fácil hasta allí.

DOS *SUBGURGAN* EN EL CAMINO A KHARA-KHOTO, EN UNA COLINA A LA DERECHA CERCA DE LA CARRETERA

El 19 de marzo fuimos por primera vez a Khara-Khoto, relativamente ligeros de equipo, llevando con nosotros sólo una provisión de agua, algo de comida y herramientas para el trabajo, y permanecimos allí alrededor de una semana. Además de Chernov y Napalkov, viajaron conmigo otros dos compañeros: el veterano Ivanov y Madayev. Los demás miembros de la expedición permanecieron en Toroi Ontse con la caravana. Nuestra pequeña expedición iba acompañada por un excelente guía: Bata, que había estado muchas veces en la ciudad muerta y había oído muchas historias sobre ella a su padre y a otros viejos nativos. Nos condujo por un corto camino en dirección sureste; Khara-Khoto estaba a veinte kilómetros de nuestro campamento. Pronto el desierto se extendió más allá de la franja de vegetación de Munungin Gol. Este era en parte llano, con zonas expuestas y fulgentes, y en parte atravesado por colinas más o menos altas cubiertas de tamarisco y saxaúl. A mitad de camino empezamos a ver vestigios de agricultura o cultura sedentaria: piedras de molino, señales de acequias, fragmentos de cerámica, platos de porcelana, etcétera.

RUINAS DE LA CIUDAD DE KHARA-KHOTO (VISTA DESDE EL NOROESTE)

Pero lo que más nos interesaba eran los edificios de adobe, sobre todo en el extrarradio, situados como uno, dos, o hasta cinco a la vez, a lo largo de la carretera hacia Khara-Khoto, este monumento del pasado, cubierto de arena del desierto. A medida que nos acercábamos a nuestro ansiado objetivo, aumentaba nuestra emoción. Después de tres kilómetros, cruzamos un antiguo lecho seco con troncos de árboles deshidratados, tendidos a lo largo, afilados por la arena y el viento, a menudo cubiertos de la misma arena, tal como había observado en los alrededores de Lop Nor, al cruzar el antiguo lecho muerto del Konche-Darya en 1895. En una elevación de la orilla del río, se alzaban las ruinas de la ciudadela de Aktan-Khoto, que, según la leyenda, albergó en otro tiempo un destacamento de caballería: los guardianes de Khara-Khoto. A los lados del cauce desecado había valles cultivados por una población agrícola.

Finalmente, apareció la ciudad de Khara-Khoto propiamente dicha, ubicada en una terraza baja de areniscas duras y grano grueso; sobre la esquina noroeste de la fortaleza se alzaba el *suburgan* principal en forma de aguja, entre varios más pequeños y adyacentes, dispuestos también en un muro y junto a la muralla exterior de la fortaleza. A medida que nos acercábamos a la ciudad, comenzaron a aparecer más fragmentos de cerámica. La vista de la ciudad estaba oscurecida por altas colinas de arena; pero cuando llegamos a la terraza, Khara-Khoto se mostró en todo su esplendor.

El observador que se aproxime desde el lado oeste de Khara-Khoto se topará con un pequeño edificio con una amplia cúpula, situado a cierta distancia de la esquina suroeste de la fortaleza, y que se asemeja a bastante a una mezquita. Tras unos minutos más de caminata, se entraba en el interior de la ciudad muerta por su puerta occidental, dispuesta en diagonal respecto a la puerta de la muralla oriental de la ciudad. Aquí nos encontramos con una zona cuadrada —el lado de la plaza mide trescientos metros de longitud— repleta de ruinas de edificios altos y bajos, anchos y estrechos, que se alzaban sobre una masa de todo tipo de escombros, incluida una colina con fragmentos de cerámica. Los *suburgan* se erguían aquí y allá; las bases de los templos, hechas de pesados ladrillos cocidos, se destacaban no menos nítidamente. Involuntariamente, nos imbuimos de un interés, que se vería recompensado por nuestra felicidad y trabajo en la observación y excavación de todo lo que ahora nos rodeaba.

Nuestro campamento estaba situado en medio de la fortaleza, cerca de las ruinas de un gran edificio de adobe de dos plantas, al que se unía, en el lado sur, un templo que también había sido destruido hasta los cimientos. No había transcurrido ni una hora desde la llegada de la expedición, cuando el interior de la fortaleza muerta cobró vida: en un lado se cavaba, en otro se medía y hacían planos, y en otros simplemente se husmeaba en la superficie de las ruinas. Un pájaro del desierto, el arrendajo mongol (*Podoces hendersoni*), llegó al vivaque y, posado en una rama de saxaúl, chasqueó con fuerza; la cantora del desierto, la tarabilla, le respondió suavemente, y en alguna parte sonó la voz de un jerbo. Aquí, en estas ruinas muertas, a pesar de la falta de agua, no hay ausencia absoluta de vida. Debido a la misma falta de agua, tuvimos que traer todos nuestros recipientes llenos de agua, y había que ahorrar este precipitado líquido potable para poder permanecer en las ruinas el mayor tiempo posible. El tiempo transcurría rápido, mientras estábamos inmersos en todo tipo de actividades interesantes. El día medio nublado, gris y normalmente ventoso, pronto fue sustituido por una noche tranquila y despejada, que infundió un aspecto sombrío a las ruinas. Cansados, también nosotros nos dormimos pronto; algunos de nosotros, sin embargo, todavía nos entretuvimos por la noche con el desagradable ululato de un búho, que chillaba ominosamente desde lo alto del *suburgan* principal.

RUINAS DE LA CIUDAD DE KHARA-KHOTO (VISTA DESDE EL OESTE-SUROESTE), OBSÉRVESE LA MEZQUITA A LA DERECHA

La altitud absoluta de Khara-Khoto se determinó en 870 metros, con coordenadas geográficas 41° 45′ 40″ de latitud y 101° 5′ 14,85″ de longitud.

La altura de los muros de tierra de la fortaleza de Khara-Khoto era de seis a ocho metros, con un grosor de cuatro a seis metros en la base y de dos a tres en la parte superior. En algunos de ellos se apreciaban restos de troneras para el disparo de ballestas. Durante las excavaciones también se encontraron restos de parches o reparaciones en los muros. En el muro norte había una abertura en la muralla, que se ajustaba más o menos a la altura y ancho de un soldado de caballería.

Los cimientos de los altares solían estar firme y bellamente construidos con ladrillos cocidos, cuadrados o rectangulares. En la medición hecha durante la excavación hubo ejemplos como: ladrillos de siete kilogramos de peso y rectangulares, o de catorce kilogramos y medio y forma cuadrada (de este último no recogimos muestras). Las paredes de los altares estaban hechas de ladrillos de adobe, más ligeros en peso y resistencia, y más pequeños en tamaño, colocados vertical u horizontalmente. Los tejados estaban construidos con tejas convexas de adornos chinos moldeados en la base y los bordes. Las *fanzas* chinas enriquecieron los hallazgos de la expedición con fragmentos de porcelana —con los que más tarde el Departamento Etnográfico del Museo Ruso reconstruyó hábilmente tazas y jarrones—, diversos objetos domésticos y de comercio. Finalmente, se encontraron con mayor frecuencia monedas de cobre (*qian*), papel moneda y, ocasionalmente, objetos de tipo religioso.

RUINAS DE KHARA-KHOTO. LA MEZQUITA ESTÁ FUERA DE LA CIUDAD, CERCA DE LA ESQUINA SUROESTE DE LAS MURALLAS

Algunas de las ruinas, como la número uno —véase el plano de la página 112— o las centradas en la esquina sureste de la fortaleza, donde probablemente se encontraba la guarnición, estaban, al igual que las demás, a gran altura sobre el suelo. El propio jefe de la guarnición se habría situado, hay que suponer, en las murallas de la esquina, en las afueras del noroeste. A juzgar por la época, esta sala probablemente se distinguiera antaño por su tamaño y técnica, y en este sentido se parecía bastante a la habitación de los ídolos. Aquí, en la esquina noroeste de la fortaleza, estaba probablemente el lugar más conveniente para que viviera el gobernante de Khara-Khoto; desde aquí había una entrada escalonada a la parte superior de la muralla, a los *suburgan*, desde la que se abría un amplio horizonte a los alrededores.

Todas nuestras investigaciones y excavaciones en Khara-Khoto se llevaron a cabo con especial cuidado y amor. Cada nuevo objeto encontrado en las entrañas de la tierra o en su superficie causaba una alegría general. Nunca olvidaré el sentimiento de admiración que llenó mi alma cuando, tras varios golpes y palazos, encontré en las ruinas número uno, una imagen budista pintada sobre lienzo de pequeñas dimensiones.

Según el orientalista Sergey Oldenburg, dicha imagen «representa a un monje budista, al parecer uno de los maestros indios, ya que cronológicamente se excluyen los maestros tibetanos, de los que sólo podrían tenerse en cuenta los antiguos como Milarepa o su maestro Marpa Lotsawa. Por supuesto, también podría tratarse de un maestro local. En la presente imagen llama la atención, en primer lugar, que en una serie de detalles recuerda extremadamente a las miniaturas budistas bengalíes, de las que ya existen excelentes ejemplos en los siglos XI-XII. La misma redondez de las formas, el tratamiento de los halos, los puntos de color dispersos en el fondo».

Además de este icono, en las ruinas número uno se encontraron también pesadas y toscas tazas de metal, y trozos de manuscritos de escritura tipo Xi Xia (tangut). Sin lugar a dudas, lo que nos pareció más interesante fueron los manuscritos. En este sentido, el hallazgo más rico y valioso se hizo en el «*suburgan* A» —véase el plano—, donde se encontraron tres libros y hasta treinta cuadernos en la escritura original Xi Xia. El mejor objeto en estado de conservación, dados sus vivos colores, fue la imagen típica del lienzo *La aparición de Amitabha*, de la que es reproducida aquí la imagen. Durante excavaciones posteriores realizadas en profundidad, encontramos pequeñas figuras con forma de cráneo, una gran máscara, de considerable belleza, ligeramente sonriente, y varias otras cabezas y máscaras. La máscara representaba la cabeza de un buda, dorada, de cabellos color azul oscuro. Los ojos estaban algo entrecerrados, lo que indicaba una técnica no india, aunque, por lo demás, se ceñía estrictamente al «canon» budista. Además, se encontraron tablas de madera con la imagen de Buda y una pequeña estatuilla de Buda hecha en piedra de manufactura china.

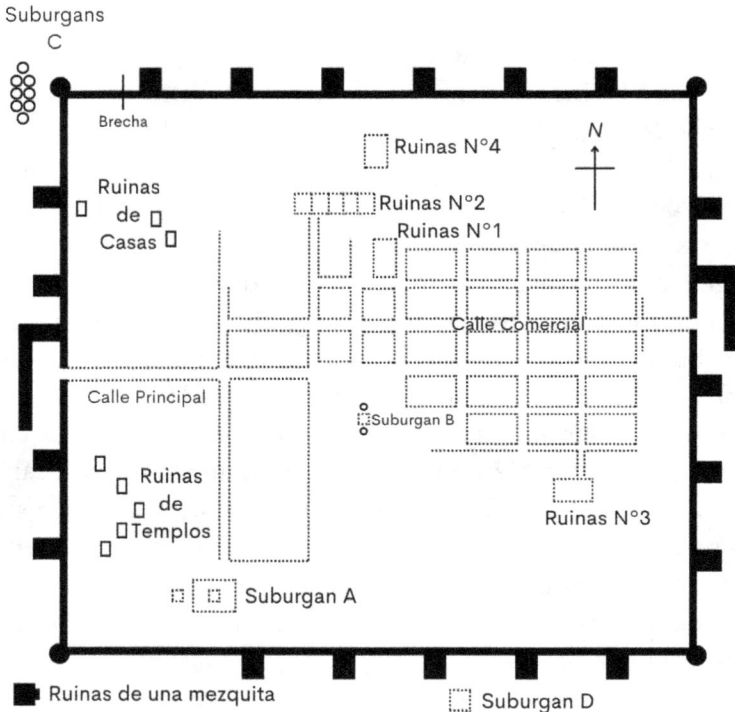

PLANO. RUINAS DE LA CIUDAD DE KHARA-KHOTO

El «suburgan B» nos proporcionó varios ejemplares de ojos vítreos que se habían desprendido de estatuas de arcilla, probablemente destruidas por la inclemencia del tiempo. También se halló aquí un ojo de cristal de roca o topacio, bellamente pulido, así como grandes tsatsas[*] no encontrados en ninguna otra parte.

Los suburgan de la fortaleza cercanos a la casa de Khara Jian Jun estaban llenos de tsatsas en sus bases, al igual que la mayoría de los suburgan situados en grupos cerca de la esquina noroeste de la fortaleza.

Las ruinas número tres, según los torgut, estuvieron habitadas por musulmanes, cuya mezquita se encontraba fuera de los muros de la for-

---

[*] La palabra mongola «tsatsa» sirve para denominar imágenes de deidades pequeñas talladas en arcilla.

taleza, cerca de la esquina suroeste. Aquí se hallaron restos de manuscritos persas. Según la conclusión del académico Sergey Oldenburg: «Uno de ellos es especialmente curioso, un fragmento de la famosa colección de relatos *Los siete sabios*, el llamado *Sindibad-nameh*».

En excavaciones posteriores, también se encontraron en este lugar manuscritos musulmanes y encuadernaciones artísticas. Los bordes de estas últimas muestran numerosas analogías con los ornamentos de Dunhuang, de finales de las dinastías Tang y Sung. Los hilvanados interiores apuntan a numerosas analogías, tanto chinas como indias. Las dos franjas son de carácter musulmán y más típicamente persas. Sergey Oldenburg señala que «tenemos, con toda probabilidad, una obra del siglo XIII».

CABEZA DE BUDA.
TÉCNICA: MÁSCARA
ESTAMPADA, LIGERAMENTE
RETOCADA CON CINCEL
DESPUÉS DEL ESTAMPADO

La superficie interior de la plaza de Khara-Khoto, en general, está sobre todo llena de fragmentos de cerámica de múltiples tamaños, calidades y formas. En especial, la pieza de cerámica de enorme tamaño con dibujos originales, que servía, probablemente, para almacenar bebidas, y tal vez la más necesaria: el agua. Sobre el suelo hallamos monedas de cobre, abalorios, trozos de nefritas y todo tipo de bagatelas, en definitiva, todo lo que ahora se conserva de los hallazgos en Khara-Khoto en el Departamento Etnográfico del Museo Ruso.

Las arenas cubrían Khara-Khoto principalmente por el norte. En las murallas septentrional y oriental, tanto dentro como fuera de la fortaleza, los montones de arena alcanzaban las mayores dimensiones. Baste decir que no sólo las personas, sino incluso los camellos, podían escalar libremente la esquina noreste y la parte superior de la muralla occidental, y en algunos lugares podían descender con la misma facilidad a la ciudad. El área, dividida en calles regulares, lindaba con el lado oriental de la muralla de la fortaleza y estaba dividida en dos partes por una carretera que va hacia el este hasta Boro-Khoto.

En tiempos remotos, Khara-Khoto probablemente fue bañada desde el sur y el norte por dos ramales de ríos, que luego se unían en el norte

para formar un canal común, que a su vez desembocaba en una cuenca de marisma salada en el norte.

Durante los varios días que pasamos en las ruinas de Khara-Khoto, la expedición hizo acopio de todo tipo de objetos: libros, escritos, papeles, dinero metálico, joyas de mujer, algunos utensilios domésticos y enseres, objetos de culto budista, etcétera. En términos cuantitativos, recogimos material arqueológico que llenó diez cajas de dieciséis kilogramos cada una, preparadas para ser enviadas a la Sociedad Geográfica Rusa y a la Academia de las Ciencias.

ENCUADERNACIÓN. LA DECORACIÓN INDICA INFLUENCIAS MUY DIVERSAS

Además, aprovechando la actitud amistosa hacia la expedición por parte de Torgut Beile, envié inmediatamente por correo mongol a Urga y después a San Petersburgo, en varios paquetes paralelos, la noticia del descubrimiento fáctico de Khara-Khoto, los hallazgos en ella, y adjunté muestras de escritura* y pintura de iconos para su pronto estudio y análisis. Nos interesaba mucho la cuestión de cuándo existió la «Ciudad Muerta» y quiénes fueron sus habitantes.

A la pregunta de quién vivió en Khara-Khoto, los habitantes actuales de la comarca, los torgut, solían responder «chinos», pero a nuestra objeción sobre la incompatibilidad de la población china con las muestras de culto budista halladas en las ruinas de la ciudad, no supieron responder, avergonzándose por la aparente contradicción. Lo único que los torgut afirmaron con vehemencia fue que sus antepasados habían encontrado Khara-Khoto en la misma forma que nosotros, es decir, una ciudad de tipo chino, con una alta muralla de tierra orientada según los países del mundo, situada en una terraza en forma de isla, antaño bañada a ambos lados por las aguas del Etsin Gol. El resto del agua era

---

\* Fragmentos de obras budistas en chino, un recibo en escritura cursiva china, dos pequeños extractos de texto tibetano y once cuadernos de manuscritos de la carta Xi Xia. Entre ellos se encuentran: cuatro páginas de un sutra budista en chino (xilografía), cinco hojas de *gatha* (poemas) en chino, un recibo de una suma de dinero en plata (escritura cursiva china), extracto del sutra Hua Yen Jin (del filósofo indio Nagarjuna) y el prefacio de una traducción realizada durante la dinastía Zhou (951-960), compilada por el emperador cuyo nombre póstumo fue Taizu.

transportada por un canal en forma de trinchera que serpenteaba en dirección este, noreste y, finalmente, norte hacia el desierto, hasta la cuenca de arena salada conocida como Khodan Khoshu, situada en la línea de la depresión común con las actuales cuencas de Sogo Nor y Gashun Nor. El lugar de la cabecera del lecho seco del río muerto estaba marcado por el tramo de Botok Beerek.

La leyenda popular sobre Khara-Khoto o Khara Baishen, es decir, «Ciudad Negra» o «Ciudad Fortaleza», dice lo siguiente:

El último gobernante de la ciudad de Khara-Khoto, el *batyr*[*] Khara Jian Jun (Khara Bator), apoyándose en su invencible ejército, mostró la intención de arrebatar el trono al emperador de China, por lo que el Gobierno chino se vio obligado a enviar una importante fuerza militar contra él. Una serie de batallas entre las tropas imperiales y las tropas de Khara Jian Jun tuvieron lugar al este de Khara-Khoto, cerca de la frontera actual en el norte de Alashán, en las montañas Shartsa, donde estas últimas fueron derrotadas. Al tener ventaja, las tropas imperiales obligaron al enemigo a retroceder y, finalmente, a esconderse en su último bastión: Khara Baishen, donde fueron cercados. Se desconoce si el asedio de la fortaleza duró mucho tiempo; en cualquier caso, esta no fue tomada de inmediato. Ante la imposibilidad de tomar Khara-Khoto por asalto, las tropas imperiales decidieron privar de agua a la ciudad sitiada, para lo cual desviaron hacia el oeste el río Etsin Gol, que, como ya se ha dicho, en aquella época fluía a ambos lados de la ciudad. Esto se consiguió represando el antiguo cauce con sacos de arena. En la actualidad, el dique sigue allí en forma de muralla, en la que los torgut han encontrado recientemente restos de sacos.

Privados del agua del río, los sitiados empezaron a cavar un pozo en la esquina noroeste de la fortaleza, pero, aunque profundizaron unos doscientos metros, siguieron sin encontrar agua. Entonces el *batyr* Khara Jian Jun decidió combatir contra el enemigo la última batalla. En caso de derrota, utilizaría el pozo ya excavado para esconder en él todas sus riquezas, que, según la leyenda, eran al menos ochenta carros, de trescientos kilogramos en cada uno, cargados de plata y otros objetos de valor. Luego mató a sus dos esposas, así como a su hijo y a su hija, para que el enemigo no los violase. Hechos estos preparativos, el *batyr* ordenó

[*]    «Héroe» en mongol.

abrir una brecha* en la muralla norte, cerca del lugar donde había escondido sus riquezas. A través de la brecha formada, se abalanzó sobre el enemigo a la cabeza de sus tropas. En esta batalla decisiva murieron el propio Khara Jian Jun y su, hasta entonces considerado, ejército «invencible». Las tropas imperiales, como de costumbre, destruyeron la ciudad capturada hasta los cimientos, pero no encontraron ninguna riqueza escondida. Dicen que los tesoros aún yacen allí, a pesar de que los chinos de las ciudades vecinas y los mongoles locales han intentado apoderarse de ellos en repetidas ocasiones. Atribuyen su fracaso en este empeño enteramente a una conspiración organizada por el propio Khara Jian Jun; los nativos creen en la validez de una conspiración, sobre todo después de que la última vez los buscadores de tesoros, en lugar de las riquezas, descubrieran dos grandes serpientes brillantes, con escamas rojas y verdes.

Independientemente de lo interesante del asunto, y todo tipo de observaciones, el tiempo corría muy deprisa. Finalmente, llegó el día de la supuesta partida; lamentamos desprendernos de «nuestra» Khara-Khoto, como la llamábamos ahora; tuvimos tiempo de acostumbrarnos a ella. Nos familiarizamos con sus secretos ocultos, que poco a poco se nos fueron revelando; extrañamente, se estableció una inexplicable conexión espiritual entre la antigua ciudad muerta y nosotros.

Después de algunas discusiones, decidí sugerir a Chernov que se quedara dos días más en Khara-Khoto, dejando a Madayev para que le ayudase. Yo mismo tenía que «apresurarme» a una cita importante con Torgut Beile.

En la víspera de nuestra partida de la ciudad, durante la merienda vespertina, pedí al lama de Baldyn que nos adivinara el futuro del día siguiente. El lama cogió inmediatamente una paletilla de cordero, la puso en el fuego y, después de haberla ahumado hasta que se agrietó, la agarró y la puso cuidadosamente a su lado; luego, cogiendo la paletilla con la mano izquierda, con la derecha comenzó a mover un tallo por las grietas y profetizó: «Mañana, el patrón tendrá dos alegrías: la primera, grande; la segunda, menor; la primera consistirá en un rico hallazgo en las excavaciones, y la última alegría se cumplirá camino del campamento principal, cuando el jefe cace una buena bestia». No puedo dejar de seña-

---

\* La brecha es todavía visible hoy en día.

lar que ambas predicciones se cumplieron con exactitud. Napalkov y Arya Madayev encontraron en el «*suburgan* A» una rica colección de manuscritos y un maravilloso lienzo con la imagen de la «Aparición de Amitabha», y yo, en efecto, durante mi marcha hacia Toroi Ontse, cacé un excelente ejemplar de gacela persa con cuernos.

A nuestra llegada al vivaque principal, donde nuestros compañeros nos esperaban con gran impaciencia, nos apresuramos a equipar a dos cosacos con provisiones y agua potable para nuestros compañeros en Khara-Khoto, y nos ocupamos de los preparativos para la próxima y difícil travesía del desierto, hacia Alasha Yamen.

A primera hora de la mañana del 23 de marzo, llegó a nuestro vivaque un invitado de alto rango, Khagouchin Torgut Dashi Beile, es decir, el título completo de Torgut Beile. Era un hombre de sesenta años, alto, delgado y aún vigoroso, con una manera de comportarse puramente china; su cortesía rayaba en la autohumillación, siempre estaba disculpándose por la pobreza y escasez de sus posesiones, que justificaba debido a las repetidas revueltas mahometanas —es decir, de los dunganos—. Como si no se atreviera a contradecirme en nada, Beile trató de dar una respuesta favorable a todas mis preguntas y prometió, mientras fuera posible, facilitar a la expedición el seguimiento de una nueva ruta aún no explorada, a través de Khara-Khoto, el valle de Goitso y Dingyuanying hasta el río Amarillo.

Al final de la negociación, nos propusimos divertir a Beile con un gramófono, y luego le obsequiamos con un desayuno. Torgut Beile permaneció con nosotros bastante tiempo, mientras fumaba un puro tras otro, daba el aspecto de disfrutar de un placer extraordinario. Finalmente, hice una fotografía de nuestro invitado y le entregué mi tarjeta personal a modo de regalo. Al marcharse, Beile dejó claro que se sentiría muy honrado de que volviéramos a visitarle. De entre nuestros obsequios, dejó dos en nuestro vivaque, a saber, un reloj y una caja de música —con la petición de que enseñara a su subordinado a utilizarlos—.

Pasamos el día siguiente inmersos en distintas actividades: escribimos informes sobre lo que habíamos hecho, y fuimos especialmente meticulosos sobre Khara-Khoto; algunos manuscritos e imágenes se apilaron inmediatamente para ser enviados a San Petersburgo. El geólogo Chernov, que había regresado de la «ciudad muerta» el día anterior, y traía valiosas adiciones a los hallazgos, también hizo un informe especial sobre su trabajo. Un rumor en Toroi Ontse sobre una expedición europea, que supuestamente había partido de Urga en dirección a Gurbunsaikhan, nos obligó a tener especial cuidado con todos los informes enviados a la Sociedad Geográfica y a la Academia de las Ciencias.

RUINAS DE LA CIUDAD DE KHARA-KHOTO (VISTA DESDE EL NORTE); A LA IZQUIERDA, EN LA PARED, SE VE UN HUECO, A LA DERECHA, JUNTO A LA PARED, UNOS *SUBURGAN* EN RUINAS

En la mañana del 25 de marzo nos reunimos para visitar una vez más a Torgut Beile, cuyo cuartel general se encontraba no lejos de nuestro vivaque, entre el Morin Gol y el Ikhe Gol, pero separado de nosotros por los cuatro brazos de aguas altas del Ikhe Gol.

Entre estos ríos de aguas turbias y fangosas, se construían aquí y allá pozos cuya existencia estaba determinada por la inestabilidad de los canales de fácil movimiento.

El servicial anfitrión nos envió por adelantado caballos y un guía, porque sin un hombre experimentado habría sido extremadamente difícil recorrer el valle de Etsin Gol entre interminables lomas y toda clase de matorrales.

Después de haber pasado el ídolo de Baga Dashi Choilen, enclavado entre los brazos medios del Ikhe Gol, y de haber realizado con seguridad todas las travesías, excepto la última, en la que uno de nosotros se bañó en frío contra nuestra voluntad a causa de las aguas altas y el fondo pantanoso de barro, vimos por fin, a lo lejos, el cuartel general del príncipe. Nuestro guía Bata tuvo que bajarse del caballo e ir a pie a la vista del

CAMPAMENTO DE EXPEDICIÓN DENTRO DE LOS MUROS DE LAS RUINAS DE KHARA KHOTO

cuartel general de su señor, pero nosotros subimos a caballo hasta los establos y, dejando nuestras monturas al cuidado de los criados que habían llegado, nos dirigimos al jardín cercado con una valla, donde grandes yurtas se alzaban bellamente entre un bosquecillo de tamariscos. Cerca de una de las yurtas se agolpaba mucha gente; algunas mujeres elegantes se afanaban, yendo de una habitación a otra, echándonos miradas furtivas; allí estaba el príncipe en persona, con sus funcionarios, uniformado en su traje ceremonial. Nos recibió muy afectuosamente, aunque estaba visiblemente ansioso: le temblaban las manos y se le quebraba la voz\*. Una vez superada su vergüenza, nos agasajó con excelentes *pelmenis*[†] y té, acompañado con delicias puramente europeas: azúcar, galletas, mermelada, etcétera. Hacía tiempo que no comíamos tan deliciosamente, y todos estos platos nos parecieron los manjares más exquisitos.

Durante todo el tiempo que duró mi visita, la conversación fue más o menos insustancial; Beile trató de evitar el tema sobre Khara-Khoto, que era interesante para nosotros, y se limitó a decir que la gente subordinada a él era una masa inculta de salvajes esteparios que no sabían nada ni estudiaban ciencias, «no como vosotros los rusos». «Sin embargo», concluyó, «aunque no impido que nadie excave en una ciudad muerta, parece que hasta ahora todos los intentos de encontrar algún "tesoro" han sido infructuosos». En esta ocasión, por cierto, nuestro guía comentó que en su juventud había oído hablar a los ancianos de que se habían encontrado grandes cantidades de plata y oro en las ruinas de Khara-Khoto.

Durante nuestra estancia con Beile, lo visitó la esposa de Kobuksairi, con su *tsahirakchi* (funcionario mongol), que había acompañado a la princesa en una peregrinación al monasterio de Kumbum (en Lusar, China). El peregrino viajaba de regreso a Zungaria. Tras conocer por medio de su funcionario que yo conocía bien esta tierra, y que hablaba de ella con simpatía, la señora me obsequió con un *khadak* de bienvenida. Se lamentó de que la etiqueta no le permitiera entablar una relación más estrecha con un extranjero, y me deseó un feliz viaje y mucho éxito en mi empresa.

De conversaciones privadas con personas cercanas a Beile, me enteré accidentalmente de la pesada carga que recae sobre toda la población torgut, en la forma de impuestos que deben a todos los funcionarios chinos que pasan por allí. En una ocasión en que trataron de eludir este tributo, los torgut no dudaron en negar parcialmente los animales al mismísimo dalái lama, cuando este y su comitiva pasaban por su *khoshun*; pero esa vez fueron castigados.

---

\*    Las malas lenguas susurraban: «¡El príncipe fuma un poco de opio!».

†    Plato tradicional de la cocina rusa compuesto de bolas de masa rellenas se asemejan a las empanadillas o ravioli italianos. (N. del E.)

MUESTRA DE PAPEL MONEDA DE LA DINASTÍA YUAN
(1260 - 1264). LA PARTE SUPERIOR DEL BILLETE
TIENE INSCRIPCIONES EN CHINO Y MONGOL

Los irritables funcionarios tibetanos se enfurecieron y, mediante amenazas, obligaron a los comerciantes a pagar el tributo, es decir, a ofrecer un determinado número de carretas, insultando de este modo al ayudante de Beile con palabras y acciones.

Torgut Beile recibió buenos regalos y anticipos por los animales alquilados para la expedición, y se sintió tan conmovido que me envió en agradecimiento dos excelentes caballos que, desgraciadamente, en vista de la próxima travesía del desierto, no pude aceptar. El príncipe se sintió avergonzado durante algún tiempo, pero después de preguntar por mi simpatía hacia la religión budista, me trajo personalmente un *burkhan* y un *khadak* al vivaque y me pidió que lo aceptara como recuerdo.

Mientras tanto, el calor iba llegando día a día. A la una de al mediodía, la temperatura del agua en Munungin Gol alcanzaba los 9 °C. Una pareja de urracas cerca del vivaque había empezado a hacer un nido. Los cisnes seguían volando hacia el lejano norte en número esporádico y, de vez en cuando, bandadas de nueve a doce pájaros eran acompañadas por grandes zarapitos. Junto al río mismo, aparecían cada vez más los primeros juncos verdes, aunque, en general, la vegetación brotaba del suelo de forma bastante temerosa: su desarrollo se veía obstaculizado en gran medida por las tormentas de poniente y levante o los fuertes vientos que soplaban casi a diario.

Debido a este estado de la atmósfera, era difícil esperar que en el desierto de Alashán, en cuyo umbral nos encontrábamos, apareciese pronto un calor agobiante, por lo que decidimos no avanzar precipitadamente hacia el sur, sino dedicar unos días más a estudios adicionales sobre la misteriosa ciudad de Khara-Khoto. En vista de estas consideraciones, el 28 de marzo envié de nuevo a tres de mis compañeros más jóvenes a la «ciudad muerta», dándoles plena libertad de acción en la excavación. Yo mismo, con Chernov y Napalkov, me quedé un día en Toroi una vez para terminar las cartas e informes a la Sociedad Geográfica y a la Academia de las Ciencias. El informe del geólogo Chernov, en vez de una pequeña nota, se convirtió en un trabajo detallado, que terminó durante toda la noche siguiente.

En la mañana del 29 de marzo partimos, manteniendo la dirección casi estrictamente hacia el sur. El tiempo era sombrío y gélido. Un obstinado viento del este bajaba la temperatura y enturbiaba el aire con nubes de polvo arenoso. Estos vientos del desierto, que soplaban principalmente desde la parte oriental u occidental del horizonte, empujaban cada vez más masas de arena hacia Khara-Khoto. La arena era arrastrada por las laderas arenosas sobre las murallas de la ciudad muerta y cada año aumentaba su espesor, ocultando unas u otras riquezas de la ciudad: restos grandes o pequeños de ruinas secundarias de edificios de templos, los *suburgan*, etcétera.

Pasados unos años, el futuro investigador de la antigua ciudad de Khara-Khoto encontrará aquí una imagen diferente, una disposición diferente de la capa de arena.

A mitad de camino de Khara-Khoto, observamos las ruinas de una fortaleza con un patio interior de cincuenta pasos de largo y sesenta de ancho. Aquí, según la leyenda, vivían los terratenientes que habitaban cerca de la antigua ciudad. Cuanto más nos acercábamos a Khara-Khoto, más nos hacía señas y nos llamaba nuestro tranquilo y somnoliento amigo. Aquí aparecieron las familiares puntas cónicas de los *suburgan*, coronando la esquina noroeste de la fortaleza. Habiendo ascendido por la terraza, indiqué a la caravana la dirección de la puerta occidental de la ciudad, y yo mismo tomé un camino más directo hacia la brecha septentrional, tras el cual pronto me encontré en el vivaque de nuestros arqueólogos; ellos mismos estaban en el ángulo sudoriental de la fortaleza, donde una alta columna de polvo se elevaba por encima de las tres figuras que trabajaban diligentemente.

Arya Madayev me complació con nuevos hallazgos interesantes de objetos de metal duro, como una tabla ovalada, un estribo, nuevas monedas e incluso nuevos manuscritos. Después de instalarnos en el campamento y tomar el té, todos nos pusimos manos a la obra, y cada uno demostró una amplia iniciativa. Al atardecer, la energía empezó a flaquear notablemente: las fructíferas excavaciones anteriores nos habían malacostumbrado y ahora todos queríamos encontrar algo especial, algo aún no visto. La noche cayó rápidamente sobre la eternamente somnolienta y ancestral ciudad. El vivaque quedó pronto en silencio: todo el mundo se durmió. Yo, de algún modo, no dormí; deambulé durante un largo rato entre las ruinas y pensé en los secretos escondidos de los manuscritos extraídos, ¿qué podrían revelarnos los escritos desconocidos? ¿Sería posible desentrañar pronto quiénes fueron los antiguos habitantes de la ciudad abandonada? Me entristecí al pensar que dos días más tarde, a mediodía, estaba destinado a abandonar a mi querida amiga, la ciudad de Khara-Khoto. ¡Cuántos gozosos y arrebatadores minutos había vivido aquí! ¡Cuántos hermosos y nuevos pensamientos me había despertado mi silenciosa compañera! Sin quererlo, amplió el horizonte de mis conocimientos, me señaló una rama de la ciencia hasta entonces ajena a mí, a la que a partir de este momento debía dirigir toda la curiosidad de mi mente.

Al día siguiente, todos los miembros de la expedición se dirigieron de nuevo a diferentes rincones de la fortaleza. El joven cosaco Sodboev, tras explorar la muralla sur, dio con una habitación en la que se ocultaba una cúpula. La habitación estaba vacía, con una sola moneda sobre la ventana. Los cosacos de Transbaikalia excavaban diligentemente a cien pasos al noreste de las ruinas número uno y, tras abrir los restos del antiguo edificio, encontraron en él varios objetos: un *vachir* (campana sagrada budista), un rosario, una copa, una pesa, un martillo, etcétera. El granadero Sanakoev trabajó cerca del «*suburgan* A», que probablemente estaba amueblado con anexos que contenían grandes ídolos de arcilla (*burkhan*). Aquí Sanakoev consiguió un pequeño *burkhan* de piedra, de tipo chino, ya mencionado anteriormente.

Mientras realizaba los últimos hallazgos, con la intención de abandonar pronto el campamento, los lamas mongoles, que participaron voluntariamente en el trabajo, me trajeron toda una colección de billetes chinos, similares en apariencia, pero diferentes en tamaño, con un sello rojo del gobierno[*]. Estos billetes se encontraron en un fardo común cerca de la «calle principal», fuera de las casas, bajo una capa de tierra seca de estiércol arenoso, de hasta quince centímetros de grosor. Después de añadir esta curiosa adquisición a los otros hallazgos, finalmente empaquetamos nuestras cajas llenas exclusivamente de tesoros arqueológicos de Khara-Khoto y retomamos nuestro camino.

---

[*] *Sobre los hallazgos de P. K. Kozlov en la ciudad de Khara-Khoto y Muestras de billetes de la dinastía Yuan en China.* Vladislav Kotvich. (1909). Según Kotvich, entre los objetos enviados por Piotr Kozlov había ocho títulos de crédito estatales (*bao chao*) de la dinastía Yuan (mongola), que reinó en China de 1280 a 1368. El hecho del uso generalizado de los billetes bajo esta dinastía era bien conocido, gracias a los relatos de Marco Polo (Libro II, cap. XXIV), y las investigaciones de los comentaristas de este viajero (Vule, Pauthier, Palladius y algunos otros eruditos como Bushell, o el japonés Shioda Saburo), que extrajeron mucha información interesante de fuentes chinas. Sin embargo, estos eruditos fueron incapaces de encontrar una sola copia de los asentamientos Yuan, y sólo Bushell había oído que se encontraban en la colección de un chino en Shandong. Así pues, el hallazgo de Kozlov es de gran valor. En la conclusión de su artículo, Kotvich afirma: «Los billetes descritos anteriormente, además de su importancia principal como primeras muestras de billetes no canjeables, con los que los mongoles inundaron los países bajo su control, y sobre todo China, son importantes en otro aspecto: el hallazgo en Khara-Khoto da razones para suponer que esta ciudad se encontraba habitada todavía en el período entre 1287 y 1368».

# CAPÍTULO V

# De Khara-Khoto a Dingyuanying (I)

PERMANECER en el centro mismo del desierto mongol para estudiar el Etsin Gol y disfrutar la vida primaveral bajo Sogo Nor, así como haber descubierto las ruinas de Khara-Khoto, fue como un sueño hecho realidad. Ante nosotros se alzaba el difícil y poco atractivo desierto de Alashán, que se extendía a lo largo de quinientos sesenta kilómetros hacia el sudeste —una especie de océano seco, arenoso y pedregoso, plagado de colinas, semejantes a las olas del mar—. Nuestro barco del desierto —una caravana de camellos— debía cruzar el antiguo mar de Hanhái en veinticinco días, incluyendo dos días extra debido a las tormentas de polvo y nieve, que obligaban un lento avance, de unos veinticinco kilómetros, durante tres días, a lo largo del oasis de Goitso. La dificultad del viaje se vio recompensada por la realización de la primera tarea de la expedición y la novedad del terreno, que antaño fue una carretera transitada que unía la capital del Imperio tangut (Xi Xia), con el oeste de China o la ciudad de Ningxia, por un lado, y la próxima estancia en Alasha Yamen y las excursiones por las montañas de Alashán (Helan Shan), con las que también soñábamos desde el principio del viaje, por el otro.

Nuestra primera travesía del desierto fue exclusivamente sobre los sedimentos de Hanhái. El camino discurría en parte por la superficie de terrazas llanas cubiertas de pequeños guijarros, y en parte descendía por hondonadas arenosas, en algunos lugares con relieves tipo *takir*\*. Es inte-

---

\* *Takir* es un término proveniente del kazajo que significa «liso» o «uniforme». Se usa para denominar depresiones cuya superficie desarrolla una costra seca con fisuras tras la lluvia. (N. del E.)

resante observar que las areniscas de grano grueso o micáceo-arcillosas, de Hanhái, estaban desplazadas: a lo largo de varios kilómetros se apreciaba una suave inclinación hacia el este-sureste y hacia el este del río Chukchi.

Detrás del cauce seco, que antaño bañaba Khara-Khoto desde el sureste, ascendimos a una terraza pedregosa, abigarrada y desierta, desde la que, mirando hacia atrás, pudimos ver la fortaleza grisácea, de color terroso, casi completamente hundida en la penumbra polvorienta. Ambas orillas del mencionado canal son bastante escarpadas y empinadas, y en algunos lugares están cubiertas de tamarisco y saxaúl, alrededor de los cuales hay algunas colinas de polvo arenoso. Estas plantas tienen la capacidad de obtener humedad de una profundidad considerable y por ello se encuentran en el desierto en todas partes donde el horizonte del agua no está demasiado lejos. Después de pasar dos o tres barrancos, que tenían extensión meridional, vimos en el horizonte sudoriental largas islas de depósitos de Hanhái, en las que en algunos lugares se alzaban grandes *tsongzhi*, que jugaban con nuestra vista como si fueran un espejismo. En Mongolia del Sur se denomina *tsongzhi* a las torres de tierra parecidas a las construidas por los chinos modernos en el Turquestán oriental. Estas torres, o balizas del desierto, sirven como señales al borde de la carretera que indican la dirección de las antiguas rutas comerciales desde Etsin Gol hasta el río Amarillo o, más exactamente, hasta Alasha Yamen y desde Gansu hacia el norte, hasta Urga.

Habiendo entrado en el camino histórico que conduce a Alasha, o más bien a Dingyuanying, la expedición se impuso la tarea de su estudio polifacético; en algunos lugares esta antigua gran vía estaba claramente marcada sobre el desierto, gracias a su suelo arenoso claramente definido, mientras que en otros se perdía por completo, desapareciendo entre la arena en suspensión.

Nuestra primera parada tras Khara-Khoto fue Boro-Tsongzhi, situado sobre un característico pedestal en forma de isla de sedimentos rojos de Hanhái. Al acercarnos, vimos la primera serpiente punta de flecha de este manantial, que se arrastraba para tomar el sol. Tras ser espantada por la vista y el grito de mi camello, desapareció rápidamente en su humilde guarida y, por tanto, no se incluyó en nuestra colección. Aquí también capturamos una pequeña lagartija.

En el valle de Boro-Tsongzhi, donde el acuífero sólo tenía alrededor de un metro de profundidad y el agua era en general muy limpia y agradable al gusto, había pastos bastante buenos; en algunos lugares grandes zonas estaban cubiertas de juncos, entre los que destacaban esporádicamente arbustos del género *Arctostaphylos*. En los rincones de pasto en la llanura, donde se veían yurtas y ganado, había mongoles venidos de distintos lugares; representantes de los *khoshun* vecinos del norte, noroeste, este y sureste. Según nuestros guías, en esa época la población de Boro-Tsongzhi era aún muy reducida, pero en la mejor estación estival se multiplicaba varias veces.

DUNAS DE ARENA ENTRE GOITSO Y LAS RUINAS DE KHARA-KHOTO

Durante todo el día del 30 de marzo el tiempo estuvo despejado y agradable; el aire era inusualmente claro y calmo para estos lugares. A pesar de ello, los pájaros no se dejaron ver en absoluto, y sólo una tarabilla del desierto (*Saxicola deserti atrigularis*), sentada al sol en la rama de un arbusto, entonó tristemente su canto sin arte. A la una de la tarde, la temperatura a la sombra subió a 13 °C, y al día siguiente a la misma hora a 19 °C. Por la noche hacía tanto frío que el agua del cubo estaba completamente helada, y en el pozo se formó una fina costra de hielo; tal es la naturaleza del clima continental.

VALLE DE GOITSO, TRAMO DE «NOR»

Detrás del valle de pasto de Boro-Tsongzhi, que servía, entre otras cosas, de frontera de las posesiones de Torgut Beile y Tsing Wang, comenzaba de nuevo el desierto. Pronto nos adentramos en la franja de dunas de arena, en su mayoría crestas, que se extendían en dirección meridional. En general, las dunas rara vez superaban los cinco o siete metros de altura, pero también había, sobre todo en dirección sur, algunas gigantes que alcanzaban los cien metros. Las laderas de barlovento de las colinas de arena solían ser suaves y compactas, mientras que las orientales eran empinadas y escabrosas. Las arenas, que se curvaban en hermosos pliegues, se abrían entonces, dejándonos un amplio espacio, y luego volvían a juntarse, apretándonos en su abrazo. Nuestra caballería se metía a veces en largos y estrechos laberintos de dunas y durante algún tiempo vagaba por ellos, encontrando un camino apenas visible, marcado por el viento. En algunos lugares entre las arenas, podíamos ver *obos* construidos con ramas de saxaúl por los mongoles en lugares prominentes. En los intervalos entre las dunas había ocasionalmente superficies brillantes de depósitos de sal, o arena de mayor tosquedad dispuesta en ondas, o, incluso, depresiones semilunares llenas de agua.

En tales lugares, llamados *nor*, es decir, «lago», los nativos se detienen a pasar la noche.

Las formas vegetales predominantes en las arenas eran el junco y el saxaúl, siendo menos comunes el tamarisco y una planta original parecida al hongo *Cynomorium coccineum*. La vida animal, siempre tan agradable a la vista, estaba muy poco representada: los pequeños roedores —jerbos y demás— eran los más comunes, las liebres eran muy raras. Los lagartos seguían casi todos desaparecidos, las serpientes empezaban a dejarse ver; algunos escarabajos en particular corrían de un lado a otro con vigor, animando las arenas muertas y calentadas por el sol*.

Entre las aves nos encontramos con huéspedes todavía migratorios: gansos grises, de plumaje blanco, que a veces se posaban cerca de la caravana que pasaba, tarabillas, aguiluchos grises y algunos otros, esforzándose en su ruta hacia el norte; y entre las aves sedentarias se encontraban arrendajos del Turquestán (*Podoces panderi*) y gangas de Pallas (*Syrrhaptes paradoxus*).

Tras recorrer setenta y cinco kilómetros desde Boro-Tsongzhi por una carretera que serpenteaba entre montículos tupidos y sobre dunas, la expedición cruzó una pequeña extensión de desierto y desde el último montículo divisó el amplio valle de Goitso que se extendía hacia el este. El borde occidental del valle brillaba con el color amarillo de los juncos agitados por el viento, y en el norte las alturas de Khairkhan, sus lados occidental, medio y oriental, que formaban parte del borde meridional de la elevación montañosa de Ergu-Khar, se extendían en una oscura muralla.

Representando la continuación oriental de la llamada «Depresión Central del Gobi», la cuenca del Goitso está situada a una altitud de 840 metros sobre el nivel del mar y se extiende en dirección latitudinal —del oeste-noroeste al sureste— a lo largo de ciento treinta kilómetros, teniendo una anchura de entre veinticinco y cincuenta kilómetros. A lo largo del borde septentrional y meridional de la cuenca, se extendían los acantilados de los sedimentos del mar de Hanhái, que presentaban interesantes contornos intrincados, parecidos a las ruinas de ciudades, y torres derribadas, erosionadas por el viento y la arena; así mismo, las te-

---

* El 31 de marzo, a la una de la tarde, las arenas se calentaron hasta 45 °C.

rrazas meridionales del Hanhái estaban cubiertas de altas dunas de arena.

VALLE DE GOITSO, TRAMO DE «NOR»

La parte central de Goitso estaba repleta de lomas cubiertas de matorrales, entre las cuales había depósitos de arcilla descubiertos o considerables charcas de agua dulce. Los depósitos de arcilla eran más numerosos en la parte occidental de la cuenca, que aquí era más llana, ya que las lomas arenosas eran escasas, y en su lugar se extendía una estepa arenosa cubierta de juncos. A pesar de la vecindad del Gobi central, pobre en precipitaciones, el valle de Goitso se caracterizaba por su abundante humedad; aquí se podían encontrar no sólo manantiales individuales que llenaban cuencas significativas, sino que también se podían observar pendientes enteras por las que el agua rezumaba continuamente, convirtiendo la tierra en pantanos. Era muy interesante el hecho de que los manantiales de agua aflorasen, en su mayoría, a la superficie de la tierra, y no en el fondo mismo de la cuenca general, sino en depresiones secundarias situadas en el fondo de las alturas meridionales.

La riqueza de agua determinaba la relativa abundancia de vegetación y vida animal en Goitso y convertía a este valle, a los ojos de los nómadas, en un «hermoso oasis», que atraía por igual tanto a un viajero cansado del desierto como a un nómada mongol.

Decidimos seguir a lo largo del borde sur de la cuenca Goitso, haciendo sólo pequeñas excursiones cada día con el fin de explorar en detalle sin mucha fatiga. Al acercarnos al primer pozo, conocido como Orolgen-Khuduk, vimos una bandada de grandes avutardas, probablemente migratorias, que enseguida se alejaron volando hacia el noroeste. Mi alma se regocijó al ver bandadas de numerosas aves que descansaban en el agua o cerca de los lagos, así como a las gráciles gacelas persas, y a las solitarias y tímidas liebres, que a menudo saltaban de los matorrales a la intemperie.

El día 2 de abril fue especialmente claro y cálido; nos detuvimos en la orilla de un lago cerca del campamento mongol conocido como «Khashata». Cisnes, cercetas comunes, grullas, garzas reales y otras aves migratorias volaban a menudo hasta el agua y se posaban en la orilla, sin inmutarse por nuestra presencia, o, tras graznar una o dos veces, se alejaban. El mismo día, cerca del vivaque, vimos una solitaria bisbita alpina (*Anthus spinoletta blackistoni*), una lavandera blanca (*Motacilla alba*) y su hermana amarilla (*Motacilla citreola*), un aguilucho gris (*Circus sp.*) y nuestro compañero constante: el milano negro (*Milvus melanotis*). Al atardecer, cuando la naturaleza finalmente se calmó y salió la luna, iluminando bellamente el valle dormido, todo se hizo aún más agradable.

A pesar de la nocturnidad, la vida se dejaba sentir por todas partes: en el lago seguían sonando de vez en cuando las voces de los inquietos negrones especulados y gansos grises migratorios; los escarabajos de mayo zumbaban agradablemente en el aire y las ranas establecían su original concierto primaveral. Sólo los mosquitos, numerosos gracias a la humedad, perturbaban ligeramente el hermoso ambiente vespertino. La temperatura del aire durante el día era de unos 25 °C, pero por la noche, al igual que antes, bajaba mucho y a menudo en las ciénagas vecinas el agua estaba cubierta de un fino hielo vidrioso.

En general, puedo decir que el valle de Goitso, con sus manantiales, lagos, altos juncos y sus modestos habitantes locales, que vivían con su ganado en medio los matorrales de juncos, me recordó un poco a Tsaidam (Qaidam).

El 3 de abril acampamos en la zona de «Nor», entre los altos juncos que nos ocultaban de las miradas de los curiosos. Fue uno de los campamentos más agradables hasta entonces. Tanto de día como de noche oímos las vivas voces de gansos, patos y cisnes, que se afanaban en los lagos cercanos; por las mañanas y por las noches nos deleitaba el canto de los bigotudos y mirlos de garganta negra, a los que de vez en cuando se unía nuestro cantor personal, el alcaudón norteño (*Lanius excubitor*). Aquí atrapamos escarabajos recién aparecidos: escarabajos de agua y otros. A su vez, por fin tuve la suerte de cazar un gato montés, llamado por los lugareños *tsogonda*, que llevaba buscando desde Etsin Gol y que resultó ser una nueva especie interesante (*Felis chutuchta*).

VALLE DE GOITSO, *OBO* EN EL MANANTIAL SAGRADO

Este animal depredador estaba escondido entre los juncos, en la parte seca de la orilla del lago, y probablemente estaba cazando pájaros, aprovechando que las aves acuáticas venían a menudo a la orilla para secarse y descansar; el gato era muy confiado, no huía a la vista de un humano, y empezó a marcharse sólo cuando nos acercamos a un tamarisco bajo el que estaba escondido. *Tsogonda* fue muy difícil de abatir: tras ser herida por dos disparos en el omóplato, encontró fuerzas para correr unos treinta metros antes de caer muerta. Además de una piel y un esqueleto excelentes, esta gata proporcionó a nuestra colección tres hermosos ejemplares de cachorros ligeramente subdesarrollados, moteados como los cachorros de una tigresa, que conservamos muy bien en alcohol.

Después de haber examinado cuidadosamente nuestra presa, el guía comentó: «la presencia de manchas blancas cerca de las orejas, además de la rica y densa lana, hace que esta piel sea muy rara y valiosa».

Un poco más tarde, en el lago más cercano, disparé a un cisne (*Cygnus bewicki*) que nadaba cerca de un ganso gris. Los nativos me informaron de que este *ereben*, es decir, cisne, venía a ellos año tras año y siempre se mantenía solo entre otras aves nadadoras.

Al día siguiente la expedición trasladó su campamento veinticinco kilómetros hacia el este, a la zona de Zuslen, y acampó en la cabecera de un excelente manantial que brotaba bajo el acantilado. Allí hice una determinación astronómica para obtener las coordenadas geográficas[*]. El lugar era seco, herboso y fértil. Cerca del terreno corría tranquilamente un agua helada, plateada y translúcida, que daba origen a un gran arroyo. Desde lo alto del acantilado se divisaban los lagos contiguos[†], detrás de los cuales en las mismas direcciones este y norte se veía la silueta de las tres partes de Khairkhan, situadas de oeste a este en tal secuencia: Khairkhan, Zuslen-Khairkhan y Khodzhemyl-Khairkhan. En el extremo distante del este, la cordillera estaba cerrada por contornos más indistintos de montañas separadas que superaban Khairkhan. Cerca de allí, a orillas de un lago abierto, no sólo había aves que nos eran familiares: chorlitos, bisbitas, sino también aves nuevas que habían aparecido y no habían sido registradas ese año, como: chorlitejos chicos (*Charadrius dubius*), algunas aves zancudas de gran tamaño, pertenecientes al género *Limosa*, que eran muy hábiles para evitar ponerse a tiro, y una abubilla del desierto (*Upupa epops*).

Aprovechando el calor, la excelente agua y la abundancia de leña, aquí nos dispusimos todos a un corte de pelo, así como a un lavado general y de ropa. Como es natural, en los viajes es muy difícil mantenerse alejado de la suciedad y el polvo, sobre todo en invierno y siempre en desiertos sin agua. No obstante, nos las arreglábamos para mantenernos

---

[*]  Latitud geográfica 41° 21′ 58″, longitud desde Greenwich 102° 32′ 0″.

[†]  Los lagos y pequeños lagos, en promedio, se extendían en un círculo de uno a cinco kilómetros.

relativamente aseados, y en verano, si había mejores condiciones y abundante agua, incluso limpios.

Mientras la expedición recorría el valle de Goitso, recibíamos constantemente la visita de nativos, de los que podíamos obtener y recibíamos diversos tipos de información. Así supimos que nuestro transporte, enviado desde Urga por vía directa bajo la supervisión de Chetyrkin, llegó sano y salvo a Alasha Yamen y tuvo dos días de descanso en Tzagin-Khuduk durante el trayecto. El jefe local, o *tzangin*, me informó, además, que desde Alasha Yamen tendría la orden estricta de notificar inmediatamente a las autoridades de Alashán la llegada de la expedición a Goitso y su desplazamiento hacia Dingyuanying.

Tras proseguir en la misma dirección este-sureste, nuestra caravana serpenteó a lo largo de las afueras de la zona areno-arcillosa seca, en algunos lugares compuesta por guijarros. La ladera de la montaña, rica en manantiales, era cada vez más escarpada; los campamentos mongoles y las huellas de antiguos nómadas se alternaban con bastante frecuencia. Los días se hacían más calurosos: ahora la superficie de la ladera sur de la duna de arena ya se calentaba bajo el sol hasta 60 °C a la una del mediodía.

A mediodía del 5 de abril arribamos, sin darnos cuenta, al histórico *obo*, que marcaba la cabecera del manantial curativo. Esta antigua estructura se alzaba sobre una colina y con su cabaña escalonada de troncos de madera se asemejaba, por un lado, a una capilla cristiana, mientras que por otro protegía la fuente del arroyo sagrado de la contaminación. Una pequeña piscina construida artificialmente en medio del arroyo se utilizaba para bañar a los nativos que sufrían de reumatismo, dolencias estomacales, etcétera, y aquí eran curados. A este *obo* acudían anualmente los mongoles vecinos, en número de hasta quince yurtas o familias, cuyos enfermos eran atendidos por los *khurul* (o monjes budistas) que vivían cerca de él. Los lamas quemaban manojos de ramas de enebro mientras rezaban las oraciones apropiadas; el humo que se elevaba al cielo de esta quema desempeñaba un papel similar al incienso en la iglesia cristiana. Se decía que los cimientos del *obo* los puso un *gegen* en agradecimiento a Dios por el inesperado encuentro, en este caluroso desierto, del hermoso oasis de Goitso con su manantial vivificante, donde el santo budista, cansado de un duro viaje, descansó unos días.

La expedición abandonó pronto el último manantial de agua y se adentró de nuevo en el lúgubre desierto estéril y sin vida, que nos encerró en su seco y caluroso abrazo durante todo el camino hasta Alasha Yamen. En efecto, a nuestro alrededor se extendía un desierto típico del Gobi, conocido por los nativos locales como Badan-Jareng (Badain Jaran), que no nos dejó marchar durante más de quince días. A medida que avanzábamos por él, este desierto se caracterizaba por afloramientos claramente definidos de granitos y gneises rojos y rosados; estos lechos rocosos a veces sobresalían a la superficie quedando completamente al descubierto, otras veces estaban cubiertos por grandes masas de arena gruesa de color marrón oscuro que formaban altas colinas, y en la zona de desarrollo de los sedimentos de Hanhái estaban ocultos bajo arenas mezcladas con grava y guijarros. El agua aquí era extremadamente escasa y sólo de pozo. Los representantes más característicos de la vegetación seguían siendo el junco, el saxaúl, el tamarisco —que, por cierto, empezaba a florecer a partir del 4 de abril, emitiendo una delicada fragancia—, el *kendyr* (*Poacynum*) y con menos frecuencia el *tograk* o álamo del desierto (*Populus euphratica*), que crecía en vías a lo largo de los lechos secos de guijarros. El cielo azul, incluso en los días despejados, solía ser «inaccesible» a los ojos, ya que había una bruma polvorienta en el aire, levantada por el viento diario, que a menudo se convertía en tormenta. Siempre se debe viajar por desiertos como el actual, o el de Mongolia del Sur, en otoño o incluso en invierno, pero en ningún caso en verano. Es necesario tomar por norma estricta el disponer de una necesaria reserva de agua y de un excelente guía, sin el cual, entre dunas monótonas, que cambian constantemente de forma y de ubicación en función de la dirección de los vientos, es muy fácil perderse. Basta recordar la descripción de los viajes por el desierto de Asia central de Nikolái Przewalski para convencerse aún más de la certeza de lo dicho. Przewalski pasó muchas horas agonizantes en las arenas de Alashán por culpa de un mal guía.

A medida que viajábamos hacia el sudeste, el terreno comenzó a elevarse y el suelo se volvió esponjoso. Es interesante señalar, por cierto, que en el camino desde el mismo *obo* histórico hasta el pozo Tzamyn Khuduk había una arboleda de *tograks*; con qué gran interés seguimos de lejos este tentador bosquecillo, al que no pudimos llegar hasta media hora o incluso dos horas después, a pesar de la aparente proximidad debida a la transparencia de la atmósfera, y con qué gran decepción lo abandonamos. Dentro y cerca del bosquecillo no había ni tierra fértil ni agua, sino sólo tierra descubierta, dura como una piedra, arcillosa y salada, parecida a un feo campo arado. Había restos de un pozo derruido y cubierto de tierra; además, según el guía, el agua aquí nunca estaba del todo fresca y dejaba un regusto amargo al beberla.

Detrás de este bosque de álamos del desierto se nos abrió una enorme zona de dunas y crestas de arena, entre las que cada vez más nos topábamos con piedras torneadas y pulidas por la arena y el viento.

En el pozo de Tzamyn Khuduk, situado en el extremo norte de las altas dunas, la expedición tuvo que detenerse durante todo un día a causa de una fuerte tormenta que pasó de oeste a suroeste, y que no cesó hasta la tarde del 6 de abril. El mal tiempo destruyó por completo los últimos indicios del camino y alisó todas las huellas, cambiando en gran medida el relieve de la superficie arenosa extremadamente inestable; la temperatura bajó un poco, el polvo se alejó y se abrieron amplias vistas del horizonte.

En este pozo observamos varias especies de aves: arrendajos del Turquestán, gorriones del saxaúl, alcaudones pequeños y grandes (*Lanius isabellinus et Lanius grimmi*). Tuvimos la suerte de fotografiar tres excelentes ejemplares de estas aves para la colección ornitológica de la expedición. También se capturó aquí un jerbo grande (*Gerbillus opimus*).

Como la expedición entró de nuevo en la parte desértica de Mongolia central, de nuevo tuvimos que pasar de las habituales caminatas matutinas a las vespertinas. Desde que hubimos partido de Gurbunsaikhan y hasta que alcanzamos Dingyuanying, aunque con algunas interrupciones, prevalecieron esas pesadas caminatas sin agua, que siempre cansaban mucho a los expedicionarios.

Tanto antes como ahora, siempre he sostenido y sostengo la opinión de que cualquier desierto debe ser atravesado lo antes posible sin gastar demasiadas fuerzas y energías preciosas, necesarias para un viajero en travesías largas. La monotonía y la aridez del desierto tienen el efecto más deprimente sobre todo ser humano, y son capaces de producir aburrimiento, apatía y decaimiento de la motivación en las personalidades dedicadas de todo corazón al estudio de la naturaleza.

Así pues, habiendo salido bien de Tzamyn Khuduk, como de costumbre después del almuerzo, pronto llegamos a un pequeño acantilado de sedimentos de Hanhái, que destacaba como un elevado promontorio entre la baja llanura arenosa y era conocido entre los nativos como *Tek*, que significa «cerradura» o «esclusa». Desde allí se abría una vista amplia e insólita: debido a la altura de la luz del día —a las tres o cuatro de la tarde—, las arenas dispuestas en gigantescos pliegues exuberantes* en la ladera que descendía de sur a norte, estaban especialmente bellamente moteadas de color amarillo grisáceo. También aquí, a juzgar por la estructura de las colinas de arena, los vientos dominantes seguían siendo del oeste. En el norte-noroeste se oscurecían las sombrías montañas de Ergu-Khara, que yo conocía de mi expedición anterior. Varios picos imponentes sobresalían del grupo montañoso general: Khanas, Kuku-Morito, Tsagan-Ula, Ikhe y muchos otros. En el nordeste había algunos vagos contornos de pliegues montañosos aún más poderosos, cuyas figuras eran difíciles de discernir. Al menos nuestro guía, bastante experimentado, no pudo nombrarme los picos separados de este macizo desmembrado. Ascendiendo gradual y lentamente, el camino se adentraba en una zona ligeramente accidentada, cuyo relieve estaba salpicado por grandes acumulaciones de arena en suspensión.

En medio de las interminables crestas gigantes serpenteantes, entre las que maniobraba nuestra caravana, se veían grandes y brillantes guijarros, debido al bronceado del desierto, producto de la destrucción de las rocas.

Los afloramientos de granitos y gneises rojos agrietados, que destacaban en la superficie como notables colinas, se hicieron cada vez más frecuentes.

Nos detuvimos a pasar la noche en la zona de Khaya, donde en los meses de verano solían vivir los nativos con su ganado. Aquí se podía obtener agua con relativa facilidad, ya que bastaba excavar al pie de una de las dunas a una profundidad de medio metro aproximadamente. Tras haber armado una tienda para los miembros más veteranos de la expedición, los más jóvenes se acomodaron bajo el dosel del cielo, instalándose en medio del vivaque entre numerosos bultos. Después de

---

\* Los lechos de corteza arenosa se extienden en largas crestas en dirección meridional.

pasajes desiertos sin agua, por regla general no nos hablábamos durante mucho tiempo, y después de tomar el té caíamos pronto en un sueño profundo, confiando en la vigilancia del centinela. Pronto reinaba un silencio absoluto, y parecía como si toda la vida en el desierto se hubiera congelado. Inesperadamente, un torbellino sopló durante la noche y derribó la «tienda del oficial»; por supuesto, me desperté inmediatamente, pero mi joven compañero Badmazhapov, que dormía cerca, y había sido cubierto ligeramente por dicha tienda, continuó descansando en un sueño tranquilo y sereno.

Durante el siguiente recorrido hasta el tramo de Elken Usune Khuduk seguimos la ruta de mi expedición de 1899-1901. Las arenas aumentaban gradualmente y los afloramientos de granitos rosados también. El hermoso pozo —nuestro lugar de acampada— estaba cuidadosamente cubierto por un *gagaroj*[*] y sujeto desde arriba por pesadas ramas de saxaúl, cubiertas, a su vez, con una gruesa capa de arena. Estas precauciones en los pozos del desierto de Mongolia son necesarias, pues de lo contrario la humedad vivificante pronto termina cubierta de basura y sepultada finalmente por la misma arena.

En este pozo nos alcanzó el geólogo Chernov, que nos había dejado para realizar un reconocimiento más detallado de los yacimientos de Hanhái en la vecindad de Tzamyn Khuduk; estaba muy satisfecho de los resultados de su trabajo y con su vigor habitual se puso a estudiar las arenas y afloramientos rocosos que se encontraban a nuestro paso.

Un poco más tarde, después de Chernov, llegó a nuestro campamento un oficial mongol, enviado por sus superiores desde la carretera del sur[†] con el fin de averiguar la ruta exacta de la expedición. Nos enteramos con más detalle, por este enviado de Alashán, del estado de nuestro transporte de Urga. Este había llegado sano y salvo a Dingyuanying, y en Alasha Yamen se trataba muy bien a la expedición. Habiendo discutido mi situación, decidí proceder al tramo de Tabun Aldan, o «cinco brazas», donde estaba previsto encontrarme con la gente de Tsing Wang, quienes me expresaron gran cautela y cortesía.

---

[*]   Tejido local de lana o pelo, con el que los mongoles cosen bolsos.

[†]   Como es sabido, desde el valle de Etsin Gol hacia el este hay varios caminos, de los cuales los tres principales son: el septentrional, el del medio —el que seguimos— y el meridional; aquí me refiero a este último.

La colección zoológica de la expedición se enriqueció aquí con ejemplares muy interesantes de lagartos, entre los que eran especialmente valiosos los representantes de los géneros *Phrynocephalus et Podarces*, como el *Eremias przewalskii* (o lagarto de cabeza redonda de Przewalski), que por su tamaño y brillante colorido es conocido entre los nativos con el nombre de *gurbül mogoi*, que significa lagarto serpiente. Entre las aves, capturamos por primera vez una curruca del desierto (*Sylvia nana*), y entre los roedores, la liebre de Tolai (*Lepus tolai gobicus*).

Después de Elken Khuduk empezamos a cruzar crestas secundarias, ascendiendo y descendiendo a los barrancos ricos en rocas de granito. Especialmente memorable para mí fue una colina arenosa situada cerca de la orilla del barranco, que se extendía de sur-sureste a norte-noroeste. Toda esta colina, desde la base hasta la cima, no era más que un afloramiento de granito macizo, gradualmente cubierto de arena. En la actualidad sus salientes aún se conservan en algún lugar, pero no cabe duda de que con el paso de los años el lecho rocoso será erosionado y quedará cubierto o tapado por una capa de arena, y entonces la colina de granito se convertirá en la semejanza de una auténtica duna de arena.

En lugares apartados, cerca de los salientes de piedra, crecía un frondoso arbusto, el *khatu khara* o zarza de color amarillo, llena de flores rosa claro, sobre la que gustaban posarse moscas y abejorros. El sol calentaba bastante: a la una de la tarde, a la sombra, el termómetro marcaba 25 °C, el viento era abrasador y oscurecía la lejanía. Grandes escarabajos negros (*Carabus*), que me gustaba observar, corrían en gran número por la superficie arenosa. Una vez vi cómo toda una compañía de estos brillantes escarabajos, trepando a un rincón tranquilo, se perseguían unos a otros. Cuando me fijé en un extraño grupo de escarabajos, miré más de cerca y pronto me di cuenta de que varios de ellos se estaban comiendo a su compañero y ya le habían masticado todo el costado. La desafortunada víctima seguía intentando salvarse, y sólo mi llegada le salvó de la muerte, ya que yo había dispersado a sus codiciosos vecinos. Un cosaco que vino a verme se interesó también por este suceso, pero encontró que había que ocuparse de los escarabajos de otra manera: cogió uno de los atacantes, lo mató y, haciéndolo pedazos, lo arrojó a los demás; éstos se abalanzaron con avidez sobre los restos, que devoraron en un momento. Estos mismos escarabajos nos hicieron mucho daño hasta que aprendimos su temperamento; puestos en el mismo frasco con el cianuro de potasio y las moscas, vivieron mucho más tiempo que estas últimas, y tuvieron tiempo de comerse las moscas antes de morir, entre las cuales había, por supuesto, algunos ejemplares valiosos.

Tras ascender gradualmente y hasta alcanzar los 1.140 metros de altitud, el camino nos condujo a una alta colina de doble cima conocida como Kholbotsagan Tologoi, más allá de la cual, habiendo descendido por un lecho pedregoso y lleno de arena, la expedición se detuvo para pasar la noche. El valle, bordeado de áreas pedregosas, se alejaba hacia el sur. El viento del noroeste aumentó a partir de las cinco o seis de la tarde y por la noche se convirtió en una verdadera tormenta.

La fresca y tranquila mañana del 10 de abril encontró a nuestra caravana caminando entre zonas casi continuas de rocas cristalinas. Al principio aparecieron gneises, arrugados en pliegues escarpados con rumbo cambiante; más allá, en dirección transversal, se extendían crestas de granitos erosionados de color rosa.

Entre algunos recovecos de los pequeños desfiladeros de guijarros secos, bordeados por callejones de *tograks*, vivían los nómadas, que se contentaban con el agua que obtenían aquí de los pozos. En uno de estos desfiladeros nos topamos con las ruinas de un templo, vacío desde hacía unos diez años. En ese momento se estaban erigiendo nuevos edificios de arcilla para una casa de oración budista en un nuevo y hermoso lugar, en las afueras del sur de las pequeñas colinas. Cerrado por un alto muro de adobe, el templo se mimetizaba completamente con el tono gris del cerro montañoso, que protegía el refugio de los peregrinos del viento predominante del noroeste.

Este pequeño santuario, llamado Sharatologoyinen Sume, albergaba hasta diez lamas, que residen allí principalmente en verano. En ese momento, el lugar estaba tranquilo, mudo y desierto.

Entre las ruinas y los nuevos edificios del templo se alzaba un *obo* sagrado construido sobre un maravilloso manantial. Las aguas de esta fuente vivificadora se encerraban en cuencas especiales, planas y oblongas, de granito, llamadas por los nativos *chulun ongetsu*, que significa «barcos de piedra».

No muy lejos de allí, observamos muchos granitos erosionados en forma típica de separaciones de losas, nichos e incluso arcos. También había bloques y rocas planas, roídos por la tormenta, y formas esféricas redondeadas que descansaban sobre pedestales macizos. La superficie del suelo, de piedra dura, solía estar cubierta de grava y arena gruesa o fina.

Por todas partes, cerca de los depósitos de agua de estos *chulun onge-tsu*, había numerosos rastros de ovejas salvajes (*Ovis*) y *boro tsere* o *khara sulta* (*Gazella subgutturosa*), que visitaban diariamente este abrevadero. Los reptiles y anfibios eran más frecuentes y se encontraban más a menudo. Las formas vegetales de la zona descrita se caracterizaban por los inconfundibles *tograks*, que se extendían en forma de largos callejones o se disponían en grupos y menos a menudo en solitario; en este último caso, gigantes centenarios se erguían, en su mayoría, en medio de lechos secos de ríos. En cuanto a los arbustos, el *khatu khara* agradaba la vista con sus rosadas y ligeras flores delicadas. La reaumuria, la myricaria y el tamarisco desprendían su delicado aroma a los viajeros. Finalmente, los lirios azules, las lilas y los «cinco-en-rama» amarillos y blancos (*Potentilla*) acabaron con los cuadros monótonos de la naturaleza meridional de Mongolia.

Igual que antes, ahora seguimos observando aves migratorias. De vez en cuando aparecían gansos, gallinas esteparias o avutardas, y de los pájaros pequeños, tarabillas del desierto (*Saxicola deserti atrigularis*), que se dejaban ver más a menudo que otros. Largas y delgadas serpientes grises salían de sus madrigueras y se estiraban para tomar el sol. Del mismo modo, los lagartos retozaban en gran número sobre la arena, y cuanto más calor hacía, más difícil era atraparlos. Los escarabajos, en su mayoría del género *Carabus*, también aparecían por doquier. En la época más calurosa siempre se veían moscas, abejorros y otros escarabajos de dos alas en las flores de *khatu khara*, que recogimos con éxito para la colección entomológica de la expedición. Una vez, cerca de un arbusto de *khatu khara*, mientras me ocupaba de la captura de insectos, observé accidentalmente la exhibición de una curruca del desierto (*Sylvia nana*). Una pareja de estos gloriosos pájaros saltaba entre arbustos grises, levantando sus colas en forma de abanico con un graznido vivo y sonoro; al parecer, se cortejaban con gran pasión, sin reparar en nada a su alrededor. Yo y un cosaco nos acercamos a los pajarillos y estos no interrumpieron su juego, de modo que mi compañero trató de atraparlos con una red para insectos.

En la extensión de Khara Burgu encontramos a un chino solitario, que al principio se asustó mucho ante nuestra inesperada aparición, pero luego se repuso pronto y nos mostró su sencilla economía; su miserable *fanza* estaba dividida en dos mitades: una era la parte habitable de la casa, la otra era un almacén de mercancías necesarias para el uso diario de los nómadas, y servía de objeto de intercambio y comercio entre los chinos y los mongoles vecinos. Cebollas y ajos, cultivados con diligencia y paciencia puramente chinas, crecían en un pequeño huerto, que de vez en cuando era tapado y destruido por las tormentas, y dos gallinas y un gallo vagaban por la *fanza*.

Al atardecer del mismo día, 10 de abril, la temperatura había descendido a 3 °C, y por la noche hubo una buena helada. Delante de nosotros se desplegaba una cuenca bastante grande, conocida como Shara Jigin Hol, donde se reunían numerosos arroyos secos, atravesados por la expedición en su camino a Kholbo Tologoi. Detrás de la cuenca, extendiéndose de este-noreste a oeste-suroeste, se alzaba la cadena rocosa de Narin Khara, y por detrás sobresalía la alta cresta de Argalinte. Los afloramientos transversales poco profundos y las crestas de roca madre eran sustituidos por valles cubiertos de saxaúl; en el fondo Shara Jigin Hol se extendía una gran superficie de arcilla dura, que brillaba desde lejos como la superficie de un lago.

Las montañas de Narin Khara no alcanzan más de ciento veinte a ciento cincuenta metros de altura relativa, y son conocidas no con un nombre, sino con muchos, con los que los nativos han bautizado ciertas partes o cumbres del macizo; así, por ejemplo, en el oeste se podía ver el pico de Go o Kho-Ul, luego le seguía el paso de Go Kotel más arriba, y el paso que siguió nuestra caravana se llamaba Ilisen Kotel\*, etcétera.

---

\*   En el lado septentrional del collado de Go Kotel hay una formación enmascarada de gneises de fina composición estratificada; en el lado opuesto, la cresta está cortada por un pequeño desfiladero y se empina abruptamente hacia el sur-sureste. Porfiritas, pulidas y cubiertas de una costra negra, emergen en los lados del desfiladero, que, según Chernov, «aparentemente, rompen a través del conjunto de gneis». (*Izvestiya I.R.G.O. Vol. XLV*, número 1, 1909. pág. 135)

Pasada la cresta, entramos de nuevo en la vasta hondonada y, habiendo llegado al canal seco, nos detuvimos en el pozo Tabun Aldan\* para pasar la noche. La profundidad del espacio vacío del pozo resultó ser, según nuestras mediciones, de 5,3 metros, y el espesor de la capa de agua casi siete metros. Por lo tanto, se puede suponer que hay un flujo subterráneo a lo largo del lecho seco, que se dirige hacia el oeste-suroeste. De las paredes del canal sobresalían pequeños fragmentos de areniscas y conglomerados de Hanhái.

En las cercanías del pozo, algunos comerciantes chinos vivían en varias *fanzas* de arcilla. Estos individuos se habían instalado aquí y tenían un considerable inventario de mercancías para el comercio. Cuando nos reunimos con ellos, conseguimos comprar harina, cereales (mijo y arroz), dulces chinos, papel de envolver fino e incluso unos huevos de gallina por una cantidad de lingotes de plata tipo *yuanbao*†.

Incluso de camino a Tabun-Aldan, nos sorprendió gratamente el amistoso saludo de Tsing Wang, que envió a dos funcionarios a recibirnos con «pan y sal» y ayudarnos en nuestro camino. Mientras descargaban la caravana, los enviados tuvieron tiempo de montar una yurta y prepararon la mesa del té con una comida completa, que incluía varias galletas, azúcar y dulces. Una reunión tan atenta en el desierto nos parecía insólita. El alto funcionario me obsequió solemnemente con un *khadak* principesco y una tarjeta de visita china. Después de agasajarme con té y dulces, me entregaron además unas cartas, por las que me enteré de que el representante de la gran empresa comercial rusa «Sobennikov y los hermanos Molchanov» había cuidado el transporte de la expedición y preparado una habitación para todos sus integrantes. La reunión de los funcionarios de Tsing Wang y las cartas de Badmazhapov nos hicieron sentir de cerca a la tan esperada Dingyuanying. Del informe posterior de los funcionarios se desprendía que nos habían esperado en vano en la carretera del sur durante unos cuarenta días, pero ahora estaban muy contentos por el encuentro y me pidieron que escribiera personalmente a Tsing Wang sobre las razones de nuestra tardía llegada a Dingyuanying. Tras recibir de mí un *khadak,* una tarjeta de visita para

---

\*    Tabun Aldan significa: cinco brazas de mano, es decir, doce metros, lo que se acerca mucho a la verdad. No sólo el pozo es conocido por este nombre, sino también una gran extensión de tierra.

†    Tipo de moneda tradicional china en forma de lingotes de oro o plata. (N. del E.)

entregar al príncipe mongol y una carta para Badmazhapov, uno de los oficiales partió hacia Alasha Yamen, y el otro permaneció con la expedición.

En la tarde del 11 de abril volvió a hacer fresco y al amanecer hizo frío, como en invierno; el agua que quedaba en el pozo se congeló durante la noche con un espesor de casi tres centímetros.

En aquel momento nuestra caravana se había reanimado considerablemente y aumentado en tamaño, en parte gracias a los mongoles recién llegados. Algunos de los antiguos conductores tuvieron que ser liberados de sus obligaciones y sustituidos por otros nuevos. Nosotros mismos, al sentir que se acercaba el centro cultural, que, sin embargo, aún estaba a unos diez días de camino, parecíamos habernos animado también. A decir verdad, los participantes en la expedición se habían fatigado un poco. La aburrida monotonía del entorno les deprimía el alma; casi siempre faltaba agua potable, y el cordero seco, enlatado localmente, se comía pronto y resultaba desagradable. Todos estaban igualmente faltos de descanso y de comida fresca y sana. Los días y los pasos se alargaban lentamente, y no veíamos la hora en que llegara el final de la parte más difícil del viaje.

Todo a nuestro alrededor seguía tan desolado y muerto como siempre[*]. Arena y grava formaban aún el manto predominante de la tierra, en el que sólo de vez en cuando se encontraban plantas desérticas, y la vida animal se diversificaba aún más raramente por tal desdichada naturaleza.

Las montañas sin vida y sin agua de Argalinte se acercaban poco a poco. Tenían la forma de un enorme pez con la cabeza vuelta hacia el oeste, y representaban la cresta más alta de todo el camino, desde Etsin Gol hasta la cadena de Alashán. Nuestra ruta seguía sin tomar un rumbo adecuado hacia el sudeste y se curvaba considerablemente hacia el este. En el norte-noroeste, unos acantilados de color amarillo-rojizo con picos afilados, llamados Tsagan Erge Tsonzhi, sobresalían de la altura de la montaña de Narin Khara, que, según el guía, era una de las seis crestas que formaban una cadena de dirección latitudinal.

---

[*] A un kilómetro al sur de Tabun Aldan notamos un acantilado de areniscas rojas de Hanhái, que alcanzaba más de seis metros de altura.

Desde la cima de cada nuevo paso o elevación significativa, se abría un mismo panorama: desierto y más desierto, a veces pedregoso, otras veces arenoso, con un matiz de rocas que destacaban sobre la superficie.

Mientras tanto, la primavera, que ya había hecho acto de presencia, vigorizaba mi espíritu y me daba esperanzas de una pronta llegada a Dingyuanying, muy cerca de la belleza y el orgullo del principado de Alasha, en el sur de Mongolia. No había día en que no pasara por mis manos el libro *Mongolia y el país de los tangut,* de Nikolái Przewalski. Basándome en sus descripciones generales de estas montañas, planeaba un programa de estudio científico de la «cresta meridional» no sólo en primavera, sino también en verano.

Mis compañeros más cercanos también hablaron mucho sobre la cordillera de Alashán, su estructura geológica, el carácter de sus gargantas abruptas y la diversidad de su flora y fauna. A todos nos interesaba por igual la idea de subir a la cima de la cordillera de Alashán para contemplar el desierto sin límites del oeste, y la reluciente franja de agua del río Amarillo en el este. Ausencia total de vida, por un lado, y revitalización de la exuberante agricultura china, por el otro.

# CAPÍTULO VI

# De Khara-Khoto a Dingyuanying (II)

D ESDE Tabun Aldan hasta la zona de Mandal la distancia es de cuarenta kilómetros, que recorrimos en dos marchas, pasando la noche en la zona de Moto Obonen Shili*. Nuestra ruta nos llevó a través de las pronunciadas colinas de Hanhái; a los lados se elevaban colinas planas, cubiertas de arena y grava con piedra triturada, de modo que los afloramientos de lecho de roca eran muy raros, y sólo visibles en los barrancos. Aquí no había ninguna duna; la arena formaba acumulaciones planas y bajas o montículos con arbustos. A los lados, aquí y allá, florecían lirios lilas (*Iris ensata*), cincoenramas amarillas (*¿Potentilla anserina?*) y pequeños llantenes blancos (*Plantago mongolica*). Las únicas aves que vimos fueron la curruca del desierto (*Sylvia nana*) y notamos huellas de una avutarda en la arena. A medida que nos acercábamos a la zona de Mandal, encontramos piedra triturada con mayor frecuencia y en trozos más grandes; entre ellos había especialmente muchos pórfidos, así como gneises y granitos, probablemente todo esto era material clástico de la cresta de Argalinte, que ahora quedaba al sur de nuestro camino.

El domingo por la mañana el sol se elevó sobre el polvoriento horizonte en forma de un triste disco pálido; una bandada de gangas de Pallas pasó volando por encima de nosotros con la rapidez del viento, las alondras con un canto sonoro se elevaron hacia el cielo, donde el águila de alas blancas se elevaba inconmensurablemente más alto. Abajo, entre las colinas, se alimentaban avutardas cautelosas, y las perdices chukar (*Caccabis chukar pubescens*), que no había visto en mucho tiempo, corrían entre las rocas. Sólo nos quedaban quince kilómetros para llegar al exce-

---

\*     Cerca de la zona comúnmente conocida como «Jinsate».

lente pozo de Mandal, al que ansiábamos llegar cuanto antes. La caravana de la expedición seguía estando formada exclusivamente por camellos. Durante el viaje a través del desierto, nos habíamos acostumbrado mucho a estos animales y no sentíamos ninguna incomodidad montando a nuestros amigos de dos jorobas. Un hombre se acostumbra a todo. Pasamos días enteros en sometidos a un movimiento lento y monótono, balanceándonos de un lado a otro. Sólo por las mañanas, esa hora después de salir del campamento, nos gustaba caminar un rato para entrar en calor y estirar las piernas. Pero aquí, por fin, ¡el tan esperado pozo! Muy cerca, encima del antiguo *obo* original, se posaba una urraca (*Lanius grimmi*), y en algún lugar de los alrededores cantaba suavemente una curruca del desierto. Yo tenía tantas ganas de ver el día de hoy en todo su esplendor, y así fue como el vivaque se montó muy pronto, con facilidad y despreocupación.

Cuanto más avanzábamos hacia el sudeste, menos arena había y más firme era el suelo. El terreno vacilaba, elevándose en crestas bajas o colinas individuales. En el horizonte oriental se veían las colinas de Bichikte. Cerca, a los lados, a menudo había lechos de ríos de piedra seca con rodales más o menos grandes de *tograks* (*Populus*)*.

Un conjunto de caliza cristalina y cuarcita sobresalía en las crestas muy erosionadas adyacentes a la carretera†.

El tiempo pasaba más rápido mientras me distraía observando todo alrededor, hasta que la caravana alcanzó su objetivo: una parada junto al agua. Esta vez nos quedamos en Altyn Bulyk, que era un manantial rodeado por un alto muro redondo de arcilla, protegido por un denso cañizo que ocultaba la humedad del calor. En el lado sureste del muro había una salida de agua a una pequeña zona fangosa, que servía de fondo a la charca. En este rincón apartado había una pareja de bisbitas de Hodgson (*Anthus hodgsoni*) y un correlimos (*Limonites damacensis*), que amenizaban el silencio reinante alrededor.

Cerca de Altyn Bulyk, el conjunto calcáreo antes descrito fue sustituido por una banda latitudinal de granitos de biotita que formaban afloramientos erosionados de color amarillo, y desde lejos parecían

---

* En los barrancos quedaban al descubierto importantes acumulaciones de piedra triturada, tanto suelta como cementada, con cal carbonosa.

† Los estratos a veces se arrugaban en pequeños pliegues en zigzag a lo largo del camino. Estos pliegues seguían siendo predominantemente latitudinales.

enormes hogazas de pan; en ellos se distinguían de cerca grandes nichos causados por la erosión del viento, producidos en su mayoría en los lados noreste y sur.

Los habitantes de Alashán que nos acompañaban, mostraban un cuidado constante por la expedición y se ocupaban incansablemente de ella, sobre todo de sustituir a tiempo los animales cansados por otros frescos; para ello se dirigían de vez en cuando a los nómadas más cercanos de los nativos, quienes, a su vez, visitaban de buen grado nuestro campamento y nos parecían siempre animados, habladores y desenfadados. Los mongoles locales han tomado prestado mucho de sus vecinos, los chinos: su vestimenta, su forma de comportarse, sus canciones populares... todo ello lleva la impronta de la influencia china. Se dice incluso que algunos han aprendido a fumar opio. Las mujeres mongolas de Alashán suelen tener piernas pequeñas y hermosas, pero debido a su vestimenta original presentan figuras muy anchas, con cabezas igualmente anchas, cubiertas, como es habitual, con capas negras. Las joyas de plata y otras, sobre todo de coral, de las amantes de la moda locales también son completamente diferentes de las típicas del norte de Mongolia.

Mientras tanto, el viento en contra seguía acosándonos con constante persistencia; el polvo que se levantaba en el aire contribuía a un gran calentamiento de la atmósfera y provocaba una pesada congestión. Los reptiles y anfibios se hacían notar cada vez más a menudo con sus apariciones diarias.

Tras partir de Altyn Bulyk en dirección sudeste, la expedición llegó, después de veinte kilómetros, a la extensión de Changanzen, donde conocimos a un mongol original. Este nómada, que sentía una especial predilección por los hijos del Imperio Celeste, había cambiado sus antiguas costumbres y hábitos para instalarse en una vasta casa china, amueblada con numerosas dependencias. Esta casa, o más bien granja, estaba situada muy convenientemente cerca de un terreno clave con varios pozos y facilidades para abrevar el ganado; todo hablaba en favor del hecho de que en tiempos anteriores el mongol chino había vivido en una mansión muy próspera, pero que ahora le quedaba muy poco de su gran economía ganadera, sólo doscientos carneros y *yaman* (cabras). Un niño de unos diez o doce años, vestido puramente de chino, se acercó a saludarme, y al ver su rostro y sus refinados modales, no quise creer que se trataba de un niño chino, sino de un mongol. Su madre, una mujer corpulenta y hermosa, era más bien mongola en su parecer. Como mujer, en el sentido más amplio de la palabra, se aferraba más firmemente a su identidad nativa y original.

Por los manantiales, bordeados de arenosas colinas coronadas de arbustos desérticos, solían oírse gorjeos de camachuelos mongoles de color pálido (*Bucanetes mongolicus*) y gangas de Pallas, que venían a beber; las golondrinas de montaña (*Biblis rupestris*) también revoloteaban sobre el agua. De vez en cuando revoloteaba también una lechuza común. Poco a poco, junto con el calor, empezaron a aparecer aquí y allá escorpiones y nuevas formas de escarabajos, que no habíamos visto antes.

Desde la cima de la colina contigua pudimos contemplar una vista del desierto accidentado y ondulado; la estepa arenosa y de escombros quedaba atrás; gneises de moscovita sobresalían debajo del pedregal; la arena cercana al camino brillaba fuertemente debido a dicha mezcla de moscovita, y detrás de arbustos y piedras pudimos observar acumulaciones de mica.

Detrás de la montaña de Tamsyk —cuya parte rocosa alcanzaba los doscientos cincuenta ochenta metros de altura relativa— el conjunto de gneis estaba reemplazado por gneis de granitos, cuya estratificación era en dirección latitudinal. Deseosos de avanzar lo antes posible, tratamos de recorrer no menos de veinticinco o treinta kilómetros al día y el 15 de abril decidimos detenernos en el lejano pozo de Durbun Moto[*], rodeado por cuatro árboles centenarios todavía en crecimiento[†]. En las anchas ramas de los antiguos gigantes, ocultos entre el denso verdor, anidaban milanos, cernícalos (*Tinnunculus tinnunculus*) y urracas (*Pica pica bactriana*), que aparecieron de nuevo en nuestro horizonte. El alcaudón gris (*Lanius grimmi*) también gustaba de quedarse aquí.

A kilómetro y medio al sureste del pozo había un *obo* sobre una elevación, que marcaba la presencia de un pequeño monasterio, Tsagan Obonen Sume, que contaba entre diez y doce lamas entre sus muros. Los edificios de la modesta morada estaban ocultos tras una colina que se elevaba desde el lado meridional.

---

[*] Traducido como «Cuatro Árboles».

[†] En la transición a Durbun Moto atrapamos la primera serpiente: gris, delgada, larga, del tipo que nos llamó la atención por primera vez esta primavera cerca de Khara-Khoto, a saber, *Taphrometopon lineolatum*.

En las proximidades de Durbun Moto vimos todo un campo de afloramientos de granito desnudo; los granitos de grano grueso estaban cortados por vetas de granito de grano fino, y estas vetas, con finos vértices de hasta un metro de espesor, estaban configuradas en diferentes direcciones.

En el mismo pozo nos encontramos con un mongol con dos niños que arreaban ganado. La familia nómada se acurrucaba en una pobre tienda junto al agua.

Más tarde, me encontraría a menudo con estos pastores ermitaños de Alashán, que, habiéndose separado de su casa en la yurta, emigraban a los lugares donde ya había brotado el verdor, lo que les daba la oportunidad de engordar a sus ovejas y cabras, que habían adelgazado durante el invierno.

El tiempo se alargaba infinitamente; a pesar de los largos viajes, parecía que la expedición nunca llegaría a Dingyuanying. La cansada monotonía del entorno no estimulaba suficientemente la mente, por lo que la privación física era más palpable; el ánimo decaía cada vez más.

Como ya he dicho, el desierto imponía su marca sombría en todo el ser, del mismo modo que la naturaleza alegre y exultante de las montañas boscosas con arroyos rumorosos, llanuras floridas y variada vida animal, alegraba e inspiraba el alma.

Hasta aquí la vista se posaba agradablemente en las lejanas alturas que sobresalían cada vez más claramente en el sureste. Era la cresta rocosa de Bain Nuru, que debíamos atravesar en su mitad occidental y que, en el estado nítido y transparente de la atmósfera, era claramente visible desde el oasis de Dingyuanying. Todos los arroyos secos encontrados en el camino hacia el paso de Ulan Khadan Shili* tenían aproximadamente la misma dirección y convergían junto con los arroyos secos de los alrededores del monte Tamsyk en la gran depresión de Zheren, situada a unos cincuenta kilómetros al noreste de Durbun Moto.

Seca en primavera, esta depresión se llena de agua en la estación lluviosa, formando una marisma salada.

---

\* El paso de Ulan Khadan Shili se elevaba a 1.737 metros de altitud y tenía una pendiente sólo desde el lado norte; su vertiente sur se transformaba imperceptiblemente en una llanura elevada y rocosa, atravesada por enormes afloramientos de rocas ígneas.

Bain Nuru se extiende de noreste a suroeste a lo largo de cuarenta kilómetros y se eleva a alturas muy insignificantes, tanto absolutas como
relativas. Estas montañas se componen de granitos y gneises graníticos,
que están cortados por vetas de granito rojo. Allí donde es posible observar la estratificación, el rumbo sigue siendo latitudinal o próximo a la
latitudinal; en la misma dirección, entre el conjunto, se extienden anchas franjas de granitos rojos.

A los lados del lecho pedregoso, a lo largo del cual nuestra caravana
se adentraba en las montañas, se extendían prados de un agradable verde esmeralda, que aumentaba a medida que ascendíamos. Pronto nos
topamos con gigantescos árboles, que se alzaban en grupos o en solitario;
sobre uno de estos gigantes atrapamos una pareja de camachuelos bonitos (*Carpodacus pulcherrimus*). En el desfiladero lateral, conocido como
Atun Kuduken Ama (que se podría traducir como el «desfiladero del
abrevadero de los caballos»), observamos una caballada pastando tranquilamente cerca de este manantial clave. Pequeños afloramientos
destruidos de granitos y gneises continuaban detrás de la cresta.

La noche del 17 de abril llegó una tormenta del noroeste y nos sorprendió en el pozo desierto de Tsakeldekte Khuduk*. Al llegar al
campamento, instalamos nuestra yurta bajo un dosel de poderosos árboles *khailis* que crecían a lo largo del lecho seco y poco profundo del río.
Algunos de mis compañeros se dedicaron a cazar interesantes lagartijas
y a desenterrar gorgojos, aún no desarrollados del todo como escarabajos adultos. La lectura vespertina del termómetro dio 21,5 °C; la noche
también fue muy agradable, y disfruté paseando durante algún tiempo
por los afloramientos de granito. Cansados del camino, nos retiramos a
la cama después de la observación meteorológica nocturna. Pronto callaron las últimas conversaciones. Más tarde callaron otras voces mongolas
y, finalmente, todo el vivaque cayó en un sueño profundo. Sin embargo,
de forma bastante inesperada, me despertó en mitad de la noche un
fuerte viento que soplaba directamente hacia mi cabeza y enfriaba el interior de la yurta. Resultó que una tormenta de nieve arreciaba desde
medianoche; pero nuestra yurta, habiendo sido sujeta por el oficial de
guardia a cajas y maderos, se mantenía firme y protegía bien a los dur-

---

*   *Tsakeldekte* significa «iris», así se llamaba la zona por la abundancia de lirios o
enredaderas azules y pálidas que crecían en los alrededores.

mientes, hasta que, por fin, la puerta de fieltro se levantó por la mayor tensión de la tormenta, que dejó entrar una corriente de aire frío. Según el oficial de guardia, las ráfagas de viento eran especialmente fuertes cuando se desató la tormenta: por el aire volaban piedras del tamaño de un guisante y las más afiladas atravesaban la lona de la tienda. Los participantes en la expedición se despertaron y no pegaron ojo hasta la mañana siguiente. La yurta crujía, gemía y se agitaba bajo el viento; los árboles retumbaban lúgubremente; a través de los silbidos y aullidos de la tormenta se podían oír las débiles voces de los mongoles y el ruido de un martilleo. La borrasca se había llevado por delante su tienda y ahora intentaban fortificarla bajo la protección de nuestra yurta. Era imposible mantenerse en pie ante la tormenta. La mañana siguiente, la temperatura había bajado a -1,2 °C; los guijarros mezclados con la nieve seguían flotando en el aire, lo que en algunos lugares provocó acumulaciones de hasta sesenta centímetros de profundidad. Al mediodía, la nieve había dejado de caer y sólo era barrida por el viento. Por la tarde, la dirección de la tormenta cambió hacia el oeste y las ráfagas comenzaron a disminuir. El más fino polvo de nieve se deslizaba casi sin cesar y penetraba en las aberturas más estrechas de la yurta, nivelándolo todo a nuestro alrededor. Todos nos acurrucamos en nuestros rincones y, cubiertos con nuestras prendas de piel, miramos con tristeza la nieve que había cubierto el suelo, la mesa-estuche y la caja con los cronómetros.

A veces uno de nosotros se levantaba y limpiaba la yurta, arrojando fuera de la puerta una considerable cantidad de nieve acumulada. Tuvimos que pasar de este modo todo el día 17 de abril y parte de la noche del 18, cuando la temperatura descendió a -7 °C y la tormenta, que irrumpía en la vertiente occidental de la cresta de Alashán, se convirtió en un fuerte viento.

Los desafortunados nativos sufrieron mucho por la tormenta del desierto. Una parte de los cachorros de camello recién nacidos, potros, terneros, por no hablar de corderos y cabras, murieron y otra parte se perdió en el temporal. Los camellos adultos, ahora esquilados y en proceso prematuro de muda de su lana en el Gobi, también se sintieron indispuestos y se acurrucaron bajo los escudos que ofrecían nuestras viviendas. En Dingyuanying, como supimos más tarde, todo lo tierno se había marchitado: las lilas habían florecido en su capullo y los pequeños pájaros de vuelo se habían congelado.

El 18 de abril, mientras la expedición se ponía en marcha, nos encontramos con una pareja de avutardas, y luego una bandada de vencejos barrió nuestra caravana con terrible rapidez, dirigiéndose hacia el sur. Los cautelosos pájaros tenían prisa por huir del frío y de la nieve, que se extendía en grandes manchas por todas partes en el camino y estropeaba la ya difícil carretera. Reflejándose en la blanca superficie de la nieve, los rayos del sol creaban un extraordinario resplandor de luz, debido al cual todos teníamos que llevar gafas con mallas laterales para proteger nuestros ojos.

Detrás de Tsakeldekte Khuduk continuaban los mismos afloramientos o gneis de granito; en las caras prominentes, sobre todo en las rocas de color gris oscuro, se notaba el pulido y la fuerte erosión producto del calor solar. Pronto, pues, la expedición penetró en una vasta cuenca, que se perdía en el horizonte; esta cuenca estaba rellena de un espesor de sedimentos de Hanhái*, que formaban terrazas erosionadas. Entre estas últimas, en el tramo Tsagan Bulak fluían arroyos, donde cerca del pantano gustaban de quedarse algunas aves: negrones especulados, lavanderas, bisbitas, y en las colinas vecinas la cogujada común (*Galerida cristata leautungensis*).

Nuestro campamento estaba enclavado entre corrientes de agua de manantial: una estrecha corriente clara fluía desde el oeste y una delgada franja pantanosa de agua se extendía desde el este. Aprovechando la tranquilidad del aire transparente, hice una determinación astronómica de la latitud geográfica aquí en Tsagan Bulak†. Sin embargo, a las once de la noche el tiempo volvió a ser malo: el cielo se cubrió de nubes, se levan-

---

\* En Tsagan Bulak, se descubrieron areniscas rojas con finas vetas de sal y conglomerados grises de grano fino en los acantilados de Hanhái. Además, en las areniscas empezamos a notar sal, nódulos de arenisca y grandes trozos de piedra triturada; sus capas tenían una pendiente sutil hacia el norte y formaban acantilados de seis metros o más. Uno de los acantilados más característicos de este tipo fue Erdene Bulyk o Erdene Uzzur, traducido como «borde de las alturas». De los acantilados brotaban manantiales, alrededor de los cuales se podían ver decoloraciones de sal y césped verde, dando a todo el rincón un carácter acogedor. En la superficie de una de las terrazas erosionadas de Hanhái se encontraron sedimentos y afloramientos de yeso.

† Latitud 39° 39' 58", longitud desde Greenwich 104° 52' 0".

tó un viento del noroeste y todo el aire se llenó de polvo. Pronto cambió el viento: tomó dirección noroeste y se convirtió en una tormenta, que al día siguiente, durante el desplazamiento de la caravana, se hizo aún más fuerte y, empujando desde atrás, contribuyó a que avanzáramos con éxito.

Al acercarnos a las montañas de Bain Ula (Bayan Wula), el camino descendía por una pendiente considerable hasta el fondo de la cuenca, cuya parte más baja alcanzaba los 1.088 metros de altitud, y tenía un suelo arenoso-salino, sembrado de lomas, formadas, como en todas partes en el tramo recorrido del desierto mongol, por medio de arbustos, y, sobre todo, de arenas, atrapadas en su movimiento por los mismos arbustos, que siempre coronaban la loma o colina. Gracias al fuerte viento, que oscurecía la atmósfera, las montañas quedaban ocultas durante mucho tiempo en nubes de polvo; sólo de vez en cuando se perfilaban ligeramente sus suaves contornos escarpados. Rara vez se veían nómadas.

Tras pasar junto a un solitario pozo, la expedición comenzó a escalar la cadena septentrional de la cordillera de Bain Ula; en la base de estas montañas, a lo largo de unos ocho kilómetros, se extendían afloramientos de areniscas sueltas de Hanhái, de color rojo brillante; el producto de la destrucción de estas areniscas —la arena que cubría la superficie de la base— era del mismo color. En términos generales, los montes Bain Ula se extienden del noreste al suroeste y están compuestos por un conjunto de gneises grises oscuros de biotita y hornablenda intercalados con gneises claros, clorita y silicatos oscuros pobres. El conjunto sufría de un intenso plegamiento, con la dirección de los pliegues cambiando rápidamente y dentro de amplios límites de latitudinales a meridionales.

Habiendo ascendido al collado de la cadena norte de la cresta —la altitud aquí era de 1.490 metros—, vimos un amplio barranco frente a nosotros, que estaba cerrado por el espolón sur de las mismas montañas Bain Ula. En este barranco, en el tramo de Naksen Durulzhi, cerca de un pozo, la expedición pasó la noche; una pareja de grullas damiselas (*Anthropoides virgo*), tarros canelos (*Casarca casarca*) y una urraca gris se mantuvieron cerca de nuestro campamento.

En cuanto amaneció, nuestra caravana se dispuso a partir. Insisto una vez más en asegurar que, a estas alturas, todos estaban fatigados por las largas travesías del desierto, y se esforzaron unánimemente por alcanzar la meta más próxima, el acogedor oasis de Dingyuanying. Con cada punto oscuro que aparecía en el horizonte queríamos ver un mensajero cabalgando hacia nosotros. A pesar de tales expectativas, la imponente cordillera de Alashán aún no era visible ni desde la cima de la cadena meridional de Bain Ula ni desde el valle, pues la niebla envolvía el horizonte. Por todas partes podíamos ver huellas de la tormenta de nieve: había parches de nieve en lugares sombreados de las laderas, y el agua estaba estancada en los troncos y barrancos rocosos. En esta travesía recogimos un buen número de ejemplares de lagartos coloridos y bastante bonitos (*Phryncephalus versicolor et Phryncephalus przewalskii*).

Después de caminar unos dieciocho kilómetros en dirección sur-sureste, la expedición llegó a un pequeño monasterio conocido como Tsagan Suburgan, llamado así por una lápida blanca que adornaba la pared norte del templo.

En el pozo de Tsamyn Khuduk, dos kilómetros al norte de Tsagan Suburgan, detrás de una estrecha franja de arenas que se extiende hacia el noreste, había una tienda china con una cuadrilla de quince chinos que explotaban a mongoles de mente simple. Los astutos y sagaces comerciantes chinos tienden por doquier sus redes comerciales, como arañas, en las que atrapan astutamente a todo nómada viajero que pasa con materias primas.

Sólo tras haber abandonado el tramo de Utszur Khuduk, es decir, desde la última pernoctación antes de Dingyuanying, se abría por fin a nuestros ojos la silueta de la parte norte de la cresta de Alashán. La alegría se reflejó de inmediato en el ánimo de mis cansados compañeros, que intentaban acelerar al máximo el paso de los exhaustos animales. El camino se curvaba en un ancho carril a lo largo del terreno arcilloso, en algunos lugares pedregoso, que se hacía cada vez más transitado. A medida que descendíamos hacia Sharaburd, el aire se volvía más cálido; desde el valle del río nos visitaban los mensajeros del calor y la civilización: golondrinas y aviones zapadores (*Hirundo rustica et Cotile riparia*). Los escarabajos y los lagartos eran numerosos. Desde la colina arenosa junto al río Sharaburd vimos el manantial de Khoshegu Bulak, que descendía abruptamente en dirección noreste (hacia Sharaburd) y llevaba agua apta para beber. Parecía que los viajeros siempre se detenían aquí, ya que el agua en Sharaburd era salada y no había necesidad de usarla.

Este río, en el lugar de nuestro cruce, tenía dos brazos: el del norte, que alcanzaba una braza de anchura, con la profundidad de lo más insignificante —apenas cubría el lecho fangoso—, y el del sur, más ancho y profundo (hasta medio metro). La anchura de la cañada general superaba las treinta brazas. El nacimiento del Sharaburd estaba a unos veinte kilómetros al suroeste, donde se ubicaban las tierras de cultivo de los chinos y grupos de altos álamos (*Populus*) y sauces (*Salix*). El propio lecho del río, por el que corría el agua, se hundía bastante.

CAMELLOS DIRIGIÉNDOSE DEL PASTO AL ABREVADERO

Después de haber cruzado la elevada orilla derecha opuesta del río, la expedición fue recibida por Tsokto Badmazhapov, en cuya compañía llegamos a un comerciante chino, donde nos instalamos para un breve descanso. Repasamos rápidamente la correspondencia que habíamos recibido y luego seguimos a la caravana, que tuvo tiempo de caminar unos seis kilómetros y acampar en el pozo de Khatu Khuduk. Aquella tarde mis compañeros no hablaron mucho entre ellos; cada uno se transportó mentalmente a su hogar natal y se retiró a sus intereses personales, olvidando Asia central, todas las dificultades y penalidades de la vida de caminante, y entregándose por entero a cálidos recuerdos íntimos. Después de haber sido privados durante mucho tiempo de toda comunicación con el mundo cultural, los recortes de prensa y los propios periódicos nos acercaron a los acontecimientos europeos. Desgraciadamente, no encontré en ellos nada alentador: en la patria prevalecía la misma penumbra de siempre, la misma penosa condición. El 22 de abril por la mañana debíamos emprender la marcha hacia Dingyuanying, que se encontraba aún a treinta y seis kilómetros de distancia. La expedición avanzaba con gran ímpetu; los incansables camellos caminaban enérgicamente; todos —tanto las personas como los animales— sentían que el descanso estaba cerca. A medida que nos acercábamos a las montañas —una extensión de la cordillera Alashán— se elevaban las crestas arenoarcillosas y los barrancos cubiertos de guijarros se hacían más profundos. La cordillera de Alashán aparecía cada vez más claramente tras la bruma polvorienta, revelando gradualmente su compleja estructura y su característica disección. El pie del macizo se expresaba mediante protuberancias planas en forma de colinas separadas por altos riscos que se extendían entre ellas. Las bocas de los desfiladeros se distinguían claramente por su material oscuro, erosionado y fragmentario, entre el color amarillo uniforme del desierto. Hacia el mediodía, la caravana se detuvo durante dos horas para descansar en la zona de Tsuha, detrás de la cual pronto aparecieron los contornos de las murallas y las torres angulares de la fortaleza de Dingyuanying; cerca del oasis se alzaban grandiosas colinas de sedimentos de Hanhái.

En este último trayecto hacia Alasha Yamen, uno no podía dejar de fijarse en la inusitada abundancia de serpientes. Lo más frecuente es

UN *OBO* (ESTRUCTURA BUDISTA SAGRADA) UBICADO EN LAS ALTURAS AL NORTE DE DINGYUANYING

observar a la gran serpiente flecha (*Taphrometopon lineolatum*), común en la zona, retorciéndose en tres o cuatro anillos cerca de los acantilados o arrastrándose rápidamente por la carretera. Más rara, e incluso muy escasa, es otra especie, de color pardo grisáceo, con una franja oscura a lo largo del lomo y, por último, una tercera especie, una culebra ancha, corta y moteada, que se mantiene principalmente en las raíces de los arbustos desérticos y las colinas bajas. Los lagartos también son muy numerosos aquí, especialmente los *Phrynocephalus* de cabeza redonda, mientras que nos encontramos con pocos lagartos de cabeza estrecha, como el lagarto ocelado (*Eremias multiocellata*) y el lagarto de Mongolia (*Eremias argus*). Entre las aves nos encontramos con un interesante zorzal (*Oreocichla varia*), probablemente un migrante, descansando temporalmente junto a la carretera desierta.

Tres kilómetros al norte de Dingyuanying, en lo alto de una cresta, había un *obo*; otro kilómetro más adelante, la expedición se encontró con mis compañeros Chetyrkin y Madayev, que dos meses atrás habían llevado sano y salvo la carga de la expedición desde Urga. Todo este tiempo habían vivido al cuidado de Tsokto Badmazhapov, descansaron bien y se recuperaron. No sólo eso, nosotros mismos, nada más llegar al oasis Dingyuanying también nos tumbamos bajo su hospitalario techo. Aquí fue posible ocuparse del material científico acumulado, distribuir y empaquetar las colecciones y poner en orden los diarios y observaciones.

El crepúsculo descendía imperceptiblemente hacia la tierra. En el cielo oscuro, la joven luna asomaba con una hoz delgada y esbelta. El ruido y el estrépito del pueblo cercano pronto enmudecieron, y sólo se oían los originales sonidos de las trompetas, las conchas y los tambores sagrados budistas que llamaban a los lamas a la oración. Esta música peculiar siempre fue agradable a mis oídos, algo rítmico, algo que se fundía armoniosamente con los sonidos de la naturaleza: el susurro de las hojas, el ruido del bosque y el canto de los pájaros. A las nueve y media de la noche sonaba el habitual cañonazo diario que anunciaba el cierre de las puertas de la ciudad. Después llegaba el silencio iónico.

Los miembros de la expedición, cansados, se fueron pronto a la cama. Pero yo no dormí durante mucho, mucho tiempo: más allá de mi voluntad, una imagen tras otra pasaba por mi imaginación. Recordé el período más temprano, ya pasado, de mi primera visita a Alashán, sus oasis y montañas adyacentes. Mi segunda estancia en estos lugares tuvo lugar en el otoño de 1901, cuando regresaba a mis fronteras natales desde la lejana, rica y encantadora provincia de Kham con la expedición tibetana. En ambos casos, en el primer plano de la imagen aparecía el aspecto majestuoso del genial e inimitable viajero Nikolái Przewalski. Uno no podía dejar de sentir que la imagen de la naturaleza virgen y salvaje de Asia central y la imagen pura e inspiradora de su primer explorador se fundían inseparablemente en un todo esbelto, en una armonía viva común.

# CAPÍTULO VII

# El oasis de Dingyuanying

E L oasis de Dingyuanying se extiende sobre alturas grises, aparentemente sin vida, dividido en tres partes, entre una red de pequeños ríos, arroyos y barrancos, regados por manantiales. La parte occidental del oasis linda con un vasto desierto pedregoso o arenoso con altas dunas; en la parte oriental, en dirección meridional, se alza la cordillera de Alashán, que se eleva orgullosa hacia el cielo con una muralla rocosa. Numerosos caminos de un verde brillante enhebran el centro cultural, en medio de los monótonos colores del entorno.

Después del desierto, Dingyuanying, con sus gigantescos sauces, álamos, exuberantes parques principescos y campos de cereales, nos pareció casi un paraíso, aunque su delicada decoración primaveral sufrió un cruel golpe con la tormenta de nieve pasajera, de la que se informó en el capítulo anterior: todo el joven lustre de la vegetación se desvaneció, las hojas de los árboles se oscurecieron y los racimos de lilas daban la impresión de haber sido quemados.

Los jardines y los campos del oasis habían sido labrados con un cuidado asombroso; el amor por la tierra y la habilidad para utilizar los dones de la naturaleza eran evidentes por doquier. Con estas cualidades de pueblo sedentario, así como las viviendas de adobe que sustituían a las yurtas, los mongoles de Alasha se diferencian claramente de sus hermanos del norte y del sur. El suelo del oasis es muy fértil y, como en el Turquestán oriental o en Kasgaria, requiere riego abundante.

Si nos detenemos con más atención en la vegetación de Dingyuanying, observaremos que, además de los álamos (*Populus alaschanica*) y los sauces, que se elevan orgullosos por encima de los edificios, hay todavía muchas especies tanto leñosas como incluso de tipo arbustivo o herbáceas.

CIUDAD Y OASIS DE DINGYUANYING

En los parques y jardines principescos son más o menos comunes: el pino (*Pinus densata*), el abeto (*Picea Schrenkiana*), el olmo de Siberia (*Ulmus pumila*), el fresno de China (*Fraxinus chinensis*), el enebro, la conífera, la tuya oriental (*Biota orientalis*), varias especies de lilas; el sauce también es frecuente en los oasis, a lo largo del río y de las acequias.

En los huertos hay manzanas, peras, ciruelas, cerezas, grosellas, grosellas espinosas, frambuesas, etcétera. En los huertos y campos: cebada, avena, trigo sarraceno, lentejas, cáñamo, lino, amapolas, patatas, cebolletas (*Allium fistulosum*), *Allium oleraceum* que no se encuentra en Mongolia ni en el Tíbet, ajo (*Allium sativum*), zanahorias, remolachas, rábanos, guisantes, judías, espárragos; allí y en otros lugares la arveja (*Vicia sativa*), así como la alfalfa (*Medicago sativa*), desprenden un olor especiado. Cerca de los márgenes y los setos, se enrosca el clemátide (*Clematis intricata*); también hay llantén (*Plantago mongolica*), acedera (*Rumex erispus*), regaliz (*Glycirriza uralensis*), aster (*Aster altaicus*), cardo (*Cirsium segetum*), argentina (*Potentilla anserina*), cola de caballo (*Equisetum arvense, E. ramosissimum*), abeleño o arándano negro (*Hyoscyamus niger*), ranúnculo (*Ranunculus plantaginifolius*), almorejo (*Setaria viridis*) y loto de las nieves (*Saussurea crassifolia*).

CIUDAD DE DINGYUANYING. OLMO GIGANTE (*ULMUS PUMILA*)

CIUDAD DE DINGYUANYING. OLMO GIGANTE (*ULMUS PUMILA*) CERCA DE LA MADUREZ

En general, tanto en el oasis de Dingyuanying como en sus alrededores (independientemente de la altitud), son también más o menos comunes las siguientes formas de vegetación: arbusto de nitro (*Nitraria Schoberi*), *Reaumuria songarica*, sauce llorón (*Salix babylonica*), campanilla (*Convolvulus sagittatus*), *Sophora alopecuroudes*, nomeolvides (*Lappula stricta*), rompepiedras (*Lepidium latifolium*), junco bastardo marino (*Triglochin maritima*), algodoncillo de mar (*Glaux maritima*), *sugak* o cauquí (*Lycium chinense*), *Oxygraphis cymbalariae*, *Oxytropis aciphylla*, algas de estanque (*Potamogeton pectinatus*), *Mulgedium tataricum*, chiliga (*Garagana tragacanthoides*), caramillo (*Salsola collina*), escorzonera (*Scorzonera mongolica*), cenizo (*Chenopodium album*), árbol del paraíso (*Elaeagnus angustifolia*), amaranto (*Amaranthus paniculatus*), artemisia (*Artemisia sacrorum*), hierba de vaca (*Vaccaria segetalis*), cilantro (*Coriandrum sativum*), almorejo (*Setaria viridis*), verdolaga común (*Portulaca olearacea*), rábano acuático (*Nasturtium palustre*) y otros. Uno o dos lagos están cubiertos de juncos o carrizos (*Scirpus maritimus, Phragmites communis*), y en el agua misma pueden verse pinos acuáticos (*Hippuris vulgaris*). En los lagos viven ranas (*Rana amurensis*).

CAPILLA, NO LEJOS DEL TEMPLO PRINCIPAL DE YAMUN KHIT

En la parte norte del oasis se alzan los altos muros de la fortaleza, con torres de flanqueo no sólo en las esquinas, sino también en el centro. La parte superior de la muralla de adobe, muy resistente, está revestida de ladrillos cocidos y rematada con una barrera de piedra con troneras. A lo largo de la parte meridional de la fortaleza, fuera de ella, se extiende la línea principal de casas comerciales. En medio de esta calle, aproximadamente, pasa la vía principal en dirección sur, también repleta de locales comerciales. Dicha vía discurre a lo largo del pie del macizo Alashán y más allá hasta las montañas de Nanshan (Qilian).

ALREDEDORES DEL OASIS DE DINGYUANYING

En el interior de la fortaleza, junto al palacio de Tsing Wang, se alza el gran monasterio de Yamun Khit, fundado en el año del «Perro Negro», es decir, hace aproximadamente ciento sesenta y ocho años, y que profesa las enseñanzas de Tsongkhapa.

La parte sur, o más bien suroeste del oasis, es conocida como «patio de Manchuria». Aquí vivieron los hermanos de Tsing Wang, Shi-e y San-e, ya fallecidos, que consiguieron hacerse con hermosas fincas. La amplia y ordenada calle, por la que discurre un canal tan claro como un arroyo, está bordeada de álamos. Los sombreados jardines de los príncipes eran mis lugares favoritos para pasear. Me gustaba especialmente el parque del príncipe Shi-e, con sus árboles centenarios, arbustos de jardín traídos por el cuidadoso propietario desde China, acogedoras y hermosas glorietas, grutas y un maravilloso callejón de álamos que conducía desde la entrada arqueada del parque hasta la casa. En este rincón reinaba un silencio sepulcral. Según las costumbres locales, tras la muerte de su marido, una viuda no puede recibir invitados masculinos, ni organizar recepciones ni fiestas en absoluto. Sólo de vez en cuando sus amigas se reúnen para llorar y conmemorar al difunto. Esta costumbre, al parecer, se cumple estrictamente, porque durante mis frecuentes visitas al suburbio de Manchuria sólo encontré mujeres y niños pequeños.

OASIS DE DINGYUANYING, TEMPLO DE YAMUN KHIT

Aquí, en las afueras del oasis, el difunto Tsing Wang tuvo en otro tiempo su estancia estival; su palacio, hoy ruina desolada, estaba bañado por profundos canales que separaban los edificios del príncipe de otros servicios —teatro, glorietas, pabellones— y en general recordaba las cámaras del Bogdo Khan en miniatura. Justo al lado del palacio había un grupo de colinas atravesadas por barrancos, donde se había instalado un zoológico; en otros tiempos, marales, barales (*Pseudois nayaur*), argalíes y otros representantes del reino animal local solían vagar libremente por aquí. En la actualidad, todo esto parece haberse extinguido, y gran parte se perdió irremediablemente durante el levantamiento de los dunganos en 1869.

Los dunganos sublevados arrasaron la provincia de Gansu como un monstruoso huracán, destruyendo todo a su paso. Mongolia, especialmente la zona sur, también fue barrida sin piedad.

En general, hay que señalar que en la actualidad la ciudad de Dingyuanying, el palacio principesco y la propia fortaleza, independientemente de causas externas, como la invasión dungana, se encuentran en estado de decadencia. Todos los edificios llevan mucho tiempo sin haber sido renovados y necesitan reparaciones exhaustivas. El aspecto antiguo de la fortaleza, los edificios del monasterio y las calles comerciales, recordó a todos los miembros de la expedición el plano de la ciudad muerta de Khara-Khoto, con la que Dingyuanying probablemente tiene mucho en común.

El geólogo de la expedición, A. A. Chernov encontró un parecido aún mayor con Khara-Khoto en su primer viaje desde Dingyuanying a la cordillera de Alashán, cuando visitó la ciudad china de Ningxia y sus comarcas circundantes. Chernov escribió: «Nos dirigimos a Ningxia. A nuestra izquierda pudimos ver una gran torre (*suburgan*) y una capilla budista ardiendo por tercer día. En los campos se llevaban a cabo diversos trabajos. Las amapolas estaban parcialmente florecidas y los chinos recogían el jugo cortando las enormes vainas. Los cultivos de adormidera ocupaban siempre parcelas separadas, que se veían desde lejos por su colorido. Entre las plantaciones de arroz, los chinos deambulaban metidos hasta las rodillas en el agua, arrancando algunas hierbas. Había grandes extensiones inundadas de agua y cubiertas de juncos. En ellas bullía la vida: gaviotas, garzas y patos correteaban, se oía el gemido de los avetoros y las voces melódicas de los pájaros cantores. Al recordar las ruinas de Khara-Khoto, en el curso bajo del Etsin Gol, sólo ahora podía imaginar claramente las condiciones de existencia de una ciudad abandonada. Allí se pueden ver huellas del mismo sistema de riego, plazas y restos de antiguos edificios. Toda la vida estaba estrechamente relacionada con una compleja red de canales e inevitablemente hubo de detenerse en cuanto se perturbó la principal arteria hídrica de la región».

SUBURGAN EN EL NORTE DE DINGYUANYING

A la llegada de la expedición a Dingyuanying, siguiendo todas las reglas de etiqueta, intercambiamos con Tsing Wang tarjetas de visita, tras lo cual el príncipe mongol me envió a su segundo hijo Arya con saludos. Por mi parte, envié regalos al príncipe y a su familia, entre ellos varios relojes, brocados, brazaletes de coral, un gramófono, etcétera.

El 24 de abril, después de haberse ataviado, los miembros de la expedición, encabezados por mí, subieron a los carros del príncipe y, acompañados por un convoy de granaderos y cosacos, se dirigieron a través de la ciudad hacia la antigua residencia de Tsing Wang. A lo largo del camino, se veían por todas partes los rostros sorprendidos de los curiosos viandantes. Después de descender pesadamente por la escalinata del porche, acompañado de dos hijos menores, el príncipe salió al encuentro de los invitados a cierta distancia de su morada y, sonriendo afectuosamente, nos invitó a pasar a la sala de recepción, donde permanecimos sentados durante una media hora. Por la expresión del rostro de Tsing Wang y la amabilidad con que nos hablaba, era posible adivinar que se alegraba sinceramente de nuestra llegada y que realmente desde el fondo de su corazón estaba dispuesto a servirnos en todo lo que pudiera. Yo, por supuesto, agradecí en primer lugar al hospitalario anfitrión la ayuda prestada a la expedición en el desierto, a lo que el príncipe respondió amablemente que esperaba seguir siéndonos útil.

PARQUE DE TSING WANG EN DINGYUANYING

Después de interesarse por la ruta y nuestros planes futuros, el jefe local abordó la interesante cuestión de la actualidad en Europa, así como el estado del Imperio ruso. En esto mostró un gran tacto y una delicadeza inusitada, pues temía disgustarme con cualquier palabra descuidada. Deteniéndose en los más pequeños detalles, Tsing Wang rememoró mi «Expedición Mongolia-Kham» y observó que desde entonces mis charreteras habían cambiado. «Ya ha alcanzado el mismo rango que vi en Nikolái Przewalski»*, dijo pensativamente el príncipe, acariciando tranquilamente las charreteras con sus dedos finos e impecablemente limpios. Luego se dirigió hacia mis compañeros de viaje, y tras enterarse de que había un geólogo entre ellos, el curioso Tsing Wang y sus hijos se

* Tsing Wang recordaba muy bien y siempre hablaba con respeto de Nikolái Przewalski.

apresuraron a mostrarle las diversas cajas de rapé y otros artículos de piedra, preguntándole los nombres de las rocas que los componían. Finalmente, añadió: «Vaya a la cordillera de Alashán y averigüe si hay oro allí, plata y piedras preciosas. El difunto Nikolái, me dijo en una ocasión que en nuestras montañas había una piedra preciosa de color rojo, y que en su próximo viaje tenía la intención de traer aquí a un geólogo para que investigara más a fondo las riquezas de nuestras montañas».

PUERTA DE ENTRADA AL JARDÍN DEL PRÍNCIPE SHI-E

En general, el príncipe de Alasha resultó ser un hombre tan culto en todos los aspectos que no sólo era interesante, sino a veces incluso instructivo hablar con él. Teniendo una idea de los beneficios y ventajas de la agricultura, el príncipe, con nuestra ayuda, consideró cuidadosamente la cuestión de cómo extraer la mayor cantidad de humedad de la cordillera de Alashán. En este caso le vino involuntariamente a la mente el ejemplo de las galerías subterráneas, conocidas con el nombre de *kariz* en persa, que con tanto éxito se utilizan en el Turquestán oriental, en la depresión de Turfán.

Después de una agradable conversación con Tsing Wang, durante la cual el papel de intérprete fue llevado por Tsokto Badmazhapov, experimentado en este asunto[*], regresamos a nuestro campamento en las

---

[*]    El nuevo traductor, el cabo Polyutov, sólo escuchó para aprender.

afueras de la ciudad en el mismo orden y nos deshicimos con gusto de nuestras ropas ceremoniales, poniéndonos rápidamente nuestra vieja y cómoda ropa de viaje. Después de nuestra estancia en la ciudad siempre sentíamos cierto cansancio. El ruido, el bullicio y la aglomeración general, nos parecían demasiado extrañas después del silencio del desierto.

UN MIRADOR EN EL MISMO JARDÍN

Debido a la decencia con que se comportaban los representantes de la colonia comercial rusa en el principado mongol de Alasha, el prestigio del nombre ruso era alto. Las autoridades locales consideraban su agradable deber ocuparse de la entrega del correo semanal de Pekín, como consecuencia de lo cual también tuvimos la oportunidad de mantener una conexión bastante estrecha con nuestra patria. Los primeros días de nuestra estancia en Dingyuanying pasaron desapercibidos. En el vivaque principal el trabajo no se interrumpía ni un minuto: durante el día se ponían en orden las agendas, se clasificaban los apuntes de las conferencias, se refrescaba el alcohol, se estudiaban las tierras montañosas más cercanas a la fortaleza y se dibujaban los mapas para los informes. Periódicamente, se hacían averiguaciones sobre los barrios cercanos y lejanos, se adquirían colecciones etnográficas... Mis empleados más jóvenes, los insustituibles Ivanov y Polyutov, estaban construyendo una caseta para una estación meteorológica, y había no

pocos problemas con la madera, que sólo podía obtenerse con gran dificultad y a un alto precio. Por las noches se realizaban determinaciones
astronómicas de coordenadas geográficas.

NINGXIA. DEIDADES DE UN TEMPLO BUDISTA CHINO, QUE SIRVEN A LA DEIDAD
PRINCIPAL EN UNO DE LOS PRIMEROS EDIFICIOS (O CAPILLAS)

El 25 de abril, mis cazadores Teleshov y Madayev, así como el coleccionista de plantas e insectos Chetyrkin y yo, fuimos de excursión y nos
trasladamos a uno de los desfiladeros más cercanos de la vertiente occidental de la cordillera de Alashán. El tranquilo desfiladero de Suburgan
Gol acogió a mis compañeros. A pesar de la ausencia de arroyos y ríos,
que dan vida y encanto en cualquier montaña, había aquí entre los bosques marales (*Cervus*) y un buen número de aves, que nuestros cazadores
seguían con pasión. En las dos primeras semanas, y con el amable permiso del señor príncipe, se capturaron más de veinte especies de aves, que
hasta entonces no figuraban en la colección ornitológica de la expedición; así como tres ciervos rojos (*Cervus asiaticus*). La animada actividad
habitual en las montañas y la nueva y fresca vegetación alpina nos pro-
veyeron de plena satisfacción.

Mientras tanto, el calor se iba haciendo notar. Desde primera hora de
la mañana el sol ya calentaba notablemente —la temperatura a las siete
de la mañana a la sombra era de 20 °C—; las golondrinas graznaban en el
aire tranquilo, las palomas arrullaban, las abubillas se posaban aquí y

allá. A veces pasaban vencejos con un agudo chirrido. Y una vez una pareja de grandes avutardas se estableció sobre la casa donde vivía la expedición. Los más diversos zumbidos de moscas pasaban de un lado a otro y de vez en cuando aparecían pequeñas mariposas.

Dado que un posible estudio completo de la naturaleza del sur de Mongolia, concretamente de esa parte llamada Alasha, era una tarea especial de la expedición, Piotr Petróvich Semiónov-Tian-Shanski, que a petición nuestra estudió una parte importante de las colecciones entomológicas de la expedición, da una característica general de la fauna de Alasha basándose en el estudio de los coleópteros (escarabajos) y así como himenópteros (insectos de alas membranosas). En los días tranquilos la atmósfera se vuelve sorprendentemente transparente; la cordillera de Alashán se abre en todos sus detalles: son visibles los picos, las gargantas, las

NINGXIA. TORRE CHINA DE GRAN ALTURA; RODEADA DE TEMPLOS O PAGODAS

rocas separadas y los bosques; desde lejos se marcan nítidamente los lugares de desprendimientos de rocas que componen el macizo. Pero todo esto ocurre hasta la primera brizna de aire.

En cuanto se levantan vientos suroccidentales o sudorientales, aunque sean débiles y cambiantes entre sí, de la superficie de la tierra surge una bruma polvorienta que oscurece todo a su alrededor. En el desierto, que se extiende a lo ancho por todos lados, aparecen torbellinos altos y estrechos, a menudo de formas muy intrincadas, y da la sensación que este desierto está a punto de avanzar y tragarse en su abrazo bochornoso el oasis verde en flor.

En las mejores horas de la tarde y de la mañana nos gustaba subir a la altura próxima a la casa y admirar la encantadora estampa de las orgullosas montañas de Alashán, que jugaban con suaves matices de colores; los rayos de sol oblicuos centelleaban a lo largo de la cresta, y sobre los desfiladeros se extendía lentamente una neblina azul por las laderas. El principal pico sagrado, Bain Sumbur, que atraía a los devotos mongoles todos los años en verano, en junio o julio, los congregaba en su cumbre central con oraciones, sacrificios y servicios solemnes especiales. A través de unos prismáticos, la vegetación forestal del cinturón medio del macizo sagrado e incluso remotas praderas alpinas eran definitivamente visibles.

EL PRÍNCIPE GOBERNANTE DE ALASHA, TSING WANG

Según los lugareños, durante los últimos cinco años el principado mongol de Alasha había sufrido una gran sequía que, combinada con la escasez general de agua y la ausencia de ríos y arroyos decentes, había dado lugar a una mala cosecha. Privada del principal sustento vital, la numerosa población del oasis se empobreció y, poco a poco, también el gobernador, que debía a la corte de Pekín, justo a sus tres *khoshun*, unos trescientos mil *liang*\* de plata.

El mes de abril llegaba a su fin; la sequedad de la atmósfera seguía siendo extrema, por lo que el polvo levantado por el viento del oeste llenaba constantemente el aire y aumentaba la congestión. Sin embargo, la vida primaveral se desarrollaba rápidamente. A las moscas y los escarabajos pronto les siguieron pequeñas aves insectívoras, como currucas, papamoscas, colirrojos o chochines; el verdor dañado por las heladas y las tormentas de nieve empezó a dar nuevos brotes.

LA SALIDA CEREMONIAL DE TSING WANG CON SU SÉQUITO HACIA EL LUGAR DE CEREMONIA DE LOS LAMAS EN DINGYUANYING

En las afueras del oasis se podían encontrar parejas o incluso grupos grandes de escorpiones (*Buthuseupeus mongolicus*) debajo de casi cada piedra.

El primero de mayo, a la una de la tarde, el termómetro marcaba 27,2 °C a la sombra, y aparecieron pequeñas aves insectívoras como currucas, papamoscas y colirrojos.

\*   Moneda china equivalente a 40 o 50 kopeks. (N. del E.)

Este día estuvo marcado para nosotros por un acontecimiento muy agradable: por primera vez durante todo nuestro viaje, el príncipe de Alasha honró personalmente a la expedición con su visita, mientras que antes, tanto en relación con las expediciones de Nikolái Przewalski como con las mongolas o tibetanas mías, se limitaba a enviar a sus hermanos o hijos.

Como era de suponer, la estancia de la expedición en un centro atestado de gente aumentó considerablemente los gastos personales de los viajeros. Todos querían involuntariamente comprar algo como recuerdo y eran aficionados a las baratijas de fabricación china o local. Con la ayuda de Badmazhapov y otros amigos de Alashán, añadí a mi colección personal muchos objetos de culto budista, en su mayoría *burkhan* de metal y pintados sobre lienzo; no se nos pasaron por alto los jarrones de bronce históricos o las pinturas de obra artística. Todo esto fue adquirido a los descendientes de los *taizhi* (nobles) mediante dinero, y también mediante trueque de nuestros mejores objetos personales.

El 6 de mayo nuestra expedición cenó en casa de Tsing Wang. El príncipe nos recibió, como siempre, cordial y cortésmente: pasamos enseguida al agradable comedor, que se abría con ventanas al escenario del teatro de la casa, y la escolta permaneció en la habitación contigua con funcionarios e hijos del administrador.

Cuando nos sentamos en la mesa, la representación estaba en pleno apogeo: sobre el escenario apareció una heroína* que había obtenido varias brillantes victorias sobre sus vecinos belicosos; los actores parecían consternados, y representaban con emotiva veracidad los conmovedores momentos de la heroica epopeya bélica, como la partida de la valiente mujer a la guerra, la despedida de su madre y, finalmente, su valeroso regreso a casa. El tercer hijo de Tsing Wang, Wu-e, amante del arte, no abandonaba el teatro, dando en todo momento consejos y órdenes, preocupado por el resultado de la representación. El maquillaje, el vestuario y la música original china no dejaban nada que desear y resultaban especialmente encantadores con la espectacular iluminación nocturna. La perezosa conversación con los Wang, que había comenzado al final del día, se reavivó por la noche; y cuando la mesa estuvo decorada con toda

---

\* Como es sabido, en el teatro chino los papeles femeninos son interpretados por actores masculinos adecuados que imitan hábilmente a las mujeres: en la voz, el andar y los modales.

clase de viandas, platos y tazas, todos quedaron absortos en la comida y el teatro, olvidando toda tensión y rigor en el trato. Se sirvieron muchos platos, de treinta a treinta y cinco, incluidos los famosos «nidos de golondrina».

Lo que más gustó a los invitados fue el incondicional cordero —nuestra comida diaria durante el viaje—, perfectamente cocinado según la forma mongola «por si acaso». Este último plato no estaba incluido en el menú, pero nos ayudó de la mejor manera y apoyó la gloria de nuestro hospitalario anfitrión. Al principio nos obsequiaron con un licor de arroz bastante insípido y luego con un excelente champán europeo.

Las mujeres no asistieron en absoluto a la cena; se les reservó una sala aislada, desde donde pudieron seguir la representación de la obra. El príncipe salió unos minutos hacia el grupo expedicionario y les hizo el honor local de beber un vaso de vino a la salud del convoy y desearles éxito en su viaje. Siguiendo las costumbres del país, al final de los festejos enviamos una pieza de plata a los actores en agradecimiento; tampoco nos olvidamos de los cocineros; así, en total, la cena en casa de Tsing Wang nos costó unos dos kilogramos de plata china.

El banquete terminó a última hora de la tarde; regresamos a pie, rodeados de un séquito con linternas; con motivo de la gran recepción en casa de Tsing Wang, las puertas de la ciudad permanecieron abiertas todo el tiempo.

El trabajo de la expedición proseguía como de costumbre: la construcción de la cabina meteorológica tocaba a su fin; el inteligente observador Davydenkov, antiguo maestro de aldea, se preparaba para una actividad de responsabilidad; mis veteranos colaboradores Chernov y Napalkov se preparaban para un gran viaje; se les asignó la tarea de estudiar la cordillera de Alashán en sus dos vertientes, es decir, en los lados occidental y oriental, con una ruta hacia el borde septentrional de las montañas, que ya habían cruzado hasta la orilla derecha del Huang He (río Amarillo). La parte adyacente del valle de este río también estaba incluida en el plan de trabajo de mis compañeros. Para ayudar con las colecciones zoológicas y brindar servicios en el camino, envié al cazador Madayev y a dos de rango inferior con los excursionistas.

Después de la partida de mis compañeros, comencé la clasificación sistemática de los objetos obtenidos en Khara-Khoto; de este modo, se

MUJER MONGOL DE DINGYUANYING

PRINCESA MONGOL, HIJA DE SHI-E

compilaron diez cajas*, listas para ser enviadas a la Sociedad Geográfica Rusa.

En mi tiempo libre me dedicaba a la fotografía, estudiando cuidadosamente los aparatos y revelando yo mismo las imágenes. Durante este trabajo me acompañaba a menudo el joven príncipe Wu-e, también aficionado a la fotografía.

OASIS DE DINGYUANYING, TUMBAS DE LOS PRÍNCIPES DE ALASHÁN

En general, los hijos de Tsing Wang no se olvidaban de la expedición y yo estaba en constante comunicación con ellos. El hijo mayor y heredero, Da-e, que estaba ausente en Lanzhou, también nos visitó inmediatamente después de su regreso y me expresó el más sincero afecto. Se comportaba a la europea, tenía las habituales tarjetas de visita blancas de pequeño formato y, cuando recibía visitas, no las hacía sentarse en el suelo, sino en mullidos sillones frente a una mesa cubierta con un mantel de terciopelo. Sentado con este joven culto, mientras tomaba una taza de té y comiendo galletas, tuve el placer de hablar de todo tipo de cuestiones relacionadas con China, Rusia y, en particular, su «rincón abandonado» de Alashán. Al mismo tiempo, observaba a las mujeres manchúes y mongolas y a la alta y guapa esposa de Da-e —que se escondía de las miradas indiscretas— pasar por las ventanas de la mitad opuesta de la casa.

La estación meteorológica de la expedición inició sus observaciones regulares a partir del 15 de mayo; todos los instrumentos físicos, inclui-

---

* Cada caja pesaba unos dieciséis kilogramos.

dos los de la casa Richard* (un barógrafo y un termógrafo), funcionaban correctamente. Efectuando determinaciones astronómicas periódicas, pude, entre otras cosas, hallar la posición exacta de Dingyuanying, aprovechando con suerte las estrellas ocultas tras el disco no iluminado de la Luna.

El correo seguía mimándonos y nos traía noticias no sólo a través de Pekín, sino ocasionalmente también a través de Urga, donde el amable señor Shishmarev supervisaba especialmente la rápida entrega de nuestra correspondencia.

PIOTR KOZLOV EN SU DESPACHO DE DINGYUANYING

---

*     Jules Richard (1848-1930) fue un industrial francés que se dedicó a la fabricación de aparatos fotográficos y de instrumentos de medición científica. (N. del E.)

De esta manera recibí una carta del famoso Hambo Lama Dorzhiev* que me complació, e involuntariamente me
inspiró a pensar sobre el dalái lama. Ahora el sumo sacerdote tibetano se encontraba en Pekín o en el monasterio de
Wu-tai, pero en otoño o invierno iba a partir hacia Amdo, al
monasterio de Kumbum, donde yo anhelaba encontrarme
con él, y finalmente así sería, pero de eso hablaré más adelante. En los días buenos y claros, cuando el sol ya se
inclinaba hacia el ocaso y refrescaba, practicábamos a menudo el tiro con fusil. En este viaje, yo me sentía
particularmente ansioso por mejorar la eficiencia de la
fuerza expedicionaria, y me aseguré de que mis jóvenes
compañeros dieran en el blanco perfectamente, pues había
buenas razones para temer un ataque de los nativos. Aprovechando los fracasos que sufrieron las tropas rusas
durante la guerra japonesa, los chinos robaron en masa fusiles militares rusos y se los llevaron, suministrándolos a
las tribus salvajes montañosas que habitaban Nanshan y las
tierras altas de Amdo. Los belicosos habitantes de las montañas y las altas estepas del interior de Asia constituían
ahora una fuerza más formidable, y en sus depredadores
ataques a la expedición podían ofrecer una resistencia considerable al puñado de exploradores rusos abandonados a
su suerte en las profundidades del continente asiático. Había que tener en cuenta esta triste posibilidad. Además de
los fusiles, también practiqué el tiro con un rifle Lancaster,
que había pertenecido en otro tiempo a Nikolái Przewalski,
y obtuve excelentes resultados. Nuestro tiro atraía la curiosidad del público local, compuesto por mongoles y chinos, y
a menudo despertaba una fuerte admiración gracias a los
magníficos aciertos en el blanco.

PURBU,
INSTRUMENTO
UTILIZADO EN
CEREMONIAS
RELIGIOSAS DE
CARÁCTER
ESOTÉRICO

Después de la partida de mis compañeros, yo solía permanecer largo
rato en la cima de la colina que dominaba Dingyuanying. El mejor mo-

*   Para obtener más detalles sobre Dorzhiev, consultar mis obras: *Tíbet y el dalái lama*.
    Páginas 58-59; y *Viajero ruso en Asia central y la ciudad perdida de Khara-Khoto*. San
    Petersburgo. 1911 (Reimpresión de la revista *Antigüedades Rusas*. 1911). Páginas 36-
    37.

mento era cuando el sol se ocultaba tras el horizonte, el cielo se vestía de brillantes colores y yo sentía aún más el frescor del aire.

Desde aquí se podía ver el desierto a lo lejos, como si fuera un mar, mientras que el borde más cercano del desierto estaba rodeado por un oasis. Ni un solo sonido o silueta viva se oía desde el lado del pueblo: los aldeanos habían regresado de los campos y se habían escondido tras sus impenetrables murallas.

Mientras tanto, el amanecer se extendía sobre el desierto de forma pintoresca y se reflejaba en las cumbres de la cordillera de Alashán. La bruma azul seguía espesándose sobre los desfiladeros, arrastrándose lentamente por las escarpadas laderas. Media hora más tarde, la noche de verano descendía sobre la tierra.

DINGYUANYING. CEREMONIA FESTIVA Y CIRCUNVALACIÓN DEL MONASTERIO DE YAMUN KHIT

EL HEREDERO DE TSING WANG, EL PRÍNCIPE DA-E

DINGYUANYING. CELEBRACIÓN DE AÑO NUEVO

ESTACIÓN METEOROLÓGICA DE EXPEDICIÓN. A LA IZQUIERDA ESTÁ TSOKTO BADMAZHAPOV, A LA DERECHA, EL OBSERVADOR DAVYDENKOV

HAMBO LAMA DORZHIEV

# CAPÍTULO VIII

# La cordillera de Alashán

DESPUÉS de haber pasado la mayor parte del tiempo en Dingyuanying ocupados en diversas actividades, toda mi alma deseaba ir a las montañas, pues ahora envidiaba a mis compañeros que marcharon primero al desfiladero vecino, cerca del primer campamento de Suburgan Gol, donde capturaron aves migratorias tardías, y luego en el desfiladero de Khoten Gol.

A la entrada del desfiladero de Khoten Gol se encuentra la tumba de una de las esposas de Tsing Wang —la madre de su tercer hijo— Wu-e y dos de sus hijos, enterrados junto a ella, bajo los terraplenes. El lugar de descanso de la princesa china está cercado con un muro de arcilla y decorado con una avenida de abetos de montaña. Cerca de allí, al norte, en la misma boca del desfiladero de la montaña, se encuentra sobre un roque la morada original de un lama ermitaño que vivió aquí. La puerta y la ventana a cuadros confieren al edificio un carácter de cuento de hadas.

En total, conseguí permanecer en ambas gargantas junto con los expedicionarios cerca de una semana, pero la esperanza de obtener ricas colecciones, por desgracia, no estaba justificada.

Qué agradable y alegre fue escapar de las polvorientas y sucias calles de la ciudad a un espacio abierto, donde la brisa fresca soplaba libremente, bañándome con el frescor de la montaña y el fragante olor de la vegetación. A lo lejos se veía una cresta cuya vegetación armonizaba especialmente con los tonos grises de las rocas circundantes. Ya se podía marcar con antelación un rincón deseable y apresurarse hacia él con un vigoroso paso mongol.

LADERA OCCIDENTAL DE LA CORDILLERA DE ALASHÁN (DESDE EL DESFILADERO DE
KHOTEN GOL HACIA EL SUR); AL PIE DE LAS MONTAÑAS SE ENCUENTRA LA TUMBA DE
UNA DE LAS ESPOSAS DE TSING WANG, LA MADRE DEL PRÍNCIPE WU-E

Siempre intenté aprovechar al máximo los días acontecidos entre la naturaleza, cazando animales y pájaros, reponiendo colecciones zoológicas y determinando las alturas de las monturas o las cumbres del Alashán. Los mejores momentos fueron, para mí, aquellos en los que me sentaba en algún lugar de uno de los picos de la cordillera en completa soledad, como ocurrió durante el ascenso a Alashán por el desfiladero de Khoten Gol. Recuerdo que a ambos lados había interminables colinas onduladas, envueltas en una bruma polvorienta, como la neblina en el mar. Al oeste se extendía el desierto arenoso, y al este brillaba tenuemente la corriente de agua del río Amarillo.

Al norte se alzaban los enormes acantilados de piedra caliza o arenisca, que contrastaban con sus tonalidades gris-amarillas, y al sur, a lo largo de la cordillera, se divisaba su cresta, culebreando como una verde serpiente en las formas más intrincadas. Las estribaciones de las montañas estaban bordeadas de poderosos conglomerados, desgarrados en originales vigas por las fuerzas vivas de las aguas periódicas, que a veces corrían por el precipicio de Alashán con terrible rapidez. Por otra parte, la cordillera de Alashán era rica en yacimientos de excelente carbón.

Además de las calizas, areniscas y conglomerados mencionados, la estructura geológica de la cordillera en general incluía pizarras, felsita, pórfido de felsita, granulita, gneis y rocas de origen volcánico reciente.

En términos geológicos, la cordillera de Alashán ha sido descrita con más detalle por los geólogos V. A. Obruchev y A. A. Chernov.

EL DESFILADERO DE LA VERTIENTE ORIENTAL DE LA CORDILLERA DE ALASHÁN, KUMIN TSA

Los vencejos revoloteaban cerca de mí, y los buitres de las nieves o del Himalaya planeaban en la distancia. Las voces del cuco y del faisán azul (*Crossoptilon auritum*) se oían desde las profundidades del desfiladero. En semejante situación, inmerso en la contemplación de la poderosa naturaleza, no me percataba del paso del tiempo y podía permanecer sentado durante horas.

La cordillera de Alashán*, que se extiende en dirección próxima a la meridional, es una pared dentada decorada con bosques y una alfombra de prados alpinos, y separa las resecas llanuras de Ordos del desierto aún más árido de Alash (Alxa). Las montañas están dispuestas en forma de cono, elevándose rápidamente sobre la base, y la cresta del macizo alcanza una altura de tres kilómetros. La parte media y más alta de la cordillera suele tener picos romos, mientras que las más bajas están

---

\* El nombre de la cordillera denominada «Alashán» es puramente chino, al igual que los nombres bien conocidos de otros sistemas montañosos como Nanshan y Tien Shan, o secundarios como Beishan, etcétera.

marcadas por roques y cumbres, que a veces recuerdan en forma a las torres chinas de tiempos lejanos. Fluyendo a través de la parte principal del macizo de Alashán desde el este, el río Amarillo parece bisecar este y formar el ala septentrional de las montañas, que presenta una notable pendiente hacia el este después del río.

Profundas gargantas con empinadas laderas pedregosas cortan el gigantesco murallón de la cresta, formando las combinaciones más complejas junto con collados transversales y longitudinales. En el fondo de estas gargantas, sobre todo en la vertiente más acuosa y occidental de las montañas, hay pequeños manantiales y pozos, la mayoría con agua dulce, y a veces con una mezcla de sulfuro de hidrógeno. En la gran mayoría de los casos, los manantiales contienen sólo la mínima cantidad de humedad y se secan pronto; a pesar de ello, a menudo se encuentran en ellos pequeños peces del género *Nemachilus* (aparentemente truchas), la posibilidad de su existencia parece bastante misteriosa, sobre todo si tenemos en cuenta que durante las sequías prolongadas los manantiales a menudo se secan por completo*. Cerca del agua hay claros de fresca vegetación y los campos de cultivo y huertos de los chinos, cercados por muros de tierra, probablemente para defenderse del ganado mongol.

Los nativos, que apreciaban el agua, excavaban manantiales y los cercaban con piedras para evitar que se rebosaran por la llanura; también cavaban estanques y embalses, de los que extraían el agua necesaria para regar sus cultivos según las necesidades.

Tanto en el propio principado de Alasha como en el territorio de Ordos, el sometimiento económico de los mongoles por parte de los chinos aumenta año tras año.

Se apoderan de todas las mejores parcelas de tierra, no sólo en las montañas, sino también en la parte del valle del río Amarillo que linda con las montañas por el este. Establecen granjas modelo, las rodean de sistemas enteros de canales artificiales de irrigación y empujan a sus bondadosos vecinos, los mongoles, a las profundidades del árido desierto. Además de la agricultura, los chinos se dedican a la minería del carbón, apropiándose a menudo de los yacimientos carboníferos pertenecientes al príncipe de Alasha, y a la explotación de los bosques. En las

---

* En el desfiladero de Khoten Gol capturamos ranas (*Rana asiatica*) y sapos (*Bufo viridis*).

PIE DE LA PRADERA EN LA VERTIENTE OCCIDENTAL DE ALASHÁN

MONGOLES SEMINÓMADAS DE ALASHÁN

laderas de la cordillera de Alashán no parece haber ahora un desfiladero donde no se alcen grupos de *fanzas*, o donde no se oiga el repiqueteo de un hacha tras los montones de troncos cortados. Los industriales penetran hasta la cima de las montañas, sin escatimar en especies arbóreas, una vez que el árbol ha alcanzado cierta edad*, y sólo las inestables rocas de la montaña mantienen intacto al árbol crecido.

Se ven caminos por todas partes en el bosque, senderos traicioneros, que a menudo conducen a vertiginosas pendientes, desde donde troncos y postes chocan contra el abismo. Desde la vertiente occidental de la cordillera, de más vegetación, la madera se transporta a Dingyuanying, y desde la vertiente oriental a Ningxia. Si tenemos en cuenta la pérdida anual y sin restricciones de bosques, queda claro por qué los manantiales y pozos de Alashán se están secando sistemáticamente, por qué el oasis de Dingyuanying es cada vez más pobre en agua y por qué, finalmente, la población mongola está amenazada por la devastación total en un futuro muy próximo.

Nikolái Przewalski también señaló la explotación china de los recursos forestales de Alashán: «Centenares de chinos de Ningxia se dedicaban a talar bosques. Apenas pudimos encontrar un pequeño desfiladero donde no hubiera leñadores, y eso sólo por falta de agua»†.

Doce años más tarde, el mismo viajero escribió: «Los bosques que cubren el cinturón medio de las vertientes occidental y oriental de la cordillera de Alashán, desde la época de la pacificación de la Revuelta Dungana (1896) han sido fuertemente erradicados por los chinos y ya han disminuido mucho. Los cazadores locales también persiguen con diligencia a los animales locales: barales, ciervos almizcleros y ciervos rojos. En una palabra, ahora la cordillera de Alashán no era tan virgen como la encontramos durante nuestra primera visita en 1871. En aquella época, gracias a los robos de los dunganos, estas montañas estuvieron desiertas durante una docena de años, los bosques crecían tranquilamente y los animales se multiplicaban en estos libremente»‡.

La escasez de fuentes de agua y el clima seco del desierto de Alash afectan notablemente a la vida vegetal y animal de las montañas, que en

---

\* Los árboles que alcanzan una altura de dos brazas son talados.

† *Mongolia y el país de los tangut.*

‡ *Cuarto viaje en Asia central: De Kiajta a las fuentes del río Amarillo, exploración del borde norte del Tíbet y viaje a través de Lop Nor por la cuenca del Tarim*, pág. 98.

general es bastante pobre*. Según el carácter de la vegetación, principalmente en la vertiente occidental, Alashán puede dividirse en tres zonas: la inferior, con la inclusión de formas de vegetación esteparia, la media o bosque y la más alta, alpina.

Los árboles de la zona baja se caracterizan por los raros olmos de Siberia (*Ulmus pumila*), los cerezos y albaricoqueros silvestres (*Prunus tomentosa*, *Prunus sibirica* y *Prunus mongolica*). En cuanto a los arbustos: rosa pimpinela y rosa manchú (*Rosa pimpinellifolia*, *Rosa xanthina*), vara de oro (*Caragana pugmaea*) y con menor frecuencia la efedra de cola de caballo (*Ephedra equisetina*). Al pie de la cordillera crecen abundantemente la enredadera espinosa (*Convolvulus tragacanthoides*) y el astrágalo espinoso (*Oxytropis aciphylla*). Entre las hierbas de la zona descrita, dominan las siguientes: beatamaría (*Polygonatum officinale*), hierba lechera (*Polygala sibirica*), ruibarbo (*Rheum uninerve*), tomillo (*Thymus serpyllum*) y el *Peganum nigellastum*. La cebolla amarga silvestre (*Allium sp.*) crece en todas las zonas; las clemátides (*Clematis aethusifolia*, *C. sibirica* y *C. macropetala*) se pasean caprichosamente entre los arbustos, sobre todo en las bocas de los barrancos; las androselas (*Androsace alashanica*, *A. septentrionalis*, *A. sempervivoides* y *A. maxima*) se amoldan a lo largo de las rocas. Un poco más alto se encuentran la prímula (*Primula cortusoides*), el tártago (*Euphorbia esula*), la *Agropyrum cristatum*, la uva de gato (*Sedum hybridum*), el esparto (*Stipa orientalis* y *S. inebrians*), la triguerilla (*Melica scabrosa*), el mastuerzo (*Lepidium micranthum*), la escorzonera (*Scorzonera carito*, *S. austriaca*) y muchas otras plantas.

En general, cabe señalar que nuestras observaciones y recolecciones de flora y fauna de la cordillera de Alashán abarcaban principalmente la zona de los desfiladeros de Tsosto, Dartento, Yamata, Khoten Gol y Suburgan Gol, en la vertiente occidental de las montañas.

La zona forestal es la más amplia, rica y diversa; también aquí los bosques crecen principalmente en las laderas septentrionales de los desfiladeros. Hay muy pocas especies arbóreas: la pícea asiática (*Picea Schrenkiana*), el álamo (*Populus Przewalskii*), el álamo temblón (*Populus tremula*) y el sauce achaparrado (*Salix*). A ellos se unen en pequeño número el enebro del Turquestán (*Juniperus pseudosabina*), con menor frecuencia

---

\*    En total, en las montañas y en el oasis, la expedición recolectó alrededor de trescientas especies de plantas y poco más de sesenta especies de aves, de las cuales una pequeña parte eran migratorias, el resto eran sedentarias y nidificantes.

el abedul blanco (*Betula alba*), y en la vertiente oriental de las montañas, el pino (*Pinus sinensis*). Los arbustos de la vertiente occidental del Alashán son: el barberis (*Berberis dubia*), la zarza japonesa (*Rubus parvifolius*), diversas potentillas o cincoenramas (*Potentilla glabra, R. anserina, R. multifida, R. subacaulis, R. tenuifolia, R. daurica* y *R. fruticosa*), la ulmaria (*Spiraea mongolica* y *S. hypericifolia*), el avellano asiático (*Ostryopsis daviana*), la madreselva (*Lonicera sp.*) y el enebro de las pagodas (*Juniperus rigida*). La encantadora lila (*Syringa serrata*) acecha en las gargantas del bosque; allí, a lo largo de las laderas de las montañas, también se encuentran: el Cotoneaster *sp.*, grosellas (*Ribes pulchellum, R. alashanica*), frambuesas (*Rubus idaeus*) y la enredadera *Atragene alpina*. Entre las plantas herbáceas en zonas forestales o cierta distancia de ellas son muy comunes: violetas (*Viola pinnata, V. collina, V. hirta, V. biflora* y *V. incisa*), el lirio rojo (*Lilium tenuifolium*), la *Pedikularis*, el aciano (*Centaurea monanthus*), la colombina (*Aquilegia viridiflora*), la termopsis lanceolada (*Thermopsis lanceolata*), la anémona de narciso (*Anemone narcissiflora*), la escrófula (*Scrophularia kansuensis*), el astrágalo (*Astragalus ochrias, A. membranaceus*), la *Hedysarum polymorphum* y la exuberante *Rhaponticum uniflorum*.

En los lugares más húmedos crecen: el epilobio (*Epilobium augustifolium*), la valeriana (*Valeriana tangutica*), el diente de león (*Taraxacum officinale* y *T. dissectum*), la *Thalictrum minus*, la anagálide (*Veronica anagallis*), el llantén (*Plantago depressa*), la cerraja (*Sonchus oleraceus*), la linterna china (*Physalis alkekengi*), rizos de agua (*Potamogetom crispus*), la *Silene repens*, la *Rubia cordifolia* y la *Sanguisorba alpina*.

Algo más arriba, en las laderas, se hallan la artemisa (*Artemisia vulgaris, A. frigida, A. sacrorum* y *A. pectinata*), la *Sibbaldia adpressa*, el pimentón o pimiento dulce (*Capsicum annuum*), el *Piptanthus mongolicus*, la *Cymbaria mongolica*, la sanguisorba (*Sanguisorba officinalis*), la verdolaga (*Portulaca oleracea*), la Gypsophila (*Gypsophila acutifolia*), la judía enana (*Phaseolus nanus*), el cilantro (*Coriandrum sativum*), la lechuga (*Lactuca versicolor*), la nébeda o hierba gatera (*Nepeta macrantha*), la Draba nemorosa y la cebolla de ganso (*Gagea pauciflora*). A lo largo de las laderas de las montañas y las orillas de los ríos se puede encontrar el iris japonés (*Iris ensata*), el junco (*Carex pediformis*) y la totora o espadaña (*Scirpus maritimus*) cerca de los manantiales.

Además de muchas de las gramíneas ya mencionadas, otras nuevas, como el ranúnculo (*Ranunculus sp.*), la genciana (*Gentiana squarrosa, G. decumbens, G. macrophylla*), la espuela de caballero (*Delphinium sp.*), el bellísimo clavelito común (*Dianthus superbus*) o la vistosa *Corydalis adunca* inician la zona alpina.

A medida que se asciende, incluso los arbustos achaparrados desaparecen por completo, a excepción de la caragana espinosa, que asciende hasta las cumbres más importantes de Alashán. Las especies herbáceas que se adentran en la zona alpina suelen volverse enanas y apenas se elevan del suelo. En lo más alto de la zona alpina se encuentran el *Polygonum Laxmanni*, la *Saussurea pygmaea* y el *Hesperis*.

En cuanto a la fauna de la cordillera de Alashán, se podría asegurar que tampoco es rica. Durante toda nuestra estancia en las montañas descritas encontramos unas diez especies de mamíferos. Entre ellos, el primer lugar lo ocupa la belleza y orgullo de Alashán: el maral (*Cervus asiaticus*), favorecido por el patrocinio del príncipe gobernante, que prohibió la caza del noble animal. El maral vive principalmente en bosques de coníferas. Luego vienen el ciervo almizclero (*Moschus moschiferus*), el baral o cabra azul, o como la llaman los mongoles, *kuku yaman* (*Pseudois nayaur*), que abunda en la parte oriental y más rocosa de las montañas. A estos les sigue el argalí (*Ovis ammon*), que se encuentra exclusivamente en la parte septentrional y no boscosa de la cordillera[*]. Entre los depredadores se encuentran el lobo, el zorro y el hurón. Entre los roedores se hallan la liebre (*Lepus gobicus*), la ardilla terrestre de Alashán (*Sipermophilus alashanicus*), la pica roja (*Ochotona rutila*) y el ratón listado o de campo (*Apodemus agrarius*).

Después de abatir tres ciervos rojos con el permiso de Tsing Wang, nuestras cacerías se concentraron casi exclusivamente en las ovejas de montaña descritas por Nikolái Przewalski en su libro *Mongolia y el país de los tangut*.

La fauna ornitológica de la cordillera de Alashán fue compilada por la expedición de la forma más completa posible y se componía de unas cincuenta especies. Sin embargo, éstas son incapaces de dar vida a estas montañas, de un carácter alpino bastante implacable. Aquí no es como

---

[*]   A lo largo de las crestas de las estribaciones con vegetación esteparia, las gacelas persas (*Gazella subgutturosa*) a menudo penetran en las gargantas de la cresta Alashán.

en el Tíbet oriental o en Kham, especialmente en la cuenca del Mekong, donde cada desfiladero respira vida, lleno de los animados cantos de los pájaros, repleto de arroyos y ríos susurrantes, en cuyas altas salpicaduras se reflejan pictóricamente pequeños arcoíris.

CAZA EXITOSA DE BARALES

Aquí, en Alashán, los densos matorrales del bosque y las rocas que bordean el desfiladero impresionan por igual al observador con su silencio. A veces, durante horas, el silencio no se ve perturbado por ningún sonido extraño, y al cerrar los ojos, uno recuerda involuntariamente el silencio absoluto del vecino desierto arenoso. Es entonces cuando el oído es capaz de captar con mayor sorpresa los trinos sonoros de escribanos (*Emberiza spodocephala*), camachuelos bonitos (*Corpodacus pulcherrimus*), carboneros garrapinos (*Periparus ater*), currucas (*Sylvia curruca minula*) y mosquiteros sombríos (*Phyllascopus fuscatus*); colirrojos de Przewalski (*Phoenicurus alaschanica*), zorzales papirrojos (*Turdus ruficollis*) se desplazan de árbol en árbol o de roca en roca. En las desembocaduras de los barrancos se pueden encontrar collalbas pías (*Oenanthe pleschanka*), alondras moñudas (*Galerida cristata lautungensis*) y timalíes pekineses (*Rhopophilus pekinensis*). En las profundidades de los desfiladeros, y cuando no más arriba, se hallan entre los arbustos grandes perdices de Przewalski (*Alectoris graeca magna*) o perdices dáuricas (*Perdix daurica*). A las palomas rupestres (*Columba rupestris*) les gusta quedarse en los salientes de las rocas, mientras que a otras palomas (*Turtur orientalis*) les gusta quedarse en la espesura del bosque. A veces una de estas aves rompe el silencio con un arrullo sordo y apagado. No muy lejos, en la linde del bosque, en un alto enebro, el pepitero de alas blancas (*Mycerobas carnei-pes*) se alimenta emitiendo peculiares sonidos.

UN GUÍA LOCAL CON UN BARAL A LA ESPALDA

Entre acantilados sombríos y lúgubres, suele aparecer de repente, como una flor o mariposa brillante, el treparriscos (*Tichodroma muraria*), al que me gustaba mirar, sobre todo cuando este pájaro volaba sobre mi cabeza por el desfiladero. Las alondras (*Otocorys brandti*) vivían en algún lugar de las laderas de los prados de montaña del cinturón inferior. En los prados húmedos, cerca de los manantiales, aparecían la lavandera blanca (*Motacilla alba leucopsis*), el bisbita de Hodgson (*Anthus hodgsoni*) y el chorlitejo chico (*Charadrius dubius*).

Los cuervos negros (*Corvus macrorhynchos*) y las chovas piquirrojas (*Pyrrhocorax pyrrhocorax*) trepaban a los acantilados del cinturón superior de las montañas, donde se agolpaban, en medio de chillidos, en los muros verticales de piedra. También se encontraban allí los voladores más rápidos, los vencejos (*Apus pacificus*), que solían quebrar el silencio con un ruido agudo; junto a los vencejos, pero más a menudo por debajo de ellos, las golondrinas de montaña (*Biblis rupestris*) se elevaban tranquilamente a lo largo de las cornisas de piedra. En los bordes de los bosques se distinguía el acentor pardo (*Prunella fulvescens*), y en los umbrales del matorral de coníferas, el trepador chino (*Sitta villosa*).

En el mes de mayo se podía oír al cuco (*Cuculus canorus*) desde las profundidades del bosque. Entre la espesura de los arbustos se escuchaba el canto sonoro del charlatán de David (*Pterorrhinus davidi*). En las copas de las vides, se posaban los alcaudones tibetanos (*Lanius tephronotus*); en las vecinas laderas empinadas, cubiertas de caraganas espinosas, observaba a menudo papamoscas (*Muscieapa albicilla*). Temprano, por la mañana, cuando las cimas de las montañas resplandecían doradas por el sol brillante, por encima de la cima de la cordillera y en contraste con el cielo azul, poderosos buitres negros (*Aegypius monachus*), buitres del Himalaya (*Gyps himalayensis*) y quebrantahuesos (*Gypaetus barbatus*) volaban describiendo círculos. Los nativos trataban a todas estas aves reales con el debido respeto y nunca les disparaban. Como conclusión de la lista de aves de las montañas de Alashán podemos añadir el águila real y el gran halcón de tipo *Gennaia*, que sólo fueron observados por nosotros desde lejos, pero que no fueron incluidos en nuestra colección; en cuanto al cernícalo vulgar (*Cerchneis tinnunculus*), depredador generalizado, era, por supuesto, el ave más común aquí.

En cualquier caso, si se pregunta a un habitante local mongol cuál es el ave más interesante de la cordillera de Alashán, este responderá: *khara takya*, es decir, «gallina negra», conocida por nosotros como faisán azul o de orejas largas (*Crossoptilon auritum*), que los mongoles cazan con tanta diligencia como la bestia antes descrita: *kuku yaman*.

Esta especie pertenece a un género particular, que se distingue de otros faisanes, por la presencia de mechones alargados de plumas en la parte posterior de la cabeza. El faisán orejudo es mucho más grande que el faisán común, tiene patas fuertes y una gran cola en forma de tejado, en la que las cuatro plumas centrales son alargadas y están separadas. El color general de las plumas del cuerpo es azul plomo; las plumas de la cola tienen un tinte acerado y una base blanca; las plumas alargadas de las orejas y la garganta son blancas; las mejillas, así como las patas, son rojas. El plumaje de la hembra se parece bastante al macho, del que sólo se diferencia por la ausencia de espolones en las patas y un tamaño total algo menor.

El hábitat del *khara takya* son los bosques de montaña, donde abundan las rocas. El faisán azul se alimenta exclusivamente de comida vegetal y camina con paso medido, manteniendo su magnífica cola en posición horizontal.

A finales de otoño y en invierno esta especie se mantiene en pequeños grupos y, como otros faisanes, se posa en los árboles. A principios de la primavera se divide en parejas que ocupan una zona determinada, en la que cría a sus polluelos.

El nido, según los mongoles, está hecho de hierba en matorrales densos y contiene de cinco a siete huevos.

A principios de la primavera, en cuanto las bandadas se dividen en parejas, los machos empiezan a cantar. Su trino es extremadamente desagradable, parecido al graznido del pavo real, pero algo más tranquilo y entrecortado; además, el ave descrita emite de vez en cuando unos sonidos sordos peculiares, parecidos al arrullo de la paloma; al asustarse de repente, el faisán chilla de forma bastante parecida a una gallineta.

Nikolái Przewalski escribió: «Sin embargo, incluso en la época de celo, el ave descrita no tiene un tañido tan correcto como los faisanes comunes o los urogallos. El faisán orejudo macho grita sólo en raras ocasiones, con intervalos indefinidos, normalmente después de salir el sol, aunque a veces la voz de esta ave puede oírse antes del amanecer o incluso de día, hacia el mediodía».

Esta hermosa y original ave sufre una cruel persecución por parte de los nativos a causa de sus largas plumas de la cola, que sirven para decorar los sombreros de uniforme de los funcionarios chinos.

Los cazadores locales, íntimamente familiarizados con las rutinas del faisán azul, se han percatado de su costumbre de cruzar casi siempre a pie los festones de las crestas montañosas; de ahí que en ciertos lugares se levanten vallas de madera muerta y diversos materiales de desecho con una sola abertura para el paso, donde se coloca una trampa. Al llegar a la cima de la cresta, el faisán empieza a buscar la manera de sortear el obstáculo, encuentra por fin el traicionero paso, se introduce en la tabla fija y se desliza hacia abajo, quedando colgado, firmemente agarrado por las patas al lazo de la cuerda. Debido a tan despiadado exterminio, y al poseer el don de la astucia, los faisanes de orejas largas son muy esquivos, y cazarlos en las montañas de Alashán es muy difícil.

En cuanto a los insectos, en los desfiladeros de la vertiente occidental de las mismas montañas de Alashán, la expedición obtuvo buenos especímenes.

En las profundidades del macizo de Alashán, en pintorescos desfiladeros rocosos, hay dos grandes monasterios budistas muy venerados por los mongoles: Barun Khit y Tsung Khit. Barun Khit, o el monasterio occidental, se encuentra a treinta kilómetros al sureste de Dingyuanying y está construido en las laderas al pie de las estribaciones montañosas semicirculares Butu Daban y Gurbun Ula, de donde fluye el rápido y sonoro río Ikhe Gol. Las escarpadas paredes de las rocas están repletas de imágenes de deidades y oraciones talladas y pintadas por artistas, que, en combinación con templos grandes y pequeños, de los cuales hay siete, *suburgan* blancos y todo tipo de *obos* en la vecindad, que se elevan a lo largo de imponentes picos verdes, produce una impresión original y agradable.

Por espléndido, bello y famoso que sea Barun Khit, el mejor monasterio del principado mongol de Alasha sigue siendo considerado Tsung Khit u «Oriental», situado a treinta kilómetros al noreste de Dingyuanying, en medio de tierras altas boscosas y rocosas, bañadas por los ríos Namaga Gol y Baru Gol. Cuanto más avanzábamos en nuestro camino hacia el noreste del oasis, más disperso se volvía el bosque en las laderas de la cordillera de Alashán. En las laderas escarpadas, y en las rocas del cinturón superior de las montañas, se veían cada vez con más frecuencia áreas de piedra gris que aislaban las zonas verdes de la pradera. Por fin, tras descender a un barranco yermo, rodeado de poderosos bancos de conglomerado, y habiendo cambiado varias veces de dirección, siguiendo un camino sinuoso, vi un gran templo, brillante por la blancura de sus paredes y las *ganjiras* doradas, y muchas y numerosas banderas de plegaria (*manis*) colgadas de los árboles. Aquí el bosque recobraba su antiguo vigor y vestía pintorescamente las laderas de las colinas contiguas al monasterio.

Tsung Khit es famoso en todo el principado por la celebración de sus rituales religiosos y las estrictas normas heredadas del muy venerado Alasha Lama Dandar Lharambo, que consiguió elevar el monasterio a la altura adecuada. Además de los asuntos puramente religiosos, Dandar

Monasterio de Barun, ubicado en la parte rocosa de la vertiente occidental de la cordillera de Alashán

Lharambo también se dedicó a la labor literaria; escribió la mejor gramática de la lengua mongola y tradujo muchos libros tibetanos al mongol. No sólo los templos, sino también las dependencias de los lamas en Tsung Khit son muy bonitas y ordenadas. Las celdas, grandes y espaciosas, están inmaculadamente limpias y cómodamente amuebladas. Los ídolos dorados y pintados y los *gau* —cajitas de metal que se cuelgan del cuello o del pecho a modo de amuletos — ocupan el primer lugar. Las ventanas ofrecen hermosas vistas de las verdes laderas del bosque que se alternan con escarpados acantilados grises.

El momento de mi estancia en el monasterio de Tsung Khit coincidió con un festival en honor de Maitreya, el bodhisattva, patrón de los pastores. El tranquilo y monótono ambiente de oración del monasterio se vio perturbado por la llegada de muchos devotos y de varios comerciantes chinos, que pensaron que podrían sacar un beneficio fácil entre la multitud festiva. Hacía buen tiempo, el sol brillaba con fuerza, reflejándose en las *ganjiras* y tejados dorados; los edificios blancos de los templos del monasterio destacaban nítidamente sobre el suave fondo verde de la vegetación; los visitantes ataviados para la ocasión, que paseaban por el monasterio, completaban la agradable estampa de la celebración.

La fiesta propiamente dicha comenzó a la mañana siguiente[*] con una larga procesión de lamas —como si se tratase una procesión ortodoxa—, que se extendía por el fondo del desfiladero adyacente y sus costados. Cada lama portaba algún atributo del servicio religioso; en medio de la procesión se balanceaba la figura de la deidad Maitreya sentada en una camilla, mientras se escuchaba de fondo una fina música que armonizaba con el ambiente general de alborozo.

Al concluir esta peculiar ceremonia —una vez los devotos hubieron hecho un círculo y llegado al templo principal, al otro lado—, los fieles empezaron a agruparse en la plaza, bajo un dosel. Aquí, bajo una tienda ceremonial, se colocó una gran imagen metálica de Maitreya. Detrás de este ídolo central, descendiendo en cintas desde el techo de la iglesia hasta el suelo, colgaba en posición oblicua una imagen dorada, bordada en seda, de la misma deidad honrada, Maitreya.

El *da-lama* ocupó el asiento principal en un estrado, con sus asistentes sentados a su derecha e izquierda, delante de él, y las largas filas de

---

[*]   En 1908, este día cayó el 21 de junio.

lamas secundarios. Junto a los lamas se colocaron los oradores, a la izquierda de los ídolos, los hombres, agrupados en torno al príncipe Arya, a la derecha, las mujeres, con la princesa a la cabeza.

SEXTO DALÁI LAMA, TSANGYANG GYATSO

Al principio, el ritual se parecía a un rito de consagración del agua; luego, tras una plegaria por la dispensación de la riqueza, los lamas se alinearon y comenzaron a acercarse a los fieles, empezando por la pareja principesca, ofreciéndoles diversas reliquias para que se las aplicaran en la frente. Mientras tanto, seis lamas guerreros, con hachas en las manos y máscaras en la cabeza, se acercaron a Maitreya, realizando diversos giros ante la deidad, incluyendo danzas y agitando sus hachas. Al mismo tiempo, tres lamas ancianos, de la orden Tsagan Obogun, de pie frente a los orantes, recitaban alternativamente plegarias en cánticos y golpeaban tres veces un gong sonoro. Por último, el *da-lama* bajó del estrado, se calzó unas botas chinas de cuero y se dirigió al ídolo Maitreya central, se inclinó tres veces (haciendo reverencias) ante esta deidad y depositó un *khadak*; este ejemplo fue seguido por el príncipe, la princesa y todos los demás orantes. Este fue el final del solemne ritual divino.

Además de la festividad de Maitreya descrita anteriormente, especialmente venerada por los budistas, los mongoles realizaron muchas oraciones durante todo el mes de junio, dirigidas principalmente al dios patrón de las aguas. Del favor de esta deidad dependía el bienestar de los indígenas, que miraban con esperanza los campos sembrados de grano. Para alegría de todos, desde los primeros días de junio empezó a llover, el aire se aclaró, el verdor se renovó notablemente. Esta vez el solsticio de verano se expresó no con tormentas y vientos secos, como de costumbre, sino con fuertes precipitaciones. Hay que suponer que la cordillera de Alashán, que alcanza una altitud máxima de tres kilómetros, todavía es capaz de condensar los restos del vapor de agua que atraviesa el Kunlun oriental hasta las afueras del sur del Gobi. Además, existen años exitosos en los que, gracias al riego natural suficiente, los mongoles de Alash recolectan muy buena cosecha y el desierto adyacente a las montañas es rico en pastos.

Mientras tanto, el vivaque principal de la expedición en Dingyuanying se animó de nuevo. Llegó mi plana mayor: el capitán Napalkov y el geólogo Chernov, que habían terminado sin contratiempos sus investigaciones en la zona donde la cordillera de Alashán se encontraba con el valle del río Amarillo. Habiendo iniciado juntos la excursión, al cabo de diez días decidieron separarse y formar dos grupos de viaje completamente independientes. El minucioso y exhaustivo trabajo del geólogo requería una estancia bastante larga en cada uno de los rincones de viaje, mientras que el cartógrafo, al estar a cargo de una parte más general de la investigación científica, podía moverse mucho más rápido, cubriendo una zona más extensa que su compañero. Como resultado, el capitán Napalkov recorrió la orilla derecha del río Amarillo, no lejos del lago Bo Mu, en Ordos, que aparece marcado en los mapas más recientes, y mediante indagaciones averiguó que tal lago no existe hoy en día; existió hace seis generaciones y su circunferencia era igual a la distancia que se podía recorrer a caballo en un día.

Actualmente, en el lugar del antiguo Bo Mu hay una cuenca pantanosa con una espesura de prados, conocida entre los habitantes locales como Syrtyn Koko Nor. Napalkov regresaría a Dingyuanying a través del paso Tumur Ula —el más cómodo de la cordillera de Alashán—, adonde, cuatro días después, llegó Chernov.

MONASTERIO DE TSUNG KHIT

PROCESIÓN DE FIELES DURANTE UNA CEREMONIA FESTIVA

IMAGEN DE GARUDA, OBRA DE MANUFACTURA TIBETANA

La ruta del geólogo de la expedición se dirigió, naturalmente, hacia las montañas y penetró, inclusive, en los macizos más allá de Ningxia. En esa comarca divisó las montañas de Ordos: Kaptageri y Arbiso (Arbus Ula), que no habían sido exploradas hasta entonces. Luego se dirigió a través de la misma cordillera de Alashán por el paso más corto de Shara Khotul* (unos 2.540 metros de altitud) hasta el vivaque principal.

CAJITA *GAU* DE COBRE

Los últimos días de junio transcurrieron rápidamente debido al trabajo de redacción de informes, cartas y embalaje de las colecciones recogidas, de las que un departamento geológico ocupó dieciocho cajas de dieciséis kilogramos cada una†. Todo el mundo estaba muy animado. Después de terminar el estudio de Alash y Ordos, y conocer lo más ampliamente posible el carácter general de la vecina cordillera de Alashán, soñábamos con seguir trabajando en Nanshan y Kokonor (provincia de Qinghai).

Poco antes de la partida de la expedición de Dingyuanying, Tsokto Badmazhapov nos ofreció una cena de despedida, a la que asistieron también Tsing Wang y los jóvenes príncipes, a quienes se permitió como excepción sentarse en la mesa común con su padre. La comida duró más de cuatro horas y fue un éxito glorioso. El hospitalario anfitrión ofreció a los invitados todo tipo de

CAJITA *GAU* DE ORO

delicias del arte culinario chino y vinos europeos. El champán de la mejor marca se llevó el primer puesto. Cuando oscureció, todos salimos a dar un paseo. Desde una altura vecina se lanzaron fuegos artificiales. El broche final fue producido por un par de potentes cohetes, que se elevaron a una altura terrible y rompieron el silencio con un poderoso estruendo y esparcieron gavillas de lluvia de fuego.

* Al cotejar las rutas, se comprobó que mi equipo había tomado el mismo camino.
† Para aligerar la caravana de la expedición, una parte voluminosa de las colecciones, en número de varios fardos, fue enviada de regreso a Urga.

Al final de una velada maravillosa, compartí con Tsing Wang el telescopio astronómico, a través del cual el príncipe mongol admiró durante largo rato la luna y las estrellas.

Entre los preparativos para el viaje, escogí un momento libre y me dirigí al príncipe mongol para una visita de despedida. Tsing Wang me recibió amistosa y calurosamente con sus hijos, Arya y U-ye, como siempre. Entre otras cosas, me preguntó sobre los planes ulteriores de la expedición y sobre el momento de nuestro reencuentro, en su residencia, donde el almacén y la estación meteorológica de la expedición permanecían bajo el patrocinio del propio príncipe de Alasha.

Despidiéndonos amistosamente, intercambiamos tarjetas fotográficas. Al día siguiente, el líder de Alasha me envió como regalo un hermoso corcel gris bajo una rica silla de montar mongola; pero desgraciadamente tuve que rechazar este regalo, encontrando el mimado caballo poco adecuado para el dificilísimo camino que me esperaba. Los jóvenes príncipes me obsequiaron a su vez con una histórica copa china encontrada durante unas excavaciones en China, accesorios modernos de un escritorio chino y un álbum de fotografías de Dingyuanying.

Se acercaba el momento de partir, y para aumentar las posibilidades de éxito de la expedición nos dividimos en tres grupos. El primero en partir de Dingyuanying fue el topógrafo Napalkov, acompañado por el granadero Sanakoev y el cosaco Madayev. El objetivo de este destacamento consistía en el estudio del valle del río Tiaotsui (Qingshui) hasta la ciudad de Gu Yuan Zhou (Guyuan) y el camino posterior hasta Xining, a través de Lanchou Fu (Lanzhou). En Xining mi colaborador tuvo que reanudar el regreso de la expedición desde Kokonor. Además del trabajo cartográfico principal, a Napalkov se le encomendó tomar notas de carácter etnográfico y recoger insectos.

Tres días después, es decir, el 2 de julio, despedimos a Chernov, a quien acompañaban el cazador Arya Madayev y el granadero Demidenko. Tal como estaba previsto en San Petersburgo, la excursión geológica debía trazar un nuevo camino a través del desierto hasta Sogo-Khoto (Zhenfan) y cruzar Nanshan por la diagonal Liangzhou-Kokonor. Se suponía que nos encontraríamos en Kokonor.

Abad del monasterio de Tsung Khit

Procesión festiva con reliquias sagradas

Ahora me tocaba a mí, o a la caravana principal, que tenía que adentrarse de nuevo, en primer lugar, en el salvaje desierto arenoso, bordeando las estribaciones del Nanshan oriental y su franja habitada por la población agrícola china procedente del norte. A lo largo de todo, o casi todo el desierto, la caravana tuvo que seguir la dirección suroeste, ciñéndose a mi antigua ruta Mongolia-Kham hacia la estepa de Chagrín. Desde aquí, a través de la ciudad de Pingfan, atravesando el Nanshan hasta el valle del río Xining He (Huangshui); luego remontando este último hasta la ciudad de Xining y después por el paso de Shara Khotul hasta la cuenca de Kokonor.

IMAGEN DE MAITREYA EN SEDA BORDADA EN ORO

Príncipe mongol Arya, hijo de Tsing Wang

POSIBLEMENTE EL BODHISATTVA VAJRAPANI, FIGURA RARA

# SEGUNDA PARTE
## KOKONOR Y AMDO
### 1908-1909

# CAPÍTULO IX

# A través del Nanshan oriental, provincia de Gansu (I)

Y A unos días antes de abandonar Dingyuanying, había soñado con Kokonor, el Nanshan oriental y el río Tetung (Datong). Kokonor me atraía por su «corazón», el sistema de Nanshan por la riqueza de su flora y fauna, y el formidable Tetung por las enormes rocas y su poderosa corriente turbulenta. Desde mi primer viaje, Tetung me agradó con su belleza salvaje, despertó mi pasión consciente por viajar y me acercó para siempre a Przewalski. Mi recuerdo de Tetung mantiene viva la memoria de Przewalski.

En cuanto despedimos a nuestros camaradas Chernov y Napalkov, nos dieron camellos frescos y alimentados, de los cuales treinta fueron asignados para llevar la caravana principal a Kokonor y de vuelta a Xining. El camellero responsable era el mismo mongol gallardo de Alashán que había conducido con éxito el transporte de la expedición de Urga a Dingyuanying al principio del viaje. El propietario de estos camellos era el primer hombre rico del principado de Alasha: Lama Ishi. Sus pastos se encontraban en los alrededores del monasterio de Shartsang Sume, es decir, 230 kilómetros al noroeste de Dingyuanying. Ishi vino a escoltarnos hacia el sur y a familiarizarse con nosotros.

La alta estatura de Lama Ishi, su complexión atlética y la riqueza de sus ropas causaban una impresión adecuada a quienes lo conocían.

A mí personalmente me gustaba mucho Lama Ishi por sus modales y, sobre todo, por su tranquilidad, optimismo y estricto cumplimiento de su palabra. Al despedirnos, el cacique local, uno de los favoritos del príncipe de Alasha, me arrancó la promesa de parar un día o dos en sus posesiones a la vuelta. «Espero», dijo Lama Ishi, «que mis camellos te lleven ida y vuelta hasta la mismísima frontera». Para nuestro común pesar, la lluvia no cesó de caer durante tres días y nos retrasó hasta el 6 de julio. A lo lejos se oían truenos de vez en cuando; el aire se llenaba de humedad y la temperatura descendía hasta los 15 °C. Nubes espesas y grises, a veces de color plomizo, envolvieron las montañas y en parte incluso la llanura adyacente. El 5 de julio, hacia las dos de la tarde, los arroyos que corrían humildemente por anchos lechos pedregosos se convirtieron en formidables torrentes, agitando altas olas amarillas y fangosas. Los puentes no pudieron resistir a los elementos y se derrumbaron en el agua, donde de vez en cuando las partes arrasadas de las escarpadas orillas se desplomaban con espantoso estruendo. En su carrera destructiva, el agua no perdonó nada a su paso y se llevó no pocos animales pequeños que accidentalmente se convirtieron en sus víctimas. Multitudes de chinos y mongoles se congregaron cerca del grandioso espectáculo y contemplaron la tormenta durante horas. Bajo la influencia de las lluvias ininterrumpidas y la humedad, Dingyuanying tomó el aspecto más miserable y desolador: las calles estaban cubiertas de un barro insoportable, las cercas de arcilla e incluso las paredes de las viviendas se desmoronaban, revelando así el lado íntimo de la vida de los nativos.

LAMA ISHI

Finalmente, el domingo 6 de julio, agrupamos la caravana y, tras abandonar la ciudad con su ruido y bullicio, nos sumergimos de inmediato en el profundo silencio del desierto. El primer viaje corto hacia el manantial de Baishinte* la expedición fue escoltada por los solitarios rusos de Mongolia del sur: Tsokto Badmazhapov y su ayudante Simukhin, quienes nos despidieron durante mucho tiempo y nos desearon prosperidad y éxito en el camino.

El agradable manantial estaba bordeado de verdor esmeralda, compuesto por las siguientes especies: *Melilotus suaveolens, Convolvulus sagittatus, Statice aurea, Peganum harmala, Inula britannica, Lagochilus diacanthopyllus, Sorbaria sorbifolia, Chenopodium, Astragalus* y *Rheum*.

El aire, limpio por la lluvia reciente, se volvió inusualmente transparente y nos dio la oportunidad de admirar, por un lado, el verde brillante de las montañas de Alashán y, por otro, de observar la llanura arenosa que se extendía ampliamente hacia el oeste y desaparecía tras el horizonte. La ruta de la expedición cruzaba la llanura desierta en dirección suroeste, franqueando los cabos orientales de las arenas que se extendían hasta las alturas onduladas de la orilla izquierda del río Amarillo.

Siguiendo al principio las colinas marginales de las estribaciones de la vecina Dingyuanying, parte de la cordillera de Alashán, pronto abandonamos el camino de carretas y nos incorporamos a la ruta de las caravanas hacia Xining, donde, pasando a lo largo del lecho del río Ikhe Gol[†], observamos con interés los pedregales y desprendimientos de rocas; huellas del reciente paso de aguas altas. Nuestra caravana estaba formada exclusivamente por camellos[‡] (excepto cuatro caballos de montar, en los que iban los miembros de la expedición y los cazadores), que caminaban con bastante éxito sobre la superficie arenosa calentada por el calor del día, que se había vuelto verde durante las últimas inclemencias del tiempo. Jerbos, lagartijas y escarabajos aparecían por todos sitios en el camino; las moscas llenaban el aire con su zumbido habitual y algunas mariposas revoloteaban a nuestro alrededor. Había gran pobreza entre la fauna avícola; se veían negrones solitarios, cigüeñuelas y ánades

---

*    Tengo un doloroso recuerdo asociado con este sitio sobre la muerte del mejor perro de expedición que jamás me haya acompañado, Garza, quien murió aquí mientras regresaba de Kham en mi anterior expedición.

†    Sobre el cual, como se mencionó anteriormente, se encuentra el monasterio de Barun Khit.

‡    Veinte caballos de carga y diez caballos de tiro, en los que cabalgaban mis compañeros más jóvenes.

reales en charcos poco profundos de agua de lluvia; andarríos bastardos (*Tringa glareola*) y chorlitejos patinegros (*Charadrius alexandrinus*) merodeaban por la arena de la orilla. La cogujada montesina y la alondra cornuda (*Galerida et Otocorys*) se veían allí donde había algo de verde, y un día observamos grullas damiselas (*Anthropoides virgo*) alimentándose de lagartijas. Entre los depredadores sólo pudimos ver un águila inmóvil en la orilla elevada sobre una estrecha franja de agua, y un halcón de alas rápidas volando tras una perdiz chukar de alas igualmente rápidas.

Más que de aves, el desierto era pobre en mamíferos, que se dejaban ver en forma de fantasmas o siluetas de gacelas persas (*Gazella subgutturosa*), y aparecían en las cimas de las crestas montañosas o en las tierras altas arenosas. En algunos lugares, la monotonía general se rompía con la presencia de viviendas humanas: en el este, más cerca de las montañas, había raras *fanzas* chinas, y en el oeste se veían yurtas de fieltro de mongoles; en los alrededores pastaban siempre míseros rebaños de ovejas, camellos y a veces manadas de vacas con cuernos.

Moverse por el desierto en verano era una tarea lánguida, difícil y monótona.

Uno podía avanzar de noche de manera satisfactoria, pero tan pronto como aparecían los rayos del sol, entonces comenzaba el verdadero calor, que embotaba toda la energía.

Incluso a los famosos «barcos del desierto», los camellos, les costaba viajar con este calor. Era entonces cuando uno miraba con mayor frecuencia el reloj, escudriñando intensamente el horizonte a lo lejos, buscando una pequeña mancha verde donde resguardar la caravana cerca de algún pozo. Las distancias en el desierto eran muy engañosas. Desde nuestra parada en el tramo de Baishinte, distinguíamos claramente los contornos generales del *obo* «Bomboto» junto a la carretera, y la colina Shangin Dalai parecía no estar lejos. Sin embargo, las colinas eran reemplazadas por más colinas, se abrían nuevas extensiones de terreno desértico, salpicadas de afloramientos de conglomerados y arenisca marrón, y nuestro objetivo no parecía estar cerca. Sólo después de pasar la noche en el tramo de Tarbagai* y hacer otra difícil travesía de cuarenta y

---

* Las siguientes formas de vegetación fueron observadas en el tramo de Tarbagai: *Oxytropis aciphylla, Lemurus lanatus, Cynancbum sibiricum. Euphorbia humifusa, Iris Bungei, Sophora alopecuroides, Thermopsis lanceolata, Plantago mongolica, Tribuius terrestris, Girsium, Astragalus* y *Chenopodium.*

dos kilómetros, llegamos por fin a la colina de Shangin Dalai, donde había un buen pozo.

En los alrededores del pozo, aquí y allá, pudimos ver: *Phragmites communis, Caragana korshinskii, Stellaria gypsophiloides, Myricaria germanica* y algunas plantas más.

En la primera mitad del camino sobre la arena nos acompañó el sol bochornoso, dejando que nuestros cuellos sintieran todo el «encanto» del desierto. La arena se calentaba hasta 70 °C y nos quemaba los pies a través de las finas suelas de las botas; los pobres perros sufrían más que nosotros, a pesar del gran cuidado y previsión del sargento mayor Ivanov, que cada media hora desataba una cantimplora de su mochila y vertía cuidadosamente agua para «Señal»*. Los perros lo conocían muy bien y a cierta hora corrían hacia el pelotón delantero sin que nadie los llamara, acosando con sus miradas a Ivanov. Mientras tanto, las dunas de arena se amontonaban unas sobre otras y se hacían cada vez más altas. Los camellos tiraban de las cargas, respirando agitadamente; una hilera de estos gigantes subía hasta la cima de la duna y luego bajaba hasta su base. El ancho pie de un camello es capaz de pisar suavemente sobre la superficie arenosa; su peculiar crujido es apenas audible y queda ahogado por la respiración rápida y pesada de los animales.

Tras coronar una duna alta, se veía el mismo panorama de siempre: arena, arena y más arena. A estas alturas hacía tiempo que tenía la boca seca: la sequedad del aire del desierto era extrema.

El 9 de julio, en una mañana sombría y lánguida, salimos especialmente temprano. El planeta Venus se veía alto en el firmamento, miles de insectos y murciélagos se arremolinaban en el aire cálido. Teníamos que cruzar las montañas Derastenhotul, que probablemente formaban parte del macizo de Luozishan, que significa «montaña de las mulas» en chino. El ascenso hasta el paso se prolongó durante diez kilómetros. Desde la cima, en dirección suroeste, contemplamos un valle entre un velo polvoriento. A lo lejos se veían los edificios blancos del monasterio de Tsokto Kure; las arenas en suspensión lo rodeaban por todas partes, y sólo gracias al tiempo lluvioso había franjas relucientes de agua pantanosa bordeadas de verde vegetación desértica semiarbustiva al oeste y al sur.

---

* «Señal» era el nombre de nuestro perro.

La caravana se detuvo en el pozo de Bain Khuduk antes de llegar al monasterio, donde varios burros permanecían junto a un pozo vacío, alicaídos, esperando en vano saciar su sed. Los mongoles y sus rebaños vagaban por los alrededores, y la proximidad de esta población se reflejaba en un fenómeno muy triste: los mongoles no sabían mantener limpia la única fuente de vida: Bain Khuduk, que emitía un olor extremadamente desagradable debido a la abundante presencia de excrementos de animales domésticos.

En el pozo de Bain Khuduk sólo encontramos *Plantago mongolica* y *Reaumuria trigyna*.

Al anochecer, los juguetones jerbos (*Dipus*) saltaban en las proximidades del pozo, perseguidos por los rebaños de ovejas que regresaban de pastar. Las arenas se hacían cada vez más impresionantes. Ahora las crestas meridionales de dunas llenaban todo el horizonte meridional visible. Los camellos marchaban lentamente sobre la tierra suelta, mientras continuaban el camino ascendente; en algunos lugares el sendero cruzaba espacios de superficie terrosa y dura, donde aparecían afloramientos de conglomerado ligero y el movimiento era algo más fácil. Sólo en contadas ocasiones la arena suelta de color amarillo brillante se separaba, dando paso a depresiones poco profundas con penosos charcos de agua salada y amarga, bordeados de arbustos de *Nitraria sibirica* y algo de vegetación herbácea.

En uno de estos valles, llamado Shirigin Dolon*, la expedición descansó durante veinticuatro horas; languideciendo de calor y sed, devoramos con avidez bayas maduras de *kharmyk* (*Nitraria sibirica*) y nos bañamos repetidamente en uno de los pequeños lagos en una vana búsqueda de frescor. Junto con los lagos, apareció vida vegetal y animal: además de *Nitraria schoberi*, aquí crecían *Scorzonera divaricata*, *Astragalus melilotoides*, *Echinops gmelini*, *Myricaria platyphylla*, *Lactuca* y *Sisymbrium*. En cuanto a la vida animal, en particular las aves, negrones y tarros nadaban libremente por la superficie del agua. Por los bajíos deambulaban andarríos, correlimos acuminados, archibebes y una solitaria bisbita; un aguilucho lagunero (*Circus spilonotus*) anidaba en los juncos vecinos, y un ratonero calzado (*Buteo lagopatus*) revoloteaba no muy lejos. En los lagos pantano-

---

* Traducido como los «siete lagos hervidos».

sos se veían renacuajos y ranas (*Rana chensinensis* o rana asiática), que fueron incluidas en nuestra colección.

La expedición tuvo la «suerte» de cruzar la segunda parte del desierto, las arenas de Tengeri*, con un poco de mal tiempo: una sombría nube amenazadora que provenía del norte, nos dejó lluvia y un aire agradablemente refrescante.

ARYABALO DE CUATRO BRAZOS

A medida que avanzábamos hacia el suroeste, las tierras altas transversales aumentaban de tamaño, y en el extremo sureste se levantaban imponentes cadenas enteras de montañas, a una de las cuales llamamos montaña Khon. En su cima había piedras apiladas y banderas de oración pintadas de diversos colores, provistas con la ubicua fórmula budista de oración: *om mani padme hum*. Entre los barrancos había senderos nómadas apenas visibles y caminos menos frecuentes; según los guías, uno de estos caminos llevaba desde la pequeña ciudad china de Derasun-Khoto, en el este, hasta la cuenca salina de Tsagan-Dabasu, en el oeste.

A lo largo de los caminos se veían a menudo cadáveres de animales domésticos como camellos, caballos y ovejas, muertos debido a las fuertes lluvias. Según mis numerosas observaciones, los mongoles, al igual que su ganado, eran capaces de soportar el calor más abrasador, pero ambos podían enfermar fácilmente de frío y humedad. A pesar de la falta de humedad y la infertilidad de las arenas de Tengeri, los nómadas, casi en todas partes, al menos en nuestro camino, mantenían caballos junto con camellos. Este hecho confirmaba plenamente mi convicción, derivada de

---

* En su camino de Dingyuanying a Pinfan, la expedición atravesó los alrededores de las arenas de Sirhe y Tengeri, y es interesante observar que los guías llevados desde la aldea de Bai Tung Tzu (Baidunzi) no estaban familiarizados con estos nombres.

mi último viaje, de que no existían grandes espacios sin agua en el desierto de Mongolia.

El límite meridional de las continuas arenas arrastradas por el viento se aproximaba: en efecto, quedaba el último brazo más bien sólido del desierto de Tengeri, y estábamos fuera de peligro; además, la lluvia, que caía casi a diario, mantenía nuestras fuerzas. Tras pasar la noche a treinta kilómetros al suroeste de Shirigin Dolon al aire libre, entre colinas arenosas y arcillosas cubiertas de *kharmyk*, la expedición llegó al pozo Ikhetungun Khuduk, donde era necesario aprovisionarse de agua para la próxima travesía. Aquí, entre otras cosas, capturamos una serpiente esteparia (*Elaphe dione*), caracterizada por un temperamento feroz; esta *honin mogoi* o «serpiente carnero», como la llamaban los mongoles, suele morder a los animales, especialmente a los carneros, tras lo cual las heridas de la mordedura quedan doloridas e hinchadas durante una semana y media o dos semanas. No muy lejos del pozo, a lo largo de unas tierras altas arenosas en fuerte pendiente, había un excelente valle de praderas con rebaños de ganado mongol, pastando entre el verdor esmeralda.

Aquí se recolectaron las siguientes especies vegetales: *Piptanthus mongolicus, Tournefortia sibirica, Stipa splendens, CynogJossum divaricatum, Eurotia ceratoides, Zygophyllum eurypterum, Glycyrrhiza uralensis* y *Prunus mongolica*.

Al atardecer, justo antes de la puesta de sol, la luz del día emergió de detrás de las nubes e iluminó espectacularmente las laderas y crestas de las dunas, a lo largo de las cuales la caravana de la expedición caminaba en larga fila. Desde cualquier punto elevado no se podía ver nada más que el amarillo del desierto y el claro cielo azul[*]. El crepúsculo ya había caído sobre la tierra, y un débil destello del amanecer apenas cortaba la oscuridad cuando salimos de las arenas y acampamos en el primer terreno liso del tramo de Ulan Sai. El terreno cambió bruscamente de relieve. Delante de nosotros aparecían las cadenas de los cerros de Ikhe Ulyn, al oeste se elevaban las cordilleras de Argalinte, y al este y sureste se agolpaban las tierras altas que nos separaban del valle del río Amarillo. La caravana se adentró en un ancho canal que serpenteaba por la

---

[*] Sólo aquí y allá se alzaban varios tallos de juncos de color verde verdoso, que ofrecían un contraste marcado con el fondo general del desierto.

llanura arenosa y arcillosa de Dolonegol, que presentaba huellas de crecidas recientes.

EL TERCER DALÁI LAMA, SONAM GYATSO

*Anabasis aphylla, Reaumuria mongolica, Scutellaria scordifolia, Caragana* y *Astragalus* se hallaron inmediatamente a lo largo de las orillas del canal; un poco más abajo aparecieron *Stipa splendens, Ancathia igniaria, Lepidium micranthum, Echinops Turczaninovii* y *Carex.*

Toda la siguiente travesía hasta el intervalo de Tsakha Dolon, y más adelante, nos orientamos gracias al pico en forma de loma Dolone Obo, bañado por el cauce del río del mismo nombre, Dolone Gol. El agradable tiempo nublado fue sustituido de nuevo por un calor persistente, y mirábamos con especial tensión las agradables siluetas de la cadena de Machanshan, que cubría el cinturón inferior de las montañas aún más macizas Louhushan (Laohu Shan). Antes de llegar a la gran carretera de Ningxia, exploramos a fondo un antiguo *suburgan*, de unos tres metros de altura, de tipo mongol, erigido en honor del santo budista Banchen

Bogdo, o incluso, como me informaron los mongoles, del dalái lama*, que, según la leyenda, había sentado las bases de este camino. Se dice que, en memoria del gran peregrino, las arenas más cercanas a su tumba recibieron el apropiado nombre de «Tengeri», es decir, «Celestial». No lejos de la aldea de Yingpan Shui, al noreste de nuestra carretera, había signos de cultura china; aprovechando el tiempo lluvioso, laboriosos agricultores intentaban arar y sembrar las zonas del desierto adyacentes a las montañas, que nunca antes habían visto un arado.

Cerca de la frontera informal también había una frontera convencional entre Mongolia y China, marcada por dos monumentos de piedra. El 14 de julio la expedición cruzó esta frontera y se instaló cerca de las ruinas de la aldea de Tianloba (Tianlaoba) para pasar la noche. Con la puesta de sol, el aire se hizo notablemente más fresco, sopló el viento del noroeste y en una de sus tempestuosas ráfagas desgarró nuestra tienda de campaña. Nos azotaba una lluvia fría y penetrante, y no había dónde refugiarse; debido al fuerte viento era imposible montar la tienda; nos envolvimos en lonas e intentamos dormir, pero fue en vano: el chorro de lluvia que penetraba hasta el mismo cuerpo no nos permitía ignorar el mal tiempo.

La aldea de Tianloba[†] se encuentra en el extremo nororiental de la llanura arenoso-salina, que tiene en su borde occidental una cuenca salina: el lago Yanche. El clima seco y cálido y la vegetación característica del desierto ofrecen excelentes condiciones de vida a los camellos, y los chinos de los pueblos de los alrededores, como Bai Tung Tzu, se dedican especialmente a la cría de camellos.

Después de un fuerte aguacero durante la noche, la atmósfera se despejó al mediodía, y a lo lejos, a cuarenta kilómetros de distancia, al pie de las montañas Machanshan, se podía ver la silueta de los altos álamos y los edificios de la pequeña ciudad fronteriza de Sa Yan Tsin (Sanyanjing). Antaño había sido una aduana que cobraba derechos a las mercancías que viajaban desde Alash y Lanchou Fu.

---

[*] Probablemente el tercer dalái lama sea Sonam Gyatso (1543-1588), que murió en Mongolia y fue reconocido como «un gran lama, un Buda viviente» (P. Kozlov, *Tíbet y el dalái lama*, pág. 56).

[†] Recolectamos solo dos especies de plantas de este asentamiento: *Echinops turczaninoviii* y *Lnula ammophila*.

Ahora Sa Yan Tsin parecía estar muerta, su población era extremadamente pobre y ni siquiera había pan; sólo pudimos comprar en todo el distrito un manojo de cebollas. Un chino, que vivía en la ciudad con un destacamento de soldados, recibió muy amablemente a mi mensajero y dio vía libre a la expedición. Esta vez, gracias a la oscuridad, evitamos la curiosa muchedumbre que suele seguir a las caravanas rusas o extranjeras en las ciudades chinas.

Desde Sa Yan Tsin, a lo largo de todo nuestro recorrido, caminaba la población agrícola, hasta la pequeña ciudad de Shara-Khoto, lindante con el paso del mismo nombre, donde comienza la cuenca de Kokonor[*], la tierra de nómadas.

SEÑAL FRONTERIZA ENTRE ALASHA Y CHINA, ESCULPIDA EN PIEDRA

Las montañas Machanshan presentaban un panorama poco gratificante. Cubierta de una gruesa capa de loess[†], esta cresta sólo tenía escasa vegetación[‡] y parecía desierta; la falta de humedad se dejaba sentir por todas partes. Tras subir lentamente por el empinado, y en algunos lugares, estrecho desfiladero, y haber pasado por zonas de lecho de roca o arcilla arenosa, cruzamos los restos apenas visibles de una construcción histórica: la Gran Muralla China. Finalmente, nos detuvimos a pasar la noche junto al río Dasha, cerca del pueblo de Wang Tzu Tsin.

Tanto cerca del pueblo como a lo largo del río había álamos de Przewalski (*Populus Przewalskii*) y sauces (*Salix*). En lo relativo a las especies herbáceas, yerba de sacre (*Sonchus arvensis*), artemisias (*Artemisia Sieversiana*), centinodias (*Polygonum aviculare*), mastuerzos silvestres (*Lepidium latifolium*), abeleños o arándanos negros (*Hyoscyamus niger*), cincoenramas (*Potentilla anserina*), malvas (*Malva borealis*), clemátidas (*Clematis*

[*] La población agrícola se concentra en la cuenca del río Amarillo.

[†] Aquí y allá debajo del loess se encontraron todo tipo de areniscas granulares.

[‡] En la cadena montañosa de Machanshan, solo encontramos plantas pertenecientes a las especies *Giematis nainnophylla*, *Peganum harmala* y *Artimisia*.

*orientalis*), llantenes (*Plantago major*), *Licium chinense, Acroptilon picris, Oxygraphis cymbalariae, Anchusa* y *Salsola*.

Al alcanzar las montañas tuvimos la oportunidad de aprovechar las hermosas aguas frías de arroyos y ríos, que nos hizo olvidarnos del desierto y sus escasos manantiales amargamente salados. A pocos kilómetros del desierto, que se extendía hacia el oeste, había campos cultivados, verdes prados y *fanzas* chinas bastante dispersas.

Civilización y desierto, vida y muerte, convivían estrechamente y asombraban al viajero.

Desde las avanzadas colinas meridionales de Machanshan se abría un horizonte bastante lejano: ante nosotros se extendía el amplio valle de Guodia Wopu Tan, bloqueado al sur por el poderoso Louhushan, al oeste por el segundo vástago firme de las montañas vecinas (Machanshan y Louhushan), y al este por las alturas de la orilla izquierda del río Amarillo*.

Los pequeños centros culturales de Kuangou Chen (Kuangoucun) y Yuntai Chen (Yongtai), así como las pequeñas aldeas de las desembocaduras de las gargantas de Louhushan, también eran claramente visibles, a pesar de la considerable distancia. En todo el valle había antiguas viviendas construidas en loess, campos abandonados y otros vestigios de cultura, que atestiguaban la presencia de una numerosa población en los alrededores, dedicada casi exclusivamente a la agricultura. La zona parecía ahora desolada; los pocos habitantes pobres, sucios y harapientos, daban una impresión muy desfavorable y se caracterizaban, según los mongoles, por tendencias criminales de robo.

La intensa vida en Guodia Wopu Tan empezó a menguar hace mucho tiempo; la pacífica prosperidad del valle se vio gravemente dañada por la rebelión de los dunganos, que devastó a los agricultores chinos, y la constante sequía y la falta de agua de épocas posteriores acabaron por paralizar la energía de los habitantes supervivientes. Para conservar la preciada humedad, los nativos recurrían a un método bastante original: el campo arado y sembrado se cubría con pequeñas piedras, del tamaño de un puño pequeño, extraídas en los bordes de los campos, donde se formaban hoyos profundos y pasadizos subterráneos enteros. Así colocadas, estas piedras no permiten que el agua de lluvia se evapore

---

\* Incluido el monte Lu Fan Si.

rápidamente y mantienen el suelo a una temperatura más fresca. Cuando se cosecha el grano, la piedra permanece en el campo utilizado y sirve como una especie de depósito de humedad, refrescando ligeramente las parcelas vecinas.

La expedición viajó en diagonal de noroeste a sureste, ascendiendo gradualmente desde los 1.672 metros de altitud. De las plantas del camino, así como de los campos, recogimos llantén (*Plantago depressa*), lechuga (*Lactuca versicolor*), pie de gato (*Antennaria steetziana*), alfalfa (*Medicago ruthenica*), adonis (*Adonis appenina*), *Peganum harmala*, *Phlomis mongolica*, *Cymbaria mongolica*, cebolla (*Allium tenue*), *Arabis piasezkii*, *Potentilla bifurca*, *Taraxacum*, *Astragalus*, *Oxytropis*, *Pedicularis*, *Saussurea* y *Hedysarum*.

A los lados de la extensa caravana surgían topos que desaparecían rápidamente en sus madrigueras; pequeños flebótomos hacían notar su presencia con su característico chirrido. Los antílopes pequeños (*Gazella subgutturosa* y *Procapra przewalskii*) aparecían a menudo en la sombra de la montaña, jugando y retozando por la mañana y descansando durante las horas más calurosas del día.

En una de las aldeas vecinas, los chinos nos mostraron una pareja de gacelas de Przewalski (*Procapra przewalskii*) bastante mansas, que habían acogido al nacer y alimentado con leche de vaca. Los gráciles animales se mantenían sin miedo en las cercanías de las *fanzas* y se dejaban admirar; los mismos amables chinos dijeron que, en estado salvaje, la gacela de Przewalski está muy alerta en las primeras horas de la mañana, pero por la tarde es más fácil acercarse a ella. Además de antílopes y pequeños roedores, el valle estaba animado por algunas aves: un pequeño carbonero terrestre (*Pseudopodoces humitis*), chovas piquirrojas, que resonaban constantemente con una melodiosa voz, un busardo calzado y la orgullosa y apuesta águila real. Cerca de los campos conseguimos añadir a nuestra colección entomológica un número considerable de interesantes formas de moscas y escarabajos.

El 17 de julio la expedición llegó al pie septentrional de Louhushan, dejando la ciudad de Kuangou Chen un poco al sudeste.

Esta cordillera se extiende desde el noroeste hasta el sudeste, y tiene la forma de una cresta bastante plana, que se empina fuertemente hacia el norte, corta por una larga distancia con sus estribaciones el valle de

Guodia Wopu Tan, y desciende suavemente hacia el sur, perdiéndose rápidamente en la altiplanicie de Sun Chan Chen (Songshanzhen).

En su parte más alta, Louhushan se aproxima, en mi opinión, a la altura de la cresta de las montañas Sumbur Alashán. Excepto en las proximidades de los collados o pasos* la ladera norte de la cresta descrita está cubierta de bosque de abetos con mezcla de sauces, madreselvas, filipéndulas, frambuesa y grosellas. Los arbustos son aquí todavía muy escasos; por encima de la zona forestal los prados alpinos son verdes.

En las montañas de Louhushan nuestro herbario se enriqueció con las siguientes formas de vegetación: clemátides (*Clematis orientalis*), gramíneas (*Stipa inebrians, S. splendens, S. Bungeana*), lentejas (*Lens exulenta*), *Ceratostigma plumbaginoides, Disophylla janthina*, triguerillas (*Melica scabrosa*), *Agropyrum cristatum, Bupleurum scorzonerifolium, Adenophora potanini*, senecios (*Senecio vulgaris*), *sedum hybridum*, campanillas (*Convolvulus ammani*), *Dracocephalum heterophyllum*, gencianas (*Gentiana anaticola*), estelarias (*Stellaria gypsophiloides*), euforbios (*Euphorbia esula*), asteres (*Aster altaicus*), *Gypsophila acutifolia, Caryopteris mongolica, Hedysarum polymorphum, Oxytropis, Seseli, Poa, Salsola, Salsolaceae* y *Anthriscus*.

En invierno, la cumbre está cubierta de nieve profunda, cuyos restos aún son blancos en los picos occidentales. Según los cazadores, en Louhushan viven ciervos almizcleros, cabras, lobos y zorros, pero no tuvimos la suerte de ver ninguno de estos animales salvajes; sólo nos entretuvieron las marmotas de Sichuan (*Marmota himalayana*), que jugaban de manera graciosa entre ellas y no pocas veces eran presa de un águila real, que volaba incansable en torno a sus prados.

La carretera del Gran Golundun era bastante animada; a lo largo del desfiladero de la ladera norte se agrupaban aldeas chinas: Gangukou (Gangoucun), Shiwatsa (Shiwozi), Wutang Shan (Yutang) y Golundun (Gaolingdun), cada una de las cuales tenía como máximo apenas ocho o diez casas. Los chinos se dedicaban a la agricultura y en parte a la ganadería, criando sobre todo ovejas. Para proteger cuidadosamente a sus animales de los ladrones, encerraban a sus rebaños en fortificaciones especiales. Cerca de Golundun, en el cinturón superior de la montaña, observamos capillas chinas muy hermosas, pintorescamente dispuestas una sobre otra.

---

* Aprendimos los nombres de los pasos Guo Liung Dun o Gankou Xian.

Desde la cima de Louhushan contemplamos con satisfacción por última vez el desierto de Alasha, envuelto en la habitual neblina gris amarillenta de polvo. A lo lejos, en la atmósfera transparente, podíamos ver el majestuoso Nanshan y sus enormes espolones más cercanos a nosotros. La especial grandeza y complejidad de las cadenas montañosas de Nanshan asombran al observador en dirección oeste-suroeste, la misma en la que se encuentra el monasterio de Chortentan o Tiantangzi (Tiantangcun), apretado contra las rocas de la orilla izquierda del hermoso Tetung.

CAJITA *GAU* (A ESCALA REDUCIDA)

Tras el desierto, el calor agobiante desapareció; no había polvo. Cada día nos sentíamos con más energía, gozábamos de sueños reparadores y volvía a aparecer el buen apetito.

Una vez alcanzada la meseta montañosa de prados, llamada estepa de Chagryn por Nikolái Przewalski, la expedición se dirigió hacia la ciudad de Sun Chan Chen, a 2.667 metros sobre el nivel del mar. En los lados norte y sur de la ciudad, de tamaño insignificante, pero rodeada por dos hileras de muros de tierra a modo de fortaleza, fluían dos ríos rápidos y cristalinos que regaban los hermosos pastos circundantes. Entre los ricos pastos pacían numerosos rebaños de carneros, vacas y caballos; pertenecientes en su mayoría al *gegen* tangut Nyan Dziku, quien había construido un santuario considerable en la esquina suroeste de la fortaleza.

# CAPÍTULO X

# A través del Nanshan oriental, provincia de Gansu (II)

L A estepa de Chagryn tiene buenos pastos, pero sigue siendo pobre en agua y en años de sequía no es hospitalaria ni para la población asentada ni para los nómadas. El año 1908 fue especialmente rico en precipitaciones abundantes, por lo que el paisaje de la estepa se diversificó con distintas manifestaciones de vida animal y humana.

Desde la cima de cada colina sucesiva* podíamos ver nuevos grupos de aldeas, muchas de ellas destruidas por los dunganos, aunque algunas había sido reparadas y habitadas de nuevo. Rebaños de ovejas y caballadas vagaban por la estepa, y cerca de los animales domésticos a menudo observábamos también a la gacela de Przewalski (*Procapra przewalskii*), que era capaz de distinguirnos y recelar de nosotros, si bien no prestaba atención a la presencia de los nativos. Las ovejas solían ser pastoreadas por los chinos, acompañados de jaurías enteras de perros, y los caballos eran cuidados por tangut ágiles y de aspecto joven, que casi siempre galopaban sobre gallardos jamelgos, orgullosos de su montura y con sus rifles bien guardados a sus espaldas. Estos tangut se acercaban constantemente a la caravana y de buena gana se familiarizaban con nosotros, preguntando curiosamente a los guías sobre el insólito pueblo ruso.

A medida que avanzábamos hacia el suroeste, las enormes estribaciones rocosas de Nanshan se hacían cada vez más nítidas ante nuestros ojos.

---

* La dirección predominante tanto de las cadenas montañosas principales como de las secundarias era de noroeste-sureste.

En este punto la expedición estaba separada del valle de Pingfan sólo por una alta cresta, que alcanzamos tras recorrer dos marchas. Tras pasar la noche en el desfiladero de Feigu, nos internamos en las montañas durante todo un día. El cinturón inferior de la cadena se caracterizaba por grandes acumulaciones de loess, los llamados estratos de loess, y debido a la escasez de riego, en algunos lugares zonas considerables estaban cocidas por los abrasadores rayos del sol. Tanto la flora como la fauna de los alrededores del paso de Feng Fui Ling* (Fenshuiling) tenían características similares a las de Nanshan. Predominaban las siguientes plantas: Cotyledon fimbriatus, la cincoenrama (Potentilla fruticosa et R. daurica), el diente de león (Taraxacum sp.), perlas nacaradas (Anaphalis nubigena), aster (Aster sp.), dos especies de silene (Silene repens et S. aprica), seguidas de prímulas (Androsace septentrionalis), espuelas de caballero (Delphinium mosoynense), Senecio, cardos (Cirsium segetum), colza (Brassica campestris), Pedicularis, acónitos (Aconitum gymnandrum.), astaráceas (Echinops turczaninovi), cebada (Hordeum pratense), marrubios (Marrubium incisum), rudas menores (Thalictrum minus), persicarias (Poligdnum viviparum) y, por último, anémonas (Anemone obtusiloba).

El aspecto del valle de Pingfan, vivificado por el río Chagrin Gol, en su curso inferior llamado Pingfan He (Zhuanglang), sembrado de tierras de cultivo, aldeas y rebaños de ganado dispersos aquí y allá, era muy apacible y atractivo. Al parecer, los chinos se preocupaban de replantar árboles, y poderosos álamos y sauces servían para embellecer el paisaje general.

El río Chagrin Gol, o Pingfan He, nacía de manantiales que brotaban de los picos eternamente nevados de Kulian y Lianzhu, situados al noroeste de nuestra ruta, en el saliente dominante hacia el norte del Nanshan†, que aquí formaba la parte oriental de una enorme e ininterrumpida muralla montañosa que encerraba todo el altiplano tibetano por el lado del Gobi meridional y la cuenca del Tarim. Esta gigantesca ba-

---

* El ascenso a este paso desde el norte es empinado y apenas de trece kilómetros de largo. El descenso hacia el sur es suave y se extiende a lo largo de treinta y cinco kilómetros.

† Los nombres Kulian y Lianzhu son desconocidos para los habitantes locales, y en respuesta a mi pregunta de dónde se origina el río Pingfan, o, lo que es lo mismo, Chagrin Gol, dijeron que de los manantiales de la montaña Mayaxue Shan (Montaña nevada de Maya), situada muy al noroeste.

rricada, perteneciente al sistema Kunlun, tomaba diferentes nombres y tenía distintos caracteres físicos y geográficos. A pesar de que su pliegue topográfico general era el mismo en casi toda su longitud y representa, al igual que algunas otras cordilleras de Asia central, el pleno desarrollo del relieve montañoso hacia el lado de su elevación absoluta, poseía, por el contrario, una extensión incomparablemente menor de las mismas formas montañosas en la vertiente opuesta, en la meseta más alta.

En las proximidades de nuestro cruce del río Chagrin Gol o Pingfan, en las cimas de la orilla derecha, que descendía abruptamente hacia el agua con arcillas rojas, se distinguían pintorescamente los edificios de dos pagodas o templos chinos: Tantanmiao y Lunwangmiao. En este último templo, dedicado al dios del agua, se ofrecían cada año oraciones especialmente fervientes por la llegada de la fuente de la vida: la lluvia.

A lo largo del valle del río se encontraban: *Basilistrum minus* (*Thalictrum minus*), *Anemone rivularis, Galium verum var. leiocarpum, Artemisia scoparia, Euphrasia Kozlovi, Odontites rubra, Myricari germanica* y al-arba (*Eurotia ceratoides*). A lo largo del canal arenoso se hallaban el olmo de Siberia (*Ulmus pumila*), el chopo (*Populus Simonii*), el trébol de olor (*Melilotus suaveolens*) y la mielga negra (*Medicago lupulina*); mientras que en el monte bajo se veían *Thalictrum petaloideum*, siempreviva (*Statice aurea*), *Panzeria lanata, Chamaerrhodos sabulosa, Gypsophila, Potentilla* y *Mentha*.

En las tierras bajas y las aguas poco profundas del valle del río, especialmente donde había guijarros grises, la expedición se encontró con las originales aves zancudas grises: los picoibis (*Ibidorrhynchus struthersi*), junto a los cuales se encontraban garzas grises y chorlitejos (*Charadrius dubius*), y algo más cerca de la ciudad: gorriones, vencejos, cuervos, urracas, milanos y alcotanes (*Hypotriochis subbuteo*)*.

Cruzamos el río sin mucha dificultad y acampamos bajo el muro sur de la propia ciudad.

Se dice que la ciudad de Pingfan (Yongdeng Chengguanzhen) fue fundada hace unos trescientos años, y está rodeada por una sólida muralla de ladrillo, con torres redondeadas en las esquinas y macizas torres de flanqueo rematadas por finos pabellones ornamentados en el centro de

---

* De los insectos hemípteros en las cercanías de Pingfan, también atrapamos el *Trapezonotus* (*Guopherus*) *subtilis*.

cada lado de la fortaleza. La población de la ciudad se compone de la clase mercantil, los agricultores, la administración y una guarnición de infantería, caballería y artillería, nominalmente quinientos hombres; en realidad es la mitad. Las tropas están armadas con fusiles de diversos sistemas, y la artillería cuenta incluso con cinco cañones de bronce, transportados por dos caballos cada uno. Fuera de los barracones, los soldados viven en sus casas y se dedican a sus labores privadas, pero siempre deben estar listos para presentarse a su mando con poca antelación. Los habitantes de Pingfan nos aseguraron que la guarnición estaba muy necesitada de fondos, ya que las autoridades no enviaban ninguna asignación.

El tiempo de la estancia de un día en la ciudad china pasó volando; la mañana se empleó en escribir una carta-informe al profesor Dimitri Anuchin en Moscú, y después del mediodía Chetyrkin y yo fuimos a nadar y en compañía de unos adolescentes chinos* nadamos y nos refrescamos con placer en las aguas límpidas del tranquilo brazo del Chagrin Gol. Los comerciantes, enterados de la rica caravana rusa, inundaron nuestro vivaque durante todo el día, ofreciendo pan, hierbas, leña e incluso *burkhan*. Valoraban mucho las imágenes doradas de divinidades chinas y mongolas, especialmente las estatuillas rojas o de viejos creyentes, supuestamente robadas una vez del monasterio de Barun o Tsung-Khit, en el principado mongol de Alasha.

El 22 de julio, en una mañana calurosa y sofocante, la caravana expedicionaria salió de Pingfan y se dirigió hacia Xining, eligiendo una carretera tortuosa, hacia el oeste, con pasos de montaña insignificantes. En general, hay que notar que en la nueva travesía oriental de Nanshan, el carácter de esta cambia sensiblemente en comparación con su región más occidental, donde no sólo las cordilleras medias, sino también las marginales, son ricas en afloramientos cristalinos, en forma de picos agudos, cumbres o picos poderosos, que se amontonan unas sobre otras con una grandeza pintoresca y encantadora. Es relativamente fácil para un viajero subir a la cima de los puertos, incluso con una caravana de camellos o en un carro chino tirado por caballos o mulas, ya que por todas partes predomina el loess, que cubre principalmente areniscas y sedimentos rojos de Hanhái y sólo en pequeñas cantidades piedra caliza o

* Quienes huyeron atemorizado al principio, pero luego se acercaron de nuevo.

*chert*\*. Los caminos de carretas cortan la superficie de los estratos de loess con profundidad, creando zanjas en las que es muy difícil, y en algunos lugares incluso imposible, que los viajeros se separen. La vegetación en el Nanshan oriental y en particular en la cresta del norte de Tatung es más bien desoladora: no encontramos ni bosques, ni arbustos, ni siquiera prados alpinos con los que soñábamos.

No había ríos ni arroyos permanentes, y los lugareños sólo utilizaban pozos, de veinte a treinta metros de profundidad, de donde se extraía agua fría (alrededor de 0,5 °C). Los rebaños saciaban su sed en estanques fangosos y estancados excavados exclusivamente para este fin.

La carretera de Pingfan a Xining es bastante animada: aldeas, campos de cultivo y prados rodeados de muros de arcilla o piedra se extienden en una sucesión casi ininterrumpida; gracias al gran número de viajeros, los asentamientos más cercanos a la carretera se han convertido en auténticas posadas. Recuerdo una aldea en particular, Xinzhan, cerca del paso de Xinzhan Shankou†, con una excelente, según la norma en esta región, casa de huéspedes. Alrededor, en todo el espacio visible, se extendían los campos en las alturas, donde ya había comenzado la recolección de las cosechas (principalmente trigo y cebada), y entre ellos destacaba bellamente la pequeña capilla Nan Nan Miao, fundada hace setecientos años por el asceta Heshen y dedicada al dios de la fertilidad‡. Desde la cima del paso de la cordillera de Tetung se veían los suaves contornos de las montañas Tetung en el sur, y por detrás de ellas sobresalía, como un enorme muro, la cordillera Nanda Shan, que se extendía a lo largo del curso de la orilla derecha del río Xining.

En la tarde del mismo 22 de julio, durante el trayecto, nos sorprendió un fuerte granizo, que pronto se transformó en lluvia; al instante se formó a lo largo del desfiladero un torrente amarillo fangoso, pero muy pronto, con la disminución de la lluvia, empezó a debilitarse, y con su cese, comenzó a secarse.

Entre la gente con la que nos cruzamos, nos encontramos más a menudo a los tangut y chinos a pie, con sus esposas e hijos, que se dirigían a Pingfan para ganarse la vida. La necesidad les obligaba a caminar dece-

---

\* Forma mineral del dióxido de silicio. (N. del E.)

† Literalmente: el paso de la «nueva parada».

‡ Los nativos rezan a este dios, Guan Shi Ying Pujie (Bodhisattva Guanyin), antes de sembrar.

nas de kilómetros, en medio de un calor insoportable y el polvo del loess, para conseguir unas pocas monedas como recompensa por haber recogido sus cosechas. En agudo contraste con estos mendigos estaban los carromatos y elegantes carruajes de los chinos acomodados, que rodaban en distintas direcciones, camino de sus importantes negocios. Durante los viajes, a los chinos les encanta cantar, y más de una vez escuché con placer las originales melodías cantadas por ellos con notas agudas.

Poco después de la aldea de Tan Fanza (Tangfang), los expedicionarios ya podían ver a lo lejos el agradable verdor cultural del valle de Tetung, enclavado entre laderas montañosas y orientado en la zona adyacente de norte-noroeste a sur-sureste.

El hermoso Tetung me es conocido en varios lugares de su curso; estoy familiarizado con sus fuentes*, y también conozco, en su curso medio, la comunidad de Chortentan, donde en su salvaje curso se desvía entre las fruncidas rocas; perdiéndose en el fondo de una estrecha hendidura como una gigantesca serpiente de acero. Nikolái Przewalski escribió[†]: «En ningún lugar de toda Asia central hemos encontrado una zona tan encantadora como a lo largo del curso medio del Tetung Gol. Hay hermosos y vastos bosques con arroyos que fluyen a través de ellos en profundas gargantas, lujosas praderas alpinas alfombradas de flores en verano, junto a rocas abruptas e inaccesibles y pedregales desnudos del cinturón montañoso superior, y más abajo, el rápido y sinuoso Tetung, que se precipita ruidosamente entre las escarpadas paredes rocosas: todo ello se combina en una grandeza tan colosal y en unas formas tan maravillosas y seductoras que no se pueden describir fácilmente. Y el encanto de esta maravillosa naturaleza es aún más fuerte para un viajero que acaba de abandonar las llanuras tediosamente monótonas y sin vida del Gobi».

Ahora veía a mi poderoso y revoltoso amigo en un escenario diferente: desde las colinas limítrofes se divisaba su curso sinuoso, primero ancho, después estrecho, en algunos lugares dividiéndose en brazos; el cauce del río alcanzaba entre ochenta y cien metros, e incluso hasta doscientos metros, de una orilla a la otra y descansaba en un valle con una

---

*   Actas de la expedición de la Sociedad Geográfica Imperial Rusa en Asia central. Parte II. Informe del subdirector de la expedición P.K. Kozlov, págs. 184, 185.

†   El cuarto viaje a Asia central, pág. 115.

media de un kilómetro de ancho. En este punto, el Tetung todavía fluía con asombrosa rapidez, formando olas y creando un sonoro rumor especialmente agradable. A través del agua clara, se podía ver el fondo pedregoso, cubierto de coloridos guijarros pulidos. Pero sus orillas estaban desprovistas de encanto primitivo: las suaves terrazas redondeadas estaban ocupadas por el cultivo de cereales*, por todas partes se sentía la presencia de hombres y mujeres agolpándose a la única arteria de agua de la comarca, de donde se abastecían oasis enteros mediante canales de riego.

La anchura y el nivel del río en julio podían considerarse medios; el período de fuertes lluvias, cuyas huellas aún se conservaban en el valle, había terminado, por lo que la travesía no resultaba difícil. El transporte en el tramo de Nabatsoan (Nabacuan) corría a cargo del Gobierno chino; lo explotaban familias chinas, que han vivido de este oficio de generación en generación, como si cumplieran con un deber determinado. Una pequeña embarcación de fondo plano, una especie de barcaza sin capota, trasladaba hasta tres camellos de carga a la vez, acompañados por entre seis y diez hombres, y se cobraba siete *fen* (unos diez kopeks) por cada camello. A pesar de la ausencia de barandillas, sólo desempacamos el equipaje más valioso, confiando el resto de nuestras posesiones a nuestros humildes animales. En dos horas la expedición cruzó con seguridad a la orilla derecha del río, donde hicimos un vivaque.

Aprovechando la transparencia y lo agradable del agua, nos bañamos varias veces, lo que proporcionó a todos un verdadero deleite por igual, y por la noche hice con éxito una determinación astronómica de la latitud y longitud de esta extensión de tierra†.

A altas horas de la noche nos perturbó la fuerte voz antinatural de una mujer que se lamentaba de su hija, que había perecido recientemente bajo las olas del Tetung, huyendo de un marido tirano. Ahora se celebraba un juicio y se concedía algo a favor de la víctima. Los lamentos y gemidos de la desdichada madre se sintieron durante mucho tiempo en el apacible valle, infundiendo inevitablemente una inexpresable tristeza en su alma. No pude dormir en toda la noche.

---

* El mes de julio era el apogeo de la temporada de trabajo en Tetung. Hombres, mujeres y adolescentes traían grano seco y empaquetado del campo.

† Coordenadas geográficas del tramo Nabatsoan: latitud 36° 19′ 13″ (Este), longitud desde Greenwich 102° 48′ 00″.

Las montañas más cercanas al río, adornadas con *obos* en sus cumbres, estaban abrasadas por el sol ardiente y tenían una vegetación lamentable; sólo río arriba, a lo lejos, se oscurecían los «Alpes de Lanchen», en el cinturón central cubierto de bosque. Las montañas se volvían más suaves en dirección este, dejando toda su grandeza de belleza virgen en la parte occidental de la cordillera.

Al proporcionar refugio y alimento al hombre, el Tetung aportaba cierta diversidad a los reinos vegetal y animal.

En cuanto a la vegetación, encontramos aquí comparativamente muy poca, a saber: nogal (*Juglans regia*), pirus, sáuco (*Sambucus adnata*), rosa (*Rosa*), raspa (*Rubia cordifolia*), senecio (*Senecio erucifolius*), lecherula (*Euphorbia heliocopia*), ranúnculo (*Ranunculus chinensis*), odontites (*Odontites rubra*), llantén acuático (*Alisma plantago*), hierba de San Antonio (*Epilobium hirsutum*), cyperus (*Cyperus ruscoater*), junco (*Juncus mongolicus*), arveja (*Vicia sativa*), *Inula britannica, Thalictrum simplex, Solanum melongena, Paeonia veitchii, Carthamus tinctorius, Hypecoum leptocarpum, Parrotia, Statice, Bieberstenia, Oenanthe, Erythraea, Epipactis* y otras.

Sobre la vida animal, en particular las aves, encontramos aquí la cigüeña negra, bastantes acentores pardos (*Prunella fulvescens*), escribanos (*Emberiza*), el colirrojo (*Phoenicurus*), *Carpodacus* y la golondrina común.

En lo referente a las colecciones entomológicas, cabe mencionar que conseguimos obtener aquí, según A. S. Skorikov, un abejorro muy interesante (*Bombus vasilievi*).

Después del tonificante Tetung, dejamos el aire fresco y nos sumergimos de nuevo en un calor seco y persistente, agravado en las montañas por la presencia del polvo más fino de loess.

En su parte central, la cresta sur del Tetung estaba compuesta de arcilla y esquistos silíceos, que eran sustituidos por arcillas rojas y conglomerados en los márgenes. Estas rocas estaban cubiertas de loess fértil, que a menudo permitía convertir las laderas de las montañas salvajes, el paso y la propia meseta en un campo de cereales continuo.

Desde el paso de Bingou Ling, tan pobre en vegetación natural como las montañas vecinas, se veía con especial claridad la lejana cresta de Nanda Shan, que se distinguía por sus hermosos prados alpinos y su oscuro bosque. En uno de los picos cónicos occidentales se alzaba en forma de cúpula un grandioso *obo*, amontonado por los tangut.

En los rincones apartados de las gargantas del bosque había camachuelos rojo pálido (*Carpodacus stoliczkae*), que enriquecieron nuestra colección ornitológica con tres ejemplares. En cuanto a los objetos entomológicos, atrapé las primeras mariposas *Parnassius*, y más tarde bastantes escarabajos y moscas.

La vecindad del citado paso era considerada por los nativos como insegura; en ella los viajeros tardíos podían verse expuestos a toda clase de infortunios, hasta el ataque armado. Durante la pernoctación forzosa de la expedición en la posada del pueblo de

GESAR KHAN

Bingou, fuimos molestados por otra visita de ladrones que excavaban la muralla.

En aquel momento, los ladrones no tardaron en dejarnos en paz, pues el rumor sobre la fuerza y el armamento de los rusos les asustó y prefirieron ir a rebuscar a un lugar más conveniente.

El descenso de los montes Tetung del sur, que desembocaba en el valle del río Xining, discurría entre estratos de loess, a lo largo de una sinuosa hendidura, en la que la carretera hacía grandes zigzags y bucles en lugares escarpados. En uno de estos lugares estrechos y peligrosos, nuestra caravana tuvo la «suerte» de encontrarse con un funcionario chino que se trasladaba con su familia a Ningxia, pero gracias a las precauciones tomadas, todo salió bien y quedamos bien separados de las voluminosas carretas.

A cuatro kilómetros de la aldea de Bingou, sobre un precipicio, en cuya profundidad los campos se extienden en un amplio anfiteatro, se alzaba un templo chino dedicado al famoso rey Gesar (Guesar). Tras examinar esta curiosa capilla, hice un pequeño boceto en mi diario, que se puede describir de la siguiente manera: en la parte central del templo,

sobre el trono, había una imagen de madera pintada del rey; delante de él ardían velas.

A la derecha del rey Gesar estaba Tsagan Ogun (Sagaan Ubgen)*, con un libro en las manos; a la izquierda, el mismo anciano con un *khadak*. Junto a estas figuras había una imagen de un guerrero con un hacha a la derecha y el mismo guerrero con una espada a la izquierda.

En salas especiales, más cerca de la salida, colgaban de la pared finos cuadros de filósofos chinos, que me resultaron especialmente llamativos por la minuciosidad de su ejecución. Además de las pinturas, también había obeliscos en los que está inscrita la historia de la fundación de la casa de oración, que tenía dos nombres: Ma Wang y Nu Wang. Estos nombres venían dados por los nombres de dos estatuas de caballos ubicadas de pie frente a la entrada del templo.

El 26 de julio, la expedición abandonó las últimas estribaciones de los montes Tetung y llegó a la extensión del amplio valle del río Xining, cerca de la ciudad de Lowacheng (Laoyacun).

El río Xining nacía en el noroeste, en la divisoria de aguas del Kokonor y el río Amarillo (cuencas interior y exterior), seguía un curso hacia el sureste y, a través de la confluencia con el Tetung y el Chagrin Gol o río Pingfan, desembocaba en el río Amarillo. La caída del fondo de la longitud considerada era muy grande[†], y su anchura variaba mucho, estando en algunos lugares estrechada hasta veinte o cuarenta metros por rocas ribereñas compuestas de gneis y pizarras cristalinas. Después de los estrechos desfiladeros, el valle del Xining se ensanchaba hasta dos, tres e incluso cuatro kilómetros, revelando depósitos de arenisca cubiertos de loess[‡]. En estos rincones fértiles y fecundos se encontraban los centros más importantes de población: Donger (Dan Gar o Huangyuan), Xining, Nianboxian (distrito de Ledu, en Haidong) y Lowacheng. El cau-

---

* Deidad budista mongola representada por un anciano canoso que encarna los símbolos de fertilidad, prosperidad y longevidad familiar. (N. del E.)

† De los tres ríos que se encuentran en la ruta de la expedición: Chagrin Gol, Tetung y Xining, en mi opinión, Tetung es el principal, y Chagrin Gol y Xining son sus afluentes.

‡ Sólo hay tres estrechamientos de este tipo, o «mejillas de río» como los llama G. N. Potanin, en el río Xining. Primero, según nuestra ruta, en Lowacheng: Lova Xia o «mejillas de cuervo». Luego sigue Da Xia o «mejillas grandes», cerca de Nianboxian. Finalmente está Xiao Xia o «mejillas pequeñas», entre el monasterio de Pei Ma Si y Xining.

dal del río Xining, como el del Tetung, era rápido y ruidoso, pero sus aguas no eran transparentes, sino algo rojizas debido a las partículas de arcilla roja disueltas. A pesar de la inundación de loess, la costa era pobre en vegetación y sólo estaba decorada con plantaciones humanas de árboles y arbustos alrededor de numerosos pueblos chinos.

La pequeña y anodina «ciudad de los cuervos»[*] de Lowacheng se extendía como una pequeña isla en medio de una cuenca plana sin árboles, alcanzando los treinta y cinco kilómetros de longitud, con una anchura de tres o cuatro kilómetros. Las montañas de la orilla sur del río estaban acompañadas aquí por una terraza que se elevaba sobre el fondo del valle aluvial a lo largo de unas veinte brazas y que consistía en capas de guijarros intercaladas con loess. Según Grigori Potanin, había razones para suponer que esta terraza, así como todo el valle Lowacheng, estuvo antaño sumergida bajo el agua y representaba la semejanza de un gran lago. Cerca de la ciudad, en el mismo centro del lecho del río, se elevaba fuera del agua una roca de hasta seis metros de altura, con lados escarpados; en su cima se hallaba un templo chino, no exento de su peculiar encanto.

La vida era visible por todas partes: en los campos de cereales y amapolas pulula la gente trabajadora; a lo largo del río, en la carretera de Lanchou Fu-Xining, desde primeras horas de la mañana hasta altas horas de la noche, las caravanas comerciales no cesaban de circular. Sobre la carretera, en forma de zanja, se levantaba una nube continua de polvo, debido a los caballos y las mulas que transportaban carros chirriantes, acompasados por el tintineo de sus cascabeles, de los que los chinos y los tangut eran grandes aficionados. Los jinetes tangut que pasaban corriendo entre los largos carros se enorgullecían de los corceles llamados

---

[*] «La roca de la margen izquierda en el lugar donde el camino parte del desfiladero está fuertemente alisada en algunas partes y cubierta de depresiones en forma de copa, entre las cuales se encuentra una caldera gigantesca de tamaño considerable. Se encuentra no lejos de la carretera, en lo alto de un acantilado escarpado, en la misma entrada del desfiladero, y se la conoce popularmente como Gana Kaocheng Lu Ban Xian Sheng. Bajo este último nombre se conoce al dios especialmente venerado por los carpinteros chinos. La piedra que sobresale del río en forma de pedestal, según la leyenda local, también fue arrojada al fondo del río por el mismo Lu Ban Xian Sheng. Según la creencia popular, en el fondo de esta caldera, bajo el agua, la gente había visto previamente un cuervo, de ahí el nombre del desfiladero de los cuervos y de la ciudad de los cuervos de Lova Chen» (G. N. Potanin. *En los dominios tibetano-tangut de las afueras de China y Mongolia central*, tomo I, págs. 201-202).

«Gumbum» (Kumbum), que se distinguían por las siguientes características: estos finos caballos eran de baja estatura, con un cuello corto y
comparativamente grueso, sus lomos y espaldas tenían una forma redon-
deada regular, y sus cascos altos y estrechos —a la manera de los cascos
al galope— superaban en fuerza a los cascos de todas las razas de caballos vecinas.

A lo largo de los ramales secundarios del río se escuchaba el ruido de
los múltiples molinos en su continuo movimiento, procesando las cosechas recolectadas. Las orillas de los canales adyacentes a los molinos
estaban fortificadas con avenidas de sauces y álamos, y los diques estaban construidos con guijarros del propio río. El diseño del mecanismo
principal de la máquina era extremadamente sencillo: sobre la muela inferior fija había otra muela, accionada por una rueda horizontal, sobre la
que el agua golpeaba con fuerza, cayendo en un ángulo de treinta grados. En la sala interior del molino, a lo largo de la pared, contra la rueda,
había dos montantes que dirigían la harina hacia dos canales; la harina
se vertía en tamices emparejados, donde era sacudida por los propietarios del grano que allí se encontraban. Al ser sacudidos, los tamices se
golpeaban entre sí con sus extremos más cercanos y los extremos opues-
tos contra los montantes; de este modo, la harina pura se separaba del
salvado al instante, y ambos productos, en sacos separados, eran extraídos por cuenta de los mismos propietarios.

El siguiente centro cultural en nuestro camino hacia el oeste era la
ciudad de Nianboxian, rodeada por una sólida muralla fortificada; todos
sus edificios tenían un aspecto sucio y viejo, y sólo detrás de las vallas de
las *fanzas*, sobre el fondo gris general, ofrecían sombra y verdor vegetal
los cipreses, castaños y otros árboles de jardín. En las jaulas colgadas de
las puertas de la fortaleza, en lugar de las cabezas de criminales, habituales en las ciudades chinas, había viejos y gastados zapatos de los antiguos
gloriosos gobernantes de la ciudad. La población de Nianboxian era pequeña y tenía en su composición, además de chinos, también dunganos,
que se autodenominaban «viejos dunganos» o *lao hui*. El comercio de la
ciudad estaba muy poco desarrollado.

Tras detenerme a un kilómetro al sudeste de la muralla de la fortaleza, en la orilla del claro y sonoro río Suma, envié el traductor Polyutov al
gobernador de la ciudad, con un saludo y la petición de que cediera un

guía a la expedición. Mi mensajero volvió pronto con una respuesta favorable y me entregó la tarjeta de visita del sacerdote chino de la ciudad. Durante el día de nuestra estancia en Suma hubo una fina lluvia «otoñal», que continuó toda la noche, hasta el amanecer. Este hecho no nos impidió en absoluto realizar excursiones por los alrededores del vivaque, donde se observaron herrerillos, colirrojos, lavanderas, urracas y dos especies de pájaros carpinteros: el pito cano (*Gecinus guerini kogo* [*Picus canus*]) y el mandarín (*Dryobates cabanisi*), así como una hermosa urraca azul o rabilargo asiático (*Cyannopolius cyanus* [*Cyanopica cyanus*])*.

En la zona que nos ocupa, la orilla derecha del río Xining está sellada por pliegues montañosos y desfiladeros[†], cubiertos en sus desembocaduras de una vegetación continua de oasis, acompañada generalmente de una población bastante densa. Una de las gargantas, Loba Gou, es notable por su laguna (de unas veinte hectáreas de superficie), y la otra, Ganza Gou, por la presencia del monasterio tangut Chun Tan Si (templo de Qutan), que cuenta con quinientos o incluso seiscientos lamas; en la vecindad de este monasterio, en la garganta Lowa Xia, se encuentra oro, extraído de la arena del lecho aluvial.

Desde Nianboxian el camino pasaba bajo las rocas de la orilla izquierda del río Xining y no representaba más que un estrecho sendero, en el que durante las crecidas del río la caravana estaba expuesta al peligro de ser barrida por la corriente. Las frecuentes lluvias de julio acabaron de crear las condiciones más desfavorables para el viaje, y sólo con gran dificultad, nuestra expedición superó la parte estrecha del camino, conduciendo todos los camellos uno a uno a lo largo de la pared rocosa. Más al oeste, el sendero nos devolvió al espacio abierto y discurrió a lo largo de campos de melones. La lluvia dio paso a un tiempo despejado y caluroso, y nos alegró especialmente saciar nuestra sed con excelentes melones y sandías.

Antes de la entrada del río Xining en el estrecho desfiladero, en la orilla izquierda del río, bajo un acantilado saliente, se estaba reparando

---

\* En cuanto a las plantas, Chetyrkin sólo logró recolectar *Panicum miliaceum, Polygonum multiiflorum, Chloris caudata, Andropogen ischaemum, Nicotiana rustica* y *Cotoneaster*; y habiendo llegado a las alturas, agregó a nuestra colección: *Setaria viridis, Caryopteris tangutica, Polygala tenrruifolia* y *Saussurea*.

† Hay tres gargantas importantes, situadas de este a oeste, o en contra del flujo del río: Khulan Gou, Loba Gou y Ganza Gou.

la carretera; los lugareños trabajaban duro, aunque utilizaban los medios más primitivos para llevar a cabo su tarea, por lo que se desperdiciaba mucho trabajo. Las enormes piedras que bajaban de las alturas golpeaban en raras ocasiones la carretera arrasada y llenaban sus baches; lo más frecuente era que rodaran con ruido y estruendo y desaparecieran en las profundidades del río. Al pasar junto a los jornaleros chinos al atardecer, poco después vimos una serpiente verdosa bastante grande, una *Ancistrodon halys*, que cruzó nuestra carretera como un disparo.

Desde el norte, el horizonte estaba oscurecido por las colinas ribereñas; los conglomerados rojos cubiertos de loess parecían a veces las ruinas de antiguos castillos con columnas. Desde una distancia de unos diez kilómetros pudimos admirar un acantilado absolutamente escarpado de color rojo oscuro, moteado en su base con puntos blancos de edificios de monasterios.

El antiguo monasterio budista de Marzang lkha, o Pei Ma Si[*] en chino, se alza sobre un saliente de roca conglomerada; su estrecho templo de cuatro pisos está oculto bajo un acantilado tan inexpugnable que parece que sólo una afortunada casualidad salvará al santuario de un futuro e inminente peligro de derrumbe. La superficie de la montaña por encima y a los lados del templo está pintada de blanco.

Subiendo al monasterio por un sendero empinado, fotografié una gran imagen de Buda muy interesante, tallada en la roca.

En la misma puerta me recibió un anciano lama y me invitó cortésmente a «entrar» en la sala interior; en algún lugar por encima de mi cabeza las palomas arrullaban monótonamente y un cuervo negro graznaba; un perro ladraba excitado y olisqueaba a este visitante desconocido.

---

[*] Pei Ma Si significa «templo del caballo blanco» en chino. Este nombre, según Potanin, proviene de una leyenda asociada a este monasterio. El asesino de un malvado rey, perseguidor de la fe budista, montó aquí en un caballo blanco y se refugió en el monasterio. Escapó de la persecución mediante astucia, pintando su caballo de negro antes de escapar. Sus perseguidores lo alcanzaron antes de disponerse a cruzar un gran río. Los que lo perseguían, al verlo, pensaron que éste no era el criminal que buscaban, porque iba en un caballo negro, y regresaron. Después de cruzar el río, se corrió la pintura del caballo, que volvió a lucir su color blanco original. Marzang es un nombre tangut y probablemente proviene de la palabra tangut *mar*, «rojo» y del color rojo de las rocas locales. Además de Potanin, W. W. Rockhill menciona este monasterio en su libro *La tierra de los lamas* (pág. 47).

Desde las ventanas de la habitación del ermitaño se abría un maravilloso panorama del ancho valle del río y de las montañas meridionales, pertenecientes a las estribaciones de la cordillera de Nanda Shan; abajo, a sus pies, se enmohecía una pequeña aldea tangut. Aparentemente, sus habitantes se dedicaban a la agricultura, porque en el suelo, en medio de la aldea, se apilaban montones de cereales. Caravanas y carros se extendían a lo largo de la gran carretera, en una línea continua en

MONASTERIO DE MARZANG IKHA (PEI MA SI)

ambos sentidos, tintineando con las omnipresentes campanas.

La pared de conglomerados rojos está atravesada por el acantilado de Marzang y da lugar al valle de Orgolyn. Este es bastante ancho, con un río del mismo nombre, en cuyo extremo, diez kilómetros al norte del río Xining, en la orilla izquierda del desfiladero de la «leche amarilla», hay un gran y rico monasterio tangut perteneciente a la secta de los «sombreros amarillos», conocido como Ai Gu Man Si (Gonlung Jampa Ling).

Las últimas «mejillas» del desfiladero de Xining aprietan el río diez kilómetros al este de Xining, y están formadas por gneis y esquistos cristalinos.

En medio del desfiladero[*] hay un puente chino bastante resistente, por el que sólo se podían transportar animales de carga y carros ligeros. Los carros se transportaban a través de él desmontados.

---

[*] En el desfiladero del Xiao Xia, donde se construyó un puente, el río Xining apenas tiene veintiocho metros de ancho aproximadamente.

UNA IMAGEN GIGANTE DE BUDA TALLADA EN LA ROCA
JUNTO AL TEMPLO DEL MONASTERIO DE MARZANG IKHA

La construcción del puente era bastante sencilla: unos troncos se unían a los fuertes estribos de piedra costera en forma de una plataforma lisa; encima de la primera fila de troncos, se colocaba una segunda, que sobresalía significativamente hacia el río, luego se agregaba un tercer y cuarto nivel, hasta que, finalmente, la distancia entre las dos estructuras costeras se reducía a la longitud de un tronco; entonces el centro del puente, que se elevaba por encima del agua hasta tres brazas, se rellenaba con fuertes travesaños fijados a la base mediante marcos y cuñas especiales. El entarimado del puente era de tablas transversales. Esta estructura crujía y se balanceaba bajo el peso de los camellos, pero, aun así, era capaz de soportar una carga considerable.

Tras cruzar este «notable» puente, la expedición no abandonó la orilla derecha del río hasta llegar a la ciudad de Xining. El tiempo seguía siendo cálido y nos bañamos en el río con placer. Caía lluvia de vez en cuando, y el 29 de julio hubo incluso una tormenta con rayos y truenos, que vino del oeste y terminó con pequeño granizo.

Tras cruzar el desfiladero de Xiao Xia, observamos, cerca de una solitaria capilla religiosa, los restos del segundo puente en la orilla, que ahora había desaparecido. Pronto pudimos ver las torres de la fortaleza de la ciudad provincial. Cuanto más nos acercábamos a Xining, más transitada se volvía la carretera. En las cimas de las alturas costeras aparecieron originales torres que, según la leyenda, habían servido anta-ño como una especie de telégrafo sin hilos. En ciertos casos, encendiendo fuegos en estas torres, se transmitía un mensaje en forma de humo de ci-ma a cima y así se informaba al Gobierno chino, especialmente cuando se trataba de la inminencia de hordas guerreras de mongoles o tibetanos.

# CAPÍTULO XI

# La ciudad de Xining y el monasterio de Kumbum

XINING, una gran ciudad regional, con la residencia del dignatario chino Ching Tsai (Qing Zai), que está a cargo no sólo de los nómadas de Kokonor, sino también de los nómadas del remoto Tíbet nororiental, ha sido descrita muchas veces por mis predecesores y por mí; por lo tanto, mencionaré sólo unas palabras sobre ella. En la actualidad, la ciudad crece a un ritmo rápido y, como todo el distrito de Xining, está cada vez más poblada. La cuenca del alto Xining es muy fértil y sirve de granero para las regiones vecinas de la China occidental. Las caravanas de grano suelen ir de Xining a la residencia del virrey, en Lanchou Fu.

Además de las exportaciones de grano, Xining también concentra el comercio de intercambio con los nómadas, que a cambio de sus materias primas compran artículos de primera necesidad y a veces de lujo. A los hijos salvajes de las estepas y las montañas les gusta vestirse con colores vivos y compran de buen grado telas de seda y papel rojas, amarillas y azuladas, así como diversos adornos de plata. Los chinos, siendo ellos comerciantes natos, saben adaptarse rápidamente a la demanda, y cada empresa tiene sus propios consumidores: mongoles, tibetanos o los tangut que encuentran a los hábiles comerciantes durante su estancia en la ciudad. Por extraño que pueda parecer, los nómadas pobres y sin dinero no son menos favorables a los comerciantes chinos que los ricos y acomodados; mientras que estos últimos dejan la mayor parte de su capital en las tiendas, los primeros llevan para la venta todas sus últimas posesiones, que a veces contienen muchos objetos raros y caros, sobre todo pieles, que malvenden a cambio de casi nada.

LA CIUDAD DE XINING (VISTA DESDE EL SUR-SUROESTE)

En Xining, además de los chinos, los sartos de Kashgar se dedican al pequeño comercio; suministran, sobre todo, tejidos de seda y a veces alfombras o finos fieltros de colores. De vez en cuando los astutos sartos consiguen vender fusiles Berdan a los tangut, no dudando en pedir por ellos cien, ciento cincuenta o incluso doscientos rublos.

Nuestra caravana acampó a dos kilómetros y medio al este de Xining, en el suburbio de Tsau Dia Tsai (Caudiazai), en una zona libre de tierras cultivables, lindante con un pantano y un pozo. Los habitantes vecinos se mostraron muy amables con la expedición, y en general Xining nos mimó con sus atenciones. Aprovechando la temprana llegada al campamento, me dirigí inmediatamente al pueblo y a las tres de la tarde ya estaba descansando entre unos amigos de la empresa china Tsan Tai Mao (Cantaimao). El representante de la firma, un inteligente chino de nombre Khabur-Khabur, me recibió con especial cordialidad, y pronto me olvidé de mí mismo en una agradable conversación, recordando el pasado y soñando con el futuro. Aquel mismo día, mi intérprete Polyutov entregó mis tarjetas de visita al jefe de Xining, Ching Tsai, y a cuatro de los funcionarios más importantes de la ciudad: los *daotai*, *zhentai*, *futai* y *setai*.

El 31 de julio, a las diez de la mañana, ya me había puesto el uniforme y, tras subir a un carro con capota tirado por una mula, emprendí las visitas que había planeado el día anterior. En primer lugar, visité a Ching Tsai. El anciano, alto y vigoroso, parecía muy alegre y me recibió con la corrección habitual del *amban* chino. Después de preguntarme por el paradero de mis ayudantes mencionados en la lista de protección entregada por el secretario del *yamen*, Ching Tsai indagó sobre los planes ulteriores de la expedición y de la visita propuesta al lago Kokonor. Luego nos dijo: «Os ruego encarecidamente que no os adentréis en las comarcas salvajes y que no permanezcáis mucho tiempo en Kokonor. Allí residen los rebeldes tangut».

CHING TSAI

Tras aceptar mi sincero agradecimiento por la ayuda prometida, el *amban* preguntó cuándo regresaríamos a Xining.

Al oír que no pensaba regresar antes de un mes, ni siquiera medio mes, y que mi plan de trabajo incluía el estudio de las profundidades de la cuenca alpina, para lo cual disponía de una embarcación, Ching Tsai dio un salto de asombro, y luego, dominándose y conteniendo una sonrisa condescendiente, observó severamente: «Probablemente no sabes que el agua del Kokonor tiene una propiedad peculiar: en ella no sólo se hunden las piedras, sino también los objetos de madera, de modo que tus planes acabarán de forma triste. La barca perecerá en el fondo del lago, y tendrás que regresar sin nada». Reiteré mi gratitud al servicial anciano en nombre de toda la expedición y le dije que en mis acciones me guiaría, como siempre, por el sentido del deber y el deseo de servir a los intereses de la patria y de la ciencia geográfica.

El *daotai* de Xining, o gobernador, un anciano aún más viejo que Ching Tsai, me repitió, en líneas generales, las sugerencias ya hechas por su jefe.

El *zhentai*, el jefe de la guarnición militar, un coronel joven, alegre y de cara colorada, me hizo esperar algún tiempo en la sala de recepción, por lo que se disculpó profusamente más tarde, aduciendo su confusión al ignorar la hora en que yo llegaría. Este dignatario resultó ser un amante de los caballos y un buen tirador, aficionado a todo tipo de armas. Hacía tiempo que sabía de mí como explorador de Asia central por su hermano del Ministerio de Asuntos Exteriores.

Después de reunirme con un funcionario civil —el juez más joven, un *setai*— terminé mis citas con una visita al *futai*, que me recibió con extraordinaria cordialidad. «Llevo esperándote desde las nueve de la mañana», dijo el *futai*, «¡y mi paciencia se está agotando!». En conversaciones posteriores sobre los mismos tangut y otras vicisitudes del viaje, tanto el *futai* como yo sentimos simpatía mutua y, podría decirse, nos hicimos amigos.

El mes de julio, durante el cual llovió con bastante frecuencia, terminó con una fuerte tormenta y aguacero, que inundó nuestro campamento, especialmente la «tienda del oficial», que estaba en una hondonada. Una sorpresa así nunca es agradable.

El primero de agosto me despedí de Xining y regresé al suburbio oriental de esa ciudad, a Tsau Dia Tsai (Caijiazhai), donde, aprovechando la cariñosa ayuda de Ching Tsai, que prometió facilitar nuestra correspondencia, comencé inmediatamente a preparar un pequeño correo para Rusia.

雲閣小照
是年六十
五歲光緒
甲辰春二
月初三日
照於金城
古郡署中
左文灝是
年三十一
歲右文濤
是年二十
七歲題於
署內東偏
之飲綠齋

CHING TSAI CON SUS HIJOS

La partida de la caravana estaba prevista para el 2 de agosto, y el transporte principal debía ser enviado por una ruta directa a través del valle del río Xining, habitado por los chinos, hasta Donger. Un pequeño destacamento, conmigo y un cosaco, debía visitar el monasterio de Kumbum de camino a Donger.

*Zhentai* de Xining, comandante musulmán de las tropas

El barro, arrastrado por las lluvias de los últimos días, alcanzaba una profundidad considerable en las calles de Xining y ralentizaba mucho el movimiento de los camellos. Sólo después de atravesar toda la ciudad hasta la puerta sur, respiré más libremente y, habiendo conducido la caravana hasta el puente sobre el afluente meridional del río Xining, el Nanchuán, me dirigí hacia el sur-suroeste, remontando el valle de dicho río. El camino se adentraba poco a poco en un sinuoso desfiladero; a lo largo de las crestas de las montañas adyacentes había una hilera de segadores, como marcando el camino hacia el santuario budista. En las suaves laderas de las colinas, entre el verdor brillante, se veían manchas moteadas de cereales maduros. En los campos hervía el trabajo, allí, al parecer, se concentraba casi toda la población del fértil valle de Nanchuán, quedando en las aldeas sólo los viejos y pequeños. Poco después de la insignificante y pequeña ciudad de Xiu Dia Tsai (Xiejiazhai) subimos un pequeño paso sobre un espolón de la montaña y vimos el monasterio de Kumbum: el «Claustro de Maitreya», o el «Claustro de las cien mil imágenes».

Kumbum se encuentra a 2.700 metros sobre el nivel del mar, a treinta y cinco kilómetros de Xining, en las montañas que acompañan el valle de Nanchuán desde el oeste. La elección del lugar para la fundación del monasterio se debe a los antecedentes históricos de la comarca,

EL *FUTAI* DE XINING CON SUS ALLEGADOS; FRENTE A LA FIGURA CENTRAL DEL PADRE ESTÁ SU HIJO (UN NIÑO), CERCA DE SU ANIMAL FAVORITO, UN CIERVO ALMIZCLERO

estrechamente relacionados con el nacimiento y la vida del gran reformador del budismo, el fundador de la «escuela del sombrero amarillo», Tsongkhapa.

En las crónicas del monasterio se conservan muchas leyendas sobre este santo tan honrado, de las que citaré, en mi opinión, dos de las más notables.

La primera dice así: «Al pie mismo de las montañas, en el mismo lugar donde ahora se alza Kumbum, a mediados del siglo XIV vivían un tibetano, Lombo Moke (Lumbum Ge), y su esposa Shingtza Tsio (Shingsa Achö), nativos de Amdo».

«No lejos del arroyo que corría hacia Lusar (Lushaer) había un pozo, y cerca de él una pequeña rueda de oración construida por esta piadosa pareja. Los pobres no tenían granja de ningún tipo, salvo unas pocas cabezas de ganado. Tampoco tenían familia, a pesar de que rezaban fervientemente a Buda para que les enviara un hijo que les consolara. Pero un día, cuando Shingtza Tsio estaba de pie junto a un pozo sacando agua, vio de repente en el fondo, sobre la superficie cristalina del agua, la imagen de un hombre desconocido para ella; y en el mismo momento sintió que concebía. Ese mismo año, 1357, Shingtza Tsio dio a luz a un niño sano y fuerte, de pelo largo y barba blanca. El niño recibió el nombre de Tsongkhapa, nombre que provenía de la montaña de cebollas silvestres al pie de la cual vivían sus padres».

«Cuando Tsongkhapa tenía tres años, su madre le cortó el pelo y lo tiró detrás de la tienda, justo en el suelo; en ese mismo lugar pronto brotó una pequeña planta tierna, que poco a poco se convirtió en un árbol fuerte, cuyas hojas, desde un principio, mostraban la sagrada fórmula *om mani padme hum*».

«Tsongkhapa mostró desde su infancia una mente extraordinariamente aguda y unas habilidades brillantes. Ya en la adolescencia empezó a manifestar su independencia y le gustaba recluirse en parajes desiertos, entregándose al ayuno y la contemplación. Un día, el muchacho conoció a un lama de nariz larga que había llegado del lejano oeste[*]. Este

---

[*] Según el misionero francés Évariste Huc, este europeo era sin duda un misionero católico. Otros académicos afirman que se trata de uno de los nestorianos que, según Marco Polo, acababa de establecerse en Xining. Filchner, por su parte, afirma que no se puede sacar ninguna conclusión de la leyenda sobre el «extranjero de nariz larga», sobre todo porque este detalle no está confirmado por la historia tibetana.

lama, que poseía profundos conocimientos religiosos y filosóficos, se fijó en el joven, reflexivo y capaz, y pronto lo convirtió en su discípulo y amigo. Tras enseñar a Tsongkhapa los fundamentos de sus creencias religiosas e iniciarle en todos los misterios del culto religioso de Occidente, el forastero murió».

«A partir de ese día, el inspirado joven se esforzó con toda su alma por ir a Occidente, para que allí, en la patria de su inolvidable maestro, pudiera realizar aún más plenamente la nueva fe».

«En el camino de su largo viaje, Tsongkhapa se desvió accidentalmente hacia Lhasa, donde se le apareció un espíritu y le sugirió que era en esta ciudad donde debía detenerse y predicar su nueva religión, ya que desde aquí estaba destinada a extenderse por todo el país».

«En muy poco tiempo, Tsongkhapa consiguió atraer a muchos amigos y seguidores. Sus enseñanzas resonaron incluso en la corte del mismísimo dalái lama, y fue entonces cuando comenzó la oposición en Lhasa. Se decidió deshacerse a toda costa del lama viajero, cuya influencia crecía y se fortalecía día a día. Para ello, vestido de simple monje, el propio dalái lama fue a ver a Tsongkhapa y en una conversación privada sobre temas religiosos, mediante preguntas hábilmente planteadas, quiso forzar al gran reformador a entrar en contradicción y convertirlo en el hazmerreír general».

«Tsongkhapa recibió al extraño lama con mucha frialdad y, sin mirarle siquiera, siguió sentado en medio de su tienda, rezando continuamente. El dalái lama intentó llamarle y hacerle varias preguntas, pero el gran maestro parecía no oír nada y rezaba incansablemente su rosario. De repente, el dalái lama se llevó la mano involuntariamente al cuello: sintió la picadura de un pequeño insecto desagradable, lo atrapó inmediatamente y lo aplastó accidentalmente con los dedos. Tsongkhapa levantó inmediatamente la cabeza, dirigió una mirada amenazadora al monje, en el que hacía tiempo había reconocido al dalái lama, y comenzó a reprenderle en voz alta por violar el mandamiento budista que prohíbe matar a cualquier animal en nombre de la creencia en la transmigración de las almas. "Con este acto", concluyó el reformador, "¡has pronunciado sentencia sobre ti mismo!". El avergonzado y humillado dalái lama se dirigió a la salida, pero en la puerta de la tienda se enganchó el sombrero alto en el borde del toldo y lo dejó caer. Esto sirvió de señal a los tibetanos de que la vetusta y vieja fe había llegado a su fin y que ahora había llegado el momento de la verdadera y justa religión predicada por Tsongkhapa. Y así sucedió: el sombrero rojo que cayó de la cabeza del dalái lama fue sustituido por uno amarillo, el símbolo del "gelugpa" de la religión reformada. El símbolo de la sangre ha sido sustituido por el símbolo del sol, cuya energía constituye la vida de nuestro planeta: la Tierra».

Una segunda leyenda recogida por Rockhill describe el pasado de Tsongkhapa de una forma ligeramente diferente: En el año 1360, en la región tibetana de Amdo, cerca de Kumbum, una mujer llamada Shingza Hu dio a luz a un niño al que llamó Tsongkhapa. Más tarde fue

XINING. TEMPLO CHINO, FUERA DE LA ESTEPA, EN LAS ALTURAS QUE BORDEAN EL SUBURBIO POR EL SUR

conocido como Je Rinpoche, o «Querido Señor». Cuando el niño tenía siete años, su madre le cortó el pelo y lo destinó a la iglesia. Tras arrojar detrás de una tienda el cabello del niño, pronto creció el famoso árbol sagrado.

A partir de los dieciséis años, el joven comenzó a estudiar teología, y a los diecisiete, siguiendo el consejo de su maestro, fue a Lhasa para perfeccionar sus conocimientos. Allí, Tsongkhapa se dedicó de lleno al estudio de las numerosas escuelas budistas, a las que siempre dio su interpretación.

Sus opiniones y juicios atrajeron a una masa de seguidores. Su valoración crítica de la organización y la disciplina del clero tuvo especial éxito.

Apoyado y alentado por el rey del Tíbet, Tsongkhapa pronto fundó la escuela *Gelugpa* y construyó un «monasterio feliz» llamado Galdan (Ganden) Gompa cerca de Lhasa. La nueva escuela fue ganando adeptos no sólo en el Tíbet, sino también en Mongolia, por lo que es muy probable que ya en aquella época se fundara cerca del lugar de nacimiento de

Tsongkhapa el monasterio «Kumbum», que significa «Cien mil *burkhan*» (imágenes). El nombre deriva probablemente de las numerosas imágenes que aparecían en las hojas del árbol sagrado.

Los chinos siempre llamaron a este monasterio el «Monasterio de Dagoba», cuya primera mención encontramos en los textos del misionero cristiano Orazio della Penna, en el siglo XVIII. De los viajeros rusos, además de Grigori Potanin, que pasó el invierno de 1885 en Kumbum, y Grigor Grumm-Grzhimailo, que pasó por allí en una visita al lugar de nacimiento de Tsongkhapa, este santuario budista fue visitado por los peregrinos budistas Gombojab Tsybikov y Bazar Baradievich Baradin.

Kumbum, uno de los monasterios más famosos y concurridos de la meseta de Amdo, fue fundado hace unos quinientos años por Bogdo Gegen (Tsöndrü Gyeltsen). Tras fundar un santuario budista, Bogdo peregrinó al Tíbet, a Tsang, de donde nunca regresó. La comunidad de Kumbum quedó bajo jurisdicción de un *gegen* llamado Achya (Agya o Arjia Rinpoche), del que ahora se cree que está en su quinta reencarnación.

Las razones del desarrollo y la prosperidad de Kumbum hay que buscarlas en su afortunada situación geográfica, que le permitió convertirse en el centro político y cultural de

*KAPALA*, CUENCO HECHO DE UN CRÁNEO HUMANO PARA USO RITUAL

todo el Gansu noroccidental. Con la atracción de numerosos devotos a sus santuarios, el monasterio piadoso se convirtió también en el centro de las caravanas comerciales que cruzaban la provincia china en dirección a Urga, Kashgar, Pekín y Sichuan.

Los seguidores de la escuela de los sombreros amarillos no rinden a Tsongkhapa una reverencia ordinaria: «en todos los rincones del mundo», escribió Boris Vladimirtsev[*], «dondequiera que se hayan difundido sus enseñanzas, en el Tíbet, en el Gobi mongol, en Transbaikalia, en las

_____

[*]    Véase *Budismo en el Tíbet y Mongolia*, págs. 20-21.

estepas de Astracán o en las montañas de Tian Shan... En todas partes se honra a Tsongkhapa no sólo como el abanderado, el fundador de una nueva religión, sino como un bodhisattva poderoso, perfecto y misericordioso: el tercer Buda».

El himno de alabanza a él, llamado *migtsema* por sus primeras palabras, es conocido de memoria por todos los lamaístas piadosos; Tsongkhapa es para ellos una imagen cercana y visible de la perfección, un intercesor y consolador cercano al que puede recurrir la sufrida humanidad. Por eso, las imágenes de Tsongkhapa en forma de estatuas o iconos llenan templos, estupas y viviendas de tibetanos y mongoles, así como estos llevan sus imágenes en el pecho. En un momento difícil de la vida, un campesino tibetano o mongol se dirigirá en primer lugar a «su» lama, el santo Tsongkhapa. Entonces este exclamará, en un momento de reflexión: «¡Lama Tsongkhapa!». Para los monjes eruditos, experimentados en dialéctica, los escritos de Tsongkhapa son modelos perfectos en pensamiento, forma y lenguaje. A principios del invierno, aproximadamente en los primeros días de diciembre, los lamaístas honran el día de la muerte de su preceptor. Es entonces cuando en todos los rincones del mundo lamaísta, se encienden lámparas dentro y fuera de las viviendas en esa noche, y cerca de la yurta más pobre, perdida en algún lugar de las estribaciones de los montes Altái, una lámpara brilla en la amarga escarcha, en medio del silencio muerto del desierto, en honor y memoria del gran budista, que no sólo cautivó las mentes, sino que también se acercó tanto a los corazones de «aquellos pequeños».

Kumbum parece esconderse en las montañas que lo rodean en forma de anfiteatro; sus templos históricos con tejados dorados, *suburgan* blancos y viviendas de monjes están diseminados en pintorescos grupos en las empinadas laderas de las alturas, diseccionadas por profundos barrancos secos; en el fondo de estos barrancos, cerca de pozos con agua

EL *GEGEN* ACHYA

pura y clara, crecen esbeltos álamos que elevan sus orgullosas copas en lo alto hacia las orillas.

La mayoría de los edificios de Kumbum llevan el sello de la antigüedad: en los pórticos de algunos templos —como Altyn Sume— se pueden ver socavones en el suelo de madera, debido a que los fieles se arrodillan constantemente, tocando el suelo con las manos y los pies callosos.

Pero de todos los santuarios del monasterio, sólo un templo con el techo dorado ha permanecido intacto, en su forma original; el resto de los edificios, en mayor o menor medida, sufrieron daños durante la rebelión de los dunganos.

MONASTERIO DE KUMBUM

Los templos principales de Kumbum*, que se extienden en una larga línea a lo largo de los bordes de uno de los barrancos, forman la periferia aislada del norte del monasterio y se dividen en dos tipos: los ordinarios —conocidos con el nombre de *lhakang*—, que son propiedad de los *gegen* importantes y sólo sirven para la oración, y los templos-escuela o colegios, donde los lamas se reúnen para recibir clases sobre diversas enseñanzas del budismo. En Kumbum hay cuatro colegios: el primero es el científico, el segundo el médico, el tercero la facultad de la contempla-

---

\* Hay doce de ellos: 1) Chamingsuk, 2) Altyn Sume, 3) Yigojin, 4) Chan Khan, 5) Gonk Khan, 6) Tsokchen Dukhan, 7) Shabdang Lhakhang, 8) Naichung Tsong Khan, 9) Yuba Lhakhang, 10) Manba Dukhan, 11) Donger Dukhan y 12) Ulan Labrang.

ción y el cuarto el colegio para el estudio de la literatura científica mística de los Tantras.

Cada mañana, en el colegio científico*, en presencia de todos los lamas, hay una lectura de los sutras, acompañada de un debate. La señal para el comienzo de las clases es el sonido de trompeta de las conchas sagradas; inmediatamente después de la llamada, los sacerdotes (o lamas) llevan los sutras a la sala, donde los lamas mayores se sientan en cuatro filas a ambos lados de la silla central. Los sacerdotes más jóvenes y otros oyentes se sientan en el patio contiguo a la sala en cualquier tiempo. A la entrada de los lamas con los sutras, todos los presentes se ponen sus sombreros amarillos; a los laicos sólo se les permite estar presentes en la lectura, sin tomar parte activa en ella.

Después de varios minutos de silencio, los discípulos más cercanos al trono comienzan a recitar los sutras en voz alta, y todo el público los repite en voz baja. Mientras tanto, lamas o dignatarios de alto rango rodean a los oradores y, al final de la lectura, dan interpretaciones de lo que leen, tras lo cual sobreviene un silencio temporal. Entonces uno de los estudiantes se levanta, se quita el sombrero y la toga y, acercándose a un lama mayor, comienza a gesticular con las manos, demostrándole algo con fervor; el lama, por su parte, objeta o hace preguntas, y estalla una verdadera disputa. Al final de la disputa erudita, el vencedor tiene derecho a subirse a hombros del vencido, que debe llevarlo a cuestas por el patio una vez. Los lamas del colegio científico desempeñan un papel muy importante en la vida de Kumbum y su opinión es decisiva incluso en cuestiones de administración. Es deber de estos lamas reconciliar a los dioses enfadados con los mortales ofendidos, a quienes los dioses castigan infligiéndoles diversos tipos de desgracias. Para llevar a cabo este rito, varios lamas se reúnen en el interior del monasterio y cavan una fosa profunda donde, mientras recitan oraciones penitenciales, depositan dinero, ropa y otras ofrendas de los penitentes. Pero esto no es suficiente. Casi todas las propiedades del pecador: camellos, caballos, carneros, etcétera, son distribuidas entre los nómadas y chinos vecinos, que esperan con avidez tales regalos.

---

* Véase *Ein Beitrag zur Geschichte des Klosters Kumbum*. Berlín, 1906, Wilhelm Filchner, págs. 88-94.

Unos días más tarde, los lamas desentierran de nuevo a las víctimas enterradas en el suelo, y se quema todo menos el dinero, que se destina a las necesidades del templo principal.

En una de las salas del edificio del «colegio científico» hay toda una colección de objetos de valor histórico; entre ellos el objeto más destacado debe considerarse un autorretrato de Tsongkhapa, trazado con sangre y traído de Lhasa a Amdo como regalo a la madre del gran reformador. Cuenta la leyenda que en el momento en que la madre de Tsongkhapa recibió este valioso regalo y lo tomó en sus manos, el retrato cobró vida y le dijo que Tsongkhapa estaba sano y salvo en Lhasa.

KUMBUM. EN EL CENTRO SE UBICA EL TEMPLO DE TECHO DORADO

Las representaciones de Tsongkhapa en Kumbum se caracterizan en general por rasgos típicos: a ambos lados del gran reformador se alzan lotos, símbolo del dominio de la religión budista. A la izquierda, cerca de la flor, hay una espada, y a la derecha un libro. Tsongkhapa está representado con ambas manos en el pecho, con las palmas hacia dentro.

En la misma colección* del «colegio científico» hay una figura más curiosa aún, una figura de arcilla de Mete Fuyeh; se dice que tiempo después de ser modelada, le creció milagrosamente pelo en la cabeza.

Le sigue en importancia la facultad de medicina, donde se estudian las curas de diversas enfermedades más o menos comunes. Todos los años, al final del verano, los estudiantes de medicina van de excursión a las montañas vecinas, llamadas Chogortan, y, bajo la dirección de sus lamas-profesores, se dedican a recolectar plantas medicinales. Con algunas provisiones y armados con hachas y palos con punta de hierro, los jóvenes pasan todo el día trabajando en las montañas y sólo regresan al campamento por la noche. Tras ocho días de recogida continua de plantas, los estudiantes disponen de cinco días para ordenar y clasificar el herbario, que más tarde pasa a ser propiedad del monasterio. La excursión, de dos semanas de duración, termina con una merienda festiva de dulces. Las plantas medicinales recolectadas se envían en parte a la farmacia del monasterio, donde se secan al fuego y se muelen hasta convertirlas en polvo, tras lo cual el medicamento se almacena en pequeñas bolsas de papel rojo con la inscripción correspondiente. El polvo medicinal no se somete a ningún tratamiento químico. En caso de indisposición, los lamas, según la costumbre, tras consultar su libro de referencia, toman el remedio indicado para la ocasión y esperan pacientemente la mejoría.

El puesto de profesor jefe de la facultad de medicina se considera muy honorable y se otorga al miembro de la academia erudita del monasterio con más méritos —pero, al parecer, principalmente por posición social y conexiones—. La elección de una persona para este cargo va acompañada de

EL FUNDADOR DE LA SECTA GELUGPA, O SOMBREROS AMARILLOS, TSONGKHAPA

* Además de los objetos de colección de valor histórico mencionados, en Kumbum hay varias reliquias: el sombrero de Tsongkhapa, un carro del *banchen erdeni* (panchen lama), una silla de montar de Bogdo Khan y la ropa del dalái lama.

una original ceremonia. Las paredes del patio de la iglesia, según Rijnhart*, estaban decoradas con brillantes cuadros fantásticos de obra china; en el centro había una mesa larga y estrecha con muchos platos y recipientes de metal de diversos tamaños y formas, llenos de arroz, *tsampa*, harina, pan, aceite y otros comestibles. Todos estos sacrificios se ofrecían a la divinidad en honor del nuevo candidato a la presidencia del colegio de médicos.

La curiosa muchedumbre acababa de rodear la mesa de los sacrificios. Mientras contemplaban con fascinación los sabrosos platos destinados a los dioses, de repente apareció en la puerta una brillante procesión de cincuenta lamas, vestidos de rojo y amarillo, con campanillas sagradas en las manos; pasaron y se sentaron en el pavimento. Tras ellos, el maestro de ceremonias, una especie de buda de la medicina, les siguió con paso rígido y firme, y se sentó en un trono especial de madera decorado con telas rojas y amarillas.

Este lama iba vestido con brillantes túnicas ceremoniales y un alto sombrero bordado, que armonizaban con la solemne atmósfera de toda la celebración.

La ceremonia comenzó con el ensordecedor tañido de sesenta campanas, al que hacían eco las voces graves de los lamas, que recitaban y salmodiaban las mágicas plegarias esotéricas. Justo delante del trono del profesor de medicina había una gran urna, en cuyo fondo ardía una llama brillante. Una nube de humo fragante salía de la urna. A la señal dada, varios lamas se levantaron inmediatamente de sus asientos y, tomando con grandes cucharones algunos de los sacrificios, comenzaron a arrojarlos a la urna, quemando así los dones en honor del nuevo elegido.

HORNACINA METÁLICA CON UNA MINIATURA DE TSONGKHAPA

Por último, los lamas vertieron en las llamas una pequeña cantidad de aceite sagrado y, acomodándose de nuevo en sus asientos, retomaron el recital de oraciones.

* Petrus Rijnhart, misionero cristiano. (N. del E.)

En el «colegio de contemplación» (o *ting ko*) de Kumbum, los lamas se dedican al estudio de la literatura sobre dicha materia y, además, son responsables del servicio de réquiems por los difuntos y de los propios ritos funerarios.

El cuarto colegio de lamas, conocido como *tsu na*, o facultad de estudios de la literatura mística de los tantras, tiene un estatuto muy estricto, y sus miembros llevan una vida ascética, sometiendo su carne pecaminosa a diversas torturas. Según los estatutos del *tsu na*, los lamas sólo pueden dormir en cuclillas con las rodillas dobladas hacia la cabeza; no se les permite caminar en grupo por las calles, por lo que caminan en fila india, sincronizando exactamente el movimiento de cada uno. Así, si uno de ellos se detiene por una necesidad, los demás están obligados a hacer lo mismo.

Se considera que el templo más antiguo de Kumbum es Chamingsuk, construido por el fundador del monasterio. El siguiente templo de categoría, Tsokhang Dukhang, con capacidad para cinco mil fieles, me sorprendió por su aire viciado y apestoso; al parecer, nunca se ventila y me pregunto cómo la gente puede permanecer en él más de cinco minutos. Detrás del Tsokhang Dukhang, más cerca de las montañas, hay un elaborado ídolo bajo un tejado dorado y rodeado por insólitas paredes de ladrillo vidriado*; es Altyn Sume Tsu (el «gran templo de techo áureo»), que, según la leyenda, guarda las cenizas de Tsongkhapa bajo su *suburgan* central dorado. A lo largo de las paredes del templo hay *burkhan* de metal y arcilla, dorados y pintados, y sobre ellos cuelgan imágenes de las mismas deidades pintadas en rojo y dorado. En la biblioteca del templo dorado, entre otros muchos libros, hay una gran obra en dieciséis volúmenes del propio Tsongkhapa, llamada *Tsung Bum* (*Obras completas de Tsongkhapa*), publicada en papel chino con la encuadernación típica tibetana. El *Tsung Bum* es una de las principales obras del reformador, que, en su contenido religioso y filosófico, sobre el tema de «cómo alcanzar la perfección», sólo es equiparable a las «parábolas de Buda Gautama».

Durante mi estancia en Kumbum hallé un gran número de fieles por todas partes, y delante de Altyn Sume se agolpaba toda una multitud de lamas, esperando su turno para ocupar un lugar en el pórtico y postrarse

---

\*   Los ladrillos vidriados son fabricados aquí por artesanos chinos.

en el suelo para hacer reverencias. Aquí se podían ver las concavidades hechas en la madera por las manos y rodillas de los piadosos.

En las inmediaciones de Altyn Sume se alza el templo de Yigojin, famoso por la gran imagen dorada de Tsongkhapa sentado en un trono en medio de la sala de oración. Por cierto, cabe mencionar que no hay ni un solo santuario en Kumbum, ni un solo edificio en general, que no lleve una imagen grande o pequeña del reformador del budismo. Sus *burkhan*, guardados dentro de cajitas *gau* de incienso, pueden encontrarse en el pecho de cada monje.

Bajando por la ladera del barranco, el visitante se encuentra con dos templos pintorescamente situados: Shabdang Lhakhang —templo de la meditación— y Naichung Tsong Khan. En el primero, el santuario más venerado es el árbol Ulan Tsangdan, que, según los budistas, creció en el lugar donde se enterró el cabello de Tsongkhapa, rapado en su iniciación al lamaísmo. Según otras versiones, la placenta de Tsongkhapa fue enterrada aquí. Ulan Tsangdan, una especie única de lila*, crece en medio de un pequeño patio —de seis o siete metros de ancho— y surge de un parterre revestido exteriormente con un muro de ladrillo; a los lados del patio hay varios parterres más con vástagos del árbol sagrado.

---

*   Según la definición de Diels, *Syraiga amurensis*, y según Kreitner, *Syringa japonica*.

YIDAM HEVAJRA (DEIDAD TUTELAR)

Los monjes aseguran que las personas piadosas que complacen a Buda ven misteriosos contornos de signos divinos en las jugosas hojas frescas de esta lila; por ello, cada hoja se considera una reliquia preciosa y tiene, según los peregrinos, propiedades curativas*.

Tras examinar detenidamente Ulan Tsangdan desde todos los ángulos, no encontré ningún signo en las hojas, sin embargo, no pude resistirme a mi curiosidad científica, si se me permite decirlo, y tras arrancar una pequeña ramita del árbol de Tsongkhapa, la escondí cuidadosamente en mi cuaderno para su posterior estudio†. Mi acto provocó algunas protestas por parte del portero, pero el intérprete que me acom-

---

* Por ejemplo, las mujeres preparan y beben una infusión de las hojas sagradas de lila como remedio para diversas enfermedades posparto.

† Resultó ser de la misma especie que en la cordillera de Alashán: *Syringa serrata*.

pañaba no tardó en apaciguar al vigilante lama entregándole una pieza de plata de mi parte.

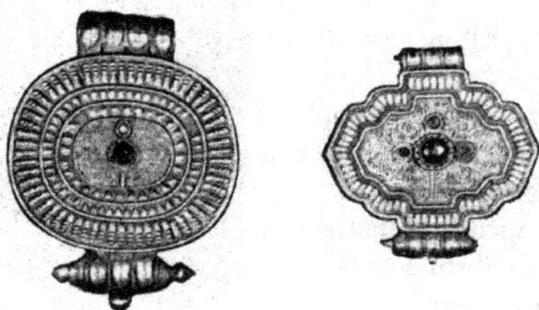

Cajitas *gau*

En la sala interior de Shabdang Lhakhang, además de los habituales *burkhan*, se presentan al ojo sorprendido del visitante impresionantes figuras de animales o fieras: tigres, leopardos, osos, cabras, antílopes y otros. Estos animales disecados son donados por los tangut locales como trofeos de sus propias cacerías.

El templo vecino, Naichung Tsong Khan, de paredes color rojo oscuro y *ganjiras* doradas en el tejado, es más majestuoso que el anterior. Este templo lleva una inscripción de caracteres chinos dorados que reza: «La gran virtud gobierna brillantemente». Naichung Tsong Khan está flanqueado por una hilera de ocho *suburgan* blancos como la nieve.

La historia de la fundación de estas tumbas es la siguiente. En su afán por expandir sus posesiones, los chinos de la provincia de Gansu empezaron a invadir las tierras ancestrales del monasterio, pero los cuatro lamas de éste, con los ocho *gegen* a la cabeza, apoyados por los nómadas de Kokonor, afirmaron enérgicamente sus derechos sobre la tierra; finalmente, el Gobierno chino intervino en la disputa y fue informado de la supuesta rebelión de los monjes. Bogdo Khan envió un destacamento de tropas a Kumbum bajo el mando del príncipe Nengung Wang, famoso por su crueldad en aquella época. Al llegar a Kumbum, el resuelto y estricto príncipe comenzó a investigar el caso y, tras comprobar que los ocho *gegen* eran los principales autores de las desgracias, los reclamó y les dijo: «Vosotros, sabios *gegen*, lo sabéis todo: lo que fue, lo que es y lo que será; decidme, ¿cuándo debéis morir?». Aterrorizados y dándose cuenta de su difícil situación, los santos respondieron: «¡Mañana!». «¡No, os equivocáis!», gritó Nengung Wang amenazadoramente, «moriréis hoy»... y dio órdenes a sus soldados de cortarles la cabeza de inmediato.

Los cadáveres de los *gegen* fueron cremados, y en el lugar de su ejecución los lamas del monasterio erigieron ocho *suburgan*, o estupas funerarias*.

En el balcón anexo del templo de Shabdang Lhakhang, así como en Naichung Tsong Khan hay efigies de gorales (*Nemorhoedus*) y dos yaks salvajes, que tienen un aspecto muy feroz: las cabezas de los poderosos animales están inclinadas hacia abajo, las colas están levantadas hacia arriba, y toda su postura indica su disposición a cornear a la primera persona que encuentren.

Frente a los santuarios principales de Kumbum†, situada en el extremo superior del barranco, existe una pequeña zona vallada que sirve como lugar de paseo para los lamas. Según la antigua costumbre, aquí los monjes suelen ponerse a prueba unos a otros en su conocimiento de los principios de la religión budista y para ello organizan disputas públicas. Desde lejos, tales reuniones producen una impresión bastante original: se oye el fuerte rumor de cien voces jóvenes que responden a las preguntas de sus compañeros en un canto. A veces hay exclamaciones individuales y gritos salvajes, que no perturban el orden general, pero que parecen extraños a un forastero. La primera vez que me acerqué por casualidad al jardín de la disputa, me alarmó el extraordinario ruido, y pensé que a los monjes les pasaba algo.

---

* Después de la pacificación de Kumbum, el príncipe Nengung Wang se dirigió al valle de Dong Chegu, el «desfiladero oriental de los carros», ubicado a quince kilómetros al sur de la actual ciudad de Gui Dui (Guide), que aún no existía en aquellos días. Deteniéndose ante el monasterio de Chema Dzong, el príncipe pidió a todos los lamas que acudieran a él y después ordenó su ejecución de estos. Los lamas se armaron rápidamente y, durante la batalla, el traicionero Nengung Wang murió y su ejército huyó. Posteriormente, el cuerpo de Nengung Wang fue encerrado en una cripta construida con ladrillos, y sobre ella, los soldados leales al príncipe erigieron un ídolo. A día de hoy, muchos peregrinos acuden a este templo y, tras escupir sobre la imagen de Nengung Wang, se burlan de todas las formas posibles de sus cenizas, intentando así expresar a los chinos su odio y desprecio por el difunto.

† Potanin menciona otra reliquia del monasterio: el cráneo de la madre de Tsongkhapa. Este cráneo se conserva en una vidriera del templo de Urjiba (Uryiba), situado en el extremo superior del barranco, y tiene la forma de un cuenco semiesférico, pintado de azul. Los bordes del cuenco están ribeteados en plata y decorados con coral; en el centro lleva una placa de plata con perlas.

Además de los ídolos grandes y pequeños, en Kumbum hay también *suburgan* budistas, uno de los cuales, muy grande, tiene un foso, los otros dos son más pequeños y se conocen con los nombres de Chorten Dzhat y Chorten Namyimin; el primero de ellos está construido en honor de Ayusha (Amitabha), el bodhisattva de la longevidad.

Todos los edificios del monasterio, así como las celdas de los lamas, se mantienen en un orden ejemplar. Los edificios se distinguen por su belleza y solidez, en algunos de ellos, como, por ejemplo, en la gran cocina, se notan incluso intentos de mejora real; en el hogar de la gigantesca cocina central hay tres calderos de cobre macizo, de hasta dos metros de altura y hasta tres metros de diámetro cada uno; calentados con fuego hecho con paja o pequeños arbustos. De este modo, la preparación del té o, lo que es lo mismo, la cocción de la comida* para todos los hermanos del templo principal o peregrinos se realiza con el menor gasto de energía. La pulcritud general de Kumbum se ve favorecida en gran medida por el terreno montañoso, que hace posible que toda la suciedad arrastrada por el agua de lluvia fluya hacia un canal común, el barranco, y sea arrastrada lejos, al pie de las montañas. Las plantaciones de árboles, el césped y los parterres de flores, cultivados en todas las parcelas disponibles por los lamas más laboriosos, hacen que el monasterio sea especialmente acogedor y atractivo.

En Kumbum hay sesenta y tres *gegen* a cargo de todos los lamas, cuyo número total asciende a tres mil quinientas personas†, y su composición tribal está determinada por tres nacionalidades: mongola, tangut y tibetana. La persona suprema en la administración es el *gegen* Achya; para asistirle se eligen dos personas entre los miembros más representativos e inteligentes de la comunidad: un secretario y un *gebskui* (*gebkö*), encargado de los asuntos seculares. El poder ejecutivo y todas las relaciones con las autoridades laicas están en manos de tres funcionarios: el *da-lama*, el *san-lama* y el *emchi-lama*.

---

* Como es sabido, la bebida universal de los habitantes de Asia central es el té de ladrillo con leche, y el alimento universal es la *tsampa*, es decir, la harina tostada.

† Évariste Huc duplica esta cifra.

SHABDEN LHAKHANG, TEMPLO DE LA LONGEVIDAD, CON LILA SAGRADA (EN KUMBUM)

Los representantes de las autoridades seculares —los tres funcionarios y el *gebskui*— se reúnen en un edificio especial, la «administración del monasterio», o Tsokchen Jisa en la jerga local, situado en el terraplén cerca del extremo inferior del barranco.

El *gebskui*, que vela por el bienestar del monasterio, hace una ronda por todas las calles una o dos veces al mes para restablecer el orden; suele ir acompañado de ayudantes que sostienen bastones de cuatro lados pintados, que utilizan con gran habilidad para golpear las espaldas, los hombros y los brazos de los lamas infractores. Además, en muchos templos, cerca de las puertas, para diversión de los monjes en Kumbum, cuelgan látigos enormes que consisten en un importante cinturón de cuero negro sujeto a un mango de madera. Es posible que la mera visión de estos impresionantes látigos tenga un efecto educativo en los jóvenes. En cualquier caso, puede decirse que los lamas de Kumbum llevan una vida correcta y austera, cediendo a la tentación en contadas ocasiones. Una de las fuentes de tentación es la vecina aldea china, descuidada y densamente poblada, doscientos metros más abajo, Lusar, donde los lamas tienen prohibido ir, pero donde a veces se les puede encontrar en alegre compañía.

La administración diaria de los servicios religiosos y diversas enseñanzas se llevan a cabo en Kumbum con una precisión asombrosa: en todo se puede ver el estricto cumplimiento de un orden determinado, apoyado por la mano firme de un líder autoritario.

KUMBUM, TEMPLO DE NAICHUNG TSONG KHAN; A LA IZQUIERDA, OCHO ESTUPAS BLANCAS, EN MEMORIA DE OCHO *GEGEN* EJECUTADOS

BODHISATTVA AYUSHA

# CAPÍTULO XII

# El monasterio de Kumbum, la ciudad de Donger y el largo viaje hasta el lago Kokonor

Centro religioso muy venerado por los budistas, Kumbum congrega en las festividades famosas de sus templos a devotos procedentes de toda Asia central; aquí pueden encontrarse no sólo habitantes de Mongolia del sur y Kokonor, sino incluso habitantes de Mongolia del norte, por un lado, y habitantes del Tíbet, por otro.

Muchas caravanas de peregrinos que se dirigen a la sagrada Lhasa consideran su deber venerar primero los santuarios estrechamente relacionados con el nombre de Tsongkhapa, y después, tras descansar dos o tres meses en el hospitalario monasterio, emprender el difícil viaje posterior.

El monasterio de Kumbum se enriquece de año en año; sus numerosos rebaños de ganado, principalmente yaks, carneros y manadas de caballos, aumentan debido a las extensas ofrendas de los nobles vecinos, que, además, regalan oro, plata, brocados, tejidos de seda y almizcle a los templos; por no hablar de la importación masiva de productos alimenticios: *tsampa*, harina, aceite, sal, etcétera. Además de las donaciones voluntarias, Kumbum, como todos los monasterios de las provincias de Amdo y Kham, también recibe anualmente cuantiosos ingresos en limosnas. Decenas de monjes van periódicamente a pedir limosna a los nómadas vecinos y, tras ofrecer a los nativos *khadak*, *burkhan* y diversas baratijas, reciben a cambio ricos «regalos de la naturaleza». Un nómada hospitalario, por costumbre, nunca rechazará a un lama mendigo, pues perturbaría así esta sociedad patriarcal.

DEMCHOK SAMVARA, PATRÓN BIENAVENTURADO DE LA ESCUELA MÍSTICA GYUD EN KUMBUM

Hay muchos festivales en Kumbum\*, de diversos períodos de duración; en cuanto termina uno, empieza otro nuevo. En febrero, los budistas celebran la fiesta del «Año Nuevo» o del «triunfo de la verdadera religión sobre la herejía», acompañada de danzas, música, representaciones teatrales y espectáculos de luces. En ella, laicos y clérigos compiten inevitablemente en piedad y libertinaje.

Hacia el final de las celebraciones de Año Nuevo, llegan a Kumbum sobre todo muchos peregrinos de distintas partes de Mongolia y el Tíbet, con prisa por celebrar la fiesta de las «flores» o del «aceite». El monasterio pronto se desborda de devotos que, por falta de espacio, se ven obligados a acampar fuera de Kumbum, en las laderas de las alturas adyacentes. En pocos días, los alrededores del monasterio se transforman por completo y adoptan la forma de un sólido campamento, salpicado casi exclusivamente de tiendas negras de unos tangut o tibetanos. El relincho de los caballos, el rugido de los camellos, el gruñido de los yaks, los ladridos de los perros y el estruendo de las voces humanas se funden en un vago ruido apagado, del que se hacen eco los sonidos de las trompetas, los gongs y los rítmicos cánticos de los monjes.

---

\*   Potanin menciona seis grandes fiestas en el año: 1) En la primera luna, es decir, el año nuevo lunar o *Tsagaan Sar*. 2) En la cuarta luna, en honor de Tomba (Buda), Tsongkhapa y Aryabalo (Avalokiteshvara), se celebra el *tsam* o baile religioso. 3) En la sexta luna hay un *tsam*. 4) En la novena luna, hay *tsam*. 5) En la décima luna hay *tsam*. 6) En la duodécima luna, por la tarde, la división de los *soros* —figuras simbólicas en forma de pirámide triédrica— y su quema por la noche sin la danza habitual en estos casos.

Como no he podido, ni ahora ni posteriormente, observar la fiesta de las flores o del aceite, será oportuno recomendar la descripción que de ella hizo en su momento Rockhill[†] y Rijnhart.

YIDAM (DEIDAD TUTELAR) SAMVARA CON SU SHAKTI (CONSORTE FEMENINA). ARRIBA, TSONGKHAPA ENTRE DOS MAGOS (SIDDHAS), A LOS LADOS CUATRO DAKINIS (FIGURAS FEMENINAS), ABAJO ACHALA (DEIDAD PROTECTORA)

La siguiente gran fiesta de Kumbum es la celebración de la encarnación del Buda Sakyamuni, que dura todo un mes: desde principios de abril hasta los primeros días de mayo. Un rasgo característico de este festival son las numerosas procesiones que recorren todas las calles con la imagen de Buda.

Con la llegada del otoño comienza la cuarta fiesta, la «celebración del agua», que tiene carácter de expiación y purificación de los pecados mediante el baño y la ingestión de agua limpia. Esta fiesta dura unas tres semanas.

[†]   *El país de los lamas*, W. W. Rockhill, págs. 69-72.

El vigésimo quinto día del décimo mes es el día de la «Fiesta de las Lámparas» y al mismo tiempo el día memorable de la muerte o transmigración al cielo del gran Tsongkhapa. Por la noche, se encienden velas delante de las imágenes de todas las deidades y linternas en todos los tejados planos; lo que confiere al monasterio el aspecto de un cielo lejano salpicado de estrellas.

Con el brillo y resplandor de las luces, los lamas adivinan y hacen predicciones para el año venidero.

LAMA. UNA IMAGEN RARA, AÚN NO IDENTIFICADA CON MAYOR PRECISIÓN

Pero una de las fiestas favoritas del pueblo es la «Fiesta de los Sombreros», cuando durante dos, o incluso tres días, las puertas del monasterio se abren para las mujeres*. Durante estos pocos días, todo hombre tiene derecho a acercarse a una mujer que encuentre dentro de los muros del monasterio y quitarle el tocado, que ella, de común acuerdo, debe volver a recibir de él la noche siguiente en persona.

---

* Las mujeres sólo pueden entrar en el convento dos veces al año: durante la Fiesta de los Sombreros y el primer día del tercer mes. De hecho, esta ley sólo se aplica estrictamente en relación con el templo de techo dorado.

Además de las fiestas principales descritas anteriormente, en Kumbum se celebran diversas ceremonias religiosas, de las que mencionaremos sólo dos: la «ceremonia en beneficio de los viajeros del mundo» y la «oración nocturna de los lamas».

El vigésimo quinto día de cada mes, los monjes de Kumbum se reúnen en una montaña vecina y, tras recitar oraciones, esparcen al viento numerosas figuras de papel de caballos al galope, que vuelan a lo largo y ancho en todas direcciones. «Estos caballos, por voluntad de Buda, alcanzan en el desierto a los viajeros cansados y exhaustos, cuando se encuentran con ellos se convierten en caballos vivos y salvan así a los vagabundos de la muerte».

Sin embargo, la ceremonia más original e impresionante debe considerarse la oración nocturna de los lamas. Hacia las nueve o las diez de la noche, el solemne silencio del monasterio dormido es roto por los estridentes sonidos de las trompetas, el lastimero aullido de las conchas sagradas, los gongs y el repique de las campanas.

Toda la población del monasterio, desde los más jóvenes a los más viejos, se reúne en los tejados de sus casas, donde se encienden grandiosas hogueras. Espesas nubes de humo se elevan hacia el cielo. Lamas en posturas orantes, de pie o sentados, con la cabeza inclinada, susurran sin cesar la eterna oración *om mani padme hum*, y los laicos también hacen girar continuamente sus ruedas de oración o *khurde*. Numerosas linternas rojas sujetas a largos postes se balancean silenciosamente e iluminan de forma encantadora a estos grupos originales de fieles.

Pasada la medianoche, esta ceremonia nocturna se ve súbitamente interrumpida por un grito inhumano que puede llenar el alma de todo visitante no acostumbrado con una incomprensible sensación de horror.

En el mismo instante se apagan los faroles y las lámparas, y en todas partes reina el mismo silencio y una oscuridad más profunda.

El propósito de este extraño ritual es ahuyentar en la medida de lo posible a los espíritus malignos que en tiempos pasados causaban grandes problemas a los pacíficos monjes, infligiéndoles enfermedades, pestes y muchas otras calamidades. Durante muchos años los lamas se vieron impotentes para remediar su desgracia, y sólo hace relativamente poco tiempo que uno de los honorables servidores de Buda ideó la ceremonia antes descrita, que resultó fatal para los espíritus malignos.

El 6 de agosto, día del nacimiento de la Sociedad Geográfica Rusa[*], nuestro pequeño grupo partió de Kumbum bastante temprano, tomando rumbo oeste-noroeste hacia Donger.

VAJRADHARA, O BUDA PRIMORDIAL, FUENTE DE TODAS LAS ENSEÑANZAS TÁNTRICAS

Al principio pasamos a través de las suaves colinas, y luego por un valle ocupado por campos de cereales, donde trabajaba toda la población nativa adulta. Entonces contemplé con especial atención y curiosidad la lejana cresta meridional que nos separaba del río Amarillo. Su zona alpina, que parecía tan atractiva, me atraía fuertemente, y me resultaba difícil, como explorador de la naturaleza, obligarme a sacrificar mi interés por estas montañas poco exploradas por otro interés aún más

[*]  La Sociedad Geográfica Rusa fue fundada el 6 de agosto de 1845.

profundo en Kokonor y el Tíbet. La segunda mitad del viaje hasta Donger transcurrió por una gran carretera, a lo largo del río Xining. Me detuve en un alto cerca de un puente arqueado, bastante anticuado, y observé con interés las filas de transeúntes y viajeros, me fijé especialmente en los llamados *donger wa* o *daldos*\*, que en un pasado lejano pudieron haber sido mestizos entre los chinos y los tangut, pero que en cualquier caso constituyen una nacionalidad única.

Esta interesante tribu, llamada por Nikolái Przewalski «daldi», y «shirongol» por Grigori Potanin, se había asentado en ambas orillas del río Amarillo, por encima de la ciudad de Lanchou Fu, ocupando así la zona conocida como San Chuan†, y extendiéndose en el norte hasta el río Xining. Los *donger wa* viven de forma sedentaria y se dedican a la agricultura de cebada, trigo y alforfón; sus campos, que son propiedad privada de los dueños, se riegan mediante canales de irrigación artificiales y se abonan con una mezcla fina de tierra de loess con estiércol, cenizas y todo tipo de impurezas.

Los edificios de los *donger wa*, situados en granjas separadas y a veces en pueblos enteros, están hechos de ladrillos de arcilla y, rodeados de un patio cerrado por un alto muro, se asemejan a pequeñas fortalezas.

La lengua *daldi* (huzhu o monguor) es muy próxima al mongol, pero presenta algunos rasgos característicos y admite una mezcla de palabras chinas y tangut.

En cuanto a su religión, esta etnia no representa nada uniforme: hay budistas, mahometanos e incluso animistas entre ellos. La apariencia de esta tribu es bastante hermosa, agradable y recuerda al tipo de los sureños del Imperio ruso. Las pulcras ropas de los *donger wa* se caracterizan por su elegancia y originalidad de corte, lo que les confiere un aspecto pintoresco. Cuando les saludaba con un afectuoso *¡demu!* (¡hola!), siempre respondían con una sonrisa y cortesía exquisitas.

Río arriba, el caudal del Xining se volvía cada vez más pobre. Sin embargo, este no perdía la poderosa fuerza de su corriente y aún fluían aguas claras de manera rápida, formando en las partes más estrechas del valle remolinos y rápidos, que creaban un ruido inusitado. En algunos lugares, el río había arrasado la orilla, y en otros había barrido la capa

---

\* Arcaísmo para referirse a la etnia Tu, también llamados mongoles blancos. (N. del E.)

† Región que se sitúa en el actual condado autónomo de Minhe. (N. del E.)

superior de tierra con césped y a veces con cultivos. Los habitantes del lugar habían luchado duramente contra tales destrucciones: habían reparado la carretera, rellenado con piedras en las partes erosionadas del margen e incluso intentaron extraer del barro las espigas ahogadas por el agua.

El camino continuaba; una tras otra, las tierras de cultivo y las aldeas se sucedían imperceptiblemente; había suficiente distracción para la vista y la mente.

Faltaban todavía diez kilómetros antes de llegar a Donger, cuando nos encontramos con un apuesto comerciante de Andiyán, que se dirigía a Xining montado en un caballo blanco bien alimentado. Este joven me saludó con exquisita cortesía y me informó de la llegada segura de la caravana principal a Donger. Y fue aquí donde, por fin, regresé a un lugar pintoresco en el estrecho desfiladero del río Xining, que yo recordaba desde mi anterior viaje al Tíbet. Un puente alto y ligero salvaba el río arremolinado y espumoso, y detrás de él, en la orilla opuesta, se extendía un acogedor y excelente bosque de abedules, que descendía por las empinadas laderas.

En cuanto a la vegetación del valle del río Xining, cabe señalar su pobreza en diversidad y número de géneros y especies. Durante el trayecto de Xining a Donger, la expedición recogió y etiquetó sólo unas cincuenta formas de vegetación, a saber: espino amarillo (*Hippophae rhamnoides*), *Myricaria germanica*, *Crataegus*, *Salix*, *Berberis*, grosellero (*Ribes aciculare*), rododendro, ajenjo (*Artemisia Potanini*), agrimonia velluda de China (*Agrimonia pilosa glandulosa*), sanguisorba (*Sanguisorba officinalis*), bistorta (*Polygonum bistorta*), senecio (*Senecio erucifolius*), dracocéfalo (*Dracocephalum*), alfalfa (*Medicago ruthenica*), sanjuanera (*Galium verum*), genciana barbuda (*Gentiana barbata*), *Swertia chinensis*, helecho águila (*Pteridium aquilinum*), gipsólifa (*Gypsophila acutifolia*), *Thalictrum petaloideum*, espuela de caballero siberiana (*Delphinium grandiflorum*), *Anisodus tanguticus*, *Lancea tibetica*, *Spiranthes australis*, *Herminium monorchis*, *Bupleurum multinerve*, *Lespedeza trichocarpa*, *Triticurn cornutum*, *Panicum miliaceum*, *Setaria italica*, violeta de bulbo (*Viola bulbosa*), *Anaphalis*, *Phlomis*, *Scirpus*, *Malva*, *Adenophora*, *Myosotis*, *Potentilla*, *Ajuga*, *Fragaria* fresa, *Nemophila*, *Sorbaria* y peonía (*Paeonia*).

En cuanto a los insectos, que además están estrechamente relacionados con el carácter de la diversidad vegetal de este valle, logramos
recolectar a lo largo de toda la longitud a lo largo del río Xining y sus
tramos superiores un número considerable de representantes de gu-
sanos de todo tipo*. Adicionalmente, añadimos a nuestra colección una
interesante y nueva forma del orden *Hymenoptera*: un abejorro *Bombus
lepidus*.

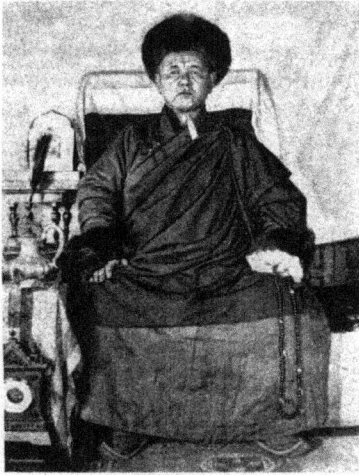

HAMBO, LAMA ZHAYAK

A medida que avanzábamos, desde el
sur fluían cada vez más arroyos sonoros, y
en dirección norte las montañas crecían
gradualmente. Hasta que, por fin, las torres de la ciudad de Donger hicieron acto
de presencia.

Mientras tanto, el viento del oeste,
que se había levantado hacía poco, aumentaba, se levantaban densas nubes y la
lluvia, que al principio no era sino llovizna-
na, se convirtió en un verdadero aguacero
que nos acompañó hasta el campamento
de la expedición. Tuvimos que meternos
inmediatamente en la tienda y cavar una
zanja profunda en nuestro refugio para
evitar una inundación.

El encuentro con la caravana principal fue de lo más alegre, todo
salió bien, los camellos soportaron perfectamente el difícil y resbaladizo
camino y entregaron el valioso equipaje en una sola pieza, habiendo hecho toda la distancia desde Xining en tres días de marcha.

La ciudad de Donger se levanta en la orilla izquierda del mismo río
Xining, que por encima de la ciudad descrita toma el nombre de la misma ciudad: Donger He. El valle del río alcanza aproximadamente un
kilómetro de anchura; la ciudad misma está flanqueada por alturas de

---

* En cuanto a los hemípteros (chinches), la expedición se enriqueció con las siguientes
especies: *Legnotus notatus, Carpocoris (Antheminia) laticollis, Dolycoris baccarum, Corizus
hyosciami, Stictopleurus nysioides, Eurydema gebleri, Zicrona coerulea, Pyrrhocoris
sibiricus , ris lineolatus, Lygus pratensis, L. (Orthops) mutans, Camptobrochis punetulatus* y
*Stenodema virens* fueron encontrados en el valle de Xining. En los tramos superiores
del río Xining capturamos: *Carpocoris pudicus, Eurydema mara-candicum, Stenocephala
sp., Poeciloscytus brevicornis* y *P. palustris*.

contorno suave, compuestas de areniscas rojas, estratificadas horizontalmente y cubiertas de loess.

Al final del verano, el exuberante verdor de la montaña y los campos de cereales maduros conforman una agradable estampa que suaviza las impresiones de suciedad, polvo y bullicio del bazar chino. Según los lugareños, la fortaleza de Donger se fundó hace unos doscientos cincuenta años, durante la dinastía Qing.

En tiempos más remotos, la fortaleza y el Gobierno local se encontraban en Zheng Haibu, y sólo el emperador chino Shunzhi la trasladó veinte kilómetros al oeste, a la actual Donger, donde nombró a uno de sus hijos primer administrador.

En la actualidad, Donger tiene una gran importancia comercial; por ella pasa la carretera de Gansu hacia el sur del Tíbet, que utilizan las caravanas de comerciantes y los peregrinos a Lhasa. En la única calle comercial de la ciudad uno puede encontrarse con representantes de distintas nacionalidades, que se reúnen aquí para intercambiar mercancías: nómadas vecinos (tangut, mongoles, tibetanos, e incluso comerciantes de Lhasa) y *donger wa* ofrecen diversas materias primas (lana, pieles, aceite, sal y pólvora) a cambio de té, productos metálicos, telas, *yuft* (cuero ruso) y artículos de lujo, principalmente en forma de productos de tocador femenino. Entre las coloridas vestimentas de la muchedumbre revuelta, lo que más se ve son los trajes originales de los tangut de Kokonor; estos llaman la atención por sus extraordinarios adornos dorsales, en forma de cintas dobles e incluso triples, ricamente decoradas con monedas, conchas, monedas de plata, turquesas, corales, etcétera. Mis acompañantes observaban siempre con igual admiración a los jinetes tangut, que a menudo corrían por las calles con su armadura completa. Los orgullosos y altivos esteparios no temen a nada ni a nadie, al contrario, más bien infunden el miedo y la humillación entre los chinos locales. Entre la gente festiva vi a menudo a hombres hoscos encadenados con pesados grilletes de hierro; por lo que pude comprobar, no pedían limosna, sino que subsistían únicamente gracias a donaciones voluntarias. Conscientes de su culpa, los criminales budistas suelen soportar el castigo por el que han sido condenados sin quejarse, y algunos pecadores, considerándose más culpables ante los hombres, no se quitan las cadenas ni siquiera después de haber cumplido su condena, alegando que aún no han sufrido demasiado.

Tras experimentar la más amable hospitalidad del jefe de la ciudad de Donger, notificado oficialmente de la llegada de la expedición, nos sentíamos a gusto y empleamos todo nuestro tiempo en observar la peculiar vida del centro comercial y en recopilar material etnográfico. Un día dedicamos de manera exhaustiva a realizar experimentos con nuestro bote de lona plegable. La embarcación de la expedición, que había sido embarcada en el río y que posteriormente prestaría un gran servicio en el lago Kokonor, tuvo una pequeña fuga. Sin embargo, en palabras de mi antiguo compañero, el sargento mayor Ivanov, esta fue «hinchada» con gran rapidez y efectuamos un excelente viaje por el Donger.

LA CIUDAD DE DONGER, VISTA DESDE EL SUR-SUROESTE

Al percatarse de que los rusos se interesaban por los *burkhan, gau,* y también por los artículos de fabricación local, los comerciantes no tardaron en llenar nuestro campamento y organizaron todo un bazar en él. Las colecciones etnográficas se enriquecieron con muchas adquisiciones valiosas tanto en el campo del culto budista como en el de la vida cotidiana, en relación con los accesorios de ropa y joyas de los tangut de Kokonor.

Se acercaba el momento de la partida de la expedición de Donger; el tiempo no nos era favorable y llovía día tras día*. El río Donger se había desbordado en algunos lugares y amenazaba con inundar el campamento de la expedición. Por supuesto, hubo víctimas humanas. Una noche oscura e inclemente, oímos gritos lejanos desde la orilla del río Donger. Detrás del ruido de la corriente no pudimos distinguir lo que ocurría; sólo a la mañana siguiente resultó que tres cargadores de madera chinos habían muerto en el turbulento río, mientras intentaban arrastrar los troncos que llevaba la corriente hasta la orilla.

Sensibles a la humedad, nuestros «barcos del desierto» empezaron a sentirse mal: tenían las piernas hinchadas. Esto nos daba en qué pensar, y nos hacía temer seriamente por el éxito de la marcha ulterior. Teniendo en cuenta el triste estado de nuestros experimentados animales de caravana, decidí volver a clasificar el equipaje de la expedición y dejar en Donger todo lo pesado o aquello de lo que se pudiera prescindir. Así, tras haber entregado parte del transporte (la colección) a manos fiables, la expedición pudo viajar más rápido y fácilmente. Sin embargo, tras observar raros destellos del buen estado de la at-

UN CHINO, CRIMINAL EN LIBERTAD CONDICIONAL QUE SIRVE SU CONDENA ENCADENADO

mósfera, afrontamos con relativa rapidez la tarea de reequiparnos y el 11 de agosto entregamos ocho fardos pesados de la caravana de la expedición al gobernador de Donger bajo un recibo responsable.

Antes de partir se nos unieron cuatro soldados de caballería armados y un traductor de lengua tangut enviado por Ching Tsai. Todas estas personas resultaron ser muy útiles más tarde en el trato con los nativos, que

* Nuestras excursiones en los alrededores de Donger se vieron enriquecidas con reptiles: lagartos (*Aisophysax pipiens, Phrynocephaius caudsvolvoius, Ph. kuschakewitschi, Eremias muitiocellata* y sapos (*Bufo viridis* [sapo verde] y *Bufo vulgaris* [sapo común]).

nos trataron con respeto, gracias a los cuidados del mismo dignatario de Xining. Preocupado por nuestra suerte, Ching Tsai había enviado una carta especial a los tangut, explicándoles la importancia de mi persona y el significado de la tarea a la que estaba llamado a servir. Además, mientras hacía el habitual viaje anual a Kokonor con el propósito de ofrecer plegarias a los dioses en favor de la abundancia de lluvia, el *amban* de Xining habló personalmente con los jefes tangut, inculcándoles una buena actitud hacia los exploradores rusos.

Dos caminos* conducen de Donger al lago alpino de Kokonor: el meridional, a través del paso de Shara Khotul, y el septentrional, por Datsan Sume. El primero suele ser utilizado por todos los que se dirigen a la orilla sur, el segundo por todos los que pretenden seguir la ruta norte. Nosotros elegimos la ruta sur, que, por cierto, es la que utilizan los altos funcionarios de Xining para sus viajes anuales de negocios.

Nuestra caravana avanzó con dificultad hasta la frontera del oasis a causa del insoportable barro; pero cuanto más ascendíamos por el desfiladero de Donger, más seca se volvía la superficie arenosa y pedregosa. El arroyo de la montaña llevaba agua cristalina, que retumbaba y salpicaba espumosa sobre las grietas rocosas. En las partes más anchas del valle había campos continuos de trigo, cuyas espigas, en algunos lugares, estaban tumbadas por el peso y la lluvia. La cosecha estaba en pleno apogeo.

La carretera discurría a menudo de una orilla a otra, zigzagueando como una extraña y estrecha serpiente, y perdiéndose temporalmente en el fondo del río. Para cruzar el río, salvo en el punto más cercano al pueblo, donde había un puente, teníamos que vadear la corriente, lo que no era difícil con el nivel medio del agua. Sin embargo, experimentamos grandes inconvenientes cuando nos enfrentamos a situaciones imprevistas, en las partes más estrechas y escarpadas del desfiladero, al encontrarnos con las caravanas de los tangut. Armados de pies a cabeza, los tangut transportaban sal y materias primas desde el valle del Dabasun Gobi. Viajaban en partidas, generalmente de cinco o siete jinetes, acompañados de cincuenta o setenta animales de carga: yaks o *khainag* sanos y bien alimentados†. Los nativos, por supuesto, conocen perfecta-

---

\*    Potanin indica «tres caminos»: uno, el más meridional, pasa por el paso de Kodergo Daban, el otro por Ulan Usa y el tercero, el norte, por el paso de Kira Daban.

†    Cabe señalar que los *khainag*, híbridos de un yak con una vaca común, están dotados de una disposición tranquila y son mucho más confiables y útiles en el trabajo que

mente las ventajas de uno u otro animal, por lo que siempre forman caravanas mixtas.

Para evitar catástrofes en tales encuentros, era necesario, de acuerdo con las sinuosidades y ensanchamientos del camino, retrasar a los tangut en ciertos lugares, y a veces incluso hacerlos retroceder en una pendiente, hasta la llegada de la caravana expedicionaria.

Al segundo día de partir de Donger, dejamos los últimos vestigios de civilización y desde la tierra de la agricultura nos asomamos al reino de los nómadas.

Ante nosotros se alzaban las montañas, el último obstáculo que ocultaba a los viajeros el encantador y esperado lago de Kokonor.

En las montañas respirábamos con facilidad; el aire puro y transparente dejaba ver el horizonte infinito, el cielo parecía más profundo y brillante. La amplitud, el silencio y la desolación hicieron renacer de inmediato la reflexión, dándole mayor alcance y profundidad, si cabe, accesible al hombre sólo en momentos brillantes de diálogo con la naturaleza pura. Todo a nuestro alrededor estaba repleto de alegre vida: alfombras de flores doradas se desplegaban en las tierras bajas, las mariposas revoloteaban sobre ellas, y también zumbaban abejorros y moscas. En los prados aparecían muchas picas y marmotas siberianas (*Marmota sibirica*). En cuanto a las aves, se observaron los amigos de los pequeños roedores, los gorriones y escribanos (*Pyrgilauda et Onychospiza*), y sus crueles enemigos: buitres, halcones (*Falco cherrug milvipes*) y cuervos negros (*Corvus corax*). El agradable canto del ruiseñor pechinegro (*Calliope tschebaiewi*) hizo acto de presencia con el mejor tiempo del día. A lo largo de los rápidos, junto a las rocas, se vislumbraba ocasionalmente la hermosa silueta del colirrojo acuático (*Chimarrhornis leucocephala*); de otras aves sólo observamos la lavandera blanca (*Motacilla alba*) y el bisbita rosado (*Anthus roseatus*).

Durante nuestras excursiones por la zona alpina, por encima de los 3.350 metros sobre el nivel del mar, divisamos una gacela tibetana (*Procapra picticauda*), y mi ayudante, Chetyrkin, consiguió atrapar con una red para mariposas a un interesante roedor, *Eozapus setchuanus*[*], que me-

---

los feroces yaks semisalvajes.

[*] Dos especímenes habían sido capturados en otra ocasión por M. Berezovsky en Sichuan.

rodeaba alrededor de pequeñas rocas dispersas que sobresalían entre la vegetación de la pradera.

Ahora, desde mayor altura, las cordilleras septentrional y meridional se perfilaban clara y contrastadamente. Mi vista se fijó involuntariamente en la última de ellas, detrás de la cual se iba a concentrar la actividad ulterior de la expedición.

A los días claros y tranquilos siguieron noches no menos hermosas.

El crepúsculo llegaba rápidamente a las montañas y la noche descendía aún más rápido.

Animado por la naturaleza virgen, me iba a dormir a altas horas de la noche, apresurándome por olvidarme de todo hasta la mañana siguiente, para tener fuerzas y energía suficientes en la siguiente travesía. Medio dormido, mi oído sensible captaba la voz del oficial de guardia que levantaba el campamento al amanecer. Luego abría los ojos por un minuto para contemplar, a través de la lona de la tienda, el brillante y matutino planeta de Venus. Era entonces cuando me daba cuenta de que la hora estaba cerca... ¡Pronto debería levantarme yo también!

El 14 de agosto, desde la cumbre adyacente al paso de Shara Khotul, finalmente se dejó ver la suave extensión de agua azul del hermoso lago Kokonor, fundiéndose en el lejano oeste con los mismos cielos claros y puros.

Al suroeste, bordeando la cuenca del lago, se extendían las montañas llanas, entre las que destacaba la cordillera sur de Kokonor (Qinghai Shan), dominada por el pico Ser Chim, cubierto por la nieve reciente. Detrás de las lúgubres colinas, en la misma dirección del mediodía, se alzaba orgullosa la cordillera sur de Kokonor, con su nítida silueta resplandeciente por la blancura mate de la enorme capa de nieve. Había un silencio solemne en el aire maravillosamente transparente, el sol calentaba palpablemente, los pájaros volaban aquí y allá sobre el brillante fondo azul del cielo: el buitre del Himalaya, el buitre monje y el quebrantahuesos; este último volaba a menudo cerca de nosotros y nos daba la ocasión de admirar su vuelo suave, su tamaño y la naturaleza en general, que animaba por sí mismo, deslizándose por las montañas sin batir las alas.

El paso de Shara Khotul se encuentra a 3.540 metros sobre el nivel del mar; al norte se eleva el alto pico cubierto de rocas llamado Namarge por los tangut, y al sur parte del horizonte está oscurecido por el monte Sorge. No muy lejos, en la orilla dominante, había un muro de oración donde, a la vista de las aguas azules de Kokonor, los tangut solían reunirse para sus ritos religiosos. Hoy día, las plegarias al patrón de Kokonor se ofrecen en un nuevo templo chino de reciente construcción, situado cerca de las ruinas de la antigua ciudadela.

Mientras nuestra caravana atravesaba el paso, observamos un gran traslado nativo de alimentos y utensilios domésticos que se dirigía al templo mencionado. De nuestras averiguaciones resultó que los nativos se preparaban para la llegada de las autoridades de Xining, que anualmente peregrinan al lago sagrado encabezadas por su líder: Ching Tsai.

Cuanto más se acercaba la expedición a Kokonor, más y más a menudo se cruzaban con ella las caravanas de los tangut cargadas de sal; también caravanas de nativos dirigidos por los jefes de los *khoshun* se apresuraban hacia el este para recibir a los distinguidos invitados. Entre otras importantes personalidades tangut destacaba con su orgullosa postura y apuesto aspecto un tal Chamru, el jefe del *aimag* de Chamru, que vagaba a lo largo de la costa sureste de la cuenca alpina y las montañas adyacentes. Habiéndose enterado por el intérprete de la partida de la expedición rusa, Chamru se acercó a mí con un saludo y me dijo que había recibido un papel sobre nuestra llegada, y que, por lo tanto, se nos daría toda la ayuda, honor y respeto.

A lo largo de las orillas de numerosos arroyos y ríos que corrían desde las montañas meridionales hasta Kokonor, se amontonaban los campamentos nómadas; en el camino veíamos a menudo yaks que destrozaban con sus poderosos cuernos las suaves terrazas; grandes rebaños de carneros pastaban en los alrededores.

Más allá del sistema fluvial del Ara Gol, la expedición pronto dejó atrás los pastos forrajeros preferidos por los nativos y volvió a respirar libremente hacia la extensión azul del lago. El primer campamento en la orilla sureste del Kokonor, en la zona de Tsungu Tsera, dejó una impresión indeleble por su encanto. Aquí nos acercamos por primera vez al agua misma del inmenso «mar» azul oscuro, como llamábamos al formidable lago tormentoso. Aquí conocimos el encanto de sus colores matutinos y vespertinos, y también aprendimos a entender el suave y furioso hablar de las olas.

# CAPÍTULO XIII

# El lago Kokonor (I)

K OKONOR, o «lago Azul», como dicen los mongoles, es conocido entre los tangut bajo el nombre de «Tso Gumbum», y entre los chinos Tsin-Hai (Qinghai), o «mar Azul», es considerado sagrado por los budistas y ha atraído durante siglos la atención de los nómadas, que forjaron muchas leyendas diferentes sobre él.

Nikolái Przewalski cita una de estas leyendas en la descripción de su viaje*; ahora, habiendo llegado a Kokonor, logramos escuchar lo siguiente: «Hace muchos, muchos años, cuando en el valle de Kokonor sólo vivían mongoles y había dos pequeños estanques en el lugar del lago actual. Los habitantes de la costa eran muy descuidados en cuanto a la limpieza del agua de estos estanques y la contaminaban constantemente. Llegó un día en que una mujer se metió directamente en el agua para hacer sus "necesidades". Entonces, Heichilun —un dragón de agua— no pudo soportarlo: salió de su mazmorra y se elevó amenazadoramente sobre el agua que empezó a brotar del agujero resultante e inundó las orillas circundantes en cientos de kilómetros a la redonda. Los asustados habitantes, junto con sus vecinos chinos, empezaron a rezar a Lu Ban, el patrón de los carpinteros, para que les protegiera. Lu Ban respondió que antes de entablar batalla con el dragón de agua, debía probar sus fuerzas, y para ello se dirigió a tres cestos llenos de tierra y les ordenó que crecieran».

«Y así ocurrió un milagro sin precedentes: la tierra creció instantáneamente por encima del nivel del agua. Convencido de su poder, Lu Ban gritó con voz autoritaria a Heichilun, ordenándole que regresara a su

* *Mongolia y el país de los tangut.*

mazmorra. El dragón desapareció, y Lu Ban llevó la montaña al lago y taponó con ella el agujero por el que había salido su furioso adversario. Desde entonces, en lugar de los pequeños estanques, vemos un lago sin límites, eternamente embravecido, y en medio de él una isla».

Futterer*, que ha viajado a Kokonor, ofrece una leyenda alternativa. La población budista de la región de Kokonor atribuye un origen sobrenatural al lago:

> Érase una vez, en tiempos muy remotos, un templo en honor de Buda que se estaba construyendo en Lhasa.
>
> A pesar de todos sus esfuerzos, durante muchos años los obreros no pudieron terminar la construcción, ya que por razones desconocidas el templo era destruido periódicamente hasta los cimientos.
>
> Finalmente, uno de los lamas explicó que había un santo en el lejano oriente que conocía la misteriosa causa de este fenómeno. Para construir el templo, era necesario averiguar su secreto.
>
> El lama enviado en busca del santo viajó durante todo un año sin resultados, visitando sucesivamente todos los monasterios budistas y ciudades sagradas. Finalmente, en la frontera entre el Tíbet y China, en la estepa, conoció a un humilde anciano ciego que mencionó por casualidad, en una conversación, el famoso templo de Lhasa. «En el lugar donde se está construyendo el templo», dijo el anciano, «se extiende bajo tierra un vasto lago. Este charco de agua, que impide la construcción del templo, desaparecerá, y la zona donde vivo se inundará de agua», terminó diciendo el desdichado santo, «pero esto sólo ocurrirá cuando uno de los lamas tibetanos se entere de la existencia del lago». Habiendo escuchado tal revelación, el lama tibetano se apresuró inmediatamente a su tierra natal. Esa misma noche, se produjo un terremoto en la frontera entre China y el Tíbet, se oyó un estruendo y una corriente de agua brotó de la tierra, llenando todo el valle de alta montaña. Al ver la inundación, el dios envió a la Tierra un gran pájaro maravilloso, que con la ayuda de una roca de Nanshan cerró el agujero formado por el agua y detuvo el desastre. Esta roca en forma de isla montañosa todavía es visible hoy en medio del lago Kokonor.[†]

Han pasado más de treinta y cinco años desde que Nikolái Przewalski viera por primera vez Kokonor y exclamase: «¡El sueño de mi vida se ha

---

[*] Karl Futterer (1866-1906), geólogo alemán que dirigió una expedición en el oeste de China entre 1897 y 1899. (N. del E.)

[†] Karl Futterer, *Durch Asien*, capítulo VIII, pág. 277.

cumplido! ¡El ansiado objetivo de la expedición se ha alcanzado! Lo que hace poco era un sueño, ahora se ha convertido en una realidad. Es cierto que este éxito se consiguió a costa de muchas y duras pruebas, pero ahora todas las penurias sufridas han sido olvidadas y mi amigo y yo nos encontramos en la orilla del gran lago, admirando sus maravillosas olas de color azul oscuro».

El hermoso lago alpino de Kokonor descansa en una vasta cuenca esteparia, bordeada al norte y al sur por cadenas montañosas de carácter salvaje y majestuoso. En los otros dos lados está rodeado por montañas o estribaciones de orden secundario. Sin embargo, el lago se encuentra a una altitud de tres kilómetros sobre el nivel del mar y con sus trescientos cincuenta kilómetros de circunferencia, es un depósito de agua salada bastante profundo[*]. Sus orillas son en su mayoría bajas, de guijarros arenosos, ocasionalmente interrumpidas por cabos o acantilados, que aún conservan las marcas del antiguo nivel más alto del lago. La isla de Kuisu (Haixin Shan) divide el Kokonor en dos partes: septentrional y meridional, que ha sido la más estudiada hasta ahora, y la occidental y oriental. En la parte sur de la cuenca, el fondo del lago es arenoso, en el medio se vuelve fangoso, plano y disminuye gradualmente hacia el centro, formando una cuenca con una hondonada más profunda que pasa al pie sur del Kuisu, desde donde el fondo del lago desciende mucho más pronunciadamente que desde la orilla opuesta del lago. La mitad occidental del lago, más ancha, según Nikolái Przewalski, es al mismo tiempo la más profunda, mientras que la mitad oriental es mucho menos profunda. Tres islas arenosas se levantan cerca de la orilla oriental, rica en arena suelta; además, en la misma zona se encuentra un pequeño lago llamado Khara Nor, que antaño formaba un todo con Kokonor y está separado de éste sólo por una lengua de arena. Estas circunstancias sugieren que el viento predominante del oeste, que trae polvo y arena, contribuye a la disminución de la profundidad del lago. El proceso de bajamar está estrechamente relacionado con la reducción gradual del tamaño de la cuenca y se expresa con suficiente claridad en el estudio de la costa del lago y las islas, de las que sólo hay cinco en Kokonor.[†]

---

[*] Las aguas azul oscuro de Kokonor descansan a 3.230 metros sobre el nivel del mar, ubicándose a 36° 39′ 11″ de latitud geográfica norte y 100° 13′ 0″ de longitud este del meridiano de Greenwich.

Obruchev escribió: «La desecación actual del lago queda demostrada por la existencia de la terraza inferior, no cubierta de loess, y por la formación de lenguas y lagos que se extienden a lo largo de la costa. Las islas sobresalen cada vez más del agua, a medida que aumentan o se expanden los cenagales costeros».

Las razones de la escasa profundidad de este lago son el vertido constante o casi constante de arena y polvo y la escasa cantidad de agua de entrada, como señaló acertadamente Nikolái Przewalski[*], «que no compensa la pérdida causada por la evaporación estival en la vasta superficie de toda la cuenca». El lago recibe agua de unos setenta afluentes[†], pero sólo dos de ellos, el Bukhain Gol (río Buha) en el oeste y el Khargen Gol o Balema (río Shaliu) en el norte pueden considerarse significativos, los demás se secan a menudo y sólo llevan agua en la estación lluviosa[‡].

La cordillera norte de Kokonor, o Ama Surgu (Zoulang Nanshan), está situada a una distancia considerable de la costa y da lugar a una amplia llanura estepraria. Asimismo, la cordillera sur de Kokonor se aproxima a corta distancia desde el sur, dejando sólo una estrecha franja de praderas inclinadas, entre las cuales, en la desembocadura del río Ara Gol (Daotang), hay tres lagos de agua dulce.

Debido a la sequedad de la atmósfera y a las persistentes tormentas del oeste, el suelo salino de las estepas de Kokonor no es favorable para el desarrollo de la vegetación forestal y arbustiva[§].

Los arbustos de *Myricaria* apenas crecen a lo largo del Bukhain Gol, y en las arenas de la costa oriental se pueden ver píceas (*Abies Schrenkiana*) y álamos (*Populus Przewalskii*). En las zonas pantanosas predominan juncos como el cárex (*Carex*) y el junco tibetano (*Kobresia thibetica*), además de ranúnculos (*Ranunculus*) y llantenes (*Plantago*). Bellamente engastados sobre el verde esmeralda se encuentran la prímula rosa (*Primula sibirica*),

---

[†] A saber: Kuisu, que significa «ombligo», Tsagan-Khada o «roca blanca» y otras tres arenosas.

[*] *El tercer viaje a Asia central*, pág. 317.

[†] Esta es la cantidad determinada por los lugareños; Przewalski sólo señala veintitrés afluentes dignos de mención.

[‡] Przewalski. *El cuarto viaje a Asia central*, pág. 125.

[§] La cuenca del lago favorece en general el desarrollo de los vientos que soplan con fuerza de las cordilleras septentrionales o meridionales, o aquellos que lo hacen desde la parte occidental.

el iris blanco (*Iris ensata*), la orquídea sáuco (*Orchis salina*) o la *Pedicularis cheilantifolia*. En lugares más pantanosos del lago crecen: el pino de agua (*Hippuris vulgaris*), el ranúnculo acuático (*Ranunculus aquaticus*) y la lentibularia (*Utricularia vulgaris*); en las hondonadas húmedas, la argentina (*Potentilla anserina*), cuyas raíces son apreciadas como manjar para los nómadas. En el propio lago, a lo largo de su fondo, casi no hay vegetación, salvo el alga del género *Conferva*. Todo el resto de la espaciosa llanura está cubierto de hierba esteparia; aquí, dependiendo del suelo, ya sea loess, arcilloso o arenoso, crecen exuberantes *deresun* (*Lasiagrostis splendens*), espartos (*Stipa orientalis*), cebollas (*Allium*), termopsis lanceoladas (*Thermopsis lanceolata*), etcétera. En otros lugares crecían las quinoas (*Chenopodium botrys*) y las setas, que eran nuestro sustento constante.

Las transparentes aguas del Kokonor, totalmente inadecuadas para beber debido al alto contenido en ellas de sal, albergan en sus profundidades un gran número de peces, pertenecientes, sin embargo, a un solo género, *Schizopygopsis*, subdividido en tres especies: *Schizopygopsis przewalskii*, *Sch. leptocephalus* y *Sch. gracilis*.

En sus horas libres, los miembros de la expedición pescaban con pasión. Empleando una red de cerco en las desembocaduras de los ríos, capturaban a veces hasta ciento cincuenta ejemplares de entre uno y dos kilogramos cada uno.

Tal abundancia de peces atraía a pigargos (*Haliaetus albicilla, H. leucoryphus*), gaviotas de cabeza negra (*Larus ichthyadtus*) y cormoranes (*Phalacrocorax carbo*) al lago. Las águilas o pigargos solían posarse durante largos períodos de tiempo en los acantilados de las orillas en posturas de observación. Una vez avistada la presa, una vieja águila colilarga, especie numerosa a lo largo de Kokonor, se precipitaba inmediatamente y la capturaba, emitiendo un peculiar chirrido que llamaba a las crías a un festín. Reunida en bandada, la familia emplumada devoraba cualquier pez con asombrosa rapidez.

Tanto las gaviotas como los charranes (*Sterna hirundo*) nunca perdían la oportunidad de arrebatar algo de comida de las águilas cuando estas se peleaban entre ellas*.

---

* Cuando un águila de cola blanca se peleaba contra un águila de cola larga (pigargo de Pallas), el ganador casi siempre era el primero.

En las orillas del Kokonor había generalmente un gran tumulto de aves; águilas moteadas (*Aquila clanga*), ratoneros mongoles (*Buteo hemilasius*), halcones (*Falco cherrug milvipes*), cernícalos (*Cerchneis tinnunculus*), milanos y cuervos negros a menudo sobrevolaban el valle. En lo alto del cielo azul, los buitres reales volaban en círculos. Gansos (*Anser anser et Anser indica*), patos de distintas especies, tarros canelos (*Casarca ferruginea*), tarros blancos (*Tadorna tadorna*) y serretas (*Mergus*) se veían a menudo sobre el agua, a lo largo de la orilla.

Ocasionalmente, alrededor de las llanuras costeras, podían encontrarse las diversas alondras (*Eremophila alpestris elwesi, Alauda arvensis, Calandrella brachydactyla dukhunensis*) y los gorriones (*Onychospiza taczanowskii, Pyrgilauda ruficollis, P. branfordi, P. davidiana*). La calandria (*Pterocorus mongolica*) podía verse ocasionalmente entre los arbustos *deresun*, y la calandria tibetana (*Melanocorypha maxima*) aparecía en las charcas húmedas, holgazaneando en parejas o incluso en bandadas enteras.

En algunos lugares, a mayor o menor distancia de las orillas del lago, se podían encontrar la grulla de cuello negro (*Grus nigricollis*) y la ganga de Pallas (*Syrrhaptes paradoxus*), que se delataban con sus originales trinos. Los carboneros (*Pseudopodoces humilis*) corrían confiados cerca de nuestro vivaque, además de pequeños correlimos, pechiazules, ruiseñores calíopes, lavanderas y algunos otros que volaban hasta el arroyo más cercano.

Las estepas llanas de Kokonor cuentan con una población animal bastante numerosa: hay lobos, zorros, zorros tibetanos (*Canis eckloni*), hurones y comadrejas rojas. Estos son los principales depredadores de la pica tibetana (*Ochotona tibetica*), que son numerosas en Kokonor. En algunos lugares, las orillas del lago y los prados adyacentes están llenos de madrigueras de marmotas del Himalaya (*Arctomys robustus*), y de roedores más pequeños como la liebre lanuda (*Lepus oiostolus*)*. Los jabalíes, que llegan aquí desde el sur, deambulan por los pantanos y los antiguos campamentos. No obstante, los habitantes más simpáticos de las llanuras lacustres siguen siendo los antílopes: la *Gazella przewalskii*, que pasta en grandes manadas de doscientos a trescientos ejemplares o más, y las ga-

---

* Difícilmente esta es la definición correcta, pues esta especie se encuentra en Nepal y Sikkim.

celas del Tíbet o *goas* (*Gazella picticauda*), que deambulan principalmente por las colinas circundantes. En muchas ocasiones intentamos cazar, por desgracia sin éxito, antílopes de Przewalski.

Estos animales temen demasiado a los cazadores nativos, por lo que su comportamiento es muy elusivo. Además de antílopes, en las llanuras de Kokonor aparecen periódicamente manadas de asnos tibetanos o *kiang* (*Equus kiang*).

La recolección de insectos en Kokonor fue relativamente escasa. Apenas se encontraron abejorros (*Bombus waltoni*) en las ricas praderas de la orilla sureste del lago y chinches (*Stenocephala, Alydus calcaratus*).

Las estepas de Kokonor, que presentan considerables comodidades para los animales salvajes y las aves, también son atractivas para el hombre.

El nómada poco exigente aprecia en las estepas descritas sobre todo los hermosos pastos, su posición elevada sobre el mar, que provoca la ausencia de calor estival y de insectos molestos, y, por último, el invierno sin nieve. Así, el amistoso Kokonor ha sido durante mucho tiempo objeto de disputa entre los nómadas: mongoles del norte y los tangut del sur. Los débiles mongoles tuvieron que ceder ante los enérgicos tangut, y así lo hicieron.

En general, los tangut son una tribu muy belicosa, propensa al saqueo, la violencia y el robo. Los chinos desprecian a los orgullosos tibetanos de forma poco amistosa.

En los últimos años, sin embargo, los chinos y los tangut se han vuelto mucho más tolerantes entre sí. Viviendo en la vecindad, los chinos aprendieron poco a poco la lengua y algunas costumbres de los tangut: ahora no son raros los casos de uniones matrimoniales entre jóvenes de ambas nacionalidades, pero los propios chinos desaprueban tales matrimonios, diciendo que una unión así no puede dar una familia económicamente honrada. No se puede sino admitir que éste suele ser el caso: de un padre chino y una muchacha tangut, el niño hereda principalmente las tendencias ladronas y atracadoras de la segunda y es casi completamente incapaz de llevar una vida tranquila y amante del trabajo.

En general, las niñas tangut se educan con mucha libertad y comienzan a vivir su vida privada muy pronto. A la edad de once o doce años, las hijas aún no participan en las tareas domésticas de su madre; se levantan bastante tarde, se sientan a tomar el té, cuandoquiera que esté listo, y luego salen durante todo el día a la estepa a apacentar las ovejas. Allí se las deja a su aire, y junto con los demás niños pueden jugar y pasar el tiempo de la manera más despreocupada. A la edad de catorce o quince años, las niñas se convierten en las verdaderas ayudantes de la madre, que se encarga de todas las tareas domésticas, a excepción de la costura, de la que se encargan los hombres; las mujeres se levantan al amanecer, encienden un fuego y calientan aceite en la hoguera, con el que se limpian la cara y las manos, ya que se considera vergonzoso lavarse con agua, y una mujer que se permite tal lujo es ridiculizada, diciendo que atrae a los hombres con su cara blanca. Después, la muchacha (*si-ma*) prepara el té, ordeña las vacas y, por último, se va con el rebaño al campo, donde suelen tener lugar los sencillos romances de estos hijos de la naturaleza.

El primer período de amor tiene lugar, por supuesto, en secreto, desapercibido para todo el *aimag*.

Para agradar a cualquier mujer tangut, un joven (*si-li*) debe ser un buen tirador, un jinete elegante, un enérgico orador y, por último, un hábil ladrón, y no importa que sea un hombre

GAU DE KOKONOR

muy pobre. El encuentro comienza cuando un joven se acerca a una chica que le gusta y le lanza *argal** de carnero (*ry-mo*) como por accidente. Si la chica no responde con simpatía mutua, finge no darse cuenta de nada de lo que ha ocurrido; si, por el contrario, quiere fomentar el flirteo, recoge el *argal* del suelo y a su vez se lo lanza al chico. Esta señal de atención favorable es recibida con entusiasmo por el joven tangut, que inmediatamente corre hacia su amada y la besa.

El primer regalo por parte del novio es un anillo, y por parte de la novia, una bolsa de tabaco bordada en seda.

Pocos días después del primer encuentro, los padres de los jóvenes se enteran de la nueva relación y comienzan los preparativos para la boda.

---

* El *argal* es estiércol seco, que sirve de combustible a los nómadas de Asia central.

El padre del novio, *suma-muha*, con el consentimiento de éste, envía a dos ancianos a casa de la novia *nama-suma*, cuyo deber es preparar el terreno para la boda y averiguar el importe del precio de la novia.

A veces se les envía de vuelta sin nada, y luego se les envía dos o tres veces con el mismo propósito.

La recepción de los casamenteros es bastante solemne: a la hora señalada, los parientes de la novia salen al encuentro de los invitados deseados y, tras darles la bienvenida a la tienda, les piden que se sienten en el lugar más honorable: a la derecha del hogar. El resto de los invitados se distribuye según la costumbre: las mujeres a la izquierda y los hombres a la derecha. Se ofrece a los invitados una comida consistente en una pata de cordero

GAU DE KOKONOR

entera*. Después de haber sacado sus propios cuchillos, que siempre llevan consigo, todos comienzan la comida sin más ceremonias, e inmediatamente, durante el almuerzo, se decide la cuestión del rescate o *kalim*.

Tras la marcha de los casamenteros, la novia, que ha estado fuera de casa durante toda la celebración, regresa a su hogar y, con la ayuda de sus padres, se confecciona para la ocasión un sombrero alto hecho de piel de zorro, con la parte superior decorada con borlas de seda.

Ahora se la considera oficialmente prometida y, con el sombrero puesto, va con sus amigas a despedirse de su familia y amigos. Estas visitas duran tres días, durante los cuales los lamas recitan oraciones casi continuamente en la casa de los novios.

El día acordado, el padre, la madre y algunos vecinos del novio vienen a buscar a la novia, que a su vez es escoltada por las casamenteras y las amigas.

En la tienda del novio, la chica recibe un regalo, tras lo cual la casamentera comienza a trenzarle el pelo, entretejiendo discretamente en su

---

\* La parte más sabrosa del animal.

cabellera, además de las pequeñas conchas blancas de la chica, cuatro grandes conchas femeninas.

Tras este rito, al que sólo asisten las damas de honor, las muchachas vuelven a casa, y a todos los demás invitados que han acudido con regalos para felicitar a los jóvenes se les ofrece una cena, en la que el papel principal, como siempre, lo desempeña el delicioso carnero. Uno de los invitados de honor recorre a todos los presentes con un obsequio y entrega a cada uno de ellos una botella, una petaca de una bebida especial conocida como *asan shina**, que todos empiezan inmediatamente a tragar llevándose la botella directamente a la boca.

Después de la cena, los invitados de ambos bandos suben a sus caballos y organizan carreras ejemplares, donde los participantes presumen de su agilidad sobre sus monturas.

Así pasa el día imperceptiblemente hasta que llega la noche; los invitados que han llegado de lejos se quedan a dormir en casa del novio, y los vecinos cercanos se van a sus casas.

La joven se acuesta en la tienda común, cerca de la entrada, mientras que el novio duerme al aire libre y vigila los caballos.

Durante dos o tres días, la expedición recorrió las orillas del Kokonor, disfrutando de la belleza de este lago, siendo el 15 de agosto, según recuerdo, una de las pocas tardes encantadoras. El sol, después de haber hecho su recorrido del día, se inclinaba hacia el horizonte, dando una parte de sus rayos a las montañas, mientras que la otra parte se derramaba sobre el cielo visible para nosotros, reflejándose pictóricamente en el seno cristalino de las aguas. Unas nubes transparentes, finas y plumosas, como encajes dorados, se desplazaban tranquilamente hacia el sur. Allí, en las montañas, reinaba un silencio absoluto, que calmó al Kokonor: ya no retumbaba, no azotaba amenazadoramente contra la orilla, sino que se limitaba a susurrar en voz baja.

La escala grandiosa del lago, su superficie que se extiende más allá del horizonte, el color y la salinidad del agua, la profundidad, las altas olas y a veces el potente oleaje dan más bien la impresión de que se trata de un mar en vez de un lago.

El baño en Kokonor era excelente: nos bañamos a diario varias veces; la temperatura solía ser de quince a dieciséis grados centígrados. La faci-

* *Asan shina* es parecida al vodka.

lidad para mantenerse en el agua permitía adentrarse una distancia decente en mar abierto y luego, rindiéndose a la voluntad de las olas, acercarse de nuevo a la orilla. La transparencia del agua era tan grande que el fondo arenoso y los peces que nadaban sobre él eran perfectamente visibles a una considerable profundidad de dos o tres brazas del lago.

Al día siguiente, al despuntar el alba por el este, nuestro campamento se despertó. El pico Ser Chim seguía dormido, envuelto en la penumbra de la noche; sobre él yacía una nube de tipo estratocúmulo en forma de manta, extendiéndose a lo largo de la cresta. En la orilla del lago cacareaban los gansos, las zancudas gritaban y silbaban, las águilas chillaban, las alondras se despertaban en los húmedos prados y empezaban a elevarse cantando. La caravana avanzaba ya por la suave y trillada carretera. Una hora más tarde soplaba la primera ráfaga de viento, pronto la segunda, la tercera... Kokonor fruncía el ceño.

Seguimos por la orilla sur. Desde la ladera del prado podíamos ver más de la superficie azulada, que seguía oculta tras el horizonte. Por fin apareció la isla de Kuisu*, objeto de nuestros sueños más preciados y de muchos pensamientos profundos. Como un gigantesco buque de guerra, sobresalía orgullosa entre las olas azul oscuro de Kokonor y nos hacía señas con su sombra. En la atmósfera clara y transparente, los detalles de la isla eran fácilmente discernibles en el telescopio: podíamos distinguir su montaña más alta, la muralla y el monasterio de los monjes ermitaños.

El 17 de agosto, la caravana de la expedición acampó en la aldea de Urto (Jiangxigou), la más próxima a Kuisu, en la costa meridional de Kokonor, donde permaneció unas tres semanas, aprovechando la libertad y tolerancia de los nómadas, que se hallaban a cinco kilómetros de nosotros aproximadamente. Un pequeño grupo de tiendas negras de los tangut llamaba la atención por su aislamiento y su ominoso silencio.

No había vecinos en muchos kilómetros a la redonda. A partir de la información obtenida en los interrogatorios, se descubrió que este pequeño campamento, como abandonado, estaba habitado por nómadas enfermos de escarlatina. La tasa de mortalidad entre los desafortunados era alta, y no existía cura a la vista.

* «Tsokh Rtige Zhe», como la llaman los tangut.

CAMPAMENTO DE LA EXPEDICIÓN A ORILLAS DEL KOKONOR

Familiares y conocidos no tenían otra solución que abandonar a los contagiados a su suerte, y ellos mismos emigrar lejos, para huir de la infección.

El panorama general del campamento de Kokonor era el siguiente: al norte, a tres cuartos de kilómetro, se extendía el propio Kokonor; al sur, a seis o siete kilómetros, se extendía la cordillera sur de Kokonor, el ala occidental de Ser Chim. Desde las montañas había un río que cruzaba el valle ligeramente inclinado hacia el lago, formando una cuenca secundaria cerrada, parecida a un lago, de hasta dos kilómetros de circunferencia, cerca de la muralla costera penúltima a Kokonor. Establecimos nuestro campamento en este río, en la elevación de la tercera muralla de la orilla, que se fundía con la llanura madre, desde donde disfrutábamos de una amplia vista en todas direcciones. El rápido y transparente río animaba nuestro vivaque, ciñéndolo caprichosamente por tres lados. Pescábamos con éxito mediante cañas y redes en pequeñas charcas*. En el río, y aún más en el lago vecino, volaban constantemente gansos, patos, negrones y charranes. En la orilla arenosa del propio lago se posaban cormoranes, gaviotas y águilas solitarias, que desde la distancia parecían puntos oscuros.

Los habitantes del *khoshun* de Chamru se familiarizaban cada vez más con nosotros. Seguí esperando que Chamru, el jefe del *aimag*, viniera a verme, pero al parecer fue en vano. Estaba ocupado con la recepción de

---

* Peces pertenecientes al género *Diplophysa*.

Ching Tsai, y además había un juicio de dos *khoshun*, Chamru y Gomi, que requería su presencia obligatoria.

El malentendido entre los vecinos era el siguiente.

El *aimag* de Gomi, que extendía sus fronteras más allá del monasterio de Kumbum, poseía excelentes pastos a lo largo de los «Alpes del Xining»; los tangut de este *khoshun* eran semisedentarios y en los años de buena cosecha de grano y hierbas, no siempre tenían la oportunidad de utilizar plenamente el forraje que les pertenecía. A principios del verano de 1908, los vecinos de Chamru invadieron estas posesiones de Gomi, trayendo consigo sus viviendas y su ganado, y empezaron a alimentar a este último con pastos ajenos. Al enterarse de lo sucedido, los Gomi reunieron un destacamento armado de cien hombres, atacaron a los huéspedes no invitados y pronto los hicieron retroceder hasta las orillas de Kokonor. Sin embargo, tras recuperarse y reponer sus filas, los Chamru se lanzaron contra los Gomi al unísono y se entabló una verdadera batalla, que duró varios días sin un vencedor claro. Entonces, al líder Chamru se le ocurrió una idea: decidió engañar al enemigo y levantó ostentosamente las tiendas de sus subordinados cerca de las estribaciones noroccidentales de Ser Chim. Los Gomi sucumbieron al engaño: enviaron a sus soldados a las tiendas vacías, y los Chamru, mientras tanto, derrotaron al enemigo con un repentino ataque en el flanco.

Ahora, con la llegada de Ching Tsai a Kokonor, todo el asunto debía ser juzgado.

El segundo problema que le sobrevino al orgulloso jefe Chamru fue la enfermedad de su hijo. El joven había acusado a un pariente de haber robado el caballo de su padre y lo humilló en público por su vergonzoso acto.

En un arrebato de ira, el furioso ladrón cogió un arma e hirió a su acusador en la pierna. Según la gente de su entorno, el joven sufría mucho y necesitaba ayuda médica.

Cuando llegamos a Kokonor sacamos de nuestras mochilas nuestra barca de lona plegable y, tras montarla cuidadosamente, empezamos a hacer viajes de prueba, alejándonos de la orilla hasta dos o cinco kilómetros, y después más. Las travesías se hicieron bajo diversas condiciones climáticas, en estado tormentoso y tranquilo.

En general, los viajes de prueba dieron resultados satisfactorios. El barco se mecía sobre las olas como un flotador, obedeciendo a los remos, y navegaba con bastante rapidez en la dirección deseada. Estas eran sus cualidades positivas. En cuanto a las negativas, en particular, podríamos referirnos a la fragilidad de los remos, que desde el comienzo del viaje se mojaron varias veces; los remos mismos se mostraban inestables tras ser acoplados a la barca. Además, los costados estaban muy separados entre sí, lo que hacía que una ola alta al romper contra la barca llenase el fondo de agua; en definitiva, tuvimos que trabajar mucho antes de que nuestro barco empezara a inspirarnos siquiera un poco de confianza ante la idea de intentar navegar hasta Kuisu. Un cinturón de madera en forma de rombo, colocado en los costados, sujetaba bien tanto la embarcación y como los remos. Finalmente, éstos estaban provistos de fundas de cuero.

Una vez probado el barco, había que ocuparse de la comida y la bebida, de los instrumentos de medición y otros, así como de la composición de los participantes en la travesía sobre el lago.

El punto de partida iba a ser una extensión de tierra sin nombre a siete kilómetros al oeste del campamento de Urto y a cuatro kilómetros de la carretera costera, que sirve como indicador de la ruta para los peregrinos-nómadas que en invierno se comunican con Kuisu por el hielo. De este modo, la primera semana de nuestra estancia en Kokonor transcurrió imperceptiblemente entre estas entretenidas actividades.

Un día, al regresar de una breve excursión por la orilla occidental del lago, noté una gran agitación en el campamento. Resultó que el geólogo de la expedición, Chernov, se aproximaba por la orilla occidental del lago para nuestro reencuentro, tras haber viajado unos ochocientas cincuenta kilómetros. Desde Dingyuanying, Chernov había tomado primero rumbo oeste-noroeste, cambiándolo pronto a suroeste, por el que llegó al oasis de Sogo-Khoto; más adelante el geólogo de la expedición avanzó en dirección mediodía, río arriba, hasta llegar a Lianzhou, donde hizo una parada de una semana con el fin de encontrar nuevos carros y guías para la ruta ulterior a través de Nanshan. De Lianzhou a Datong (Menyuan), Chernov exploró una nueva región, no visitada hasta ahora por ningún europeo, en la que consiguió descubrir varios glaciares, atrapados por las gargantas de la vertiente norte en la cadena más alta del Nanshan. Más allá de Datong, el geólogo no pudo seguir una interesante ruta diagonal hacia el suroeste, que le hubiera dado acceso al valle de Kokonor, principalmente a causa de los acobardados guías tangut. Chernov se dirigió entonces a Donger, y siguió el camino de las caravanas para unirse a la expedición.

Los primeros días después de regresar al vivaque principal, el geólogo puso en orden sus observaciones y colecciones. Todavía nos interesaba Kokonor, su carácter caprichoso y el estado cambiante de su superficie, que no era siempre en todas partes igual. Así, por ejemplo, la bahía sureste de Kokonor es tranquila y refleja en su superficie la tonalidad azul del cielo, mientras que la región norte del lago está salpicada con olas de color esmeralda. Al mismo tiempo, desde el noroeste se producen auténticas marejadas decoradas con la espuma del agua salina. Kokonor cambiaba, relativamente rápido, entre un estado de calma a otro de tormenta y, por el contrario, no se calmaba durante mucho tiempo después de una tormenta más o menos grave.

NUESTRO VIAJE POR EL KOKONOR

Agitado o tranquilo, Kokonor siempre ofrecía un aspecto majestuoso. Durante horas me sentaba en su orilla, o me perdía en paseos lejos del vivaque, sin cansarme nunca de mirar su interminable horizonte de agua, como tampoco me cansaba de escuchar su monótono oleaje, que me recordaba la costa sur de Crimea.

Me designé a mí mismo y al agente Polyutov para navegar a Kuisu. Cada uno de nosotros entendió que nos esperaban bastantes dificultades y pruebas difíciles, y tal vez una lucha cruel por mantenernos con vida. Teníamos que prepararnos para lo que fuese. Por primera vez en mi vida hice un testamento y lo más difícil para mí fue pensar en el futuro, en el destino de mi tesoro más preciado: la expedición...

En la tarde del 28 de agosto todo estaba preparado, y Polyutov y yo nos dirigimos al punto de partida. Mientras el Kokonor se calmaba, el sol se ocultaba tras el horizonte claro y transparente. El barómetro estaba listo. El crepúsculo se extendía sobre la tierra. Apenas había amanecido por el oeste cuando apareció la luna por el este, que iluminó maravillosamente toda la superficie visible del lago.

Me arrepentí de no haberme preparado para navegar hacia Kuisu un día antes y aprovechar así las condiciones meteorológicas de ahora.

Harto de pasear por la orilla y respirar el frescor del «mar», me fui a la tienda a dormir. El mar también dormitaba. A los marineros, al parecer, no les gusta esta calma, ya que suele ser ominosa.

A las dos de la mañana me despertó el Kokonor, que golpeaba la orilla con unas olas de fuerza terrible. Al amanecer, hora prevista de nuestra partida, estaba aún más furioso. Tuvimos que aguantarnos y esperar a que amainara el tiempo. Hacia el mediodía empezó a aflojar, e intentamos varias veces alejarnos de la orilla, pero fue en vano: la novena o duodécima ola nos devolvió furiosamente a la orilla.

Volviendo al vivaque principal, sugerí a mis colaboradores Chernov y Chetyrkin que se trasladaran al punto de partida y esperaran pacientemente a que mejorara el estado del Kokonor. Ellos estaban más contentos que yo.

Lograron hacer realidad nuestro anhelado sueño común: penetrar con la mirada del explorador en el corazón mismo del lago alpino.

Al alejarme de Chernov, leí en su rostro ansioso una clara expresión de lo que su voz susurraba: «en caso de... cuento contigo...».

Paso a reproducir el testimonio de mi camarada acerca de su interesante viaje a Kuisu, Chernov escribió[*]:

> Tan pronto como el barco fue puesto a nuestra disposición, nosotros, acompañados por el granadero Demidenko y un soldado chino, nos trasladamos al punto de la costa donde se encontraba éste, a unos siete

[*] Extracto de *Ciencias de la Tierra*. Libro de 1910. Tomo I, págs. 28-44. Tomo II, págs. 18-34.

kilómetros del fondeadero de la expedición. Allí, en la tarde del 30 de agosto, se hicieron los últimos preparativos para la travesía. Hicimos un viaje de prueba para comprobar la embarcación y el profundímetro Belloc de pequeño tamaño que habíamos llevado con nosotros. La embarcación era ligera y ágil, pero su tamaño era tan pequeño que nos estorbábamos mutuamente al navegar, y era imposible ayudarnos con el remo de popa. Tuvimos que pensar rigurosamente en nuestro equipo. Por desgracia, no pudimos averiguar definitivamente si había gente en la isla. Los tangut locales dijeron que durante el invierno pasado, según los rumores, todavía vivían dos monjes en Kuisu, pero no sabían si los ermitaños se quedaban a pasar el verano.

Nuestro equipo podría haber sido más ligero si hubiéramos estado seguros de que encontraríamos monjes en la isla. En ese caso, habría sido posible no llevar ningún comestible con nosotros.

Tras un soleado atardecer, horneamos panes planos y cocinamos carne para el viaje. Los panes planos no tuvieron éxito: el aceite era amargo, el *argal* estaba crudo y no pudimos hornearlos. Sin embargo, estábamos ocupados con una cuestión más seria: la determinación de la hora de partida.

Quería elegir el momento más favorable para ese fin.

Después de observar el lago día tras día, me convencí de su incesante agitación. Sólo el 28 de agosto hubo un día relativamente tranquilo y por la tarde ya se veían pequeñas ondulaciones. El tiempo cambiaba normalmente por la tarde, a veces a partir de medianoche. La enorme cuenca que contenía el lago favorecía el desarrollo de los vientos que soplaban de las cordilleras norte y sur que delimitaban la cuenca. Al mismo tiempo que llegaba el viento, también se producía una perturbación en las aguas.

La escasa presión de la columna de aire sobre el lago alto contribuía probablemente al rápido desarrollo de esta última. Además, la estación de lluvias enviaba nube tras nube. Sobre todo teníamos que tener cuidado con las nubes que aparecían de repente y solían traer consigo vientos más o menos fuertes.

Decidimos viajar a partir de medianoche o de mediodía, según el aneroide. Si el tiempo empeoraba al principio del viaje, aún podíamos dar marcha atrás y esperar un momento más favorable.

El día de nuestra llegada a la orilla, la tarde era tranquila. El aneroide, cuya lectura indicaba que la presión atmosférica había bajado durante el día, ahora sugería lo contrario. El ruido del oleaje apenas llegaba al vivaque, separado del lago por una laguna. Parecía que sería posible salir por la noche.

Pero los relámpagos brillaban en el norte, más allá de Kokonor. Fueron los primeros en confundirnos. Había salido la luna, en la que habíamos depositado parte de nuestras esperanzas, pues era luna llena y el corto día se había alargado considerablemente con su luz.

Pronto, un manto blanco de nubes apareció detrás de la cordillera sur de Kokonor y cubrió la luna. Soplaba un viento procedente de las montañas. Nuestra esperanza de navegación nocturna empezaba a desvanecerse.

Nos acostamos, pero el sueño nos duró poco: no parábamos de levantarnos, atentos al menor cambio del tiempo y del estado del lago. A partir de medianoche aumentó el ruido. Podíamos distinguir el oleaje de las pequeñas olas que se acercaban desde el este. Nos desanimamos y decidimos aplazar el viaje.

Desde las dos o las tres de la mañana hasta las ocho o las nueve llovió con pequeños intervalos. Por la mañana el lago estaba muy agitado, pero casi no había olas de crestas blancas. En un momento dado, una franja verde esmeralda comenzó a destacar en su orilla por el este.

Al no haber cambios en la agitación al mediodía, decidimos zarpar.

Hicimos apresuradamente el equipaje y subimos al barco. Estaba tan lleno que tuvimos que renunciar a la brújula marina, que queríamos llevar con nosotros por si acaso. Nos estorbaban los pies y entre ellos se colocó una estrecha y larga caja de madera con provisiones. Sobre la caja se colocó un medidor de profundidad y a un lado se colocó una bolsa de goma con un balde lleno de té. Este saco nos estorbaba sobre todo a nosotros, especialmente al remero, e inclinaba la barca. Sin embargo, decidimos llevárnoslo, por miedo a no encontrar agua en la isla. Sólo vestíamos una chaqueta de abrigo cada uno. Ante la insistencia de un compañero, cogimos también una lona para proteger un poco la proa del barco de las grandes olas.

A la una y cuarto salimos de la costa con un ligero viento del noreste. El cielo estaba cubierto de nubes en sus tres cuartas partes.

La orilla se alejaba rápidamente de nosotros y la figura de Demidenko, de pie sobre ella, disminuía.

En una hora, la aguja del aneroide ya había bajado una división y media, pero decidimos continuar nuestro camino, con la esperanza de llegar a la isla antes de que cambiara el tiempo.

Al principio la isla parecía un trapecio, y sólo después de hora y media o dos horas de viaje adoptó la forma que tenía desde la orilla: sobre el trapecio aparecía claramente una loma cónica.

A las cuatro horas y media hicimos la primera medición de profundidad, que arrojó treinta y un metros. La sonda de plomo trajo del fondo un ligero limo de color ceniza. Debido a las prisas no medimos la temperatura del agua en el fondo, aunque llevábamos un termómetro. A pesar de que el aneroide seguía bajando, decidimos navegar hacia delante: teníamos que repasar nuestra posición una última vez, pues según nuestros cálculos, ya estábamos a mitad de camino. El islote parecía como si aún no hubiera aumentado de tamaño, pero se veía cada vez más claro. Adoptó un color marrón con una mancha blanca en un lado. Cerca de la orilla se perfilaban escarpados acantilados.

Mientras tanto, a nuestra izquierda, una nube se extendía por el horizonte occidental, detrás de la cual empezaba a ocultarse el sol. A las cinco, una mancha arcoíris de cuatro colores se hizo visible entre esta nube. Involuntariamente, nuestros ojos se volvían constantemente en esta dirección, mientras que, en realidad, la verdadera prueba se preparaba en el otro lado.

A las cinco horas y media, la profundidad y la composición del fondo eran las mismas.

En la cima de la isla se perfilaban claramente varias rocas. La monotonía de nuestra travesía se rompía de vez en cuando por el chapoteo de grandes peces: permanecían cerca de la superficie del agua durante mucho tiempo, de modo que podían ser vistos.

Una vez un cormorán voló a nuestro alrededor, en otra ocasión una gaviota se posó en el agua.

El sol estaba completamente oculto tras una nube, y el crepúsculo empezó a llegar rápidamente. A lo largo de la orilla oriental de Kokonor se extendía otra nube en forma de cinta estrecha y larga. Pero mientras la primera nube estaba lejos de nosotros, la segunda venía directamente hacia nosotros, y podíamos ver su aproximación y sentirla en el noreste ascendente. La isla se volvió borrosa.

A las siete y veinte minutos el viento aumentó de repente e inmediatamente aparecieron las olas espumosas. Cambiamos de sitio en la barca por última vez. Empezamos a luchar contra los furiosos elementos. Uno de los viajeros llevaba una almohada hinchable de goma.

Se levantaron grandes marejadas, coronadas por blancas crestas de espuma blanca.

Venían hacia nosotros casi de costado, y nuestra barca se deslizaba por la cresta, o caía en la ancha depresión entre dos olas vecinas. Éramos bombardeados constantemente con espuma, aunque tuvimos alguna oportunidad de esquivar algunas de las olas más poderosas.

Pero entonces la lluvia arreció y la oscuridad nos envolvió. Hubo un momento —es difícil decir cuánto duró— en que la isla desapareció de nuestra vista.

Sin embargo, a la angustiosa pregunta de un remero, un camarada respondió de forma tranquilizadora.

Las olas ya no eran visibles, y sólo por su ruido inconfundible se adivinaba la aproximación de estos formidables enemigos. A menudo, una cresta blanca se levantaba de repente cerca del bote y nos bañaba con su espuma.

El intento de protegernos de las olas con lonas no tuvo éxito, y estuvimos mucho tiempo sentados en el agua.

En esta tesitura, nos trajo cierta alegría el chirrido de los correlimos, que llegó a nuestros oídos.

Por fin, como por instinto, sentimos que la isla estaba cerca, aunque apenas aparecía como un punto borroso en la oscuridad. Había dejado de llover. Oímos el lejano sonido de las olas y, tras conseguir entrar en una zona de relativa calma, a las ocho y media llegamos a la orilla.

Pisamos el trozo de tierra que ahora nos cobijaba con comprensible emoción. Todo lo que había en el barco fue extraído y amontonado en la orilla. Después sacamos la propia embarcación a tierra y la volcamos sobre nuestras pertenencias. Fuimos a examinar nuestros alrededores de manera inmediata.

La orilla empezaba con guijarros y luego se convertía en un claro de césped que ascendía suavemente. Este último pronto alcanzó una pronunciada pendiente. Obviamente, habíamos llegado al extremo sur de la isla. Hacia el este, la orilla terminaba pronto en un espigón de guijarros; hacia el oeste, la empinada ladera se acercaba directamente al lago y estaba cortada por rocas. Al acercarnos a la empinada ladera, nos topamos de inmediato con una cueva amurallada. Con cuidado, uno a uno y procurando no hacer ruido, nos colamos por la estrecha entrada. De pronto, un exaltado compañero, que caminaba delante con una vela en una mano y un revólver en la otra, exclamó: «¡Un esqueleto humano!». Éste resultó ser, sin embargo, el cuerpo de un carnero apoyado contra la pared. Le habían arrancado la piel y la carne se había secado hasta alcanzar la dureza de la piedra.

Sobre las estanterías yacían otras dos piezas separadas. Detrás de una valla especial, en un rincón cercano a la entrada, se apilaba *argal* de caballo seco, y junto a este se había dispuesto también una especie de chimenea. Todo ello hablaba de la prudencia del propietario de la vivienda, pero él mismo estaba ausente. Sólo las moscas perturbaban el silencio, y cuando entramos en la cueva, un pájaro salió revoloteando de ella.

Cuando salimos de la cueva y caminamos unos pasos más al pie de la empinada ladera, observamos una valla. En su interior había ovejas apiñadas.

Fuera del cercado vimos de nuevo un edificio erigido en un acantilado rocoso, de mayor tamaño que el anterior. Evidentemente estaba habitado.

Con paso cauteloso, regresamos al barco y decidimos tomar un refrigerio.

Pero nuestras provisiones estaban empapadas y en un estado poco apetitoso. Los panes se habían hinchado, y la sal y el azúcar se habían desintegrado. Todas las cosas dentro de la caja estaban pegajosas. Nosotros mismos, debido a nuestras ropas mojadas, también estábamos en un estado deplorable. Lo más cuidadosamente guardado era el aneroide, que yacía en un compartimento cerrado. Pero su pegajosa funda también estaba empapada.

Después de haber comido un huevo y un trozo de carne, y de haber fortalecido nuestras fuerzas con té frío y brandy, nos arrastramos bajo el bote con la esperanza de dormir a cubierto. Sin embargo, el frío que entonces hizo acto de presencia provocó que nuestros pensamientos volvieran a la cueva explorada con anterioridad, como si estuviera preparada para recibir visitas. No era muy conveniente ocuparla sin el conocimiento del propietario, pero no había otra salida a nuestra situación.

Decidimos aprovechar todas las comodidades del refugio abierto. No obstante, no fue fácil encender una hoguera: nuestros propios pulmones tuvieron que servir de fuelles. Mientras mi compañero trasteaba alrededor de la chimenea, el humo le ardía los ojos. Pero cuando finalmente consiguió encender el fuego, fue el primero en tener derecho a utilizarlo para secar su ropa mojada.

A la luz de las velas hicimos una inspección más cuidadosa de la habitación. Desde la entrada tuvimos que descender un poco. Los cimientos de toda la estructura estaban hechos de bloques de piedra, que formaban un hueco natural, sobre el que ya se habían erigido el techo y algunas paredes adicionales. La mampostería consistía en arcilla sin quemar, a veces con una mezcla de piedra brillante con grandes granos de mica blanca. Frente a la chimenea, en la pared del fondo de la cueva, había una repisa para sentarse.

A un lado había un hueco especial, separado por un muro bajo. En las paredes había pequeños nichos. Bromeamos alegremente sobre nuestra situación, comparándola con el destino de Robinson Crusoe tras su naufragio.

El horizonte oriental y suroccidental estaba cubierto de nubes que eran atravesadas por relámpagos. En nuestro refugio subterráneo, los truenos resonaban con un estruendo inconfundible.

A medianoche ya habíamos ordenado algo de nuestra ropa y salimos a echar otro vistazo a nuestro entorno.

# CAPÍTULO XIV

## El lago Kokonor (II)

L A luna, en cuya luz se habían puesto tantas esperanzas mientras navegábamos hacia la isla, acababa de salir detrás de las nubes. Queríamos echar un vistazo rápido a la cima de Kuisu.

Al dar los primeros pasos, nos dimos cuenta de que un caballo se alejaba a toda prisa de nosotros. Cuando subimos por la ladera, nos encontramos con un gran *suburgan* semidestruido.

La pendiente era empinada e interrumpida por barrancos. Finalmente llegamos a una plataforma que dominaba toda la isla. Los edificios eran visibles a lo largo de sus bordes. En primer lugar, nos topamos con una ermita pequeña, pero aparentemente de reciente construcción. Había escalones que conducían a la entrada. Una cortina hacía las veces de puerta. Observando dentro de la ermita, vimos, a la luz de una cerilla, que sus paredes estaban decoradas con muchos *burkhan* (ídolos) pintados. Más adelante llegamos a dos cuevas. Intentando pisar sin hacer ruido, penetramos en su interior, pero ambas cuevas estaban completamente vacías.

Por encima de todos los edificios, en una esquina del lugar, se alzaba un *obo*. Toda la isla estaba bañada por la luz de la luna, pero no pudimos hacernos una idea exacta de su tamaño, ya que los contornos de la isla se fundían con el lago. Desde allí llegaba un murmullo apagado. Una tras otra, hileras de olas llegaban desde la oscura lejanía y rompían en las orillas. En el sur se dibujaba una especie de espejismo. La orilla sur parecía estar muy cerca.

Parecía un acantilado oscuro, por encima del cual se elevaba de golpe una cresta, dos veces más alta que la cordillera sur de Kokonor.

Después de admirar el indescriptible paisaje, descendimos a nuestro refugio. Nuestra excitación había disminuido y nuestros cansados cuerpos nos recordaban la falta de descanso. Eran las dos de la madrugada cuando nos sentamos en el suelo en una posición muy incómoda. La longitud de la cama era de sólo metro y medio, y la chimenea que sobresalía de la pared nos apretujaba.

Después de dormitar un poco antes del amanecer, fuimos a la barca. Había silencio, el lago chapoteaba tranquilamente. La cordillera de Potanin estaba envuelta en cúmulos blancos como la nieve, y sobre nosotros, excepto por un pequeño claro azul en el cielo, flotaba otro grupo de nubes. A las siete de la mañana, la temperatura del agua del lago era de 11,8 °C y del aire apenas 6,4 °C. Empezamos a poner en orden nuestras pertenencias: unas cosas para lavar, otras para secar.

De la cueva habitada salía un humo y esperábamos conocer a su dueño.

Al vernos desde lejos, cerca del barco, tal vez no se hubiera asustado tanto como cuando aparecimos en su casa la noche anterior. Pero el tiempo pasó y no vimos señales de vida. Entonces decidimos hacer una visita.

Las ovejas seguían dentro del recinto. Desde la cueva se oía un murmullo monótono: evidentemente había un hombre en la cueva dedicado a la oración.

Antes de entrar en la cueva, le saludamos en mongol. Sólo levantó la voz en respuesta, pero no salió a nuestro encuentro. Cuando entramos en la morada del ermitaño, este estaba sentado en una elevación especial frente a un libro abierto, delante del cual había tazas y platillos de oración.

Al vernos, el monje se levantó de un salto por el susto. Le temblaban las manos y tenía las pupilas dilatadas. Tras aceptar el *khadak* de bienvenida, se apresuró a sentar a los inesperados invitados en el suelo, colocando unas pieles a tal efecto.

Como por arte de magia, casi todos los comestibles que poseía el lama aparecieron ante nosotros. No paraba de gritar las palabras de una oración o un conjuro, de vez en cuando se pasaba el dedo por la garganta y sonreía forzadamente. Agarrando un gran cuenco de hierro fundido, el monje salió corriendo de la cueva y empezó a ordeñar apresuradamente las cabras.

Ahora se podía distinguir la palabra incesantemente repetida: *ter zanda, dater zanda da, ter zanda, dater zanda da* («¿Qué hacer, qué hacer?», como nos lo tradujeron después).

Después de ordeñar las cabras, puso el caldero al fuego. Cuando vio que comíamos como simples mortales, empezó a calmarse, sonreía más a menudo, pero no nos quitaba la vista de encima, casi sin pestañear. Pasaba sus dedos rápidamente sobre su rosario, moviendo de vez en cuando los labios.

La comida consistía principalmente en productos lácteos: yogur, *chura* (requesón seco) y mantequilla. Además de ellos, el monje tenía *tsampa* (cebada molida) y ladrillos de té, evidentemente regalos de los peregrinos. También se nos ofreció una pata de cordero, en el mismo estado petrificado en que habíamos encontrado el cordero en nuestro refugio.

Rechazamos el té y los demás platos, pero hicimos honor a la leche cuajada, que estaba muy sabrosa y era más limpia que los otros alimentos. Durante la comida, el monje volvió a sentarse a rezar. Después fregó los platos y vertió agua de las tazas de cobre, limpiándolas a conciencia. Además de estos objetos, en el santuario había *tsatsas*, figuras de arcilla de pequeños ídolos, así como un *burkhan* pintado. El lama leía un libro muy largo y estrecho, cuyas hojas no estaban cosidas.

Cuando el ermitaño hubo terminado su oración, le pedimos por señas que nos siguiera hasta la barca. Tras examinarla junto con el resto de nuestras pertenencias, se tranquilizó bastante, y evidentemente comprendió de dónde y cómo habían venido los forasteros a sus dominios en una época del año absolutamente inoportuna para visitar la isla. Le regalamos una navaja y una caja de hojalata con coles secas, lo cual estableció sólidas relaciones amistosas entre nosotros. El monje nos invitó a seguirle, indicándonos que había otros dos habitantes como él en la isla.

Nos dirigimos hacia el oeste, a lo largo de la misma orilla, bajo las rocas, detrás de la morada del primer monje, y pronto vimos un edificio más sólido, pero del mismo tipo anterior, una especie de «cueva». Al oír la voz de nuestro guía, su propietario salió a nuestro encuentro. Siguió una animada conversación entre los vecinos, en la que nuestro primer conocido hizo de intérprete. El nuevo habitante de la isla nos miró sorprendido.

Nos enseñó su habitación y un santuario construido junto a ella.

Tras contemplar el altar, nos dirigimos al tercer ermitaño.

Los monjes eran ancianos, pero ni mucho menos viejos. El primero de ellos, evidentemente el más joven, estaba bien afeitado y tenía el aspecto de un servidor ordinario de Buda.

Los demás hacía tiempo que habían dejado de preocuparse por su apariencia; sus crecidos cabellos sobresalían en distintas direcciones, dándoles un aspecto peculiar. Estos monjes eran evidentemente tangut, el primero y el segundo eran los típicos morenos, el tercero tenía la piel y el pelo más claros. El aspecto del último ermitaño recordaba verdaderamente a un hombre salvaje; tenía ojos de mirada desorbitada y sus dientes le sobresalían de la boca.

Al ver que nos interesaba la montaña, el primer monje nos invitó a seguirle. Subimos al acantilado rocoso y caminamos a lo largo de él. La orilla viraba ahora hacia el noroeste y luego casi hacia el norte.

Bajo nuestros pies se desplegaba un cuadro encantador. La orilla estaba poco recortada, pero flanqueada por escarpados acantilados de granito de ocho a diez metros de altura. De ella partían grandes acantilados que, cubriendo el pie de las rocas, se adentraban en las profundidades verde esmeralda. Las olas chapoteaban tranquilamente contra las rocas, entre las que nadaban diez o doce peces de hasta medio metro de longitud. Bancos enteros de estos peces bordeaban la costa como si se tratase de una guirnalda viva. Los cormoranes se posaban en grupos sobre las rocas. Al acercarnos, las aves descendieron al agua y nadaron alejándose de la orilla hacia donde las gaviotas ya se balanceaban sobre las olas.

Los peces nadaban tras los cormoranes, formando largas filas serpenteantes.

Por fin, la altura de las rocas disminuyó, se retiraron un poco de la orilla y el lama nos condujo a un pequeño saliente. Estaba formado por granito amarillo rojizo de grano grueso, cortado por una veta muerta de pegmatita muy gruesa. La masa principal de esta última consistía en cuarzo blanco y feldespato rosa. Sus minerales alcanzaban varios decímetros de sección transversal. En esta masa estaban inmersas placas de mica de color blanco plateado y cristales prismáticos negros de turmalina de hasta tres centímetros de diámetro. El brillo de los grandes minerales y de la mica fue el motivo de que nuestro guía prestara especial atención a este afloramiento.

Inspeccionando la costa, pronto llegamos a un istmo estrecho y bajo, que separaba el extremo noroccidental de la isla de su masa principal. Más allá del istmo, los granitos volvían a elevarse, atravesando el lago con su borde rocoso y dentado; donde la superficie superior era una zona plana que se elevaba sobre el agua hasta los doce metros. Este cabo noroccidental de la isla, junto con el istmo, sobresalía en el lago en forma de hacha. En sus bahías dentadas nadaban grandes peces, y en la orilla norte de la isla había formidables marejadas. Aquí se nos unió el resto de los nativos y, juntos, terminamos de caminar por la orilla del lago.

Desde el istmo, la orilla discurre primero hacia el este, haciéndose más escarpada, pero luego, nivelándose de nuevo, se inclina cada vez más hacia el sur. Las rocas rara vez se acercan al agua: suelen estar separadas de ella por una estrecha franja de hierba con bloques de granito dispersos. No se veían árboles ni arbustos; una vegetación herbácea baja vestía las laderas de la isla, que descendían desde el centro hasta su costa.

Al parecer, los monjes compartían sus impresiones entre ellos.

Al darse cuenta de que prestábamos atención a los zorros que se deslizaban en dos lugares entre las rocas, nos hicieron saber que había ocho de estos animales en sus dominios.

Al sureste, la isla terminaba en un saliente bajo y afilado que conducía a un corto espigón de guijarros. En este saliente, al pie de un acantilado rocoso, había una laguna en forma de U. Las gaviotas nadaban en ella, y los cormoranes y gansos se posaban en la orilla de guijarros del lado sur, formando una hilera casi continua.

Una vez más, nuestro barco y pertenencias fueron inspeccionados a fondo: los mongoles lo vieron todo y se quedaron asombrados. Estaban especialmente perplejos con los prismáticos. El primer lama que conocimos se sentía ahora plenamente cómodo en nuestra compañía: hablaba continuamente, gesticulaba y nos invitaba insistentemente a su casa.

Los demás monjes también recibieron un *khadak* y un cuchillo, de los que sólo habíamos traído tres con nosotros a la isla.

Tras haber hecho honor a la cuajada de nuestro anfitrión una vez más, y cansados por las actividades del día y de la noche, nos quedamos dormidos junto a la barca. A las tres de la tarde nos despertó un viento que soplaba del oeste y agitaba el lago. Las crestas blancas de las olas se elevaron rápidamente, golpeando la orilla con ruido. Los peces se fueron inmediatamente a las profundidades. Se levantó una nube de polvo y la orilla sur del lago desapareció de la vista.

Una tras otra, trombas de agua de un metro de altura azotaron nuestra orilla y el banco de guijarros, llenando la laguna de agua. Cerca de la costa rocosa, las olas que llegaban cubrían enormes rocas que sobresalían hasta un metro y medio por encima del agua.

Cascadas enteras de rocío, que alcanzaban los tres metros de altura, se precipitaban sobre las rocas.

Cormoranes y gaviotas se columpiaban sobre las olas por todas partes, como si se alegraran del mal tiempo.

Empezamos a inspeccionar la isla, marcando la dirección con la brújula y la distancia con pasos. Después de realizar la conversión al sistema métrico decimal, obtuvimos: 1,5 kilómetros para la longitud de la costa sur y oeste hasta el istmo, 0,6 kilómetros para la circunferencia del cabo noroeste junto con el istmo y 1,7 kilómetros para la longitud de la costa norte y este. Por lo tanto, la longitud de la costa de toda la isla es de 3,8 kilómetros, el diámetro mayor (longitud) de 1.650 metros y una anchura de 560 metros (en la parte central de la isla).

Teníamos tres balizas, por medio de las cuales podíamos dar noticias de nosotros a nuestro campamento base en la costa. Habíamos acordado lanzarlas a las nueve de la noche: la primera, el día de nuestra llegada a Kuisu, la segunda, a la víspera de nuestra salida de la isla. La tercera baliza podría ser útil tanto en caso de que fracasara el primer intento de abandonar la isla como en caso de que por alguna razón tuviéramos que quedarnos en la isla hasta el invierno. Así que ahora teníamos que lanzar las dos balizas una tras otra.

Aunque el día anterior habíamos llegado a las nueve y media, no lanzamos las balizas porque se nos habían olvidado los palos para ello. Ese día, un ingenioso camarada, aprovechando nuestra caja de madera, fabricó unas colas estabilizadoras para las balizas. Listas para ser disparadas, le dimos una señal. Un fuerte viento desvió la baliza hacia un lado. Nos sentamos en nuestra cueva hasta la medianoche y tomamos notas a la luz de las velas. El viento silbaba entre las rocas, pero no nos calaba el frío. Sólo el sonido del oleaje resonaba en nuestros oídos. El lado oriental estaba cubierto de nubes. Con el permiso del dueño de la vivienda, nuestro alegre vecino, cruzamos el muro interior y pudimos dormir estirados.

El 2 de septiembre, por la mañana temprano, nuestros conocidos nos visitaron uno tras otro y nos invitaron insistentemente a sus casas. Para no ofender a nadie, tuvimos que visitarlos alternativamente. Nuestros anfitriones ya habían adoptado nuestro gusto: en cuanto entrábamos en una de ellas, aparecía ante nosotros un gran tarro de madera con cuajada.

Al encontrarnos en un entorno tan extraordinario y no poder hablar con los ermitaños, nos sentíamos ansiosos por estudiarlo todo, intentando aprovechar cada minuto de nuestra estancia en la isla para captar hasta el más mínimo rasgo de su naturaleza o de la vida de sus habitantes.

Aunque tenía a mi disposición un aparato fotográfico, no me atreví a llevarlo a la isla por miedo a estropearlo y privarme así de la posibilidad de hacer fotos en el camino. Esta fue una omisión que lamenté profundamente.

Desde el centro, que domina toda la isla, descienden en todas direcciones empinadas laderas cubiertas de hierba. Su suelo está formado por loess con una fina capa que cubre el lecho rocoso de la isla: granito.

Las laderas en el este y sur están plagadas de barrancos. Algunos de ellos están profundamente excavados en la masa granítica, sobre todo en la parte sur de Kuisu. Al oeste y al sur, los granitos son atravesados en el lago por rocas escarpadas de ocho a doce metros de altura. La única excepción es el extremo sur de la isla, su estrecho istmo en la parte norte: aquí encontramos una orilla suave y relativamente blanda, conveniente para desembarcar.

Afortunadamente para nosotros, habíamos navegado en la oscuridad hasta la parte más accesible de la costa de pura casualidad. Habría sido difícil desembarcar en las rocas incluso de día.

Quería estudiar la peculiar vida de la costa rocosa. Aunque no se veían peces cerca de las costas norte y este, había una presencia constante de peces cerca de los acantilados. A veces era posible subir a un peñasco que sobresalía un poco en el lago. Los peces seguían nadando cerca de la roca, sin temer en absoluto la proximidad inmediata del hombre, literalmente bajo sus pies. Entraban por los estrechos huecos entre los bloques individuales, y a veces salían nadando inesperadamente por algún pasadizo secreto. Homogéneos en tamaño, pertenecientes únicamente al género *Schizopygopsis*, los peces se movían lentamente, como con pereza, casi tocándose unos a otros. No vimos peces pequeños, que son característicos de la costa de Kokonor y se encuentran sobre todo en las desembocaduras de sus ríos.

Nos interesaba mucho la forma de alimentarse de esta enorme masa de peces. Escrutando a los peces, pudimos hacer la siguiente observación. Las rocas bajo el agua estaban cubiertas de una alfombra continua y esponjosa de algas, que comenzaba a sólo treinta y tres centímetros por debajo de la superficie del agua. Esta alfombra, gruesa como el césped, se mecía tranquilamente, ¡brillando con diversos tonos de verde! Los peces hundían constantemente la boca en las algas, para lo que incluso se ponían boca abajo. Parecían buscar alimento en esta exuberante alfombra, que servía de cebo a los peces. La orilla inclinada del lado norte y este de la isla, cubierta de guijarros y grava, no permitía que las algas se extendieran debido al constante movimiento de los detritus. Los peces tampoco se quedaban allí.

En cuanto los cormoranes bajaban al agua, los peces abandonaban su ocupación y nadaban tras ellos. Es de suponer que iban a cazar a las aves en su lugar de aterrizaje, sin temerlas en absoluto, debido a su gran tamaño. Nunca vimos a un ave hacer el intento de atrapar a un pez: obviamente, estos eran más fuertes. La dieta de las aves en sí era un misterio. Los cormoranes eran los más numerosos en la isla, pero no podían alimentarse de peces, ya que no había peces pequeños. Es posible que la misma alfombra de algas fuera la principal fuente de alimento para ellos, aunque los cormoranes siempre se mantenían alejados de la orilla cuando había humanos presentes. Las gaviotas encontraban su alimento en la laguna poco profunda del extremo sureste de la isla, donde eran una presencia constante, sobre todo cuando el tiempo era tranquilo.

Los cormoranes anidaban en la isla, y se encontraban nidos planos de estas aves por todas partes entre las rocas. A veces encontrábamos huevos individuales, y más a menudo sólo las cáscaras. También se encontraban restos desgarrados de los propios cormoranes, que probablemente habían caído víctimas de las garras de un zorro: grandes rocas apiladas una encima de otra ayudaban a estos depredadores a preparar emboscadas, y los nidos estaban, por lo general, ubicados en puntos completamente accesibles.

Un número menor de gaviotas, charranes, gansos, negrones, alondras, cuervos, pinzones, lavanderas y colirrojos estaban presentes en la isla. En la cueva ocupada por nosotros vivía un colirrojo, que más tarde se acostumbró a nuestra compañía. De las aves rapaces sólo vimos un halcón y una vez oímos el ululato de un búho.

Intentamos preguntar a los monjes si habían visto en el agua algún animal más grande que los peces nadadores, pero recibimos una respuesta negativa. Por lo tanto, la indicación dada por Vladímir Obruchev* sobre la presencia de algunos pinnípedos en el lago no pudo ser confirmada.

No vimos roedores en absoluto en la isla, y no había madrigueras de picas, tan frecuentes en las laderas de la cuenca del Kokonor.

Es posible que los zorros hayan acabado con los roedores.

Había pocas especies de insectos en la isla. De vez en cuando se observaban moscas y escarabajos. Una vez vi una hormiga arrastrando un saltamontes muerto.

Se encontraron moluscos terrestres (*Pupa* y *Helix*) en el loess, bajo las rocas.

La primera planta que encontramos en la isla fue la cebolla. Nada más descender del barco el día de nuestra llegada, nos llamó la atención el fuerte olor de esta planta tras haberla aplastado. Más tarde resultó que las cebollas cubrían densamente todo el césped rocoso entre la orilla, la laguna y las rocas.

En general, la flora de la isla era similar a la de las orillas de Kokonor; mi compañero notó aquí la quinoa, el ajenjo, la malva, la aster, la genciana, la ortiga, el *deresun* y la alcaravea. En las grietas de las rocas se encontraban ocasionalmente helechos y cola de caballo. Algunas plantas eran utilizadas por los monjes con fines domésticos. Las semillas de alcaravea se utilizaban como condimento para la leche cuajada, y los tallos

* *Asia central, norte de China y Nanshan*, vol. II, pág. 104.

de *deresun* se empleaban para hacer mechas usadas en lámparas de aceite. La vegetación de la isla apenas era exuberante en algunos lugares de la costa, y en otros la hierba estaba arrancada y pisoteada.

Al día siguiente de nuestra llegada vimos que en dirección oeste-noroeste las rocas sobresalían del lago. Eran blancas, con tres pequeños dientes, y parecían estar más cerca de la orilla sur que de Kuisu. El lama nos explicó que, aunque desde la isla se ven tres rocas, llamadas *Je Mu Cha*, en realidad son nueve. Son áridas y apenas accesibles. Su color blanco procede probablemente de los excrementos de las aves.

Desde Kuisu, en el oeste-noroeste, se obtuvo una imagen totalmente inesperada. Parecía que a veinte kilómetros de la isla había otra mucho mayor. Tenía una suave pendiente al norte, otra más pronunciada al sur y una cima ondulada. Cerca de esta masa rocosa no se veía ni la costa principal de Kokonor ni ninguna montaña en el horizonte. Nuestro desconcierto aumentó aún más por lo que nos transmitió el lama.

Dibujó la circunferencia del lago, en medio de ella la isla de Kuisu o Tsornin, como la llamaban los ermitaños, y en la orilla occidental otra isla de gran tamaño. Nos explicó que en invierno, tras cargar a la espalda una provisión de comida y agua, había viajado hasta esta isla, llamada Tserbare. No había habitantes, agua ni combustible.

El monje creía que estaba tan lejos como la orilla sur de Kokonor. ¿Cómo interpretar estos relatos contradictorios sobre la orilla occidental del lago? La cuestión se complicaba aún más por el hecho de que delante de la masa rocosa, cerca de su orilla sur, destacaba una franja baja de color rojo. Había que suponer que aquella estaba aislada y que era a la que se refería el lama[*].

Se hacía muy tentador desentrañar ahora estas contradicciones.

En el horizonte occidental podíamos ver el macizo montañoso descrito que se elevaba sobre las aguas del Kokonor, que parecía tan cercano. Disponíamos de otros cinco o seis días, pero el estado del lago no inspiraba confianza. Esa mañana era tranquila, las montañas del sur estaban envueltas en una bruma polvorienta, las del norte apenas eran visibles. Pero a partir de las cuatro sopló de nuevo el viento del oeste y creó fuertes olas.

---

[*] Más tarde no encontramos ninguna confirmación del dibujo del monje. Los tangut que vivían a lo largo de la orilla sur del lago decían que Tserbare era sólo una península unida a la orilla por una lengua de arena muy larga y estrecha.

Por la tarde, cuando el lago aún estaba ligeramente agitado, un camarada consiguió pescar un pez con anzuelo. Lo asaron y se lo comieron al aire libre en presencia de todos los ermitaños que nos observaban. Nuestro curioso vecino, a escondidas de sus compatriotas, se atrevió a probar un plato nuevo para él, y aunque no se lo comió todo, tampoco tuvo remilgos.

El 3 de septiembre el viento y las olas seguían viniendo del oeste-suroeste, la orilla no era visible, las montañas estaban cubiertas de polvo, y sólo Tserbare estaba un poco más despejada. El clima no daba tregua y, para estar más tranquilos en cuanto a la incertidumbre de nuestra posición, decidimos que el día siguiente sería el último para intentar alcanzarla. Si el tiempo no mejoraba, sólo nos quedaba pensar en el viaje de regreso.

Tuve, pues, tiempo de sobra para estudiar la estructura de la isla, que resultó interesante no sólo en el aspecto geológico, sino también en el arqueológico.

La isla está compuesta de granitos y gneis, que mantienen entre sí una relación muy complicada. La roca dominante es el granito biotita grueso de color amarillo rojizo. Sin embargo, no hay afloramientos particularmente aislados de este granito, ya que en todos sitios encontramos diversas vetas de él. La mayoría de las veces son vetas de pegmatita, que se encuentran en muchos lugares. Con menos frecuencia, están formadas también por granito biotita, de grano más grueso. Así, por ejemplo, cerca de la orilla occidental, se encuentra un gran valor atípico de granito de grano grueso, atravesado por vetas entrelazadas, de espesor insignificante.

Las venas de pegmatita suelen estar formadas por granos de cuarzo, ortoclasa, moscovita y turmalina; en algunos lugares están enriquecidas con granito*. Por lo general, estas tienen de medio a un metro de espesor. Los granos de uno u otro indivisible alcanzan a menudo grandes tamaños, y los largos cristales de turmalina se disponen a veces de forma esférica, convergiendo sus delgados extremos hacia un centro. Cuando la fractura que atraviesa tal complejo de cristales pasa por el centro, las turmalinas forman entonces una elegante roseta.

---

* El geoquímico Alexander Fersman identificó en Kuisu pegmatitas, que revelaban similitudes con las vetas de pegmatita de la isla: elbaíta, hessonita, lepidolita y chorlo.

También es característica de las pegmatitas la fusión de cuarzo y ortoclasa. La disposición zonal de estos minerales está bien expresada tanto en las variedades de pegmatitas de grano fino como en las de grano grueso.

En la mayoría de los casos, las vetas caen hacia el norte, y sólo las apófisis van en distintas direcciones, al igual que las fracturas de separación observadas en los granitos.

Los gneis de la isla no están bien desarrollados. Encontramos afloramientos más significativos de ellos cerca de la cueva del tercer lama y más a lo largo de la costa occidental. Están aplastados en pliegues escarpados, cuyos extremos descienden principalmente hacia el norte y el norte-noreste. También hay un afloramiento de gneis en la orilla norte del río Kuisu, cerca del agua. Sus estratos se sitúan aquí sobre sus cabezas y se adentran en el lago.

Los gneis están ensartados en todas partes por vetas de granito biotita de grano grueso. En la mayoría de los casos se trata de vetas en estratos, a veces en cuña y otras con forma de nido.

En Kuisu no se encontró ningún otro lecho rocoso, excepto gneis y granitos, salvo dos hallazgos accidentales.

Uno era una pequeña losa de caliza con coral, probablemente de edad carbonífera. Esta losa yacía con trozos de cuarzo de veta blanca recogidos a la entrada del santuario de la zona alta de la isla. Otro hallazgo se produjo entre las piedras del *obo* del extremo sureste de la isla. Se trataba de una gran losa de arenisca de arcosa con petroglifos. Es probable que ambas piedras fueran traídas a la isla. La losa llamaba la atención por sus caracteres jeroglíficos[*] y por su relativa suavidad.

Entre las rocas superficiales, lo primero que llamaba la atención era el loess, que cubría toda la isla con una fina capa. Se trataba de un típico loess inducido, que alcanzaba su mayor espesor, de más de un metro, en la zona central. En las laderas de la isla, el lecho de roca solía ser visible desde abajo. En el loess se encontraron conchas de moluscos terrestres, similares a los que vivían en el mismo loess debajo de las piedras.

Otra estructura rocosa de la isla, muy desarrollada a lo largo de la orilla occidental, detrás de la cueva del tercer lama, eran los cúmulos de

---

[*] Los lamas a veces recolectan fósiles para fines medicinales, y en un monasterio, en Gansu, logré comprarles varios fósiles de carbón.

guijarros y grava. Estaban formados por piezas redondas y angulares de los granitos y gneis ya descritos y representan evidentemente los productos de la antigua labor erosiva de las olas de Kokonor. Su grosor alcanzaba los ocho metros, y su límite superior estaba a trece metros por encima del nivel del lago, componiendo la parte superior de los acantilados costeros y cubiertos únicamente de loess. Así pues, el loess se formó más tarde que estos detritos.

Para llegar a una conclusión general sobre el origen de Kuisu, podemos decir en primer lugar que la isla se formó por la intrusión de un gran empuje de granito en el conjunto de gneis. Debido a intensos procesos destructivos, sólo han sobrevivido minúsculos fragmentos de este último, y actualmente podemos observar principalmente las partes superficiales de las muestras de granito. Esto se adivina, por un lado, por el enriquecimiento del granito con vetas y, en particular, pegmatitas, y, por otro, por las complejas relaciones de contacto entre gneis y granitos. A veces los lechos de gneis estaban como cortados por granito. En un lugar entre el granito, había un nido de gneis que ocupaba de medio metro a un metro de sección transversal.

En sentido orográfico, Kuisu representa un vestigio insignificante, probablemente, de una cordillera muy antigua y poderosa en un tiempo, casi ya borrada de la faz de la tierra. Me refiero tanto a las montañas Tserbare y Yurmit en la orilla occidental del Kokonor, como a las erosionadas cadenas montañosas situadas al este del Kokonor y al norte del río Ara Gol. No considerando oportuno dar aquí pruebas de mi conclusión, sólo señalaré que en el sistema montañoso de Nanshan, esta cresta está encajonada entre la cordillera Potanin y la cordillera del sur de Kokonor; y aparentemente forma la continuación oriental de la cordillera Humboldt (Danghe Nanshan), con la que está conectada por la cordillera Bu-Khyndaban[*].

Los futuros investigadores de Kokonor tendrán, por cierto, la difícil cuestión de si la mencionada cordillera dividió alguna vez Kokonor en dos partes, lo que yo me inclino a suponer. En este caso, las mediciones detalladas del lago deberían revelar una cresta submarina que va de oeste-noroeste a este-sureste a través de la isla Kuisu.

---

[*]    Sobre esto último, véase *Actas de la expedición de la Sociedad Geográfica Imperial Rusa en Asia central*, vol I, págs. 276 y 303.

Nikolái Przewalski dejó escrito un testimonio detallado de la leyenda sobre el origen de Kokonor y la isla Kuisu. Paralelamente a las opiniones sobre el origen de la isla expresadas aquí, es interesante recordar una parte de esta historia. En tiempos muy antiguos había una vasta llanura en el lugar de Kokonor, y el lago estaba bajo tierra en el Tíbet, en el lugar de la actual Lhasa. Como castigo a un anciano, habitante de la llanura, al que le fue revelado un secreto, ésta fue inundada por una deidad enfurecida, y murieron muchos animales y personas. El agua salía por un agujero en el suelo. Eventualmente, el dios se apiadó del anciano. A su orden, un pájaro gigantesco cogió una enorme roca de Nanshan en sus garras y la depositó sobre el agujero. Esta roca es hoy la isla de Kuisu, el «ombligo».

En la orilla occidental se descubrió accidentalmente una gran gruta mientras se exploraban las rocas. Estaba situada bajo un gran acantilado detrás de la morada del tercer lama, pero sólo era posible acceder a ella desde el lado norte, vadeando bajo las rocas, sobre los bloques de piedra esparcidos aquí y allá.

En la gruta había una especie de santuario. En la pared del fondo colgaba una imagen, y también había un *tsatsa* y *suburgan* en miniatura. Una cuerda atravesaba la gruta. De ella colgaban muchas paletas de carnero cubiertas de inscripciones. Asimismo, en la cima de la gruta había una caja de piedra con un *tsatsa*.

Desde la cueva del primer monje, a lo largo de la orilla oriental y septentrional, se extiende una estrecha franja, en algunos lugares interrumpida, pegada a un acantilado rocoso. El comienzo de este último tiene una altura aproximada de 3,3 metros sobre el nivel del lago, y no cabe duda de que este saliente representa la marca del antiguo y más alto nivel del lago de Kokonor. Al parecer, en aquella época Kuisu estaba rodeada de rocas por todos lados, el istmo estaba bajo el agua* y el cabo noroccidental de la isla era un islote independiente. Es interesante observar que entre las terrazas que observé en la orilla sur de Kokonor, una de ellas se encuentra también a la altura de 3,3 metros. Cuando el nivel del lago descendió desde esta altura hasta el nivel actual, no se formó

---

\* El istmo de la parte inferior tiene sólo 2,4 metros, con un ancho de cuarenta y cinco metros. Está formado por guijarros con grandes bloques angulares esparcidos a lo largo de él. En la parte media está cubierto, mientras que junto al lago hay orillas de guijarros expuestos.

ninguna franja costera ni en la orilla occidental ni en la meridional —excepto en el istmo y en el extremo sudoriental de la isla— porque el oleaje del lado occidental era el más fuerte. La fuerza del oleaje, a su vez, debe depender de la prevalencia de los vientos del oeste, y quizá también de la pronunciada pendiente submarina de la isla hacia el oeste y el sur. La laguna y el cabo sudoriental de guijarros de la isla se formaron por la acción combinada del oleaje procedente de distintas direcciones.

Desde los acantilados costeros rocosos, hasta la zona central de la isla, discurren pendientes más o menos pronunciadas, con salientes afilados en algunos lugares. Así, cerca del extremo sureste, la base de un saliente de este tipo se encuentra a una altura de veintiséis metros. En el borde de este segundo saliente hay un gran *suburgan* en ruinas repleto de múltiples *tsatsas*.

Aún más arriba, a cuarenta y cuatro metros sobre el nivel del lago, hay un tercer saliente, que está bastante aislado en todos sus lados, de manera abrupta, por una plataforma central. En la parte sur, esta cornisa está cortada por barrancos.

También vimos restos de terrazas costeras en estos salientes de gran altura. Sin embargo, no encontré a su pie acumulaciones de guijarros, lo que resolvería la cuestión sobre el origen de estos salientes, pero sin duda hay terrazas igualmente altas en las orillas del Kokonor.

Las laderas del propio lugar son muy empinadas en la parte superior. Desde el sureste, la pendiente sólo se eleva desde una altura de unos sesenta y ocho metros, mientras que en los otros lados, especialmente en el suroeste, comienza más abajo.

Desde aquí, el emplazamiento central tiene el aspecto de una sólida fortaleza. Su forma es rectangular, con grandes lados que van de noroeste a sureste. Su longitud alcanza los 225 metros, mientras que los lados más cortos tienen sólo ciento treinta metros cada uno. Los bordes del recinto, ligeramente elevados sobre su interior, alcanzan los ochenta metros sobre el nivel del lago[*]. Están muy erosionados y cubiertos de terraplenes de forma cónica.

Hay seis de estos conos en el lado noreste, uno de los cuales —el de la esquina sureste— representa el punto más alto de la isla. Se trata de un

---

[*] Todas las marcas de elevación se realizaron utilizando el instrumento Horizontal-Glas.

gran *obo*. Su parte superior, hecha de piedra, tiene metro y medio de altura y descansa sobre un extenso pedestal de tierra, que, al parecer, está formado por loess desenterrado. En él se encontró un fragmento de cráneo de caballo.

La mayoría de los conos estaban derrumbados, pero dos tenían cuevas bien conservadas, y cabía pensar que otros montículos habían servido antaño de guarida o estaban coronados por un *obo*. La superficie interior del yacimiento estaba por todas partes cubierta de fosas, en las que, al parecer, se extraía material para la construcción de los propios conos. No había edificios en el yacimiento, salvo un *suburgan* cerca de la esquina noreste.

El inicio de los asentamientos en la isla se pierde en las arenas del tiempo. Según la tradición, los tuyuhun, que poseyeron la región de Kokonor del 312 al 663 d. C., utilizaron la isla para criar caballos de pura sangre*. Por lo tanto, desde el punto de vista de los datos geológicos, es interesante destacar la cuestión de si el territorio de la isla no pudo ser más importante en épocas anteriores. A primera vista, la desecación sucesiva del lago da una respuesta negativa al respecto, pero en realidad la superficie de la isla podría haber sido más extensa antes. Sin referirnos a la época más lejana, probablemente prehistórica, en que pudieron formarse las rocas superiores de Kuisu, pasemos a la época inmediatamente anterior a la nuestra, al período en que el nivel del lago descendió hasta cinco metros. Hay que suponer que fue un período tan largo que, a pesar de un ligero aumento de la línea costera hacia el norte y el este durante el mismo período, el tamaño total de la isla pudo verse considerablemente reducido por los procesos erosivos. Si recordamos la labor de las olas, especialmente erosiva en la costa occidental, que se indica, entre otras cosas, por el cabo noroccidental, cortado al oeste por un acantilado dentado, si recordamos también la unidad del origen de Kuisu con las montañas Yurmit y la península adyacente; entonces podemos incluso señalar, sin mucha polémica, que el territorio de la antigua isla era algo

---

\* Los tuyuhun son descendientes de los xianbei (tribu mixta con predominio del elemento mongol) del clan Muyun (Murong), que unió en el año 312 d. C. a varias tribus de las regiones de Amdo y Kokonor y creó el reino Tuyuhun o Togon (Henan), que duró hasta 663 d. C., cuando fue derrotado por los tibetanos y parte del pueblo tuyuhun fue esclavizado y algunos se trasladaron al norte más allá de Nanshan. Véase *Descripción de un viaje a China occidental*, Grigor Grumm-Grzhimailo, págs. 30-31.

mayor, debido principalmente a su extensión hacia el oeste. Un estudio del relieve del lecho del lago cerca de Kuisu puede proporcionar un apoyo sustancial a esta opinión. En la actualidad, la isla se extiende de norte-noroeste a sur-sureste, lo que es contrario a la dirección dominante de su tectónica. Probablemente, esta asimetría también debe su origen principalmente a la acción del oleaje e incluso puede haberse producido, en parte, en épocas históricas.

La plataforma central, que se extiende de noroeste a sureste, ¿no se habría consolidado en una época en la que toda la isla se extendía en la misma dirección?

Hay que pensar, pues, que los primeros asentamientos en la isla se remontan a una época en la que los acantilados se alzaban frente al lago y no podían dar cobijo de ningún tipo. En aquella época, la parte alta de la isla habría sido reconocida como la más habitable. Poco a poco fue surgiendo una especie de muralla a lo largo de su borde, obra de muchos ermitaños a lo largo de varios siglos, probablemente. La cantidad de montículos también indica un gran número de trabajadores, aunque el modesto tamaño del territorio no hubiese permitido dar sustento a una gran comunidad. No hay motivos para suponer la construcción de una muralla con fines de autodefensa, ya que la posición natural de la isla es su mejor baluarte.

El buen estado de las dos cuevas superiores indica que han sido abandonadas recientemente. El hombre ha llegado a apreciar las comodidades de la vida en la costa meridional: allí arriba, el viento es un embate constante desde todas las direcciones; aquí, en los profundos recovecos de las rocas, tras un laberinto de muros construidos artificialmente, ni una sola ráfaga, ni una sola salpicadura de agua puede penetrar, incluso en los momentos en que toda la costa occidental y meridional está a merced de los furiosos elementos.

En la noche del 4 de septiembre, la agitación amainó un poco, pero a las siete de la mañana el lago estaba de nuevo cubierto por las crestas blancas de las olas. Aprovechando la relativa calma del mediodía, salimos a medir la profundidad cerca de la isla, pero el barco se balanceaba tanto que tuvimos que renunciar a este intento. Cautivados por la oportunidad de explorar la isla, nos perdimos los primeros días de nuestra estancia en ella, cuando las condiciones para medir eran más favorables.

Tuvimos que abandonar la idea de viajar a Tserbare. Después de decidir nuestro regreso al campamento base de Kokonor al día siguiente, en caso de que el tiempo fuera fiable, lanzamos la baliza acordada.

Mientras considerábamos este día como el último de nuestra estancia en la isla, nos sentamos largo rato en nuestro refugio, al que ya casi nos habíamos acostumbrado y empezábamos a notar sus inconvenientes. Las dos velas que habíamos recogido de la orilla se agotaron al tercer día, y pasamos a una lámpara de aceite más modesta. Ésta había sido preparada por un camarada siguiendo el modelo de las lámparas de los monjes, y la mecha era de hilo y un tallo hueco de *deresun*.

Nuestro estado de nerviosismo nos obligó a abandonar nuestro refugio por la mañana temprano, el 5 de septiembre[*]. Pero el tiempo no nos favorecía. De la noche a la mañana el viento había cambiado. Soplaba una fuerte brisa dirección este-noreste. Crestas blancas se sucedían por el lago.

El cielo estaba nublado casi en su totalidad. Decidimos retrasar nuestra partida. Los monjes también estaban emocionados. Habían abandonado sus oraciones y apenas se apartaban de nuestro lado. Cada uno de ellos nos trajo provisiones para el viaje, como *chura* y aceite, que no consideramos posible rechazar.

A las diez de la mañana, las olas se calmaron un poco, y en media hora zarpamos. En el momento de partir, nuestro vecino, que se había llevado con nosotros mejor que nadie, no estaba presente, y nos fuimos sin despedirnos de él. El resto de los monjes se sentaron donde había yacido la barca, probablemente hasta que desaparecimos entre las olas.

En el camino observamos una depresión en la cordillera sur de Kokonor. Intentamos mantener el rumbo del barco hacia ella, aunque era bastante difícil a causa del polvo, que cubría las montañas con un espeso velo. La orilla no era visible. Un cuarto de hora después de nuestra partida hicimos la primera medición, que dio una profundidad inesperada de veinticinco metros a una distancia de sólo ochocientos metros de la isla. El fondo parecía de arena muy fina. Al cabo de otro cuarto de hora, la profundidad era de 37,5 metros, pero el fondo era de limo de dos colores:

---

[*] Después de la triste experiencia del viaje anterior, ya no nos atrevíamos a salir por la tarde.

azul y gris amarillento. A tres kilómetros de la orilla la profundidad era ya de treinta metros.

A medida que avanzábamos, el viento cambió a dirección este. Golpeándonos en el costado, las olas nos empujaban con fuerza hacia el oeste. Las nubes empezaron a acumularse sobre la cordillera. El pensamiento de que estábamos en un viaje de vuelta probablemente nos dio energía, y nos turnamos a los remos después de una hora y media, con menos frecuencia que en la ruta anterior. Esta vez no vimos ningún pez.

En mitad del camino un cormorán volvió a volar a nuestro alrededor. ¿Acaso no era él también un ermitaño, un habitante de las aguas abiertas de Kokonor? En un lugar cruzamos una estrecha franja de hierba flotante.

Una nube se cernía sobre las montañas. Aunque no se movía visiblemente, un viento empezó a soplar desde ella hacia nosotros. Las olas, que habían crecido en tamaño, golpeaban ahora en el lado de estribor de la embarcación e interferían en el buen funcionamiento de los remeros, mientras nos bañaban con sus crestas espumosas.

Cuando estábamos a mitad de camino, aparecieron acantilados costeros de color amarillo. Tratamos de mantener el barco en el rumbo correcto todo el tiempo, porque queríamos llegar a la orilla frente a la aldea de Urto, donde se hallaba el campamento de la expedición. Sin saber la posición de este último, escrutamos atentamente la línea de la costa y hacia las cuatro nos pareció discernir la esperada mancha blanca. Al mismo tiempo, se hizo evidente que no podríamos desembarcar frente a las tiendas: estábamos más al oeste de lo que esperábamos.

La nube se había disipado, pero al parecer había bajado la temperatura del aire en las montañas, y desde allí empezó a soplar un viento frío en contra. A las cinco ya estábamos en una verdadera lucha contra las olas y el viento. El agua se acumulaba poco a poco en el fondo del barco. El lago se encabritaba con una soberbia marejada.

Las espumosas crestas de las olas se esparcían cerca del barco con un ruido amenazador.

Fuimos empujados de nuevo al lago. Parecía haber algo de premeditado en este obstáculo, que aparecía ahora en el camino, cuando la meta final estaba tan cerca. Pero esta vez la lucha sería más fácil. Aunque empezaba a oscurecer, aún podíamos distinguir bien a nuestros adversarios.

La mancha blanca había desaparecido hace tiempo y la orilla se había fundido en una monótona franja oscura, pero, de repente, una lengua de tierra creció frente al barco, y a las seis y cuarenta y cinco minutos varamos en ella.

Una inmensa sensación de alegría nos invadió, nos abrazamos y besamos con fervor.

Más allá de la lengua de arena y guijarros, se extendía la laguna, pero no queríamos abandonar la tierra ni por un momento sin necesidad. Tras volcar el casco de la barca en medio de la lengua de guijarros, lo cubrimos con una lona, apretando ésta con la barca volcada. Había una salida desde el banco de arena y nos dirigimos por ella a la izquierda siguiendo la costa. Ahora estaba bastante oscuro; no podíamos reconocer la zona. Del lago parecía surgir una especie de isla que no podía estar allí. Finalmente, divisamos la tienda iluminada del vivaque, por el que casi habíamos pasado por delante.

Fuimos recibidos con alegría no sólo por los miembros de la expedición, sino también por los mongoles y chinos que la acompañaban. Estos últimos no creían en absoluto que hubiera sido seguro viajar en esas condiciones y nos saludaron con efusión. Todos querían conocer los misterios de Kuisu.

Mientras Chernov y Chetyrkin navegaban hacia Kuisu, yo comencé una excursión de cien kilómetros a las montañas sur de Kokonor para familiarizarme con la vida animal de la cordillera. Me acompañaban el cazador Madayev, un intérprete de Xining y un guía: un lama de Chamru llamado Rapsen.

La noche del 29 de agosto*, víspera de nuestra partida, se desató una fuerte tormenta acompañada de nieve húmeda. Por la mañana el viento había amainado, la nieve se derritió pronto y partimos a las diez, como habíamos previsto. A medida que ascendíamos por la suave ladera de la montaña, contemplábamos en el horizonte cómo Kokonor se hacía más y más grande. La isla Kuisu aumentaba visiblemente de tamaño, y el perfil de sus colinas, así como el cabo noroccidental, contrastaban con sus contornos.

---

\* En el capítulo anterior, Kozlov indica que partió a la isla de Kuisu un 28 de agosto. Por lo tanto, las fechas de esta excursión a la montaña parecen ser una errata en el texto original. (N. del E.)

En las proximidades del sendero nos encontrábamos a menudo con tangut, que cazaban antílopes.

Hasta que, por fin, alcanzamos el paso de Khatu-Durfun; alrededor, en los prados alpinos había innumerables madrigueras de picas. También había madrigueras escarbadas por osos, no sólo de marmotas *Lagomys*, sino incluso de marmotas tibetanas; el oso tibetano (*Ursus pruinosus*) es un gran cazador de ambas. En varios lugares de los alrededores, pasaban como rayos los veloces antílopes ada (o gacela del Tíbet), cuya gracia y agilidad no perdía la oportunidad de admirar. Al saltar sobre las suaves colinas, el ada se asemeja a una gran pelota que rueda y rebota rápidamente sobre el suelo.

Desde el altiplano, que en sus características generales se asemejaba a la meseta del Tíbet, es decir, con praderas húmedas y onduladas cubiertas por *shiriks** y juncias tibetanas (*Kobresia thibetica*), salían senderos hacia el norte y el sur, que se perdían en la distancia como pequeños arroyos sinuosos. El valle se extendía en dirección sur, la continuación oriental del valle Dabasun-Nora.

La montaña sagrada Khatu-Laptsi, que habíamos observado entre otras alturas desde el campamento, aparecía ahora con especial claridad, revelando gargantas de prados verdes con arbustos de *Salix* y signos de nuevas migraciones de fauna.

Tanto en este como en los siguientes días de nuestra excursión nunca nos encontramos con osos, aunque la zona parecía su hábitat ideal, y el guía aseguraba que abundaban aquí. En cuanto a las aves, conseguimos divisar el zorzal de Kessler (*Turdus kessleri*), el zorzal papirrojo (*Turdus ruficollis*), el pinzón de montaña (*Leucosticte brandti haemotopygia*) y el pinzón de Przewalski (*Urocynchramus pylzowi*). En uno de los pantanos, una pareja de grullas cuellinegras (*Grus nigricollis*) se mantenían completamente aisladas por algún motivo.

A nuestro regreso al campamento principal fuimos alegremente recibidos por el sargento mayor Ivanov, que me anunció con cara resplandeciente: «¡Ayer (primero de septiembre) se observó una baliza en Kuisu!». Esto dejaba claro que nuestro «cascarón» había llevado viajeros sanos y salvos a la isla. Mis camaradas y yo habíamos acordado que

---

* *Shirik*, o *motoshirik* (hierba de madera), así llaman los mongoles a la juncia tibetana por su extraordinaria dureza y elasticidad.

todos los días a las nueve de la noche, cuando salieran del campamento principal a orillas del lago, vigilarían Kuisu por si se disparaban dos balizas. La primera baliza debía ser lanzada el día en que entraran en Kuisu o el siguiente, la segunda, la víspera de la partida de la isla. «Un cohete brilló en el cielo como una pequeña serpiente de fuego y nos alegró», me repitió varias veces mi invariable compañero Ivanov. «Gracias a Dios — observé—, ahora esperaremos tener noticia de los camaradas». Durante tres noches seguidas, en los días 2, 3 y 4 de septiembre, estuve en el observatorio astronómico del campamento, rodeado de mis compañeros, así como de los guías chinos de Xining y los mongoles de Alashán. Todos nos reunimos unos diez minutos antes de la hora convenida y permanecimos de pie como en oración, con los ojos fijos en la impenetrable oscuridad en dirección a Kuisu. A las nueve, el silencio se había vuelto sagrado y solemne; todo estaba mudo; sólo se oía el tictac del reloj, que yo sostenía en la mano para controlar la hora. La última noche, el 4 de septiembre, a las nueve en punto, la oscuridad de la noche fue interrumpida por un fulgurante golpe de fuego. El silencio sepulcral fue inmediatamente roto por voces excitadas, especialmente fuertes en los labios de los chinos y mongoles que no habían visto la primera baliza.

Al día siguiente, a las nueve de la noche, cuando el Kokonor empezaba a dar golpecitos en la orilla y palidecía nuestra esperanza de ver a nuestros compañeros, oí las voces de mis camaradas que se acercaban a la tienda. Nuestra alegría no tenía fin. Hubo un sinfín de preguntas y peticiones, historias y relatos, y pareció que nunca tendríamos tiempo de hablar lo suficiente.

Tras el regreso de mis entrañables compañeros de viaje, la expedición abandonó el lugar donde se había asentado y viajó hacia el este, a lo largo de la orilla del lago. Al atravesar los asentamientos tangut, sólo veíamos de vez en cuando los rostros ceñudos y enfadados de los nativos, que nos miraban furtivamente desde unas *banag*\* negras. Perros feroces se abalanzaban sobre los camellos, dispuestos a despedazar a los huéspedes no invitados. De algún modo, percibíamos ser el objeto de la hostilidad y recelo de estas gentes.

Cuando abandonamos la zona de los nómadas tangut, sentimos un alivio involuntario y acampamos felizmente en la base de la península, el

---

\*   *Banag*, tienda tangut o tibetana de lana negra.

cabo Chono-Shakhalur (Erlangjian), es decir, la «guarida del lobo», que terminaba con una estrecha lengua de arena que se adentraba en el lago. A un lado se extendía la profunda bahía de Kokonor, al otro había charcas de agua dulce, que tenían la cualidad de lagos pantanosos; en ellas se observaban muchos gansos, patos, negrones y pequeñas bandadas de aves zancudas. Durante la primera noche de nuestra estancia en la zona de Chono-Shakhalur nos entretuvo un búho por un rato largo. Su ululato apagado y ominoso, combinado con el murmullo monótono de las olas, nos produjo una impresión única.

En la mañana del 8 de septiembre, en compañía de mis antiguos colegas, monté en mi caballo para hacer un reconocimiento sobre el cabo y su continuación, el arenal. El alto cabo de Chono-Shakhalur, de arcilla arenosa, se estrechaba gradualmente a medida que nos adentrábamos en la zona del lago y, tras alcanzar una anchura de diez metros, descendía abruptamente, convirtiéndose en un banco de guijarros y arena que se extendía en un arco a lo largo de otro kilómetro entero.

Desde el noroeste, en el lado de las aguas abiertas, que eran de un tinte verdoso, las altas olas rompían en una espuma nacarada; en el otro lado, la superficie azul oscuro sólo se mecía ligeramente.

El banco de arena estaba sembrado de pájaros: gaviotas, gansos, patos y cormoranes. Una pareja de cisnes con sus polluelos adultos flotaba en alerta. Todo el espacio visible de la bahía del lago estaba oscurecido por las aves que se balanceaban sobre las olas: la migración otoñal estaba en pleno apogeo. Las águilas marinas de cola larga, ocupadas en la pesca, se deslizaban por la orilla o eran puntos oscuros en sus alturas.

Mientras caminaba por un arenal con uno de mis compañeros, nos topamos con un objeto oscuro, arrastrado por las olas y arrojado, obviamente, por el oleaje. Al acercarnos al hallazgo, descubrimos que se trataba de un zorro, probablemente ahogado hacía poco, ya que su pelaje estaba en buen estado. Tras examinar el animal por todos los lados, nos pareció muy interesante y lo incluimos en nuestra colección de mamíferos.

Durante los dos días de estancia de la expedición en la «guarida del lobo», Chetyrkin y el intérprete Polyutov, hicieron dos viajes con mediciones de profundidad, tomando como punto de partida el banco de arena. El primer viaje —hacia el norte a lo largo de siete kilómetros, en la zona de aguas abiertas de Kokonor— resultó bastante seguro. El segundo viaje hacia el sureste —en la bahía formada por un cabo a un lado y la orilla adyacente de Kokonor al otro— terminó en accidente: se rompió el travesaño de hierro de la embarcación, lo que provocó una divergencia de los costados, el fallo de los remos y un rápido giro de la embarcación hacia un lado. Después de luchar contra el oleaje, nuestros navegantes se las arreglaron a duras penas con el «bote» y se lanzaron apresuradamente rumbo a tierra.

Así terminó la existencia de nuestra barca, después de haber cumplido su servicio y haberse convertido en una digna «compañera» de la expedición.

Finalmente, considero mi deber señalar que para navegar por el Kokonor es necesario tener una barca decente, o, aún mejor, un barco de tipo marítimo. Pero no aconsejo a nadie que parta con medios tan primitivos como los que nosotros utilizamos.

Nuestro trabajo en Kokonor terminó con el estudio de Chono-Shakhalur. Consideré que la segunda tarea de la expedición se había cumplido en la medida de mis posibilidades y di la orden de emprender el camino de regreso a Xining.

Sentí pena y tristeza al abandonar el salvaje y caprichoso lago alpino; nos regaló tantos momentos hermosos, inolvidables por su encanto y novedad. Este eterno «mar» azul nos mimó y acunó con su susurro suave y silencioso, y nos maravilló con su distancia ilimitada. ¡Adiós, amigo! Si pudieras hablar, nos contarías muchos secretos de tu interesante pasado.

Hace decenas, cientos de siglos, igual que ahora, protegías a pueblos salvajes y primitivos. En tus costas hubo feroces batallas, tus aguas se tiñeron de sangre, unas tribus fueron sustituidas por otras y sólo tu corazón, Kuisu, permaneció ajeno a la lucha.

Al despedirnos de él, Kokonor estaba tranquilo, reflejando el azul oscuro del cielo profundo.

# CAPÍTULO XV

## De Xining a Gui Dui

U NA vez en marcha, nuestra caravana se extendió en una larga línea y avanzó hacia el este. Ahora los nómadas recibían a la expedición con especial respeto y curiosidad. Preguntaban con detalle sobre nuestro viaje a la isla Kuisu, y escuchaban atentamente la historia sobre los lamas ermitaños que vivían solos entre el embravecido «mar»; los tangut sonreían, asentían con la cabeza en señal de asombro y levantaban el pulgar hacia arriba en especial alabanza a nuestro valor.

Se acercaba el otoño. En las tranquilas noches despejadas, la escarcha alcanzaba los -6 °C, de modo que por la mañana la superficie de la tierra estaba plateada debido a la helada y la lona de la tienda cubierta de costra de hielo. La temperatura del agua del lago seguía siendo comparativamente alta: a la una de la tarde las lecturas del termómetro mostraban unos doce grados centígrados.

Las aves errantes que olían la llegada del frío se dirigían hacia el sur. Todos los días veíamos grandes bandadas de grullas grises, gansos y patos. También se veían grullas cuellinegras (*Grus nigricollis*), *Gallinago gallinago*, *Totanus calidris*, otros correlimos menores y algunas formas de otras especies; todos se esforzaban por igual por alcanzar las lejanas tierras cálidas.

Por la mañana, a las ocho y cuarto del 10 de septiembre, observamos un fenómeno bastante original. Había una espesa nube sobre las montañas del nordeste, que descendía hasta Kokonor y estaba cubierta de nieve en la franja superior; de ella se desprendía un velo gris uniforme y ahumado, sobre cuyo fondo descendía una banda de color más espeso y oscuro, que se destacaba nítidamente sobre el cielo gris; por momentos esta banda cambiaba de contorno, y después de unos tres minutos desaparecía por completo.

En el tramo de Tsungu Yera*, al igual que en el viaje de ida, la expedición pasó la noche en un vivaque, pero no encontramos vida en el límpido río. Mis compañeros echaron redes en vano; no había peces, se habían ido a la profundidad del lago. La inminente estación severa ponía imperceptiblemente su pesado y sombrío sello en la naturaleza circundante.

Al pasar por aquellos lugares donde en verano crecían las exuberantes hierbas, que eran mecidas por la brisa, no reconocimos la estepa. El forraje había sido completamente erradicado: por todas partes había rebaños de carneros, yaks, manadas de caballos y las oscuras *banag* de los nómadas, que completaban la imagen de un gran campamento tangut.

Mientras ascendíamos por el paso de Shara Khotul (Khara Khottel), la expedición pronto dejó atrás el río Ragmid Chu, afluente derecho del Kuku Rachu y las ruinas de los *yamen* y *yampan* chinos, oficinas y ciudadelas que antaño sirvieron de centro neurálgico del poder chino. Cerca de uno de los «precipicios» de la montaña, sobre el que revoloteaban buitres y quebrantahuesos, vislumbré inesperadamente un zorro. Tras un disparo de rifle, el animal se hizo un ovillo, pero al oír los cascos de un cosaco al galope, hizo acopio de sus últimas fuerzas, se arrastró hasta la madriguera más cercana y desapareció en sus profundidades sin dejar rastro.

Desde la cima de Shara Khotul contemplamos por última vez, y con gran tristeza, el lejano Kokonor en su esplendor azul y el, ahora nevado, pico de Ser Chim. Por delante se extendía un paisaje montañoso que nos era familiar, y más allá se extendían pulcras parcelas rectangulares de campos de cereales. Habiéndome enterado por los nativos de que en la cima del desfiladero lateral más próximo había yacimientos de carbón, propuse al geólogo de la expedición, Chernov, investigar el lugar para luego reunirse más tarde con la caravana principal en Xining. Y así lo hicimos.

Mientras descendíamos el valle de Donger, la temperatura del aire aumentaba considerablemente, hasta que cesaron las lluvias y llegó una estación otoñal seca y despejada. Las hojas de los árboles se habían vuel-

---

\* La primera y última parada de la expedición en el lago Kokonor.

to amarillas y se habían caído. Las aves migratorias seguían entreteniéndonos: valle arriba, bandadas de grullas inusualmente numerosas se precipitaban hacia nosotros una tras otra. Sus originales graznidos llegaban a nuestros oídos desde una altura formidable; estos eran una especie de extraño silbido melodioso, cuya naturaleza era difícil de determinar. En los días soleados aparecían cada vez con más frecuencia diversos insectos, el aire a veces se llenaba del ruido de sus zumbidos, y una vez, cerca de Xining, encontré incluso un enjambre de avispas bastante apáticas entre los arbustos de un talud.

Nos quedamos en Donger sólo un día y el 16 de septiembre entramos en Xining*, donde nos esperaba el capitán Napalkov, que había realizado una exitosa excursión a la provincia de Gansu.

La expedición de Napalkov cubrió con su ruta una zona mayor que la que se propuso al principio; además, la propia ruta evitó los lugares explorados por nuestros predecesores. De este modo, mi ayudante pudo visitar un rincón de Gansu que nos era completamente desconocido, y por primera vez puso en el mapa los nombres de nueve nuevas ciudades†.

Tras aceptar dos sacas de correo, nos ocupamos en primer lugar de leer las cartas; como de costumbre, las queridas noticias de nuestra tierra natal trajeron mensajes alegres a unos, tristes a otros. Nuestro geólogo, Chernov, estaba sumamente desalentado por los mensajes de casa y se sentía tan disgustado que consideró imposible su permanencia en la expedición y me anunció formalmente la necesidad de regresar a Rusia. Yo, por supuesto, no me consideré con derecho a mantener al empleado en la expedición en contra de su voluntad e inmediatamente comencé a equipar un transporte completo hasta Alash; se decidió que el científico llevaría consigo parte de las colecciones y toda la carga extra, que vino a suponer un total de siete fardos.

Las autoridades de Xining recibieron a la expedición con gran un afecto y amabilidad; nos dieron una excelente casa en el mismo centro de la ciudad. El rumor de nuestro viaje en el Kokonor y de los trabajos en este lago, así como la información sobre la actitud pacífica de los nativos,

* Hay que mencionar que casi a mitad de camino, entre Donger y Xining, donde la carretera de Kumbum a Donger entra en el valle del río Xining, hay una pequeña ciudad china llamada Yeng Hae Bua (Duobazhen).

† Véase *Boletín de la Sociedad Geográfica Imperial Rusa*, tomo XLV, número 1, 1910, págs. 174-195.

se extendieron rápidamente por Xining y dieron lugar a muchos rumores y especulaciones. Todo el mundo estaba especialmente asombrado de que ninguno de nosotros se hubiera ahogado. Ching Tsai, y otros funcionarios de Xining, hablaban exclusivamente de nuestro viaje en Kokonor y de nuestra visita a la isla de Kuisu cuando se reunían con nosotros. Todos estudiaban con gran interés el barco en su estado desmantelado y desarmado, incluso trataban de sentarse en él, y pedían a Chernov y Chetyrkin que les enseñaran las manos, en las que aún tenían gruesos callos. Por último, Ching Tsai aseguró: «Ustedes, los rusos, fueron los primeros en navegar por el Kokonor, los primeros en decirnos la profundidad del Qinghai, y los primeros extranjeros en visitar la isla de Kuisu; sin duda informaré de todo esto a Pekín».

Para no estropear las excelentes relaciones y la buena impresión que recibía después de cada nuevo encuentro con las autoridades de Xining, me pareció innecesario recordar los anteriores comentarios de Ching Tsai de que en Kokonor no sólo se hunden las piedras, sino también la madera; que nuestro regreso obviamente desmentía.

Nuestra estadía en Xining transcurrió de forma acelerada: por una parte, nos afanábamos en equipar la caravana del geólogo de la expedición; por otra, teníamos que clasificar y embalar las colecciones, y además recibíamos constantes visitas de dignatarios chinos y de mercaderes. Todo lo cual hacía la vida extremadamente variada y agotadora. Los serviciales comerciantes de la comarca traían diversos *burkhan* al vivaque, así como diversos objetos de interés etnográfico y una vez incluso nos ofrecieron un gato salvaje vivo, que más tarde se añadió a nuestra colección científica natural. Entre todas estas actividades teníamos poco tiempo para estar a solas con nuestros pensamientos y para planificar cuidadosamente el último período de la expedición. La lejana y rica Sichuan llamaba con fuerza, atraía hacia sí el alma del explorador por la lujosa naturaleza viva. No obstante, el deseo de ver al dalái lama, cuya llegada se esperaba pronto en Kumbum, me retrasó en la región de este monasterio.

El 27 de septiembre partió de Xining la caravana de camellos hacia Alashán, encabezada por el geólogo Chernov; dos cosacos —Badmazhapov y Sodboev— fueron encargados de asistir a mi colaborador. Al primero se le encomendó el deber de regresar a la expedición desde

Alasha Yamen, mientras que al segundo se le ordenó escoltar a Chernov hasta Urga y luego permanecer en el almacén de la expedición en Alasha.

La caravana principal, compuesta de mulas*, perfectamente adaptadas para el movimiento en las montañas, salió de la residencia de Ching Tsai el 30 de septiembre y marchó con éxito en dirección sur-suroeste.

El camino ascendía gradualmente, abriéndose paso entre campos de cereales y aldeas. Después de pasar la noche en la aldea de Shinyun, otrora destruida por los dunganos aunque había empezado a ser colonizada por estos, partimos con los primeros rayos del sol, que doraban bellamente las altas cumbres nevadas de la cordillera que se extendía hacia el sur.

Esta cadena montañosa, que se extendía transversalmente en el camino de la expedición, se elevaba en una suave pared dentada en forma de sierra, dejando al descubierto acantilados rocosos, ricamente desarrollados tanto en el cinturón superior como en el medio y el inferior.

Ambas vertientes del macizo montañoso eran igualmente inaccesibles, sólo que en la vertiente septentrional el avance se veía obstaculizado, aparte de por lo escarpado del terreno, por el hielo y la profunda capa de nieve, mientras que en la vertiente meridional los caminos eran pedregosos, secos y no había nieve en absoluto.

Un poco más adelante, el terreno era perturbado por ondulantes prados que bajaban de las estribaciones de las montañas. Antes de entrar en el lecho del río, que vertía sus aguas en el desfiladero directamente desde el paso de Laji Ling (montaña Ling o Laji Shan), nos detuvimos en la confluencia de tres carreteras: la de Kumbum, la de Gui Dui y la de Xining†. A medida que nos acercábamos al paso, el desfiladero se estrechaba, se hacía más escarpado y rocoso, y el murmullo del río aumentaba.

Delante y detrás de nosotros, zigzagueando como serpientes, se desplazaba una larga fila, casi continua, de peregrinos budistas, que se

---

* La mula requiere buenos cuidados y abundante alimentación con cereales; un animal bueno y fuerte puede transportar hasta más de seis libras de peso sin mucho esfuerzo, y es absolutamente necesario que las alforjas estén estrictamente equilibradas en ambos lados.

† Las fuentes termales, de las que oímos hablar en Xining, no se encontraban en la ruta de la expedición, sino más bien al suroeste, entre las complejas ramificaciones de las colinas.

apresuraban a Kumbum para pasar las vacaciones. Los alegres jóvenes tangut se reunían en grupos variopintos y charlaban animadamente, adelantándose a los tranquilos ancianos que acariciaban con tristeza sus rosarios mientras proferían la sempiterna oración *om mani padme hum* en sus labios. Todos estos gallardos jinetes nativos nos miraban con curiosidad y envidia, viendo con ojos depredadores el excelente armamento de los expedicionarios.

El paso de Laji Ling está situado a 3.520 metros sobre el nivel del mar. Hacia el norte y el sur descienden abruptas gargantas y barrancos, cubiertos por una pradera de magníficos pastos; aún más abajo, en el fondo de los valles, densos matorrales de espino amarillo (*Hippophae rhamnoides*) y otros arbustos dan cobijo a una numerosa población de aves. Allí vivían faisanes de Strauch, perdices de Sifan (perdiz tibetana), charlatanes de David (*Pterorrhinus davidi*), charlatanes de Elliot (*Trochalopteron ellioti*), mirlos de garganta roja, carboneritos de Sophie (*Leptopoecile sophiae*), pardillos norteños, pájaros carpinteros, mirlos acuáticos y algunos otros. En el cinturón superior de las montañas se podían ver casi constantemente buitres, quebrantahuesos y, ocasionalmente, un depredador regio: el águila real, remontando su vuelo orgullosamente a lo largo de los picos principales. Los únicos mamíferos de las montañas eran zorros, liebres y roedores más pequeños.

A ambos lados de la cordillera nos encontrábamos con piquetes especiales formados por diez policías, que estaban obligados a escoltar a los funcionarios viajeros, los transportes estatales y la correspondencia. Estos mismos destacamentos persiguen a los ladrones y salteadores que merodean las zonas más recónditas de las montañas.

Desde lo alto del paso de Laji Ling, gracias a la transparencia del aire, se abría un horizonte lejano hacia el sur. En esta dirección había un continuo laberinto de montañas plagado de gargantas, valles excavados por los ríos y arroyos. Las cordilleras más lejanas eran de tonalidad azul y se fundían con la bóveda del cielo. Aproximadamente a la mitad de la distancia que abarcaba la vista, las montañas descendían de forma abrupta y parecían caer en el abismo, formando una fisura transversal, que mostraba un color azul oscuro en algunas partes. Se trataba de la gigantesca cañada del río Amarillo, que había excavado un lecho sinuoso en los estratos de loess. Los estratos de loess atravesaban las gargantas de las

montañas y a menudo se erigían en forma de profundos corredores sombríos, por los que se precipitaban arroyos fangosos con las lluvias de
verano.

A pesar de la terrible pendiente del mediodía, sobre todo en la parte
alta de las montañas, descendimos con bastante éxito. A medida que ba-
jábamos hacia el cinturón medio de la cresta montañosa, la zona se
animaba cada vez más con la población agrícola tangut. Mientras seguíamos la corriente del claro y murmurante río Gaja, que desembocaba a la
izquierda del río Amarillo, observamos un gran número de molinos apiñados a lo largo del fondo del desfiladero, mientras que en las altas
terrazas de la derecha e izquierda, relucían monasterios budistas con
brillantes paredes blancas y ornamentos dorados en los tejados.

No lejos del pueblo de Chang Hu (Qianhu), donde pasamos la noche,
se extendían agradables verdes bosques de abetos que trepaban por las
laderas terriblemente empinadas. A juzgar por la información que pedimos, en estos bosques había zorros, lobos, liebres y ciervos almizcleros, y
faisanes rojos y azules figuran entre las aves de caza. El 2 de octubre
nuestra caravana partió de las cercanías de Chang Hu en la oscuridad,
sin esperar a la salida del sol. Todos
nosotros deseábamos cubrir los
cuarenta kilómetros que faltaban
hasta Gui Dui en una sola travesía.

El ansiado oasis, refugio invernal de la expedición, no se reveló a
nuestros impacientes ojos durante
mucho tiempo, pues estaba oculto
tras las alturas circundantes. Sólo
cuando entramos en el valle del río
Amarillo, vimos un bosque continuo de álamos dorados que se
extendía a lo largo de la orilla derecha en dirección oeste-suroeste,
ocultando bajo su sombra las viviendas de adobe amarillo grisáceo
de los habitantes de Gui Dui.

MONTE GUSHTSAI, EN EL CAMINO DE XINING A GUI
DUI

Cansados, nos apresuramos a vivaquear en un prado apartado y aparentemente el único libre en las cercanías de la colina; lugar donde los chinos pobres construían sus casas-cueva.

En los alrededores de Gui Dui, el río Amarillo tiene una corriente bastante rápida y, al no poder contenerse dentro del profundo y sinuoso canal principal, se divide en varios brazos. Al intentar vadear el río en uno de estos puntos, la superficie del agua alcanzaba la barriga de los caballos.

El agua clara y otoñal del río conservaba una temperatura relativamente alta: 13 °C. En el aire caldeado por el brillante sol, aún se veían mariposas, moscas y escarabajos. Sólo las hojas amarillas caídas de los árboles y los pájaros migratorios —milanos, tordos y otros— nos daban una pista del inminente frío. Por la mañana del día siguiente observamos un lagarto de cabeza plana, ranas, y un poco más tarde vimos una garza blanca. Una garceta, casi en silencio, sobrevoló furtivamente el campamento, proyectando su brillante plumaje blanco sobre el fondo lúgubre de las laderas de las inertes montañas.

La travesía del río Amarillo se realiza en embarcaciones de fondo plano bastante grandes.

Una animada multitud se agolpaba cerca del cruce. La barca, que apenas había llegado a la orilla, se vaciaba rápidamente: caballos, mulas y personas se apeaban de ella. Se oían gritos alegres, chillidos y maldiciones. En medio del jaleo, el omnipresente grupo de comerciantes ofrecía sus productos a diestro y siniestro.

El gobernante de Gui Dui, o *ting guan*, se preocupó de proporcionar a la expedición todas las comodidades durante la travesía. Nuestro numeroso equipaje fue cargado sin mucha dificultad en la embarcación de mayor capacidad y trasladado a la orilla opuesta en dos viajes.

En el lugar del cruce, el río Amarillo tiene un canal ancho, de hasta medio kilómetro, aunque el cauce principal del río apenas sobrepasa los trescientos metros. La dirección general del valle, como ya se ha dicho, es de este a oeste, con una mayor o menor desviación hacia el norte o el sur. Una vez liberada del amarre, la barca solía ceder a la voluntad de la corriente y se dejaba llevar rápidamente río abajo, pero, trazando una curva, al mismo tiempo se acercaba poco a poco a la orilla opuesta. Los porteadores trabajaban duro con remos gigantes que hacían la vez de timón y, a pesar de las risas, bromas y canciones, siempre conseguían en el momento oportuno atracar en tierra firme y sujetar hábilmente el barco a los embarcaderos con cuerdas sólidas.

En la orilla derecha del río, la expedición fue recibida por los funcionarios de la ciudad, que nos escoltaron hasta el lugar de parada previsto para nosotros: el templo de Wu Tzu Miao[*]. Al principio nos ofrecieron hospedarnos dentro de la ciudad, pero yo decliné tal acomodo para la expedición y preferí elegir un templo chino aislado, bellamente situado en las alturas que bordeaban el oasis por el sur. Desde allí era posible admirar Gui Dui, las hermosas tonalidades otoñales del follaje de sus jardines, y las montañas adyacentes erosionadas por el caudaloso río Amarillo. La caída de las hojas se había intensificado mucho, y la corriente de color claro del río destacaba con especial nitidez.

Mañanas y tardes, en los caminos del oasis y en los valles circundantes, notábamos el movimiento de algunas figuras que vagaban de un lado a otro.

Se podía ver claramente con los prismáticos que se trataba de mujeres[†], que se agachaban a recoger con cuidado las hojas caídas en sacos especiales y el estiércol de los animales, que les servía de combustible.

La larga fila de caravanas tangut que pasaban por el oasis casi nunca se detenía, ya que aquí se cruzaban los caminos hacia Labrang, Ragyagomba (Rakya Gompa) y Xining.

El oasis de Gui Dui se encuentra a 2.268 metros de altitud y consta de una pequeña ciudad condal, Guide Ting (Chengbei), rodeada por una muralla y varios centenares de *fanzas* entre praderas, tierras de cultivo y jardines esparcidos a lo largo de las orillas de dos ríos: el occidental, Dongche Gou[‡] (Xi) , y el oriental, Landu Gou[§] (Dela), que desembocan en lado derecho del río Amarillo[**]. Entre los ríos, que dividen el oasis en tres partes —oriental, central y occidental; la primera y la última se adentran en los estrechos barrancos—, hay una cadena montañosa que se extiende de sur a norte y está coronada en su extremidad, a dos kilómetros de la

[*] También conocido como Nan Hai Dian, la «posada del mar del Sur».
[†] Las mujeres, en general, realizan aquí el trabajo más difícil y minucioso.
[‡] Dunche Lun en tangut.
[§] Landu Lun en tangut.
[**] Junto con la ciudad, el oasis ocupa una superficie de aproximadamente dos kilómetros cuadrados.

ciudad, un gran templo y una pagoda situada en la cima dominante vecina al templo*.

Construida hace unos trescientos años, la ciudad de Gui Dui y sus murallas fortificadas fueron destruidas por los dunganos e inmediatamente
reconstruidas. Desafortunadamente, no se conserva ninguna fuente escrita fidedigna sobre la Gui Dui original, que sería interesante desde el
punto de vista histórico, ya que, según los chinos, todas las descripciones
existentes están muy embellecidas.

En la actualidad, el número total de habitantes de Gui Dui asciende a
nueve mil quinientas o diez mil personas, de las cuales tres cuartas partes son chinos autóctonos y sólo una cuarta parte son *khara-tangut*[†]. Los
dunganos no se han asentado aquí desde su rebelión; apenas dos familias
dunganas viven aún en la ciudad.

Sólo unos pocos comerciantes y artesanos chinos se ocultan tras las
murallas de la fortaleza, cerca del *yamen*, mientras que el bazar principal
se concentra fuera de la ciudad y consta de varias calles llenas de *fanzas*
chinas construidas con adobe. Los mercaderes pagan anualmente siete u
ocho *liang* de plata al *yamen* por el derecho a comerciar y los comerciantes medianos pagan sólo uno o tres *liang*; a los «puestos ambulantes» no
se les cobra. Los puestos contienen principalmente pan, té, telas y otros
artículos de primera necesidad. Todas estas mercancías se intercambian
por materias primas (lana, pieles, aceite y ganado) entregadas por nómadas, a quienes también se les cobra setenta *qian*, en concepto de derecho
a permanecer en la ciudad, por cada animal.

A cierta distancia de la ciudad, más cerca de las montañas, viven los
chinos y los tangut sedentarios, que se dedican a la horticultura, la agricultura y la ganadería. En los huertos cultivan principalmente cebollas,
rábanos, zanahorias, coles, guisantes, judías, patatas, pepinos, melones y
sandías. En los campos se cultiva cebada (dos variedades), trigo, guisantes grandes y pequeños, mijo, amapolas, etcétera.

---

\*    Según Potanin, el área alrededor de Gui Dui se conoce con tres nombres distintos:
San Kou o «tres ríos», San Tun o «tres pueblos», y finalmente, Xishila Hu, que
significa «cuarenta pueblos». El nombre Gui Dui (en este sentido Potanin y yo
estamos totalmente de acuerdo) es chino. Entre los tangut el oasis es conocido con el
nombre de Chika, es decir, «perro».

†    Tangut negros, una forma de denominar a los nómadas tibetanos de Amdo, que
usaban tiendas de campaña de dicho color. (N. del E.)

Templo chino en la ladera sur de la cordillera

Río Amarillo, sobre el oasis Gui Dui

En Gui Dui la tierra es muy cara: el llamado *mu*, o dieciseisavo de diezmo, cuesta entre diez y veinte *liang* de plata. Además, se supone que con cada *mu* se debe aportar una medida[*] de grano al *yamen* (aproximadamente cinco kilogramos de grano). No obstante, esto sucede con más frecuencia por cada dos *mu*.

GUI DUI. TEMPLO CHINO DE WU TZU MIAO

Los chinos ricos tienen parcelas de ciento veinte *mu*, los terratenientes de tamaño medio se contentan con ochenta *mu*[†], y los pobres con ocho o diez *mu*. Los chinos en general aman la tierra[‡] y la cultivan con esmero y diligencia, y son capaces de recoger, como media, unas ocho cosechas al año o más. El primer labrador en los campos «secos» de Gui Dui aparece el 7 o el 9 de febrero, y una o dos semanas más tarde ya está trabajando la tierra, que ha estado «saturada de humedad» desde el otoño.

El sistema de canales de riego chino está perfeccionado. A lo largo de estos canales se encuentra el álamo (*Populus Przewalskil* y *R. Simoni*), a veces matorrales de *kharmyk*, sauce llorón (*Salix babilonica*) y espino amarillo. A estos hay que añadir los que se ven en el valle del río Amarillo, por encima del oasis, como arbustos de bérberos (*Berberis caroli*), y por debajo, sanos tamariscos (*Tamarix pallasi*). En medio de los jardines del propio oasis, no es infrecuente ver la lila (*Syringa pubescens tibetica*) o la rosa silvestre (*Rosa*)[§].

---

[*]   Entre los chinos, la unidad de medida usada es conocida como *shin* (sheng).

[†]   Aunque más a menudo eran más bien cuarenta o sesenta *mu*.

[‡]   Los chinos sin tierra no son muy apreciados.

[§]   Debido a que nos encontrábamos en el período tardío de otoño, sólo pudimos recolectar entre las plantas herbáceas: la peonía evasiva (*Paeonia rautari*) y la *Sorbaria Kirilovi*.

A lo largo de las orillas de los rápidos ríos cristalinos que bañan el oasis, por todas partes se pueden ver hileras de molinos que funcionan de manera ejemplar.

Entre los árboles frutales de Gui Dui los más famosos son los perales (de tres variedades), que dan excelentes frutos, a su vez también divididos en variedades, a saber: *tian li* —peras firmes, azucaradas, algo difíciles de digerir—, *dung li* —consumidas frecuentemente de forma congelada— y, por último, las peras más dulces y jugosas, conocidas con el nombre de *wuer li*. Hay perales cerca de casi todas las *fanzas*; los chinos acaudalados estiman sus ingresos en treinta y cinco *liang**, la gente común la mitad, y los pobres perciben sólo una cuarta o incluso una quinta parte de lo que ganan los campesinos promedio.

CHINOS, GUARDIANES DEL TEMPLO DE WU TZU MIAO

Las peras, así como otras frutas, como los albaricoques y las cerezas, se venden en Xining, Kumbum, e incluso en Lanchou Fu, donde son muy apreciadas.

La parte de la población de Gui Dui que se dedica a la ganadería cría principalmente ganado vacuno, carneros, cabras, asnos, mulas y caballos; en la ciudad muchos habitantes tienen cerdos, y las gallinas son la propiedad necesaria de cada aldeano.

* El precio de las peras, según la calidad y la temporada, oscila entre cincuenta y ochenta centavos de kopek.

OASIS DE GUI DUI; EN PRIMER PLANO HAY UNA CARAVANA TIBETANA (EN YAKS) PROCEDENTE
DEL MONASTERIO DE LABRANG

Los chinos de Gui Dui son un pueblo más huraño que alegre; sólo se
oye cantar de vez en cuando, y, aun así, sólo a los jóvenes, que a veces
cantan por la noche para romper el inquietante silencio que les rodea y
para ahogar su propio miedo cobarde. Esto fue al menos lo que me expli-
caron los chinos ancianos.

Los hombres son, en su mayoría, extremadamente perezosos, lentos
y apáticos, mientras que las mujeres, por el contrario, son extremadamente laboriosas y realizan con éxito todas las tareas domésticas y del
campo; en otoño observamos a cientos de mujeres dedicadas, además de
a recoger hojas secas, al agotador trabajo de regar las tierras de cultivo.
El andar de las mujeres es ligero y grácil, y cuando nos encontramos con
ellas, estas se muestran muy amistosas y no les importa charlar con extraños. Las mujeres chinas no están desprovistas de cierto orgullo; entre
ellas son bastante comunes los casos de suicidio*, como resultado de la
vergüenza o de alguna amarga ofensa personal. Así, por ejemplo, ocurrió
una vez en Gui Dui el siguiente incidente: una joven, recién casada, paseaba un día de verano por un campo sembrado de judías; tentada por el
apetito de las legumbres y al no ver alma viviente alrededor, cogió una
cesta entera de ellas y se fue a casa. En ese momento un hombre gritó

* La mayoría de las veces se arrojan en el río Amarillo.

amenazadoramente a sus espaldas y, tras reñirla por robar, la golpeó en la cara. Cuando volvió con su marido, la pobre mujer tiró las judías y desapareció sin que nadie la viera. Se dice que, con amarga tristeza, acabó con su vida en las aguas del bravo río Amarillo.

La vestimenta de los chinos locales es muy modesta y predomina el color nacional, es decir, el azul. Las chinas visten pantalones oscuros corrientes (las más dandis los tiñen de púrpura) y una *kurma* corta roja cosida sobre algodón y adornada con trenzas moteadas. Sobre la *kurma* roja, a menudo se lleva una túnica azul larga y delgada, y en la estación fría, otras que son negras, anchas y anodinas. Los zapatos de las mujeres casi no difieren de los zapatos de los hombres, porque en Gui Dui las mujeres chinas no desfiguran sus pies; sólo algunas, especialmente las damas más coquetas, añaden una pequeña suela adicional a un zapato normal, que al andar deja una huella elegante en el suelo, apenas perceptible, como la de un niño. Esto se hace con el fin de crear la impresión del pie pequeño o el llamado «lirio dorado»*.

Al vivir muy cerca de los tangut, los chinos de Gui Dui a menudo están emparentados con ellos por la sangre y aprenden la lengua tangut desde la infancia; además, en la mayoría de los casos profesan la religión budista. Durante nuestra estancia en Wu Tzu Miao, tuve la oportunidad de ver más de una vez con qué reverencia se acercan los chinos a los santuarios budistas. Los lugareños entierran a sus muertos en los rincones de los campos, donde más tarde crecen los arbustos espinosos *kharmyk*.

Los tangut, por su parte, conocen casi exclusivamente su lengua nativa; están gobernados por un anciano de Gui Dui, el tangut Chan Hu, que tiene cuatro ayudantes, o *bei hu*. Además de la agricultura y la ganadería, los tangut también se dedican al transporte, que consideran un deber especial para ellos†.

---

* «Lirio dorado» es el nombre que recibe el pie mutilado de una mujer china. Desde una edad temprana, los pies de la niña son colocados en un bloque de madera, lo que impide su crecimiento. La niña experimenta dolores insoportables durante muchos años, pero de esta manera se mantiene el tamaño del pie de una niña de dos o tres años. Esta operación se realizaba habitualmente en niñas de familias adineradas, pues, al tener unos pies pequeños, la mujer china buscaba enfatizar su pertenencia a una clase que no requería trabajo físico.

† A la primera petición de los funcionarios chinos, los tangut tienen que acudir con un número determinado de carretas y llevar a personas importantes al lugar deseado. Este deber sustituye al impuesto chino en especie sobre la tierra, el grano.

Oasis de Gui Dui en otoño (vista desde el templo de Wu Tzu Miao)

# CAPÍTULO XVI

## Tres meses en el oasis de Gui Dui

U NA vez instalados en el tranquilo y cálido oasis de Gui Dui, dentro de su mejor y aislado templo chino de Wu Tzu Miao, donde esperábamos pasar íntegramente el suave invierno de Gui Dui, los miembros de la expedición se ganaron muy pronto la confianza de la población local. No sólo los chinos, sino también los tangut de la vecindad más próxima, acudían a menudo a nosotros para escuchar el gramófono*, observar el modo de vida de los viajeros rusos e incluso pedir consejo médico. Entre las enfermedades, los nativos sufrían con mayor frecuencia todo tipo de erupciones cutáneas, eczemas, inflamación de los ojos, bocio, etcétera.

La razón de la especial amabilidad mostrada por los habitantes de Gui Dui hacia los rusos fue cierto pronóstico hecho por un *gegen* muy venerado en la región. El anciano dijo a todos los budistas que el año 1909 sería próspero y daría una buena cosecha sólo si un «gran hombre» llegaba al oasis desde el norte. Casualmente, la llegada de la expedición coincidió con la profecía y, naturalmente, provocó un estallido de alegría unánime entre la población.

Los dirigentes de Gui Dui, el *ting guan* (líder civil) y el *setai* (líder militar) visitaban de buena gana nuestro refugio, donde siempre recibían un obsequio: brandy, vodka casero y cigarrillos. Durante una conversación, el *ting guan* me informó de que todos los jefes locales expresaron su agrado por la estancia de la expedición rusa en el oasis, que, según sus

---

\*  A diferencia de los mongoles, a los nativos de Gui Dui les gustaba la música más sublime y compleja y, en general, en comparación con los mongoles, daban la impresión de ser un pueblo más desarrollado y culto. No obstante, el gramófono despertaba en ellos un sentimiento de reverencia inusitado, y resultaba gracioso ver cómo las mujeres, muy serias, con sus hijos en brazos, se inclinaban ante el aparato al terminar de tocar y cruzaban las manos como si rezaran.

palabras, no traía perjuicios sino todo lo contrario, verdaderos beneficios para los habitantes. El *setai* señaló por su parte que los viajeros rusos
debían ser todos buena gente, ya que él había tenido la suerte de conocer
a otros exploradores de Asia como los hermanos Grumm-Grzhimailo —o
«Golo-Molo», como lo pronunciaban los chinos—, que se habían ganado
el respeto de los nativos.

ASISTENCIA MÉDICA A NATIVOS EN EL OASIS DE GUI DUI

La vida de los miembros de la expedición pronto volvió a su rutina
habitual; yo hice observaciones astronómicas y meteorológicas, tomé fotografías, escribí un diario y preparé un informe para el segundo período
del viaje. Los cazadores hicieron excursiones diarias por los alrededores,
pero a pesar de la abundancia relativa de aves, no se vieron géneros o especies nuevas o desconocidas.

Como habíamos visto con anterioridad, en el despejado cielo azul, seguían alzándose orgullosos el quebrantahuesos (*Gypaetus barbatus*), el
buitre negro (*Aegipius monachus*), y a veces el buitre del Himalaya (*Gypaetus himalayensis*); sólo el hambre severa hacía que estas aves reales
descendieran a las viviendas humanas y buscaran algún resto de carne.

Al atardecer, las majestuosas rapaces siempre se retiraban a las
rocas, de las que casi nunca se separaba el águila real, más grácil y noble
por naturaleza. Ocasionalmente, un
halcón (*Falco cherrug milvipes*) pasaba
como una flecha por las afueras del
oasis. Los cazadores de aves más pequeñas, es decir, azores (*Astur
palumbarius*), faisanes, y gavilanes
(*Accipiter nisus*), se mantenían en los
jardines. Por las tardes, o incluso a
altas horas de la noche, se oía a menudo, cerca de los diques o de los
altos muros, el triste ululato de la lechuza, del que se hacía eco un
mochuelo (*Athene*). El cuervo negro
(*Corvus corax*), la corneja negra, la

SUBURGAN EN GUI DUI

grajilla oriental (*Coloeus dauuricus*) y la urraca (*Pica bactriana*) se consideraban huéspedes habituales cerca de nuestra vivienda. Desde las
montañas cercanas, la chova piquirroja (*Pyrrhocorax pyrrhocorax*) también volaba hasta nuestro rincón, repicando con sus melodiosos cantos.

Abubillas, escribanos (*Emberiza godlevskii*) y, por supuesto, pájaros
carpinteros (*Dryobates cabanisi*) rondaban entre los árboles del oasis. En
las espesuras de los matorrales de orilla del río Amarillo, observamos los
rabilargos asiáticos (*Cyanopica suapea*), escribanos (*Emberiza shoeniclus*,
*Emberiza pallasi*), camachuelos (*Rhodopechys*, *Carpodacus rubicilloides*, *C.
pulcherrimus*, *C. stoliczkae*, *C. synoicus*), charlatanes de David (Pterorrhinus
davidi), carboneros (*Leptopoecile sophiae*, *Parus atricapillus affinis*), mitos
(*Aegithalos caudatus*), y timalíes pequineses (*Rhopophilus pekinensis*). Los
carboneros chinos (*Parus minor*) y los camachuelos desertícolas (*Bucanetes obsoletus*) se movían entre el denso follaje de las copas de los árboles,
mientras que el camachuelo mongol (*Bucanetes mongolicus*) se acurrucaba
en las colinas gris amarillentas de las afueras del oasis, buscando comida
de manera activa.

Asimismo, el oasis de Gui Dui se caracteriza por la presencia de acentores pardos (*Prunella fulvescens*), agateadores (*Certhia familiaris*), colirrojos siberianos (*Phoenicurus erythrogastrus*) y zorzales papirrojos (*Turdus ruficollis*). El gorrión molinero (*Passer montanus*) vive cerca de los humanos, mientras que su congénere, el gorrión chillón (*Petronia petronia*) habita en colinas y acantilados más apartados, donde también se encuentra ocasionalmente el treparriscos (*Tichodroma muraria*). Se registraron tres especies de alondras en prados y cerca de ríos o incluso a lo largo de los propios ríos, a saber: la alondra cornuda (*Eremophila alpestris elwesi*), la cogujada común (*Galerida cristata leautungensis*) y calandria tibetana o alondra gigante (*Melanocorypha maxima*). A lo largo de las orillas de guijarros del río, había mirlos acuáticos (*Cinclus cinclus cachmeriensis*), bisbitas alpinos (*Anthus spinoietta blackistoni*), agachadizas solitarias (*Gallinago solitaria*), rascones (*Rallus aquaticus*) y picoibis (*Ibidorhyncha struthersii*). Cerca de nosotros invernaban las bandadas de ánsares comunes (*Anser anser*), tarros canelos (*Casarca ferruginea*), tarros blancos (*Tadorna tadorna*), serretas grandes (*Mergus merganser*) y ánades reales (*Anas platyrhyncha*); entre las aves zancudas se encontraba la garza blanca (*Ardea alba*). Para concluir, cabe mencionar también los numerosos faisanes (*Phasianus strauchi*) que habitaban en jardines o matorrales, así como perdices dáuricas (*Perdix daurica*) y perdices magnas (*Alectoris magna*). Estas últimas, sin embargo, deambulaban por las estribaciones oscuras, desde donde las palomas bravías o de montaña (*Columba rupestris*) volaban a menudo hacia las afueras del oasis.

Esta lista relativamente larga de aves no se corresponde en absoluto con la escasísima población animal de Gui Dui o, más exactamente, de sus márgenes de llanura y montaña, donde sólo pudimos observar lobos, zorros, liebres, una pica de montaña (*Ochotona erythrotis*) y, por último, el ratón casero (*Mus*).

BUITRE PARDO (*VULTUR MONACHUS*)

Para reponer con mayor éxito nuestra colección zoológica, además de las excursiones diarias habituales, realizadas en el propio oasis y sus proximidades más cercanas, organicé viajes más lejanos a las montañas. Una de las cacerías en las escarpadas laderas de la montaña Jakhar (Ani Zhihai Shan) tuvo mucho éxito. Mis compañeros trajeron de vuelta un par de linces y varios ejemplares de aves interesantes: el acentor alpino (*Accentor collaris tibetanus*), el camachuelo cejiblanco (*Carpodacus dubius*) y el mirlo acuático (*Cinclus przewalskii*).

Los habitantes de la zona siempre nos trataron con una cortesía cautelosa, y un tangut adolescente, tras conocer a mis colegas en las montañas, incluso los invitó a su casa.

En las afueras occidentales del oasis de Gui Dui, a un kilómetro de la ciudad, se halla un gran *suburgan*, cuya historia tiene cierto interés. Según la leyenda, hace mucho tiempo, cada año Gui Dui sufría una fuerte calamidad: el tempestuoso río Amarillo se desbordaba de su cauce, inundaba la ciudad y ocasionaba así enormes pérdidas a la población. Pero un día llegó de Mongolia el *gegen* Minege Tutyan Gelun y declaró a todo el pueblo que había sido enviado por Dios para salvar Gui Dui.

Después de construir un *suburgan*, el misterioso *gegen* puso grandes ofrendas bajo sus cimientos: joyas milagrosas con el poder de destruir el fuego y el agua, es decir, el fuego y la inundación. Desde entonces, Gui Dui ha florecido y desarrollado sin llegar a conocer la tristeza.

Durante los dos primeros tercios de octubre, el tiempo estuvo mayormente nublado y triste en Gui Dui. Cada día las hojas caían con más abundancia, los álamos y los sauces permanecían desnudos y sólo los árboles frutales cambiaban su color verde por el rojo dorado. El viento frío del nordeste dominante llenaba cada vez más la atmósfera de fino polvo de loess. Las nubes sombrías generalmente se disipaban con fuertes lluvias y nevaba en las montañas; las precipitaciones despejaban el aire y abrían a la vista agradables distancias. La temperatura bajaba a 0,4 °C o incluso 0,2 °C a la sombra, a las siete de la mañana, pero durante el día alcanzaba a menudo 6 °C y a veces 10 °C, cuando se derretía el hielo de los arroyos y aparecían de nuevo moscas, libélulas y mariposas.

Ante semejantes destellos de luz, todas las puertas de las casas de los nativos se abrían de par en par y los habitantes salían de sus viviendas como los escarabajos de sus madrigueras, para luego pasar el tiempo en apacibles conversaciones sobre sencillos trabajos manuales.

El último tercio de octubre fue notablemente despejado, tranquilo y agradable, con un aire caldeado por el sol, de modo que el tradicional festival budista de otoño tuvo ese año un éxito especial.

Una compañía itinerante de artistas llegó desde Xining y actuó durante varios días sin interrupción. A sugerencia de las autoridades, se asignó a la expedición uno de los mejores palcos del gran teatro, situado en el patio del templo chino principal de Gui Dui.

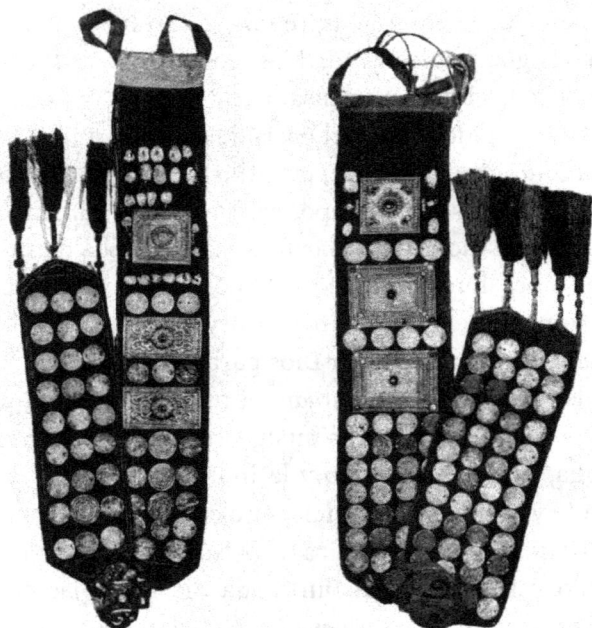

VESTIMENTA FEMENINA. CINTAS PARA LA ESPALDA ADORNADAS CON *GAU*, MONEDAS TIBETANAS, PIEDRAS Y CONCHAS. LA PARTE SUPERIOR DE LAS CINTAS TIENE LAZOS, LA INFERIOR, BORLAS QUE LLEGAN HASTA EL SUELO. (LAS CINTAS SON TIRAS CONTINUAS, AQUÍ ESTÁN DOBLADAS PARA FACILITAR LA TOMA DE LA FOTOGRAFÍA)

El público, sobre todo mujeres y niños, ocupaba todo el interior del patio y todas las azoteas vecinas; durante la acción el público paseaba libremente de un lado a otro; también había vendedores con buñuelos, peras y semillas de sandía. Mientras tanto, la música crepitaba sin parar, y curiosamente no interfería con la somnolencia a la que sucumbieron algunos de los presentes. Entre las coquetas féminas, me llamaron particularmente la atención varias mujeres chinas elegantes, ligeramente maquilladas, que pertenecían a la clase culta y rica*, y a la familia (la madre y tres hermosas hijas) del príncipe tangut. Me gustaron especialmente las originales y coloridas ropas de los tangut y sus adornos: largas cintas plateadas y adornadas con coral que caían por sus espaldas.

Después de comer, durante la representación, bajamos a ver el templo y realizar nuestra ofrenda, en forma de unos cuantos *liang* de plata. Aquí nos recibieron el *ting guan* y todos los funcionarios, que invitaron a los miembros de la expedición a disfrutar con ellos de una excelente cena china, y los chinos comentaron que si nos quedábamos de pie entre la multitud, lo que no correspondía a la dignidad de los rusos, ellos —los funcionarios— no se atreverían a sentarse en la mesa. La cena fue servida de forma tan apetitosa que no nos hicimos esperar mucho y degustamos con placer los manjares chinos.

Pocos días después, justo antes de mi partida de Gui Dui a Xining y luego al monasterio de Choibsen (Chuzang), tuve ocasión de cenar con el amable *ting guan*, que se mostró aún más sencillo y afectuoso que de costumbre.

En conjunto, el mes pasado en Gui Dui se alargó bastante; no había esa actividad emocionante de aventura a la que nos habíamos acostumbrado durante el viaje; la naturaleza invernal, comparativamente pobre y miserable, no proporcionaba alimento al observador; las colecciones etnográficas y zoológicas se reponían lenta y perezosamente. Es necesario reiterar que el «famoso» asunto del dalái lama† retrasó a la expedición en el noroeste de Gansu, impidiéndonos pasar el invierno en el lejano y bello sur‡.

---

\* Con «lirios dorados», se entiende (ver nota en capítulo xv, página 347).

† Aquí Kozlov se refiere al hecho de que el dalái lama, que lo había invitado a Urga, la capital del Tíbet en 1905, aún no había regresado a su residencia. Como se sabe, la salida del dalái lama de Lhasa en 1904 (que no tuvo precedentes entre los gobernantes tibetanos) se debió al hecho de que un destacamento militar británico de tres mil hombres bajo el mando del coronel Younghusband irrumpió en Lhasa y trató de capturar al jefe del Tíbet para imponer un castigo humillante para el pueblo tibetano. El dalái lama, para evitar el cautiverio, se vio obligado a huir al norte de Mongolia, donde pasó varios años. En ese momento (en mayo de 1905) tuvo lugar el primer encuentro de Piotr Kozlov con el dalái lama. Sobre el dalái lama, véase el artículo de Kozlov *El dalái lama tibetano* (1907) y su libro *Tíbet y el dalái lama* (1920). (N. del E.)

‡ Fue importante e interesante encontrarme con el dalái lama aquí en Amdo, consolidar mi relación con él desde nuestro encuentro en Urga y clarificar una

El único consuelo para los viajeros era el correo, que sirvió de tema de conversación durante semanas. Las cartas de parientes y amigos cercanos les animaban, les daban más energía y les alentaban a conseguir nuevos éxitos.

A finales de octubre los informes y las cartas estaban listos, y empecé a dormir para un viaje fácil a los monasterios budistas de Kumbum y Choibsen. A pesar de mis mejores esfuerzos, el equipaje era bastante voluminoso, pues tenía que llevar los regalos para el dalái lama, que tenía intención de entregar a los funcionarios del sumo sacerdote tibetano de Kumbum, y el correo que debía enviarse a través de un amable intermediario de Ching Tsai.

KUMBUM. SAGRADO MONUMENTO BUDISTA, UN *SUBURGAN* CON UN PASAJE INTERIOR QUE SERVÍA COMO MERCADO PROVISIONAL

Las autoridades locales se mostraron extremadamente corteses en todo momento, y me ayudaron con el alquiler de animales y de un guía.

El 2 de noviembre, a las nueve de la mañana, partí de Gui Dui con mi pequeño transporte, acompañado por el oficial del destacamento, Polyutov, y un intérprete chino, y me dirigí por la vieja carretera hacia Kumbum.

En el cruce del río Amarillo, donde nos esperaba una barca, presenciamos una escena bastante desagradable: un policía local golpeaba sin piedad a una pobre mujer, vendedora de peras.

futura nueva reunión con el destacado jefe del Tíbet.

Sin saber el motivo de tan cruel trato a una pobre y débil mujer tangut, me vi en la necesidad de interceder por la víctima y contener un poco al «fanático del buen orden». Mi intervención fue muy aplaudida por los espectadores y el celoso policía desapareció sin dejar rastro.

Completamos el viaje a Kumbum sin contratiempos. Sólo presentó alguna dificultad el inevitable paso de Laji Ling, sobre todo su helada pendiente norte, en la que algunos de los animales murieron, por lo que tuvimos que cargar con algunos bultos nosotros mismos[*]. El camino, como antes, se animaba de vez en cuando con transeúntes y viajeros; sólo faltaban los numerosos peregrinos. En el paso observamos la paloma nival (*Columba leuconota*), el acentor alpino (*Laiscopus collaris tibetanus*) y tres géneros de aves rapaces.

Tras pasar por la decadente ciudad de Nanchangin (Nanchuán), situada al pie de las colinas que cierran Kumbum por el este, entramos en el monasterio el 4 de noviembre por la tarde. Había aquí una agitación sin precedentes; la fiesta de otoño en memoria de Tsongkhapa estaba en pleno apogeo: las calles bullían abarrotadas de una multitud festiva. A lo largo de las filas del mercado, en las plazas y a lo largo de las laderas de las montañas, un bazar continuo se extendía cerca del gran *suburgan*. Lamas y laicos por igual,

SIRGON O LÁMPARA DORADA

deambulaban sin rumbo de un lado a otro, entretenidos por espectáculos curiosos y originales: aquí y allá giraban malabaristas, llegados a esta lejana comarca desde las cercanías de Pekín, saltando hábilmente en medio de un aro tachonado de enormes cuchillos. Cerca del espectáculo, se erguía un voluminoso carruaje —algo así como una locomotora— que, al ponerse en movimiento, producía con su mecanismo interno una música increíblemente ruidosa y estridente. Por último, también hubo una demostración con un oso domesticado.

El momento más solemne de la fiesta conmemoraba el momento de la transición de la vida terrenal al estado de eterna inmortalidad, del alma del reformador del budismo. La noche del 5 de noviembre, a la señal de una trompeta, Kumbum se llenó de sonidos de cuernos y trompas; combinados con las voces de mil lamas que se alineaban en los templos elevados y entonaban oraciones a media voz, esta música creaba una es-

---

[*] En la vertiente sur el camino era rocoso, seco y polvoriento.

pecie de suave armonía. A lo largo de los portales de los templos, como por arte de magia, se encendieron cientos de estufas, y el monasterio, dispuesto como un anfiteatro improvisado en la ladera de la montaña, resplandecía con las luces. La estampa era espectacular.

Hacia las ocho o las nueve de la noche todo quedó en silencio y el monasterio se sumió en un silencio absoluto.

Los dos días que pasé en Kumbum fueron muy variados. Me hospedé, como antes, en la habitación del lama Jayak, dentro del monasterio.

Entre otras cosas, en Kumbum tuve la suerte de encontrarme con viejos conocidos: mongoles pertenecientes al *khoshun* del príncipe Kurlyk Beise y Tsaidam. Entre estos últimos había incluso algunos que nos habían servido en expediciones anteriores como guías y pastores; todas estas gentes se mostraron notablemente amistosas con los rusos, y decían que en su tierra natal recordaban a los viajeros y esperaban con impaciencia su nueva llegada, para lo cual guardaban cuidadosamente la vieja caja meteorológica de la expedición. El 6 de noviembre por la mañana temprano, nuestro pequeño destacamento puso rumbo a Xining, siguiendo el valle del río llamado Mosha Gou Xia en su curso alto y Nanchang Gou (río Nanchuán) en su curso bajo, a la altura del puente de Xining.

Alrededor de las diez de la mañana, la silueta de los edificios de Xining comenzó a emerger a lo lejos, y media hora más tarde fui recibido por el amable señor Ridley, que dio refugio a los viajeros bajo su hospitalario techo.

Al día siguiente tuve que hacer visitas a las autoridades chinas. Ching Tsai recibió mi correspondencia con amabilidad, y en el curso de una conversación me informó de que había recibido un documento de Pekín relativo a la expedición rusa.

Para mi sorpresa, este documento contenía un mensaje de la embajada rusa en Pekín, en el que se informaba al Ministerio de Asuntos Exteriores chino de que «el viajero Kozlov no irá al sur de Sichuan si los chinos consideran esta ruta de algún modo inconveniente e insegura»...

El 8 de noviembre, en una clara mañana helada, abandonamos Xining y nos dirigimos en dirección norte-noreste, hacia el monasterio de Choibsen. En el valle del río Xining se notaba el profundo otoño, el lodo fluía a lo largo del río, los témpanos de hielo chocaban entre sí y soplaba un viento fuerte y penetrante que nos molestó hasta que entramos en el valle secundario del río Shin Chen (Baoku), protegido por colinas y que lleva el nombre del mismo pueblo*.

FUNCIONARIOS TIBETANOS QUE CUSTODIABAN LAS RICAS PROPIEDADES DEL DALÁI LAMA EN KUMBUM

Por la polvorienta carretera de la margen derecha, pasaban carros que transportaban el carbón extraído de las montañas circundantes. La fila de carros levantaba una nube de polvo de loess que caía sobre los viajeros y provocaba la irritación de la mucosa nariz y párpados.

Después de pasar la noche en el pueblo de Shin Chen (Xincheng), cruzamos el río del mismo nombre por un puente y entramos en la región de las montañas de Loeshan. Toda la ladera noroeste de Loeshan estaba cubierta de vegetación boscosa, y sólo en algunos lugares sobresalían algunas rocas

GAU PROCEDENTE DE LA TRIBU NGOLOK

salvajes de la densa espesura; a lo largo de la cresta de las montañas, a una altura inalcanzable, se extendían varias pagodas chinas luminosas y

---

* Nikolái Przewalski se refiere a este río como Buguk Gol, en mongol.

pintorescas. El desfiladero, fresco gracias a la sombra de las empinadas laderas, se precipitaba hacia el este. Teníamos un poco de frío, pero los animales caminaban con más alegría y éxito en temperaturas bajas. Los cantos de los pequeños pájaros no callaban en el aire; los faisanes (*Phasianus decollatus Strauchi*) buscaban alimento en bandadas numerosas, brillando al sol con su hermoso plumaje. Las palomas acudían en grandes grupos a las rocas cercanas a los pueblos.

En lo alto, sobre el fondo de un cielo azul despejado, pasaban de vez en cuando buitres e incluso una orgullosa y hermosa águila real.

Subimos a la cima del puerto de montaña, desde donde podíamos ver las colinas con bosque de abetos que rodeaban Choibsen por todos lados. Abajo, en el valle, nos recibieron lamas con unos *khadak* de mi viejo amigo, el *gegen*. A la entrada del patio del monasterio, los lamas estaban alineados en una larga fila, lo que representaba una honorable bienvenida. Nos dirigimos dignamente a una acogedora sala, donde, tras servirnos la comida y la bebida que había en las mesas, enseguida nos sentimos como en casa.

El *kutuktu* de Choibsen me recibió como a un amigo íntimo. Tras descansar un poco después del camino y refrescarme con el convite del lama, me dirigí a las habitaciones interiores de la abadía, donde normalmente no se permitía la entrada a los forasteros.

LOBSANG THUBTEN, *KUTUKTU* DE CHOIBSEN

Lobsang Thubten, como se llamaba el lama, se levantó para recibirme con una sonrisa amistosa y, según la costumbre rusa, me tendió la mano. Yo le entregué un *khadak* a la manera budista.

El lama había envejecido y engordado, sólo sus ojos seguían ardiendo con inteligencia y vigor. Su voz sonaba joven y sonora cuando reía. Mi viejo amigo me mostró orgulloso su nueva habitación de estilo europeo; en las ventanas, enmarcadas por cortinas, se podían ver marcos dobles con una capa de algodón. De las paredes colgaban todo tipo de relojes, hasta de cuco, y cuadros. Los regalos de la Sociedad Geográfica Rusa, así como los obsequios de Nikolái Przewalski, se mantenían en un orden conmovedor. Por todas partes había numerosos *burkhan*, *khurde*, *gau* y lujosos libros tibetanos dorados y rojos. Todas las habitaciones tenían hermosas vistas de los templos y de las montañas y colinas vecinas, y en un lado de la casa había un jardín con sombra y decorado con una colina artificial, parterres con flores e incluso un cenador de estilo europeo. Sostuvimos numerosas conversaciones, ya que ambos nos sentíamos muy a gusto el uno con el otro.

A cambio de los regalos de la Sociedad Geográfica Rusa, el *kutuktu* me obsequió con una imagen de bronce del bodhisattva Manjushri, un buda coronado sobre un trono de diamantes, un libro tibetano y un magnífico *khurde*. Entre otras cosas, pidió a la Academia Rusa de las Ciencias que le entregara una hoja del árbol Bodhi, que crece en la India, bajo el cual, según la leyenda, Gautama se entregó a la contemplación; y en cuyas hojas se pueden ver claramente los contornos dorados del Buda sentado.

El 14 de noviembre nuestro grupo regresó a Xining, llevando consigo el recuerdo más cálido y agradable de los pocos días pasados en Choibsen, y tres días después llegamos a Gui Dui, donde encontramos todo en perfecto estado. El tiempo continuaba siendo comparativamente caluroso; a veces el sol calentaba notablemente*; el aire se oscurecía casi a diario por el fino polvo levantado por los fuertes torbellinos y el velo de polvo nos impedía hacer observaciones astronómicas. Sólo con el comienzo de diciembre se estableció un invierno suave, con ligeras heladas nocturnas (hasta -13 °C) y vientos fríos del noreste. El oasis adquirió un tono gris amarillento apagado y pareció congelarse. Toda la gente se escondía en sus viviendas, la vida animal también parecía extinguirse.

REPRODUCCIÓN DEL GRAN BUDA DE LHASA

---

* A la una de la tarde del 22 de noviembre, el termómetro marcaba 4,5 °C a la sombra, mientras que al sol, ya marcaba unos 15 °C, lo que se podría llamar calor, especialmente en relación con la cara, incluso en el aire enrarecido.

Nuestra familia de la expedición había aumentado desde hace algún tiempo con un miembro más bien original. En el oasis compramos, por cinco rublos de plata, un buitre negro domesticado (*Aegypius monachus*). El gigante emplumado pronto se acostumbró a toda la tropa, comía con avidez pulmón de cordero y se abalanzaba sobre los huesos con hambre, algunos de los cuales sólo picoteaba, otros se los tragaba enteros. Era divertido ver cómo durante la cena de nuestra mascota favorita se congregaba una gran compañía de cuervos, cornejas y urracas por todas partes, saltando de lado a lado y ansiosos por arrebatarle un sabroso bocado. Sin embargo, bastaba una mirada furiosa del poderoso pájaro en dirección a los pequeños invitados ladrones para que todos ellos se dispersaran sin mirar atrás. Por la noche, el buitre era llevado a una habitación cubierta, pero durante el día solía posarse sobre una roca, al aire libre, y observar con envidia a sus hermanos libres remontando el vuelo en el cielo claro y azul. A veces, el cautivo animal se animaba y despegaba excitado en el acto, desplegando sus enormes alas, de una braza de envergadura. En dos o tres ocasiones, el buitre subió tranquilamente a pie desde nuestro campamento hasta la cima de una colina vecina, en las proximidades de una pagoda china, desde donde se alejaba volando en una línea ligeramente inclinada durante un kilómetro o más. Nuestros perros a veces se quedaban perplejos al ver a nuestro buitre, e intentaban atacarlo, pero, después de recibir la respuesta adecuada por parte del ave, se alejaban humillados a una distancia respetuosa de ésta. Posteriormente, durante la caminata, los perros fraguarían una gran amistad con la rapaz.

LA CASA Y EL JARDÍN ADYACENTE DEL *KUTUKTU* DE CHOIBSEN

En la mañana del 7 de diciembre, los dos hermanos Badmazhapov llegaron inesperadamente y nos trajeron abundante correo. Se produjo la agitación inmediata del campamento entero y empezó a sentirse un redoblado vigor entre los miembros de la expedición. La más interesante de las cartas contenía un valioso mensaje de la Sociedad Geográfica. El vicepresidente adjunto de la sociedad, Alexander Grigoriev, me informó de que la Academia de las Ciencias y todos los científicos de San Petersburgo apreciaban mucho los trabajos de la expedición en relación con los descubrimientos en Khara-Khoto: «Según se puede juzgar por los materiales extraídos de la excavación, las ruinas de la antigua ciudad descubierta por usted representan, en conjunto, los restos de la capital de la tribu tangut Xi Xia, que floreció entre los siglos XI y XIV. En vista de la importancia de este descubrimiento, el Consejo de la Sociedad Geográfica me ha autorizado a sugerirle que no se adentre más en Sichuan, sino que regrese al desierto de Gobi y complete el estudio de las entrañas de la ciudad muerta. No escatime esfuerzos, tiempo ni dinero en nuevas excavaciones», escribió Grigoriev al final de su carta*.

Es difícil pensar que Alexander Vasilievich Grigoriev —hombre notable por sus cualidades morales y buen corazón— fallecería un mes y medio más tarde. ¡Descansa eternamente, gran amigo de los viajeros!

Después de sopesar el estado general y el ánimo de la expedición, no pude sino alegrarme por el acortamiento de la ruta anteriormente propuesta a las profundidades de los dominios *ngolok* (*golog*), que había sido sugerida anteriormente. La carta de Grigoriev me complacía en todos los aspectos y, además, coincidía bastante con el deseo de Ching Tsai, que, según su propia convicción, sería el último responsable de nuestro destino en las andanzas que deberíamos llevar a cabo entre las peligrosas tribus de ladrones.

Tras despedir a Tsokto Badmazhapov, que sin saberlo había encauzado nuestra expedición en un nuevo rumbo, aproveché la primera tarde clara para observar la ocultación de varias estrellas por la luna. Igualmente, observé en el telescopio a la Estrella Polar y un par de estrellas brillantes en el este y oeste del firmamento, y luego, el 17 de diciembre, organicé una pequeña excursión a los manantiales de la montaña de Chigu.

Estos manantiales curativos se encuentran a quince kilómetros de Gui Dui, en la carretera que lleva al monasterio de Ragyagomba. Tras dirigirnos hacia el oeste, hasta la sección transversal del valle de Mujik (río Lanquan), pronto nos desviamos hacia el suroeste, pasamos la aldea de Ranen Gyatson y, al entrar en el desfiladero de Luan Tson Gou, vimos la franja azul oscuro de un arroyo caliente, sobre el que se elevaba vapor. El

---

* Carta fechada un 9 de septiembre de 1908 en Kuokkala, Finlandia.

arroyo se precipitaba ruidosamente hasta la superficie del suelo desde debajo de un morro de guijarros arcillosos cerca de un *obo* y, enfriándose gradualmente, fluía hacia el norte, emitiendo rítmicamente extraños sonidos sordos como pesados resuellos, audibles a cien metros de distancia. A tres o cuatro kilómetros de la fuente, donde la temperatura del agua alcanzaba los 85 °C, el arroyo de montaña fluía abiertamente entre el verdor esmeralda. Aquí vivía una solitaria agachadiza.

Junto al manantial principal, el más caliente, había varios manantiales secundarios que atraían a muchos usuarios del balneario. Al pie de la escarpada orilla había hasta doce baños primitivos construidos con toscas losas de piedra. Aquejados de reumatismo y resfriados varios, los nativos se instalaban en las inmediaciones, en una terraza costera, donde vivían en tiendas de campaña durante dos o tres semanas, tomando un baño diario de una hora y utilizando la misma agua caliente en lugar de comida y bebida. Debido a la temperatura fresca del aire circundante, los bañistas solían cubrirse la cabeza con una tela que colgaba de los lados de la bañera hasta el suelo*.

Aunque parezca extraño, las regiones del Tíbet que se encuentran a una altitud elevada y están sujetas al frío más intenso, tienen en su territorio el mayor número de fuentes termales, caracterizadas por temperaturas muy altas. Así, por ejemplo, al este de los 92° de longitud este, en las llanuras y valles montañosos que no se elevan por encima de los 4.250 metros, sólo ocasionalmente se encuentran manantiales cálidos y su temperatura es bastante baja. Por el contrario, en la zona al oeste del citado meridiano, hasta Lingzhi Tang y Karakorum, sorprende la cantidad de fuentes termales que brotan en la superficie de la tierra.

Además, cabe destacar que al norte del paralelo 34, casi nunca se encuentran manantiales, aunque la altitud siga siendo la misma.

Los límites de la zona ocupada por abundantes aguas calientes están determinados por los meridianos 78° 30′ en el oeste, 92° en el este, la cordillera del Himalaya en el sur y el paralelo 34° 30′ en el norte.

---

* Przewalski también observó fuentes termales en el Tíbet, en la vertiente meridional del Tan La, a una altitud de 4.750 metros. El manantial superior tenía una temperatura de 32 °C; el inferior 52 °C. (Véase *Tercer viaje por Asia central*, págs. 244-245). También es de interés citar un extracto «sobre las fuentes termales del Tíbet» del libro de Graham Sandberg *Tibet and the Tibetans* (1906), página 68, como comparación con mi análisis.

EL *GEGEN* DE CHOIBSEN EN SU ATUENDO ESPIRITUAL SUPREMO

EL *GEGEN* DE CHOIBSEN CON TRAJE *RYUJYAN*

BODHISATTVA MANJUSHRI

Es muy interesante desde el punto de vista científico el hecho de que la región de las aguas termales coincida completamente con la región de los lagos salados. En general, las aguas termales del Tíbet se encuentran exclusivamente cerca de lagos o grandes ríos. Muchos lagos pequeños también tienen pequeños géiseres en sus proximidades. Los ríos también suelen dar lugar a grandes fuentes de agua cálida, que a menudo escapan directamente del centro del lecho del río y dan la impresión de salir directamente de las fauces de un monstruo.

Comparados con los géiseres islandeses, los géiseres tibetanos son muy insignificantes y no se elevan más de veinte metros sobre la superficie de la tierra —en Peting Chutsen, a orillas del Lahu Chu, un afluente del río Shang Chu, a una distancia de ochenta metros, hay once géiseres que liberan espesas nubes de vapor y crean un ruido increíble—.

TEMPLO CATEDRALICIO EN CHOIBSEN (CON TECHO DORADO)

LOS LAMAS AL SERVICIO DEL *GEGEN* DE CHOIBSEN

Ahora es necesario mencionar otro rasgo característico de los géiseres de la meseta tibetana: una corriente de agua caliente, casi hirviendo, que escapa de las entrañas de la tierra, entra en contacto con el aire exterior, cuya temperatura durante los largos meses de invierno fluctúan entre treinta y cuarenta grados centígrados bajo cero. Las partículas de agua se enfrían y congelan inmediatamente, formando enormes columnas de hielo plagadas de pequeños agujeros. El géiser, que sigue emitiendo vapor dentro de lo que se asemeja a una jaula de cristal, presenta de este modo un espectáculo muy original.

La vida en el campamento principal siguió transcurriendo monótonamente.

Nuestros amigos de Choibsen visitaron la expedición una sola vez y, tras pasar dos días en Gui Dui, regresaron con nuevos regalos para el *gegen**.

Mientras tanto, el mes de diciembre llegaba a su fin; a principios de enero se suponía que nos despediríamos de la invernada e iríamos a realizar nuevas investigaciones a la zona de los monasterios de Amdo: Ragyagomba y Labrang.

En relación con la inminente partida de la expedición, surgió involuntariamente la cuestión de qué hacer con los regalos para el dalái lama. El 8 de diciembre se supo oficialmente que el soberano del Tíbet

*KHURDE*, RUEDA DE ORACIÓN DE BUENA MANUFACTURA QUE CONTIENE UNA ORACIÓN DE PAPEL EN EL TAMBOR INTERIOR

había abandonado Pekín y se dirigía a la provincia de Gansu. Pronto llegó de Wutai el transporte del dalái lama, compuesto por doscientos camellos, y también aparecieron funcionarios tibetanos; se tenía la sensación de que se iba a producir un gran acontecimiento.

La población esperaba al jefe de la iglesia budista sin ningún entusiasmo, ya que tales visitas de personas importantes siempre suponen un

---

* Esta vez le envié a mi amigo como complemento un estereoscopio, un trozo de brocado de oro, un elegante cuchillo de la marca Zavyalov y una serie de fotografías de las vistas y tipos de su monasterio.

gasto considerable. El virrey de Gansu incluso intentó por todos los medios desviar la ruta del estimado viajero hacia el norte o el sur, pero al
parecer sin éxito.

BUDA EN POSE DE CONTEMPLACIÓN

Después de discutir el asunto, decidimos enviar a nuestro representante hacia Kumbum para llevar los regalos, prometiendo entregárselos
personalmente a los lamas a la primera oportunidad*.

Los últimos días del viejo año de 1908 se emplearon por completo en
la preparación para la siguiente etapa de nuestro viaje y el envío del último correo desde Gui Dui.

El tiempo era lúgubre: hacía frío, los vientos del nordeste no cesaban
y las distancias estaban oscurecidas por un velo de polvo.

La capa de nieve, que en nuestra patria imponía a la naturaleza circundante su especial matiz poético de silencio y sueño, aquí estaba
ausente.

---

\* Los tristes funcionarios del dalái lama recibieron de Polyutov una caja de «joyas
interesantes» y anotaron cuidadosamente la ruta programada de la expedición.

La noche del 1 de enero fue brillante y estrellada. Para celebrar de algún modo el Año Nuevo, se lanzaron dos cohetes pirotécnicos desde la cima de la colina adyacente, cerca de la pagoda; los chorros dorados se elevaron alto en el cielo, perforando la oscuridad con su luz deslumbrante.

Abajo y en las montañas vecinas, este inusual espectáculo despertó gritos de sorpresa y alegría entre los vigilantes nómadas.

Nos despertamos temprano al día siguiente; las cimas de las montañas estaban doradas por los pálidos rayos del sol, la atmósfera estaba helada y despejada. En el aire tranquilo y sosegado se oían muy claramente las voces de los pájaros que se afanaban en los alrededores del vivaque. Todos estaban de humor solemne, sobre todo después de la lectura de la orden del destacamento de la expedición sobre el ascenso de tres cosacos y la declaración de profunda gratitud a todos los demás rangos.

HUÉSPED DEL *GEGEN* DEL MONASTERIO DE CHOIBSEN (EN LA MANO IZQUIERDA SOSTIENE UN KHURDE)

Los preparativos para el viaje a Ragyagomba se retrasaron. Resultó bastante difícil trabajar con los tangut; a pesar de las garantías, trajeron animales en mal estado, agotados, e incluso en número reducido. Temíamos por el éxito de nuestra excursión en el laberinto montañoso que rodeaba el río Amarillo.

Tuvimos mucho que pensar y finalmente dividimos la expedición en dos grupos. Envié el transporte del equipaje pesado bajo la dirección del capitán Napalkov directamente a Labrang, por la gran carretera Gui Dui-Labrang. Le encomendé a mi colaborador la tarea de llevar el equipaje a Labrang y depositarlo en Weixian para reponer allí las colecciones zoológicas. Elegí los animales más ligeros de equipaje, así como artículos de primera necesidad, en mi excursión para explorar los alrededores del monasterio de Labrang desde el noroeste, el oeste y el suroeste.

Con el comienzo del nuevo año retomamos las actividades frecuentes de la expedición.

HIELO A LA DERIVA EN OTOÑO-INVIERNO, RÍO AMARILLO CERCA DEL OASIS DE GUI DUI

AFUERAS DEL SUR DEL OASIS DE GUI DUI (CERCA DE LA ZONA DE INVERNADA DE LA EXPEDICIÓN)

EQUIPO DE LA EXPEDICIÓN EN INVIERNO

BAZAR DE LA CIUDAD DE GUI DUI

# CAPÍTULO XVII

## Excursión invernal al interior de las tierras altas de Amdo (I)

C ON la propuesta de la Sociedad Geográfica de «concentrar toda la atención en la exploración de la ciudad muerta de Khara-Khoto», la expedición tuvo que cambiar de plan. Al principio se suponía que íbamos a pasar todo el invierno en Gui Dui, luego, con el desarrollo de la primavera, iríamos a Sichuan; región que había llamado la atención a mi mentor, especialmente tras su «cuarto» viaje en Asia central, por su naturaleza exuberante. Después de alcanzar el río Yangtzu Chiang (Yangtsé), a la altura de la desembocadura del Bi Chu (De Qu), Nikolái Przewalski se resignó de la imposibilidad de vadear el río con los camellos o de seguir su curso, constreñido por las escarpadas rocas de las estribaciones de las montañas adyacentes*.

El primer explorador de la naturaleza de Asia central se limitó a visitar el valle de los lagos en la zona alta del río Amarillo y regresó a Tsaidam, que le sirvió de base para estudiar el borde septentrional de la meseta tibetana. Después de Przewalski, como es sabido, la expedición dirigida por su discípulo, Vsevolod Roborovski, también aspiró a alcanzar Sichuan. Sin embargo, este cayó gravemente enfermo en la región de los montes Amne Machin y tuvo que retirarse al mismo Tsaidam†. Mi expedición de Mongolia a Kham, que aportó mucho material nuevo en cuanto a historia natural y geografía, reveló riquezas aún mayores a este

---

\* *Cuarto viaje a Asia central*, pág. 178.

† *Actas de la expedición de la Sociedad Geográfica Imperial Rusa en Asia central de 1893-1895.* Vsevolod Roborovski.

respecto en el territorio adyacente a su ruta por el este*, y me animó, naturalmente, a esforzarme también a viajar a Sichuan, hasta su frontera
con Kham, para enriquecer así nuestros trabajos con los de Grigori Potanin y cumplir así otro de los mandatos de nuestro maestro y mentor.

Sin embargo, ninguno de nosotros consiguió llegar hasta allí: algo
inexplicable, imperioso y fuerte, no nos dejó entrar en la preciada Sichuan. De nuevo, no pudimos cumplir nuestros sueños de ver matorrales
de bambú y encontrarnos con el takín (*Budorcas taxicolor*), el oso panda
(*Ailuropus melanoleucus*) o cazar hermosos monales coliverdes (*Lophopho-
rus lhuysii*) en las altas praderas vecinas.

Después de aplazar nuestra intención de ir a Sichuan, sólo nos quedaba por hacer el viaje de regreso a Khara-Khoto, en primavera. Por lo
tanto, teníamos ahora a nuestra disposición algo más de dos meses, que
hubiera sido imperdonable no utilizar, aunque sólo fuese para penetrar
más al sur en la región de Amdo. Tras tomar la decisión de emprender
este rodeo en la ruta, nos preparamos para partir lo más pronto posible.

Amdo es un territorio montañoso, que se extiende libremente hacia
el sur —el extremo nororiental de la meseta tibetana—, desde la cuenca
alpina de Kokonor hasta las fronteras de Sichuan, por un lado, y Gansu,
por el otro. La característica general de la meseta de Amdo se asemeja al
relieve de las regiones más suaves del Tíbet, situadas al este o al sur de
este vasto país, donde la altitud del terreno se encuentra entre los 4.880
y 4.350 metros sobre el nivel del mar, y mucho más baja en las zonas ag-
rícolas. Las principales cadenas montañosas están orientadas en
dirección latitudinal, con una pendiente variable hacia el norte o el sur.
La línea de nieve se eleva unos 4.570 metros sobre el nivel del mar. Aquí,
como en el Tíbet, en los valles altos hay praderas características de juncos tibetanos perennes (*Kobresia thibetica*), donde los animales salvajes
más comunes son la gacela del Tíbet (*Procapra picticauda*) y la calandria
tibetana (*Melanocorypha maxima*), que en los claros del día anima la monotonía del país con melodiosos cantos. En los valles más bajos, por el
contrario, crecen frondosos arbustos, atravesados por burbujeantes
arroyos cristalinos, en cuya vecindad subsisten pequeños pájaros
cantores.

---

\* Es decir, en la zona delimitada al este en la ruta de la expedición de Grigori Potanin
por el este y la ruta de mi viaje a Kham por el oeste.

En general, las montañas son ricas en especies de plantas tibetanas, que van desde los arbustos enanos hasta los verdes prados alpinos. La vida animal también es monótona entre los tibetanos: aquí es difícil encontrarse con yaks salvajes y antílopes orongo o tibetano (*Pantholops hodgsonii*), desplazados por la abundancia de nómadas.

La cifra aproximada de la población total de Amdo y sus belicosas tribus tibetanas se calcula en unas quinientas mil almas.

Los indígenas de Amdo se dividen en sedentarios, que tienen sus aldeas y tierras de cultivo en los valles más bajos, alrededor de 2.440 y 2.740 metros sobre el nivel del mar, y nómadas, que desplazan sus *banag* a las regiones de pastos montañosos.

Al igual que los tibetanos orientales, los nativos de Amdo son tribus políticamente independientes que sólo están sometidas nominalmente a China. Los chinos no interfieren en absoluto en la vida interna de los indígenas y se limitan a enviar a sus funcionarios con un destacamento militar para recaudar tributos y también para resolver cualquier disputa entre los tibetanos o entre estos y los chinos.

Los saqueos e incursiones constituyen una de las principales ocupaciones de los nómadas de Amdo, dirigidos por sus líderes. Al no tener leyes escritas, se rigen en su vida social por el derecho consuetudinario.

Los indígenas de Amdo con los que establecimos contacto no diferían en apariencia de los tibetanos orientales descritos en las páginas de mi libro *Mongolia y Kham*. Tenían la misma estatura promedio, rara vez grande, la misma complexión densa y fornida, los mismos ojos grandes y negros, la misma nariz no achatada, a veces incluso aguileña, y las mismas orejas de tamaño medio.

Las ropas y viviendas de los nómadas de Amdo son las mismas que las de los nómadas tibetanos. Los modales y costumbres también son muy similares; las diferencias sólo pueden observarse mediante un estudio pormenorizado de los dos grupos.

Asimismo, los hombres de Amdo buscan la menor ocasión para hacer compañía y charlar de manera ociosa. En el mejor de los casos, los hombres salen a cazar o, como ya se ha dicho, a robar. Las tareas domésticas, como cuidar el ganado, recoger combustible, acarrear agua y muchas otras, recaen en todas en las mujeres.

Mientras la mujer trabaja duro durante el día, al hombre le aburre la inactividad y sólo acude en su ayuda cuando la mujer es físicamente incapaz de hacer frente a algo. A caballo, una mujer nómada es tan ágil como un hombre. Es costumbre de toda chica joven coger cualquier caballo de la manada, agarrarse a sus crines y saltar rápidamente a lomos del animal sin silla para salir galopando en la dirección deseada. Las mujeres jóvenes suelen ser muy independientes y libres, y pueden tener uno o incluso varios maridos al mismo tiempo.

Bazar Baradin escribió*:

> Entre los tangut de Labrang, es un hecho que el matrimonio se realiza mediante la huida de un joven de la casa de sus padres a la casa de los padres de la novia. Si a un joven le gusta una chica y desea casarse con ella, le deja parte de su ropa. Si la chica acepta la propuesta del joven, tendrá que limpiar la ropa de éste igual que la suya, y si rechaza la propuesta, dejará su ropa fuera. De este modo, los padres no influyen en la decisión de su hija.

> El joven conocerá el veredicto de la muchacha de la siguiente manera: si su ropa es sacada fuera, tendrá que llevársela a su casa junto con su vergüenza. En cambio, si su ropa se ordena cuidadosamente entre la ropa de la chica, entonces el joven huirá de sus padres, con los que romperá todo vínculo patrimonial. En este caso puede, a lo sumo, llevar consigo un caballo de guerra, pero, en casos singulares, debe acudir a su novia con un fusil y un sable.

> Así pues, el marido es un invitado permanente para su esposa y los padres de ésta, y la base de la vida familiar de los tangut y, en general, de todas las tribus tibetanas, es que el marido y la mujer están muy poco relacionados entre sí en términos de propiedad. La esposa debe administrar todo el hogar como si le perteneciera exclusivamente a ella, y el marido sólo tiene a su disposición su caballo de guerra, su rifle, su sable y su lanza, con los que puede dedicarse al robo.

Así como las mujeres están orgullosas de sus abalorios y su plata, los hombres lo están, si no más, de su armadura militar, especialmente de su rifle y su sable, para cuya decoración con plata y piedras de colores se gasta mucho dinero. En Amdo, así como en Asia central, es habitual que los méritos de las personas capaces de ser jefes o dirigentes se valoren principalmente por su aspecto marcial, su juventud y sus proezas. Los

---

* Véase *Viaje a Labrang*. Apéndice de *Noticias de la Sociedad Geográfica Imperial Rusa*, volumen 44, número 4, 1908, páginas 19-20.

caballos entrenados y bien vestidos atraen la atención de la población errante o de una caravana desde lejos.

Los coloridos trajes azul oscuro, rojo y amarillo, a veces con adornos de leopardo en el pecho, son muy atractivos para los orgullosos jinetes de Amdo, especialmente para los oficiales, ante los que los plebeyos locales inclinan humilde y servilmente la cabeza.

En épocas recientes, no se puede dejar de observar un fenómeno especial y llamativo: las armas europeas penetran cada vez más en el entorno de Amdo. Muchos habitantes de Amdo, a los que encontramos en la carretera o en sus campamentos, iban a menudo armados con fusiles de cargador, conservados en un orden ejemplar, a los que se habían acoplado bípodes para disparar contra los animales con mayor precisión, sobre todo en los valles, como hacen siempre los centroasiáticos con su primitiva munición de mecha. Los hombres de Amdo nos mostraron orgullosos sus cargadores, pidiéndonos a su vez que les enseñáramos un fusil ruso. Aprendieron perfectamente a desmontar y montar los fusiles europeos, y realizaron todo tipo de maniobras con notable destreza y habilidad. Sentado en casa, aburrido, un hombre de Amdo coge un fusil, lo cuida, lo mima y lo acaricia como una madre a su querido hijo. Los nativos conservan sus cartuchos y munición con notable moderación.

No es difícil suponer con qué envidia miraban estos hombres nuestra caravana, mochilas y armamento. Estoy completamente convencido de que ninguna otra cosa los tentaba y empujaba tanto a abalanzarse sobre nosotros que nuestros fusiles[*], cuyo encanto y excelente calidad ya habían aprendido a apreciar en sus fusiles de estilo europeo. No en vano, los chinos protestaron enérgicamente contra mi intención de trasladarme a Amdo; pues conocían bien la pasión de estos habitantes nómadas por matar y saquear. Apenas accedieron a nuestros planes cuando les di garantías de que yo me haría responsable de los problemas y desgracias que pudiera encontrar en Amdo.

Amdo ocupa con justicia un lugar destacado en la historia del budismo: ha producido grandes predicadores y eruditos. El mejor ejemplo es Tsongkhapa, fundador de la secta dominante Gelugpa, cuyo nombre es conocido por los budistas que van de Amdo al Tíbet, Lhasa o Tashilhunpo para mejorar sus conocimientos y más allá.

[*]    Como narraré más adelante.

En todas partes de Amdo, dondequiera que haya rincones hermosos y acogedores, hay lugares de culto o monasterios, y junto a estos últimos se encuentran a menudo las oficinas de los jefes y las casas de sus familiares.

LAS FUENTES TERMALES DE CHIN CHU, EN LA DESEMBOCADURA DEL DESFILADERO DE LUANTSONGOU

Frecuentemente, los comerciantes chinos tienen habitaciones en los monasterios, que, sin embargo, en centros tan grandes se agrupan en colonias separadas.

Los principales monasterios de Amdo son Kumbum y Labrang, que cuentan en sus vastos templos y numerosos edificios con miles de lamas, que profesan principalmente la doctrina de Tsongkhapa, o la llamada secta amarilla.

Tras varias digresiones, pasemos ahora al relato interrumpido del viaje propiamente dicho.

En primer lugar, nos propusimos visitar el principado tangut de Lutsa (Lutsang), para conocer a su belicoso líder Lu Khombo. Mi ligera caravana* partió de nuestra residencia de invierno el 6 de enero, y se dirigió a cruzar el oasis, directamente hacia el desfiladero del río de Ranen Gyatson. En esta ocasión, las aguas termales del Chin Chu estaban desiertas, aunque su temperatura seguía siendo muy alta (85 °C). La primera noche la pasamos al abrigo de una tienda de verano en un lugar acogedor entre la aldea de Ranen Gyatson y el santuario de Ranen Gompa, entre matorrales de *deresun* (*Lasiagrostis splendens*) casi tan altos como una persona.

El aire extremadamente seco y transparente hacía que el cielo nocturno fuera especialmente profundo, las estrellas brillaban intensamente y el hermoso planeta de Saturno destacaba sobre el fondo oscuro con su extraordinario resplandor. El monasterio vecino parecía haberse dormi-

---

* Constaba de doce caballos de carga y otros tantos de monta.

do ya, pero nuestro campamento estuvo animado durante largo rato gracias a las voces de los porteadores rusos, chinos y tangut; un fuego brillante atraía a la compañía para calentarse —pues la temperatura era de 17 °C— y entablar conversación.

Al amanecer del día siguiente, la caravana desmontó y partió en la misma dirección sur con el objetivo de salir de la profunda hondonada del valle del río Amarillo y proseguir hacia la meseta adyacente. Como las cabeceras de los ríos y arroyos que desembocaban en la margen derecha el río Amarillo habían formado muchas cascadas de hielo, tuvimos que sortear estos obstáculos y aferrarnos a la terrible pendiente de los acantilados de arcilla, o loess, antes de llegar al paso de Nara o «Riala», que significa literalmente «cruzar». Desde aquí podíamos ver

VAJRAPANI (DE ASPECTO BENÉVOLO)

claramente en la niebla un profundo barranco de montaña, una brecha abierta en el macizo por el caudaloso río Amarillo, por debajo de Gui Dui. A lo lejos se divisaba una cresta alpina septentrional, como una continuación oriental* de la cordillera sur de Kokonor y al sur se alzaba el majestuoso pico de Jakhar.

Las cimas de las montañas estaban cubiertas de nieve. Aquí y allá, en las terrazas de las alturas adyacentes, junto a la triste apariencia de los campos de cereales, se oscurecían las *banag* de los nómadas tangut, y en lo alto, en los montes marchitos y helados, rebaños de caballos, de ovejas y yaks negros pastaban a su aire.

Las sucias y destartaladas tiendas de los tangut suelen estar divididas en dos mitades en su interior: la derecha para los hombres y la izquierda para las mujeres, con una chimenea en el centro. En los bordes, a lo largo de las paredes de tela, se apilan sacos de cuero con *chura* o cuajada seca, grano y otras provisiones; también se colocan allí las sillas de montar. En el suelo de tierra se extienden fieltros y pieles de oveja sucias, que for-

---

\* La parte occidental de la cordillera, según los tangut, se llama Tsorgo. Las montañas que se extienden como una muralla oscura al oeste de Tsorgo se conocen como Amne Voen.

man las camas de los nativos. Junto a las tiendas suele haber un cercado: un corral para carneros, vigilado por feroces perros.

Tras seguir gradualmente el río Chin Chu, pronto entramos en la meseta de prados, bastante similares a las estepas de Kokonor. Olas de montañas, que brillaban con la sombra de excelentes pastos forrajeros, se extendían en interminables crestas de noroeste a sureste. En algunos lugares se unían y entrelazaban con todo un sistema de dunas de arena, que se elevaban desde el noroeste, en el desierto de Magatán (Mugetan), partiendo casi de la propia cordillera de Yúpar (montañas en el condado de Guinan). Las dunas tenían una extensión que predominaba en dirección noreste-suroeste, y acababan de manera abrupta con pendientes hacia el sureste, mientras que presentaban duras pendientes suaves en el lado de barlovento. Junto a las montañas, las arenas suavizaban imperceptiblemente el relieve accidentado de la meseta y a veces alcanzaban los treinta metros de altura.

Tres caminos conducen al principado de Lutsa desde oasis de Gui Dui. El oriental sigue las altas montañas, el occidental se extiende por las lóbregas arenas de Magatán, y el del medio, elegido por la expedición, serpentea entre suaves colinas y valles, y cruza numerosos ríos* que transportan el hielo de las montañas. Según los tangut, en verano esta travesía del desierto es extremadamente dura y fatigosa, ya que la presencia de arenas calientes aumenta mucho la temperatura general del aire circundante.

Cuanto más avanzábamos en dirección sur-suroeste, más parecía que las montañas rodeaban nuestra caravana. Las cimas de las colinas vecinas abrían para nuestra vista nuevos horizontes, valles y ríos. Tras dejar atrás el río Tsa Naga, desde donde admiramos la oscura altura del pico de Chachan Ke al oeste, la caravana ascendió pronto hasta el paso de Rtyga Niga. Los picos blancos y plateados de Jakhar, al sureste, y la grandiosa cordillera de Yúpar, al sur, se hicieron más claros y nítidos. Al descender del paso, rodeamos los salientes de las grietas y nos dirigimos al cruce donde comenzaban las suaves praderas, hacia el río Gomyn Gyun, que fluía hacia el valle del río Amarillo por un estrecho y profundo barranco.

---

\* Los afluentes derechos del río Amarillo, que en aquel momento encontramos casi sin agua.

La expedición mantuvo el rumbo en dirección suroeste, pernoctando por lo general en las proximidades de los asentamientos tangut. Por el camino, la caravana iba acompañada por una cabalgata de jinetes que conducían yaks testarudos, nuestros nuevos animales de carga, que sustituían a los cansados caballos y mulas.

SABLES TIBETANOS DE AMDO

A medida que nos adentrábamos más en la desconocida tierra salvaje, los nativos se volvían cada vez más caprichosos y atrevidos. Se respiraba una atmósfera exaltada. En vísperas del Año Nuevo budista, los porteadores que habían sido enviados con nosotros por orden del *ting guan* de Gui Dui y que habían recibido dinero por adelantado, me dijeron que querían regresar a casa y me pidieron que dejara marchar a sus animales. Antes de que mis compañeros, con la ayuda de un traductor chino, tuvieran tiempo de contratar nuevos yaks de los tangut más cercanos —que nos creaban todo tipo de obstáculos en este sentido—, los porteadores, dejándonos a nuestra suerte, desaparecieron...

La noche del Año Nuevo fue nublada y tranquila; sólo de vez en cuando se oían fuertes ladridos de feroces perros tangut que velaban por la paz de sus amos. Dormimos profundamente, sin desvestirnos, con las armas en la mano, confiando el campamento a la vigilancia de dos centinelas.

En la mañana del 9 de enero se oyeron sonidos de caracolas y demás parafernalia de oración budista desde los campamentos nómadas; se encendieron hogueras cerca de las *banag* y hombres y mujeres rezaron mientras se postraban en el suelo haciendo reverencias, mirando al este, hacia las tres cumbres sagradas: Amne Jagyr, Giga Amne Konsim y Jakhar.

Nuestro camino, más allá del río Mdurtsi Chu, discurría por un desfiladero de laderas escarpadas; a la derecha se hallaba una espesa vegetación de arbustos de caragana, que estaba completamente cubierta de arena, y a la izquierda había excelentes praderas de pastos regados por tres arroyos. Las arenas, que también penetraban en la carretera, alcanzaban hasta los 15,2 °C calentadas por el sol, a pesar de que el cielo estaba medio despejado y la temperatura del aire a la sombra no superaba 1,6 °C. El paso de Dortsi Niga, tan alto como el Ladin Ling[*] y coronado por un hermoso *obo*, nos recibió de forma poco amistosa: un fuerte viento del sur nos atizaba la cara. Durante un largo tiempo, el horizonte permaneció oscurecido por las alturas cercanas, y sólo tras cruzar el pico secundario en comparación con Dortsi Niga, vimos el amplio valle de Monra[†] (Zhadetang) y las ya descritas arenas de Magatán.

En las inmediaciones del paso, la expedición se encontró con una patrulla de nativos que viajaba hacia algún lugar con caballos de repuesto. Los tangut, con aire de importantes hombres de negocios, nos preguntaron quiénes éramos y, retirándose a un lado, dejaron pasar a nuestra caravana, mientras escrutaban cada uno de nuestros animales.

---

[*]   Las montañas al este de la cordillera del sur de Kokonor con el paso (en nuestro camino de Xining a Gui Dui) Ladin Ling, o Laji Ling, que se eleva a más de 3.600 metros sobre el mar.

[†]   Limita al sur con los montes Sergul (Zaigou), o Khara Gol, como los llaman los mongoles.

Había comenzado a oscurecer cuando armamos nuestras tiendas, cerca del campamento nómada de los tangut, en la zona de Tun Chi, entre el río Longchen Chu, que parte de las montañas de Yula, y las dunas de arena. Al parecer, los habitantes de las *banag* salieron a nuestro encuentro con el pretexto de vender *argal*, leche y otros productos. No queriendo ir en contra de la costumbre local, acogimos sin ningún placer a los hoscos y desaliñados huéspedes, invitándolos, como no podía ser de otra forma, con el tradicional té.

UN GRUPO DE UNOS TANGUT DE LUTSA DEL *KHOSHUN* DE LU KHOMBO

Mientras tanto, el clima era bastante favorable; durante la mañana era cálido y tranquilo, el aire permanecía claro, y por la noche, con una helada de -20 °C, apenas soplaba una ligera brisa de las montañas. La caravana avanzaba con éxito y esperaba llegar en un futuro próximo al principado tangut de Lutsa, donde se suponía que tendría lugar el primer día de descanso desde que partiéramos de Gui Dui.

Compuesto por un centenar de *banag*, el campamento del gobernador de Lutsa se encontraba en la zona de Shanig*, en un excelente valle de pastos —al sur del lecho seco del río Mon Chu—, por el que la expedición caminó durante todo un día, manteniendo la dirección hacia el conocido grupo de tiendas de campaña negras.

El príncipe tangut dividía sus dominios en cuatro *khoshun*, y cada *khoshun*, de hasta doscientos cincuenta habitantes, estaba gobernado por un *beise* (*beizi*).

Al acercarnos a la mencionada extensión de tierra nos encontramos con un pequeño pero muy elegante grupo de nativos vestidos con trajes festivos y armados con sables e incluso rifles.

TABAQUERA DE PLATA DE LOS NÓMADAS
(MANUFACTURA CHINA)

Cerca del cuartel general del príncipe nos recibió primero el hijo de este, un apuesto joven, que se adelantó con su séquito y tomó respetuosamente mi caballo por las riendas, e hizo después lo propio con Lu Khombo, o «Rakya», como le llaman los habitantes cercanos. Apareció acompañado de varias mujeres ataviadas con abrigos de colores adornados con cintas, abalorios con turquesas y conchas. A pesar de tener setenta y tres años, era fuerte y musculoso, con varias cicatrices profundas en la cabeza y el cuerpo, que el anciano dejaba a veces al descubierto bajándose el abrigo de la mano derecha. Lu Khombo daba la impresión de ser un guerrero fuerte y curtido en mil batallas, o quizás fuera nada más que un bandolero. Tras los saludos de rigor, entramos en una tienda grande y relativamente limpia, donde ya estaba preparado el convite habitual: té con galletas frescas, recién fritas en manteca de cordero. En la mitad masculina del *banag*, pulcramente cubierta de esteras, nos coloca-

---

\* Es interesante observar que en esta zona existían muchos topónimos de origen mongol. Así, en mi camino me encontré con la colina Tsagan Tologoi, la montaña Khara Gol y la comarca de Shanig. Sin embargo, los mongoles ya habían sido expulsados de esta región hacía ciento sesenta años por los feroces *ngolok* y otros bandidos de la meseta tibetana.

ron por orden de antigüedad: yo me senté junto a la estufa frente a frente con el jefe. El señor me ofreció de buen grado un poco de la bebida local, pidiéndome que no fuera tímido y que comiera como es debido. De vez en cuando, el joven príncipe cogía una tetera del fogón y me servía té, añadiéndole trozos de pan.

Una vez aceptado el convite, quise elegir un lugar para el campamento de la expedición. El anciano, junto con su hijo, también vino conmigo y me ayudó a resolver el asunto. Nos detuvimos en un descampado a unos cien metros del campamento del príncipe, del que estaba separado por una larga y baja colina que se extendía por el valle. Entretanto, había llegado también la caravana. Después de terminar los primeros trabajos necesarios para desembalar los animales y organizar el vivaque, los dos príncipes me pidieron que permitiera a todos mis compañeros tomar una taza de té después del camino. Todo parecía marchar muy favorablemente, sobre todo porque la expedición iba acompañada de un intérprete oficial chino de la administración de Xining, provisto de toda clase de papeles que servirían de ayuda en nuestro trato con las autoridades de Amdo.

Después de haber atendido a los jóvenes rusos, los dignatarios tangut se dirigieron a nuestro campamento y lo invadieron alegremente. Todos nuestros invitados resultaron ser grandes bebedores y me hacían llenar a cada minuto las copas vacías, sin ningún pudor, con el alcohol más fuerte, que tenía que tomar de las existencias de la expedición*. Esta bebida gustaba mucho a los príncipes, que levantaban los pulgares hacia arriba en señal de aprobación. Al principio intenté ofrecer a los salvajes nómadas algo de coñac, pero fue en vano. El coñac, según sus comentarios, «¡es una bebida de mujeres!».

En nuestras negociaciones, Lu Khombo resultó ser, por desgracia, muy poco cooperativo. A pesar de todos mis argumentos, exigió a la expedición uno de los mejores rifles como tributo por el derecho de proseguir a través de sus dominios; para los animales de carga y los guías, el príncipe pidió un pago especial y también muy elevado. Despreció el revólver que le ofrecí, calificándolo de arma «infantil».

---

* El alcohol era transportado con el objetivo de conservar los especímenes de peces, serpientes, lagartos, así como pequeños roedores, o incluso pájaros, que capturábamos para nuestra colección.

Los tangut empezaron a emborracharse con el alcohol, y yo ya preveía algunas posibles complicaciones, inevitables ante cualquier tipo de alteración nerviosa, hasta que una vieja princesa me ofreció su ayuda de forma inesperada. Esta pequeña y frágil mujer llegó justo a tiempo, y sin dificultad se llevó a su achispado marido, quien murmuró claramente por el camino: «Mañana hablaremos de negocios y de tu próximo viaje, pero hoy espero tus regalos». De hecho, el príncipe ya había recibido parte de ellos; el resto había sido enviado tras él.

Procedimos a entablar negociaciones durante dos días. No obstante, estas resultaron infructuosas y no condujeron a ningún resultado positivo. Para Lu Khombo, todo lo que le ofrecimos, tanto los nuevos regalos como el prohibitivo pago por animales y guías, no fue suficiente. El jefe se mantuvo firme: «¡Entrégame tu vino ruso y una caja de cartuchos, y entonces te dejaré salir de mis dominios!». Viéndome obligado a aceptar estas últimas exigencias de mala gana, el viejo príncipe añadió: «Ahora mi hijo vendrá a verte y echará otro vistazo a tu arma, y yo me iré a casa». Entonces apareció el hijo, entró en la tienda de los cosacos con actitud altanera y orgullosa, y comenzó un examen muy cuidadoso de nuestra tienda. Al final declaró con la misma arrogancia: «Tu arma es mala, no vale nada»... y se marchó.

Nuestro campamento, que hasta entonces había estado animado por varios espectadores, que habían entrado sin miramientos hasta en mi tienda, se fue vaciando poco a poco. Únicamente quedaron aquellos pocos que no sabían distinguir entre la propiedad propia y la ajena, y que, casi ante nuestros ojos, habían robado todas las vendas y gasas de la botica de la expedición.

El viejo príncipe reunió a un consejo de ancianos, ladrones experimentados todos ellos. En este consejo, como se supo más tarde, se decidió aniquilarnos para robarnos todas nuestras armas. No teníamos ni idea de que se nos estaba preparando una trampa, y mucho menos podíamos haber sabido que el mismísimo Lu Khombo había aprobado en el consejo la propuesta de su hijo y otros jóvenes. Su plan era agredirnos en plena noche, matar a un puñado de rusos y capturar nuestros bienes más valiosos. Según el intérprete chino que siempre dormía en la tienda del príncipe, los hombres de Lu Khombo pretendían culpar a los habitantes del *aimag* vecino, sus acérrimos enemigos, con la excusa de que habían venido a Lutsa para vengar a sus camaradas muertos, pero que habían atacado accidentalmente a los rusos. Esto sólo lo supimos al día siguiente del fallido ataque.

Al anochecer del 11 de enero de 1909, el estado de ánimo de los miembros de la expedición se había vuelto extremadamente inquieto. Desde la dirección del cuartel general del príncipe se oía un sospechoso ruido de cascos de caballos; gallardos jinetes cabalgaban por las cimas de las colinas adyacentes, resonando en el silencio nocturno con agudas y vibrantes voces. En previsión de algo nada bueno, decidimos no desnudarnos y dormir en plena disposición de combate, con las armas en la mano.

Al día siguiente, nuestras relaciones con los tangut se volvieron aún más tensas. Parecía imposible tratar con ellos pacíficamente. Nada podía satisfacerlos; en cuanto accedíamos a los absurdos precios que pedían los nativos, inmediatamente inventaban nuevas exigencias completamente inaceptables.

Supimos por el intérprete de Xining que el príncipe había accedido a preparar nuestros carros para el día siguiente en los últimos términos acordados, es decir, a un precio fabulosamente caro por cada animal individual y por cada uno de los quince guías. En realidad sólo necesitábamos uno, pero nos impusieron a quince personas, ya que, según los tangut, uno o dos no podrían volver a casa sanos y salvos. De la pistola y los cartuchos no hubo mención.

Pronto se extinguió el crepúsculo. Una noche oscura y nublada descendió sobre la tierra, que fue especialmente memorable para todos nosotros, viajeros de la noche del 13 de enero.

Desde la dirección de la hoguera del príncipe se respiraba una tranquilidad inusitada. Esta vez no hicimos preparativos, esperando dormir con cierta comodidad, desvestidos y solamente poniendo nuestros rifles a nuestro lado.

Yo no pude dormir casi nada. Los ladridos fuertes y furiosos de los perros no cesaban ni un minuto. Escuchando el ruido a mi alrededor, me dejé llevar por mis pensamientos a una patria lejana, a un cálido hogar... Apenas me había perdido en mis sueños cuando un repentino disparo de rifle nos puso a todos de pie de nuevo.

Eran las doce y media de la noche. El centinela vigilante, el granadero Sanakoev, gritó inmediatamente: «¡Un ataque, levántense!», y abrió fuego contra los dos jinetes que se retiraban, la patrulla nativa había disparado el primer tiro.

Apenas pasaron uno o dos minutos y salimos de las tiendas con lo puesto, con los fusiles en la mano, pero no vimos a nadie. Sólo oímos el singular sonido de los cascos de los caballos que galopaban velozmente en la distancia. Apenas tuvimos tiempo de vestirnos, armarnos completamente y ponernos en línea de combate, cuando desde el mismo lado occidental, por donde se alejaba el destacamento al galope, oímos un nuevo ruido de cascos, que se intensificaba gradualmente, y al mismo tiempo vimos una mancha negra, que crecía a medida que los tangut se acercaban a nuestro campamento. La oscura noche de enero fue el único testigo de todo lo que iba a ocurrir entre un pequeño puñado de rusos y un centenar del fuerte destacamento de nómadas salvajes. Estos se precipitaron en una carga de caballería portando lanzas para superar al pequeño campamento de extranjeros, que abrieron fuego a trescientos o cuatrocientos metros para hacer frente a los atacantes. El fuego de ocho de nuestros fusiles describió una serpiente continua de fuego, brillando intensamente en la oscuridad de la noche. Los bandidos no pudieron soportarlo; no habían galopado ni cien metros cuando giraron bruscamente hacia el lado norte, desapareciendo inmediatamente en un profundo barranco.

Sin embargo, el estrépito de los cascos sobre el suelo seco y helado se oyó largamente en el silencio. Todo lo descrito ocurrió tan deprisa, tan impetuosamente, que al principio nos pareció una ilusión, una especie de torbellino o huracán salvaje, que se precipitaba desde donde sólo Dios sabía... Si no hubiéramos estado preparados para hacer frente a este formidable huracán, nada nos habría salvado de la rapidez de los bandidos, de sus lanzas y sus sables.

De hecho, si los bandidos no hubieran enviado un destacamento para aniquilar a nuestro centinela, que gracias a Dios nos alertó, su plan probablemente habría tenido éxito. ¡Su ataque en la oscuridad de la noche habría funcionado! Pero el destino juzgó otra cosa y yo no podía dudar de mi buena suerte.

Apenas tuvimos tiempo de reponernos de todo lo sucedido, cuando desde la dirección del cuartel general del príncipe oímos gritar a Lu Khombo y a su hijo: «¿Qué ha pasado?, ¿fueron los rusos atacados por nuestros vecinos?*, ¡qué fuego tan intenso!», y demás. Así nos lo transmitió más tarde el intérprete de Xining, al que le sudaba la frente del miedo.

Para satisfacer rápidamente su curiosidad, el viejo príncipe envió a su hijo a nuestro campamento, quien se sorprendió enormemente al encontrarnos a todos ilesos, listos para la batalla y a la espera de un nuevo ataque. Entonces la llanura se llenó de gritos salvajes, disparos a lo lejos y una atmósfera siniestra que nos mantuvo a todos en armas durante un tiempo considerable. No creímos más a estos canallas y desde ese momento casi fatal empezamos a dormir sin desvestirnos, armados con fusil y cartuchos, durante el resto de nuestra travesía de invierno.

Los nativos parecían rehuirnos. Los curiosos no visitaban en absoluto el campamento de la expedición, y por fin nos vimos libres de espectadores constantes. Únicamente un lama muy apuesto, con el que ya habíamos trabado amistad anteriormente, se acercó a mí muy emocionado y no sabía cómo expresar su simpatía y alegría por la victoria de los rusos. En un impulso irresistible, el joven tangut me agarró la mano y se la apretó firmemente contra el corazón. Esta peculiar expresión de simpatía me conmovió hasta lo más profundo del alma. En la mañana del 13 de enero felicité a mis jóvenes compañeros, suboficiales superiores o inferiores, y les aclaré la situación en la que ahora nos encontrábamos. Lu Khombo apareció y también nos elogió a todos por el ataque que habíamos repelido. Le pregunté al príncipe, cínicamente, si a sus subordinados no se les había ocurrido gastarnos una broma tan cruel. El orgulloso anciano respondió: «¡Mataré con mis propias manos a aquel de entre mis hombres que se atreva a herirles o participar en un asalto!». Lu Khombo se puso furioso, los ojos iracundos del imperioso anciano echaban chispas, se estremecía nerviosamente y no paraba de tocar el sombrero de zorro que llevaba sobre la cabeza. Incluso llegó a retirar la manga de su hombro derecho, dejando al descubierto su espalda llena de cicatrices: ¡el viejo guerrero sin duda se las había visto en su juventud! Ahora em-

---

* Los enemigos de Lu Khombo, procedentes del pueblo Kodia Dotson en el mismo *khoshun*, se encontraban al norte de Lutsa, en la orilla derecha del río Amarillo, más allá de las dunas del desierto de Magatán.

pezaba a creer que Lu Khombo nunca hacía a nadie ni siquiera regalos ordinarios, como me había asegurado el primer día que nos conocimos, sino que tomaba de todo el mundo cuanto quería.

Parecía que por primera vez el príncipe tendría que confesar su impotencia.

Para no despertar aún mayores sospechas y evitar que supiéramos acerca de los muertos y heridos en el frustrado ataque —de los que sólo nos enteraríamos después de varios días—, el príncipe de Lutsa se apresuró a despedir a la expedición, nombrando a su hijo jefe de los guías. Antes de partir, Lu Khombo nos invitó a mí y a mi compañero Chetyrkin, de la manera más apática, a tomar el té. Aceptamos la invitación con gran reticencia, aunque no nos pareció conveniente negarnos. Sentados en la tienda del príncipe y conversando con nuestros anfitriones, ambos teníamos que vigilar a los tangut, que en cualquier momento podían apoderarse de las armas dispuestas por doquier a los lados de la tienda y acabar con los dos descuidados rusos. También tomábamos el té y las galletas con gran precaución, por temor al habitual y traicionero veneno. Es fácil imaginar lo tediosas y largas que se hicieron las últimas horas con el embustero líder del *khoshun*. La anciana princesa, a pesar de las tensas relaciones con su marido, fue amable conmigo, y no dudó en pedirnos «unos cuantos» terrones de azúcar.

Los secuaces del príncipe se negaron rotundamente a guiar a la expedición hasta el monasterio de Ragyagomba, como yo deseaba. Excusaron su comportamiento por la cordillera nevada que atravesaba la ruta, pero muy probablemente se debiera por el temor a los *ngolok*, unos bandidos iguales que ellos, que desde hacía tiempo amenazaban a Lu Khombo con una incursión «¡por los antiguos pecados del viejo lobo!». El príncipe dictó a su hijo nuestra larga y tortuosa ruta, que a su vez recibió instrucciones de transmitir la misma orden a nuestro siguiente guía, el yerno del anciano. Éste estaría obligado a guiar la expedición por la línea de la tortuosa ruta trazada en la vecindad de los monasterios de Ragyagomba y Labrang.

Una ruta tan larga y amplia, diseñada por el príncipe de Lutsa para proporcionar ingresos a sus familiares también ancianos, fue también útil para nosotros, ya que nos dio la oportunidad de familiarizarnos con el rincón más interesante y desconocido de la meseta de Amdo. Es cierto que esta exploración nos costó mucho en términos físicos, materiales y de ánimo. Antes de llegar al monasterio de Labrang, nos acostamos sin desvestirnos y sin desprendernos de nuestros fusiles. Hicimos las guardias nocturnas más estrictas e intensas. Dado el reducido número de participantes en la expedición invernal, todos tuvimos que hacer guardia cada dos noches, durante cinco o seis horas heladas, y al día siguiente seguir el camino, con toda clase de observaciones y recolección de muestras*, a una altitud tres o cuatro kilómetros superior a la de San Petersburgo. Nuestros nervios estaban al límite...

Ha pasado mucho tiempo desde entonces, pero recuerdo la excursión invernal a Amdo como si fuera ayer, y siento vívidamente el horror de una pesadilla, como si reviviera de nuevo el mismo viaje en ese país lúgubre e inhóspito. Al mismo tiempo, las tierras altas de Amdo siempre despertarán en mí sentimientos de profunda gratitud y tierno afecto hacia mis compañeros, los elegidos del pueblo ruso, los únicos con los que se pueden lograr tales hazañas. Espero que el lector, o al menos aquel que haya probado un poco de los encantos de vagar por las tierras salvajes de Asia central, me perdone por la última expresión.

---

\* Los nativos, supersticiosos ante nuestra intención de averiguar más sobre su país, o de examinar las montañas y tomar muestras de roca, veían para sí una gran desgracia: que los rusos les quitaran sus «bendiciones de la naturaleza», por lo que protestaban terriblemente contra nuestras actividades al aire libre. Tuvimos que llevarlas a cabo a escondidas.

# CAPÍTULO XVIII

## Excursión invernal al interior de las tierras altas de Amdo (II)

E L 13 de enero, día de la partida de la expedición desde el tramo de Shanig, fue un día alegre y agradable para todos. Los animales de carga, llevados al campamento desde primera hora de la mañana, estuvieron pronto listos para la partida y, despidiéndonos del príncipe, partimos en dirección sur-suroeste hacia el paso de Amne Rychon. En la cumbre, cerca de un pintoresco grupo de *obos* decorados con cintas e hilos de lana, cuatro tangut realizaban reverentemente sus oraciones habituales.

Descendiendo hacia el suroeste, el camino bordeaba insignificantes collados, atravesaba los pantanos de Bachin y se perdía en el vasto valle de Ba, rodeado de altas cordilleras, del que —principalmente por el lado sur— bajaban tres ríos de aguas altas: el Ba Chu (Bahe), de hasta dos metros de ancho, el Chega Gol, de cinco metros, y Nese Chu, de hasta nueve metros de anchura*. Al sur, a considerable distancia, se veían los picos nevados de dos cordilleras, Serchim Nega y Lapmin Nega, que se extendían en dirección latitudinal. Detrás de esta muralla rocosa, en el rincón más salvaje e inexpugnable de la meseta de Amdo, rodeado por una tribu de bandidos *ngolok*, se esconde el misterioso monasterio de Ragyagomba. Me dijeron que el monasterio estaba situado en una colina majestuosa, bañada por tres lados por el serpenteante río Amarillo. Nunca llegamos a visitar Ragyagomba.

---

* Estos ríos confluyen posteriormente en un afluente derecho del río Amarillo, el Jarva Ton Don (Baqu Qu).

Una población bastante densa y muy próspera, con numerosos rebaños de ovejas, yaks y manadas de caballos, se agrupaba al oeste de
nuestra ruta, en las hondonadas de las estribaciones montañosas.

Las exuberantes praderas del valle me recordaron enseguida a las estepas de Kokonor. Aquí, al igual que allí, había madrigueras de marmotas
y picas; las liebres aparecían a menudo junto a la carretera e incluso, a
veces, los zorros cautelosos se dejaban admirar. Los depredadores alados
—ratoneros y halcones— seguían, a su vez, persiguiendo a los roedores.

La lucha por la supervivencia y el constante empeño del más fuerte
por prevalecer sobre el más débil —principios imperantes en el mundo
animal— tenían una amplia aplicación en la salvaje y moral comunidad
de personas que nos rodeaba. Casi todos los días, teníamos ocasión de
observar grupos armados de *ngolok* que se movían en distintas direcciones, apresurándose a hacer frente a una u otra tribu hostil. Así, ese día
nos encontramos con quince hombres, ladrones bien armados, que viajaban hacia el este desde el principado de Lutsa, para atacar a ladrones
como ellos, que recientemente habían cometido un linchamiento contra
su compañero, un ladrón de caballos.

Durante toda la primera travesía desde Shanig, la expedición estuvo
acompañada por un fuerte viento del suroeste, que levantaba nubes de
polvo y se convertía poco a poco en tormenta. De algún modo, la vida
animal se calmó enseguida; todos los habitantes de la estepa se escondie-
ron en sus guaridas. A sotavento de una pequeña loma observé que un
ratonero de pecho claro estaba posado con el ceño fruncido, para escapar así voluntariamente de las inclemencias del tiempo. Decidimos
seguir el ejemplo del pájaro y, habiéndonos detenido antes de lo habitual
en la zona de Batsi Tu[*], en las proximidades del campamento de Luangou
Zhen, el hijo de Lu Khombo, recurrimos a la única protección para viajeros: la sempiterna tienda de campaña.

A los días más cálidos y acogedores les seguían casi siempre noches
frías y tediosas que no daban descanso ni moral ni físico. Uno de nosotros hacía guardia en el vivaque en la mitad más profunda de la noche,
agarrando el fusil con manos rígidas, escuchando, atento al más mínimo
crujido. Cuando la naturaleza duerme, sólo existe el silencio más absoluto; las estrellas y los planetas arden intensamente, y durante largas

---

[*]    Batsi Tu en chino; Bartsi Tu en tangut.

horas uno puede observar su correcto y eterno camino a través del cielo. En la parte noroeste del horizonte había un resplandor escarlata, como una especie de fuego estepario que se encendía y apagaba, a veces iluminando de forma intrigante las nubes, otras elevándose sobre los collados de las cordilleras para dibujar volcanes en la imaginación.

Los roedores saltaban a nuestros pies; en las colinas vecinas gemía la liebre, y de vez en cuando el búho emitía sus quejumbrosos sonidos apagados. Si los tangut deambulaban cerca, se oían muy claramente los feroces ladridos de los perros y los gritos salvajes de los guardias nativos, vigilantes de la paz en su campamento natal. El tiempo se alargaba lánguidamente; tras soportar por fin las cinco o seis horas necesarias de guardia, uno se apresuraba a la tienda para descansar antes de la siguiente travesía, pero la amarga helada de veinte grados bajo cero se hacía sentir. La cama estaba fría como el hielo, y ninguna manta podía calentar los miembros agarrotados. Así, cansado y somnoliento, uno se tumbaba hasta la mañana siguiente, durmiendo durante apenas una o dos horas, después de que el cosaco de guardia calentase un poco la tienda con una estufa portátil.

Al sur del valle de Ba el camino se bifurcaba; lamentablemente, después de abandonar el interesante camino —en cuanto a los aspectos naturales-históricos y etnográficos— de Ragyagomba, elegimos la dirección sureste (luego este y noreste) hacia el monasterio de Labrang. Nuestra intención era librarnos con más éxito de las amplias redes de los bandidos que asolaban la comarca.

El 14 de enero, con la amable ayuda del joven ladrón Luangou Zhen, la expedición llegó sana y salva al *khoshun* de Khorkhon Zhen, yerno de Lu Khombo. Los parientes intercambiaron rápidamente algunas palabras cordiales y, como resultado, nuestro nuevo conocido exigió por los animales y los guías un pago aún más alto e irrazonable que el de Luangou Zhen. Tuvimos que someternos a las circunstancias, pues por el momento no había otra salida.

El yerno de Lu Khombo nos visitó de buena gana en el campamento, y solicitaba diversas limosnas constantemente mientras hablaba de los chismes del día. No obstante, ninguno de los miembros de nuestra expedición podía entrar en sus tiendas. Un día regresó, y se fue de la lengua, contándonos cómo el príncipe de Lutsa había tomado parte activa en la organización del traicionero ataque contra nuestra expedición, y cómo el mejor y más valiente destacamento tangut había sufrido mucho en esta escaramuza. Khorkon Zhen comentó: «Menos mal que los rusos no fueron los instigadores del enfrentamiento, de lo contrario todos nos habríamos levantado contra ellos», y tras un silencio añadió: «Os pido que tratéis con misericordia a los tangut de mi *khoshun*, no os han hecho ningún daño. Antes de emplear la fuerza, tratad siempre de adivinar con quién estáis tratando, y para ello basta con llamar a una persona sospechosa con la palabra "aro", es decir, amigo; si repite vuestro saludo, podéis continuar con seguridad vuestro camino, si calla, disparad sin demora». Una instrucción severa y breve, pero al mismo tiempo justa, que recordamos en más de una ocasión tiempo después, como también recordamos a algunos de los jefes de Amdo, que se distinguían por cierta bondad.

Pasaban los días, y la expedición se adentraba cada vez más en el salvaje y desolado laberinto montañoso, del que parecía no haber escapatoria. Desde el paso de Yemu Laptsi, que descendía abruptamente hacia el sur, los picos de Serchim Nega y Lapmin Nega, blancos y relucientes como la nieve, que habían sido vistos antes, reaparecían ahora detrás de las alturas secundarias más próximas. Debajo brillaba el río Rekachun Chu, que transportaba rápidamente sus aguas claras por el lecho pedregoso y de fuerte pendiente desde el sureste hacia el noroeste.

El Rekachun Chu es un típico arroyo de montaña, de no más de treinta centímetros de profundidad, con una anchura de siete a nueve metros, encerrado en un valle comparativamente poco profundo —de no más de cuatrocientos metros de ancho—, bordeado de orillas escarpadas atravesadas por acogedoras gargantas y barrancos. Hermosos prados alpinos descienden casi hasta el agua, donde son sustituidos en algunos lugares por matorrales de cincoenrama leñoso (*Potentilla fruticosa*), que dan cobijo a pequeñas aves como el colirrojo siberiano (*Phoenicurus erythrogastra*) y otras. A medida que nos acercábamos, una pareja de ánades reales salía del río, y un mirlo acuático (*Cinclus cashmeriensis*) seguía explorando el agua clara, chirriando mientras remontaba el vuelo sobre el río.

En el tramo de Rekachun Chu, los bancos de hielo del río eran bastante considerables, e incluso más arriba se cerraban en una masa sólida, dejándonos de nuevo sin agua dulce.

La expedición exploró el valle del Rekachun Chu a lo largo de diez kilómetros hacia el sudeste, y luego, girando a lo largo de uno de sus afluentes, se detuvo en el tramo de Vesilun, elevado a más de 3.800 metros sobre el nivel del mar, dentro del valle. En uno de los desfiladeros laterales observamos un pequeño santuario perteneciente a un *gegen* que vagaba por los alrededores, acompañado de un pequeño séquito de lamas y peregrinos.

La población, compuesta principalmente por los tangut y ocasionales grupos dispares de *ngolok*, seguía mostrando instintos depredadores hacia los europeos y su rico arsenal. Mientras nos extorsionaban pidiéndonos plata a la más mínima ocasión y suplicaban por un solo rifle con todos sus medios, los nativos se las ingeniaban para hacer trampas de otra manera: nos ocultaban el camino más fácil y directo a Labrang y conducían la cansada caravana en zigzag, obligándola a veces a hacer bucles laterales completamente innecesarios. Los intérpretes chinos, cobardes natos, no se atrevían a transmitir con precisión mis duras y decisivas palabras a los nativos, y éstos, atribuyendo nuestra cesión a la debilidad, se volvían cada día más insolentes. Mi paciencia había llegado a su fin y, mientras tanto, la distancia que nos separaba de Labrang, que parecía ser nuestra tierra prometida, disminuía a un ritmo inusitadamente lento. El mejor indicio de nuestro avance hacia el sur era la cresta distante antes mencionada, Serchim y Lapmin Nega, llamada por los tangut esta vez de otra manera, a saber, Tzasur (Tasurkai Shan o Xiqing Shan). Con cada paso sucesivo, la poderosa cadena se hacía cada vez más nítida. Por fin, después de haber subido a la cima del puerto de montaña Petig Chori, a 4.184 metros de altitud, los miembros de la expedición vieron que sólo les separaba de la cadena alpina un valle no muy ancho —de uno o dos kilómetros—. La cresta de Tzasur revelaba rocas y acantilados expuestos, afilados en sus contornos, en algunos lugares abundantemente cubiertos de nieve. El paisaje sin vida y monótono de la franja superior era sustituido algo más abajo por prados alpinos, a lo largo de los cuales fluían ríos rápidos y ruidosos que desembocaban en la arteria mayor: el río Keda Chu. El valle, con su fondo accidentado y moteado por antílopes ada (*Procapra picticaudata*), se parecía mucho a las llanuras de las tierras altas del Tíbet, donde, en lugar de yaks domésticos, vagaban sus enormes homólogos en libertad (*Bos grunniens*)*.

Sólo después de cruzar la pradera suave de la meseta de Djandel —en realidad un paso de montaña en forma de meseta— y llegar a la cima del paso de Khamir, vimos dos cadenas montañosas en el lejano este-noreste, que indicaban la verdadera dirección de Labrang.

Al anochecer, la expedición se encontraba en la fría e incómoda zona de Ari Tava, a dos kilómetros de Khamir, en las cercanías de un campamento tangut.

La presencia de seres humanos, como en todas partes en Asia central, atraía a numerosos cuervos carroñeros que revoloteaban sobre las oscuras tiendas de campaña.

Hacia el atardecer empezó a caer la nieve, que pronto alcanzó una profundidad de siete centímetros y cambió mucho el paisaje. Una bandada de pardillos norteños sobrevoló el vivaque con un vivaz graznido, y de vez en cuando se oía el agradable canto de la calandria tibetana (*Melanocorypha maxima*). Sin embargo, no estábamos destinados a disfrutar de la tranquila soledad durante mucho tiempo.

Los nativos, que se habían enterado de la llegada de los rusos de alguna manera, se apresuraron inmediatamente a nuestras tiendas con sus eternas preguntas y curiosidad sin reparos. Las mujeres, adornadas como de costumbre con largas cintas que les colgaban de la espalda†, llevaban a los niños en brazos, y los propios niños mayores corrían hacia nosotros, y toda esta muchedumbre se metía en las tiendas sin vacilar. Pedían azúcar y no perdían la ocasión de robar cualquier cosa que se les pusiera a mano. Así, por ejemplo, me robaron mi *nagaika*, cortaron los estribos de algunos de mis compañeros e incluso robaron las bridas de los chinos. Un intérprete chino, molesto, blandió su látigo contra uno de los ladrones. Entonces emergió inmediatamente un jinete armado que comenzó a gritar. Se trataba del padre del ladrón, que, según se supo más tarde, había amenazado al chino con un sable. Sus prudentes compañeros le calmaron a duras penas, y su mujer, que se acercó a la tienda, hizo entrar

---

* Se dice que en las montañas del sur, los osos tibetanos no son raros en verano.

† Noté que en esta zona las decoraciones dorsales eran mucho más oscuras de lo habitual; además, las cintas estaban bordadas en oro y decoradas con conchas engalanadas con esmalte plateado y azul o celeste.

en razón al indignado ladrón golpeándole varias veces en la cabeza con una bandera.

La mirada insolente y la arrogancia que brillaba en los ojos de todos los tangut adultos molestó a los expedicionarios en extremo, y su tendencia a empujarnos o tocarnos deliberadamente despertó en nosotros el deseo de vengarnos de los ladrones sin vacilar.

El jefe de los nativos, un lama bastante importante, no se distinguía por su elevada moral, y al igual que otros monjes, por no hablar de los laicos, amaba el vino y las armas mortíferas más que cualquier otra cosa en el mundo.

Al saber de los gustos y opiniones de estos truhanes, nos esforzamos por ganárnoslos con regalos apropiados, mostrándoles, entre otras cosas, un bello y raro retrato del dalái lama y una carta de Ching Tsai, que servía de salvoconducto. Pero todos nuestros esfuerzos fracasaron. Aquí también, en vez de uno o dos guías, se impuso a la expedición un destacamento de quince hombres, a los que teníamos que pagar un *liang* de plata cada uno al día. Semejante absurdo se explicaba de la manera más sencilla e ingenua: los bandoleros decían que hacía poco habían saqueado a los habitantes de un *khoshun* vecino. En el lance, varias personas fueron asesinadas y una caballada fue robada. Supuestamente temerosos de ser objeto de una venganza, no se atrevían a viajar solos y partían sólo en grupos de al menos diez jinetes.

La mañana del 19 de enero se anticipó pálida y brumosa. Los animales de la expedición caminaban con dificultad sobre los parches secos, o más bien helados, de los pastos. La monotonía de la lúgubre escena se vio algo animada por las gráciles gacelas del Tíbet, que aparecían aquí y allá y nos entretenían con sus ligeros saltos.

Al doblar el pie de las montañas, observamos que un destacamento de unos tangut se acercaba a la caravana. Al vernos, se desvió, pero luego, aprovechando hábilmente la cobertura de un altozano en el camino, galopó de nuevo hacia nosotros, con intención de acercarse sigilosamente a los viajeros.

El lama que acompañaba a nuestra caravana nos apremió, temeroso, a que abriéramos fuego de inmediato contra los bandoleros, cosa que nosotros, convencidos de sus malas intenciones, no dudamos en hacer. Chetyrkin y Polyutov subieron inmediatamente a la loma más cercana y, a unos ochocientos pasos de distancia, dispararon simultáneamente tres veces, a consecuencia de lo cual mataron un caballo y alcanzaron a dos tangut.

Apenas pasaron unos minutos, cuando el destacamento nos alcanzó y, tras entablar negociaciones, nos hizo una cruel acusación de haber herido a sus inocentes camaradas. El lama traidor se retractó entonces por completo de sus palabras sobre la necesidad de disparar contra los canallas, y tuvimos que esforzarnos lo máximo para resolver el incidente pacíficamente. Al final, entregamos dos de nuestros mejores caballos como compensación por el caballo muerto, y los heridos recibieron una suma considerable para ayudarles a sanar sus heridas. Las negociaciones se vieron interrumpidas varias veces por las airadas disputas de los nativos, que a cada minuto amenazaban con convertirse en una lucha cuerpo a cuerpo.

LA MESETA DE AMDO; A LO LEJOS, LA CADENA NEVADA DE LAPMIN NEGA (TSAZUR); EN PRIMER PLANO, ANIMALES DE CARAVANA (YAKS)

Todos nos sentíamos incómodos y con pesar. Incluso el tiempo estaba en armonía con nuestro estado de ánimo, el viento atravesaba las ropas y la persistente y espesa nieve cegaba los ojos.

Los guías nativos mostraban cada vez más sus tendencias depredadoras. Dos de ellos, acercándose a mí por detrás, me apuntaron varias veces con sus lanzas, aunque sólo para darse cuenta de que no era el momento conveniente para asestarme un golpe traicionero. Afortunadamente, el granadero Demidenko detectó el peligro a tiempo y evitó un golpe mortal.

Al anochecer, nos detuvimos en el valle de Deg Zachzha, en la zona de Narik Ton, cerca de un hermoso manantial. La ventisca aullaba por todas partes y el *argal* mojado —nuestro único combustible— tardó bastante en prender fuego, privándonos de su calor vivificante.

A lo lejos, en la ladera de una colina, apareció un jinete. Este se quedó quieto largo rato mirándonos y luego desapareció tras la colina,

GAU DE AMDO

mostrando una extraña silueta contra el pálido cielo. «Eso no es un hombre, sino un gran lobo», dijo uno de nosotros, armado con prismáticos, y todos nos reímos de nuestro error.

Nuestro estado nervioso impedía un sueño reparador, y esta situación no era la más favorable para descansar. Nuestros enemigos, los tangut, que no ocultaban su odio a los extranjeros, se instalaron para pasar la noche cerca de las tiendas de la expedición, impidiéndonos pegar ojo. Dormíamos sólo los más cansados. Esto sólo era posible por la «severa» fatiga —que embotaba nuestros sentidos— y el miedo a la muerte, cuyo espectro se cernió sobre nosotros más de una vez, pero que desapareció por sí solo, dando paso a una completa indiferencia. Nuestra siempre presente aliada, la luna, no nos traicionó ni siquiera en esa angustiosa noche.

Con su ayuda, y gracias a la posición abierta que siempre se elegía para el campamento nocturno, los tres centinelas podían esperar prevenir a tiempo cualquier ataque.

El valle de Deg Zachzha se abrió ante nosotros con toda claridad únicamente al amanecer de la mañana siguiente. Había un espeso vapor que ascendía de los manantiales no congelados, pero en general el aire era más claro que de costumbre y el día prometía ser despejado. De siete a diez kilómetros al norte y al sur, y dando lugar al accidentado *shirik*, se alzaban las colinas, vestidas sólo de hierba verde, con ausencia total no sólo de bosques, sino incluso de arbustos.

El río Vide Chu, o Rize Chu, cuyo curso seguimos desde el mismo paso de Khamir, se encajona en el borde meridional del valle, formando numerosas y muy inesperadas sinuosidades debido a su lenta corriente. El lecho en forma de depresión de este río, con una anchura de treinta a cuarenta metros, tiene un fondo de tierra negra blanda y está provisto de orillas elevadas y escarpadas, de hasta un metro de altura. En el tramo de Rizet, el Vide Chu atraviesa las crestas de las colinas con un potente movimiento hacia el este y, tras dejar atrás Deg Zachzha, se precipita en el vecino valle de Naton, que también está cubierto de briznas de pasto.

Cuanto más se elevaba el sol, más me quemaba mi sensible cara. A la sombra la temperatura no superaba los -9,4 °C, pero, a pesar de ello, los rayos calientes reanimaban a los insectos que se habían dormido, y pronto vimos moscas volando alrededor de la caravana de animales. En el aire reinaba un silencio absoluto, y sólo las dulces y agradables voces de las grandes alondras llegaban alegremente desde las alturas. Hacia el este y el oeste, hasta donde alcanzaba la vista, se extendía un terreno accidentado sin signos de actividad humana.

Sin embargo, entre las lejanas extensiones de tierra, se distinguían oscuros puntos. Se trataba de ganado que pastaba en perfecta armonía con las gacelas del Tíbet. Al percatarnos de estos rebaños, se hizo evidente que los nómadas no estaban lejos.

Después de dar un giro brusco, el camino rodeaba una loma, detrás de la cual apareció de inmediato un grupo de tiendas tangut que se encontraban a cubierto, en el tramo de Sagolige.

Antes de que tuviéramos tiempo de detenernos y atar a los animales de la caravana, varias decenas de jinetes armados se separaron inmediatamente del campamento de los bandidos y se abalanzaron sobre nosotros.

A la derecha, montado en un excelente caballo, se destacaba el jefe de la partida, al parecer un hábil jinete. El ataque fue completamente inesperado.

Inmediatamente, de nuestro lado aparecieron algunos guías nativos, que habían decidido interponerse cuidadosamente entre los tangut y nosotros para evitar un derramamiento de sangre. A esto le siguió la confusión. Los tangut sujetaron sus caballos y se alinearon en fila, levantando con orgullo sus lanzas como una empalizada.

Pregunté con quién estaba tratando, y recibí la respuesta de que los canallas allí reunidos eran la escolta de uno de los *gegen*; ahora cabalgaban hacia nosotros, aparentemente para conocer nuestras intenciones. Como no me fiaba de lo que los traidores decían, les ofrecí que eligieran entre ellos a dos o tres tangut de alto rango para conversar conmigo. El jefe del gran *khoshun* de Chema, de doscientas cincuenta tiendas, llamado Kgarma, un hombre de tipo chino, con grandes gafas, que vino a nosotros montado en un caballo blanco, acompañado de su apuesto hijo y de un consejero cercano, no dudó en responder a mi propuesta. Tras invitar a los hombres a entrar en la tienda, les servimos alcohol, con el que todos demostraron ser grandes «esponjas»*, y les obsequiamos con regalos. El anciano funcionario recibió un trozo de brocado, su hijo un cuchillo de caza, el consejero un frasco rojo de «pólvora del zar», y le pedí al anciano que regalara a su esposa un ladrillo de té. Pero ni los regalos ni los obsequios suavizaron los modales de los proscritos. Después de haber dicho una palabra elogiosa sobre los regalos y de haber traído una supuesta garantía de amistad, los tangut terminaron por cobrar pagos de nosotros en concepto de comida, animales y guías, que eran aún más deshonestos que sus predecesores.

Resultó que aquí, como en otras partes de la meseta de Amdo, los distintos *khoshun* viven en una enemistad irreconciliable entre sí debido a los constantes robos y asesinatos mutuos. Tales relaciones de «buena vecindad» entre los tangut, por supuesto, tuvieron un efecto muy deplorable en nuestra ruta, que, al depender de tal animosidad, sufrió a menudo diversos cambios.

Aun así, puedo decir que de todos los jefes tangut, el más simpático hasta el final fue nuestro nuevo conocido, Kgarma, quien facilitó el trayecto de la expedición a través de todos sus territorios, hasta el siguiente campamento de bandidos: Guanyu Dongyub. Aunque no dejaba de echar de menos su beneficio personal, no obstante, simpatizaba con la expedición e hizo concesiones de buen grado en todo, excepto en el dinero. Kgarma, que era muy inteligente por naturaleza y un soldado experimentado, era un interlocutor muy interesante, con el que más de una vez me olvidé del tiempo en largas conversaciones por las noches. Nuestras armas no dejaban de fascinar al influyente tangut y, jactándose de

---

* En general, es curioso que todos beban entre los habitantes de Amdo, no sólo hombres y mujeres, sino también los niños, a quienes sus padres siempre se lo permiten con el pretexto de «probarlo».

su puntería precisa, pedía a menudo a los miembros de la expedición, a su vez, que mostrasen su pericia con las armas.

Siempre accedíamos de buen grado a tales peticiones, ya que nuestra reputación de excelentes tiradores era la mejor garantía de nuestra seguridad.

Un pequeño puñado de personas se movía con empeño y persistencia, en parte a pie, en parte a caballo o en yaks, tras un grupo de toros oscuros, que emitían sus originales gruñidos y golpeaban bulto tras bulto. En las inmediaciones de la caravana, unos bandoleros armados galopaban en excelentes caballos. Esta escolta no inspiraba la menor confianza, pero fingía proteger nuestra expedición. En lugares dudosos, subían a las colinas vecinas para atisbar a lo lejos y advertir del peligro, preparando, tal vez, al mismo tiempo, una trampa aún más terrible.

A veces, de forma bastante inesperada, el destacamento se adentraba en una cantera y, tras haber recorrido cierta distancia, se detenía para reunirse y tomar el té.

Al principio todo estaba tranquilo alrededor y sólo se veían siluetas de unos tangut, haciendo fuego; luego, de repente, entre el silencio general de las montañas, se oían de repente gritos agudos y desgarradores, que causaban a los recién llegados un miedo terrible.

Los jóvenes se estremecían en sus monturas y sujetaban sus armas. Pero se trataba de una falsa alarma. Los tangut, tras hervir agua para el té, proferían una plegaria al dios de las montañas mientras salpicaban agua caliente sobre la tierra y rogaban bendiciones para el viaje que se avecinaba.

Las noches, en efecto, eran realmente terribles.

¡Cuántas veces, una y otra vez, los nativos nos prepararon una noche como la de San Bartolomé!*. Durante las guardias nocturnas, yo mismo observaba a menudo grandes avanzadillas de bandoleros, que, al detenerse a lo lejos, observaban nuestro vivaque durante horas, vigilando a los centinelas, pero sin atreverse a atacar. Después de agotar a los bandoleros de servicio con una lánguida espera infructuosa, estos saltaban de repente sobre sus monturas y desaparecían rápidamente, perdiéndose en la penumbra.

---

*   En referencia a la masacre del día de San Bartolomé, cuando hugonotes protestantes fueron asesinados por parte de católicos en París la noche del 24 de agosto de 1572, en vísperas de la fiesta de San Bartolomé. Murieron unas 2.000 personas. (N. del E.)

El 21 de enero, la expedición partió por la tarde y recorrió el vasto valle de Nagon, que también se hallaba a una considerable altitud. A lo lejos, tanto al noreste como al suroeste, se alzaban macizos montañosos cubiertos de nieve, creando una impresión majestuosa. El fondo del valle estaba moteado con los montículos pantanosos cubiertos por juncos, característicos de todos los valles de alta montaña del Tíbet. Las aves añadían poca variedad a la monotonía del entorno. Sólo de vez en cuando pasaba volando un grácil aguilucho o un halcón (*Falco tinnunculus*) en vuelo veloz, y de nuevo todo alrededor del lugar enmudecía en un sensible letargo, sólo interrumpido por los suaves cantos de las alondras (*Melanacorypha maxima et Eremofila alpestris*).

A seis o siete kilómetros al noreste de la zona de Sagolige, la caravana cruzó el camino principal de Kokonor a Sun Pan Tin (Songpan), al sur de Labrang, y, tras vadear el río Rize Chu, helado y fastidiosamente sinuoso, acampó en la orilla, cerca de la colina de Dzhasi Laptsi, tras recorrer ese día una pequeña travesía de dieciséis kilómetros.

Los viajeros esperaban el monasterio de Labrang con indisimulada impaciencia, como si se tratara de una tierra prometida. El tiempo de marcha nos pareció una eternidad, más cimas crecían tras las colinas, nuevas montañas, valles y ríos se abrían desde las cimas de los pasos. Parecía que aquello no tenía fin.

La caravana siguió más o menos el curso del Rize Chu, y sólo en el lugar de su confluencia con un pequeño afluente del Chun Chu nos separamos con pesar del amistoso e interesante, desde un punto de vista científico, río. Continuamos nuestro camino hacia el este. Sólo desde las colinas más cercanas vimos por fin los severos pliegues nevados de los cerros que nos separaban de Labrang.

Tras aproximarnos al *khoshun* del gerifalte Guanxiu Dongyub desde su lado suroccidental, nuestro «amigo» Kgarma fue a realizar negociaciones preliminares con este líder a título personal, y la caravana se instaló para pasar la noche en la zona de Khur Maru.

En este punto, sólo quedaban por realizar cuatro marchas hasta el monasterio de Labrang. Una de ellas discurría, en parte, por la zona de las cadenas montañosas de Tsekog y otra por una sierra sin nombre donde se ubicaba el paso de Kiser La, que también se encontraba al otro lado de nuestro camino.

Hacía mucho tiempo que no veíamos el sol. Día tras día, el cielo estaba siempre nublado y encapotado; el aire circundante, ligeramente cubierto de niebla, no nos permitía realizar observaciones de carácter geográfico en la extensión deseada. Nuestro trabajo se concentró principalmente en llevar un diario de viaje, dibujar bocetos y hacer observaciones meteorológicas y astronómicas. Las colecciones, a excepción de la geológica, crecían muy lentamente, ya que la naturaleza dormía profundamente. Sólo los depredadores cuadrúpedos y emplumados se sentían bien entre las ásperas montañas. Por la noche, lobos hambrientos se acercaban a menudo al vivaque y había que ahuyentarlos a tiros. Sobre las cumbres nevadas se veían casi a diario quebrantahuesos, buitres blancos, o pardos, y águilas reales.

LA CORDILLERA SERCHIM NEGA (TSAZUR), FRONTERA ENTRE LOS DOMINIOS DE LUTSA AL NORTE Y DE LOS *NGOLOK* AL SUR

En los valles laterales, a veces cubiertos de arbustos bajos y protegidos de los vientos fríos, invernaban los ciervos almizcleros, así como algunas aves: pinzones terrestres, carboneros (*Pseudopodoces humilis*) y alondras cornudas. Más arriba, en las partes rocosas de los desfiladeros, los perdigallos tibetanos (*Tetraogallus tibetanus przewalskii*) encontraban su refugio. Sin embargo, el frío y la abundante nieve en las montañas no impidieron que la vida se fuera dejando ver poco a poco. Así, por ejem-

plo, el 24 de enero, mis compañeros se alegraron de encontrar los primeros escarabajos en la empinada orilla del río, bajo la hierba.

Por la noche, nuestra vivienda de verano resultaba bastante incómoda, pues no estaba adaptada al nuevo clima. Todos recordaban con pesar
la confortable y cálida yurta, pero nadie refunfuñaba ante nuestro destino, porque aquí, cerca, los guías nativos, esencialmente la misma gente
que nosotros, daban un ejemplo asombroso de firmeza y resistencia, viviendo justo bajo el cielo abierto. Estos curtidos habitantes de las
montañas Amdo, incluso en las peores heladas, no cambiaban de hábito.
Incluso en el fragor de una acalorada discusión, se despojaban de las ropas que restringían sus movimientos sobre el hombro derecho.

Después de establecer contacto con Guanxiu Dongyub, nuestro compañero y, según sus propias palabras, «devoto amigo» Kgarma, comenzó
a hacer las maletas para el viaje de regreso. En la despedida me imploró
por otro regalo como recompensa por haber dirigido la expedición con
seguridad y sin desviaciones innecesarias de la ruta directa a Khur Maru*. Después de satisfacer al astuto tangut, empecé a negociar con el jefe
local del *khoshun*. Guanxiu se comportó muy cortésmente, inclinando
siempre educadamente su poderosa figura y extendiendo las manos con
los pulgares hacia arriba, diciendo: ¡*Hombo, demu ina!* Este delicado trato
no le impidió, sin embargo, rechazar la modesta petición de los viajeros
de llevar a la expedición directamente al monasterio de Labrang. Dongyub confesó que en este centro budista había una empresa mercantil,
uno de cuyos miembros había matado recientemente con sus propias
manos. En vista de ello, el bandolero accedió a escoltarnos sólo hasta
cierto *beise*, a una distancia de una marcha de Labrang.

El 25 de enero, a primera hora de la mañana, empezaron los trabajos
de carga de animales. En presencia de toda una multitud de nativos, se
formó nuestra caravana y marchamos enérgicamente a lo largo de las
montañas, penetrando cada vez más en la cordillera de Tsekog y manteniendo una dirección estrictamente nordeste.

---

\*    Según Kgarma, Lu Khombo le había ordenado conducir la expedición a Labrang por
una ruta indirecta: a través del cuartel general de Wang Tse Ying, en lugar del
*khoshun* de Guanxiu, pero para complacernos, desobedeció las órdenes de su
superior.

Al sur de las laderas del macizo, la densa vegetación de arbustos tipo caragana fue sustituida por buenos prados forrajeros de un hermoso color dorado.

El collado principal de Tsekog, conocido con el nombre de Sanega Nega, no nos mostraba amplios horizontes, que quedaban ensombrecidos por el sistema de alturas secundarias. En el collado soplaba un viento fuerte y penetrante, en algún lugar a lo lejos se oían las voces sonoras de las chovas; bisbitas y acentores petirrojos (*Prunella rubeculoides*) volaban entre los arbustos; los perdigallos tibetanos se alimentaban bajo el calor del sol, y buitres y quebrantahuesos se deslizaban suavemente en las alturas.

Había que descender del puerto por un abrupto desfiladero pedregoso cubierto de nieve. El camino indicaba que había un flujo constante de animales y personas entre los campamentos situados al noreste y al suroeste de la cresta. En algunos lugares, nuestra

RUPIA INDIA CON LA IMAGEN DE LA REINA VICTORIA

atención se centró en los rastros de presencia nómada reciente. En los prados llanos y sin nieve había zonas sin hierba y oscuramente pisoteadas, donde antes se levantaban las tiendas, o *banag*, de los tangut. Había *argal* tirado por todas partes, de vez en cuando se encontraban huesos de animales, y una vez incluso encontré una herramienta de piedra —un tipo especial de mazo con mango para clavar ganchos en el suelo—.

Durante los dos primeros días de viaje, la expedición transitó entre un sistema bastante complicado de crestas montañosas y colinas individuales; la población nómada seguía siendo hostil y teníamos que andarnos con cuidado.

El 26 de enero, bajo el paso de Kiser La, mientras descansábamos plácidamente tomando una taza de té, se oyeron, de pronto, extraños sonidos trémulos en medio de un completo silencio. En cuanto volvimos la vista hacia el pico vecino, vimos un grupo de unos tangut montados en plena disposición de combate. Nuestros guías agarraron inmediatamente sus armas de fuego, pero Guanxiu evitó el derramamiento de sangre, después de gritar a tiempo: «¡Alto! ¡Estos son de los nuestros!». Tan simple e ingenuo grito surtió efecto; los ladrones perdieron inmediatamente su aspecto belicoso, se colgaron las armas al hombro y desaparecieron al instante tras la ladera...

En el siguiente campamento, en la zona de Samaringdo, donde tres gargantas al fundirse en una formaban una importante expansión del valle, volvimos a tener un pequeño enfrentamiento con los nativos. Esta vez nos molestaron nuestros propios guías, que de la manera más insolente y desafiante empezaron a exigir el pago inmediato de los animales alquilados.

Sólo después de dar a los estafadores un gran *yuanbao* de plata, volvió a reinar el silencio habitual en el equipo de la expedición.

Después de alcanzar la orilla del río Chernar Ganda, no abandonamos su caudal hasta llegar a Labrang, donde aumenta considerablemente de tamaño por la confluencia con sus ríos tributarios y se le conoce con el nombre de Sang Chu (Daxia). A medida que avanzábamos hacia el este, el Chernar Ganda hacía una curva característica, primero hacia el norte y luego hacia el sur. Las montañas circundantes se volvían más suaves, el río estaba cada vez más libre de hielo y el sonido del agua, de alguna manera, resonaba con especial alegría en el alma de cada uno de nosotros. En el noroeste, dominando las alturas vecinas, se veían claramente dos picos afilados y otro plano, que pertenecían a las montañas sagradas de Rargya Laptsi, que atraen a los peregrinos budistas en verano[*]. A la derecha, las crestas de las colinas más cercanas estaban envueltas en llamas. Los exuberantes pastos del año anterior ardían en un fuego brillante, que, extendiéndose como múltiples serpientes en varias direcciones, crecía hasta convertirse en un fuego continuo.

Entre los numerosos arbustos y la vegetación leñosa alta se podía observar un renacimiento inusual de la vida animal para la época invernal.

Faisanes rojos y azules (*Phasianus decollatus strauchi, Crossoptilon auritum*), camachuelos carminosos, pardillos piquigualdos, sitas, escribanos, carboneros de capucha negra (*Parus atricapillus*) y colirrojos eran, al parecer, huéspedes habituales o más bien habitantes regulares de este lugar. Por las rápidas aguas del Chernar Ganda pasaban con alegre griterío el correlimos gris y el mirlo acuático (*Cinclus cashmeriensis*). La naturaleza parecía cobrar vida en cada hora de nuestro trayecto. Tras vi-

---

[*] Según los tangut, para que se cumpla un favor pedido a Dios, es necesario «rodear las cumbres y los *obos* las tres montañas».

rar una curva del río hacia el sudeste, la expedición ascendió por la orilla alta y escarpada, desde donde se abrían encantadoras vistas de todo el valle. Me imagino este rincón del valle en pleno verano, cuando el Chernar Ganda, con su red de brazos cristalinos, se ahoga en el verde sólido de hierbas, arbustos y árboles, de donde salen cientos de chillidos de aves rapaces. Un cielo azul y el sol radiante complementaban el encanto del valle de Chernar.

Por fin llegó el 28 de enero, el día en que debíamos ver el monasterio de Labrang. A medida que nos acercábamos a esta lamasería, nuestro guía Dongyub se volvía cada vez más timorato. La mañana del día en cuestión se enfadó mucho y declaró que no nos llevaría más lejos.

Ni las súplicas ni las amenazas sirvieron de nada. Me di cuenta de que había llegado el momento de actuar enérgicamente, con decisión y sin vacilar. Exigí que Dongyub viniera a mí, le agarré bruscamente por el cuello y, poniéndole la boca de un revólver en la sien, demandé la inmediata partida de la caravana. El jefe del *khoshun* cedió al instante. No pasó ni un minuto antes de que pudiésemos oír su grito amenazador a los nativos: «¡Embalad las cargas, rápido!». Media hora más tarde, caminábamos a paso ligero por el río, que serpenteaba hacia el sudeste y en ese punto se liberaba de las estribaciones montañosas que lo oprimían, sobre todo en dirección este. Al

JAMYANG SHADBA, EL *GEGEN* GOBERNANTE DE LABRANG

sudeste, se extendían las ramificaciones de la enorme cordillera de Rdyuk Ka Gege Nega, conocida comúnmente con el nombre de Javli Santut. Desde el pie de este macizo, descendía por el valle de Tana un río que más tarde se fundía con el Chernar Ganda.

Después de enviar a Labrang a un intérprete chino y al intérprete oficial de la expedición Polyutov como vanguardia, y habiéndoles dado instrucciones de buscar allí nuestro transporte*, la expedición se desvió hacia el nordeste, bordeó el saliente rocoso y comenzó a internarse de nuevo en las montañas. Por la orilla derecha del Sang Chu circulaban caravanas de nativos en ambas direcciones.

Luego aparecieron aldeas rodeadas de tierras cultivables. A través de unos prismáticos se podían distinguir rebaños de vacas y carneros pastando en las cercanías, así como perros e incluso gallinas. Todos estos signos de cultura fueron acogidos con la mayor alegría por nuestros cansados viajeros.

Antes de llegar a Labrang, a la izquierda, por encima del desfiladero, en lo alto de las rocas, se encontraba el pequeño monasterio perteneciente a Jamyang Shadba, y usado como residencia de verano del jefe *kutuktu* local. Estaba rodeado de un bosque de coníferas, que se agrupaban en las laderas del desfiladero, donde ciervos almizcleros, zorros, liebres y orgullosos faisanes azules, en nidadas separadas, deambulaban tranquilamente, escarbando la tierra suelta y comunicándose pacíficamente entre ellos, completamente ajenos a los humanos. Aquí está prohibida toda caza, y la vida, en todas sus manifestaciones, está custodiada por monjes, que en este tranquilo retiro se esfuerzan por comprender las grandes verdades de la religión budista.

Un poco más lejos, detrás de un saliente rocoso en el valle, comenzaban los edificios del monasterio de Labrang. A la izquierda, al pie de las montañas expuestas, se hallaban templos más antiguos, y a lo largo del terraplén del río Sang Chu, otros más recientes.

El intérprete Polyutov y el jefe local de la colonia comercial, un comerciante dungano llamado Machang Shang, acompañaron a la expedición en su entrada al monasterio y, tras entregarnos la abundante correspondencia de Rusia, escoltaron a la cansada caravana hasta el recinto del mercado, donde encontramos todo nuestro equipaje ordenado de la manera más ejemplar. Aquí, entre los hospitalarios y cordiales dunganos, los viajeros rusos se sintieron primera vez cómodos y a gusto, tras haber padecido un largo período de incesante ansiedad durante la travesía por las montañas de Amdo.

Nada más llegar, todos empezaron a escribir cartas. Entre los alegres informes sobre el gran interés despertado en el mundo científico por

---

* Organizado por el capitán Napalkov.

nuestro descubrimiento de Khara-Khoto, había también noticias tristes: uno de los gloriosos representantes de la Sociedad Geográfica, Alexander Vasilievich Grigoriev, había fallecido. Este hombre, con su gran alma, mente profunda y sincera y cálida amistad, siempre apoyó e inspiró a realizar nuevas hazañas a los exploradores de Rusia. Grigoriev estaba estrechamente implicado con la Sociedad Geográfica, y vivía enteramente para sus éxitos. Por lo tanto, cada logro de una expedición científica le complacía y deleitaba, causando en él la mayor satisfacción moral. La luminosa imagen del inolvidable Alexander Vasilievich se alzaba ante mí en toda su encantadora grandeza; todas mis aspiraciones eran encaminadas únicamente a él. Como fascinado por su espíritu, me sentía en estrecha comunión con mi incomparable amigo, que había pasado prematuramente a la eternidad. Era difícil hacerse a la idea de la pérdida irreparable de un hombre tan noble.

A la mañana siguiente, nos despedimos de nuestros guías de Amdo no sin placer y, al verlos partir, sentimos incluso cierto alivio. Al despedirnos, el severo líder Dongyub, se sintió repentinamente conmovido y, regalándome un *khadak* como recuerdo, dijo: «Te respeto, *pembu*, por haber conseguido obligarme a dirigir la expedición a Labrang; cumplir la orden de un jefe enérgico e intrépido me llena de satisfacción».

Los días de estancia de la expedición en el monasterio budista transcurrieron tranquila y serenamente. Todo nos interesaba, en todas partes encontrábamos muchas cosas provechosas que observar.

EL DESFILADERO LATERAL QUE RODEA LABRANG (ARRIBA Y A LA IZQUIERDA) A LO LARGO DEL SANG CHU

Pero sobre todo, por supuesto, nos interesaba el gran santuario budista de Labrang, a cuya descripción procedo a continuación.

# CAPÍTULO XIX

## Monasterio de Labrang (I)

S EGÚN Bazar Baradin[*], en el año 1648, cerca de la ubicación actual de Labrang, en una localidad llamada Gangya Tan; nació un niño, en el seno de una familia nómada tangut pobre, que estaba destinado no sólo a fundar el actual monasterio de Labrang, sino también a convertirse en el mayor erudito-pensador de toda la historia moderna del budismo tibetano bajo el nombre de Kuncheng Jamyang Shadba (Ngawang Jamyang Zhepa).

El muchacho aprendió a leer y escribir por primera vez de mano de un tangut laico y luego se fue con una mochila a Lhasa cuando era joven. En este sentido, fue el equivalente tibetano de Mijaíl Lomonósov, es decir, alguien que abandonó su pueblo para dedicar su vida y alma al estudio y la divulgación.

En Lhasa, el joven ingresó en la escuela filosófica budista conocida como Goman Datsan, en el monasterio de Braibun (Drepung). Aquí, pronto desarrolló unas aptitudes extraordinarias y atrajo la atención del quinto dalái lama —el «Gran Quinto»—. Vivió casi toda su vida en Lhasa. Compiló nuevos libros de texto para su escuela, con los que reemplazó los antiguos compilados por el lama Kuncheng Choinjun y fue elegido rector del Goman Datsan.

La actividad literaria y académica de Jamyang Shadba fue también la razón de la destacada posición que la escuela de Goman ocupó más tarde entre las demás escuelas filosóficas de Lhasa.

Entre sus contemporáneos, Jamyang Shadba, como filósofo erudito y predicador del budismo, no tenía igual, y su popularidad era tan grande

---

[*]  Véase *Actas de la Sociedad Geográfica Imperial Rusa*, XLIV, vol. IV, 1908, págs. 205-207.

en Lhasa que la opinión pública le dio el título de «Koncheng Jamyang Shadba Dorje», es decir, el «diamante omnisciente que hace sonreír al dios de la sabiduría Manjushri». Su nombre propio era Agvantsondui (Ngawang Tsondru).

MONASTERIO DE LABRANG (FOTO TOMADA DESDE LA TERRAZA ALTA DE LA ORILLA DERECHA)

Jamyang Shadba regresó a su patria ya anciano y se instaló cerca del actual Labrang en una de las moradas de la montaña, o *ritod gompa*, para vivir el resto de sus días como un ermitaño. El gran erudito, convertido ahora en eremita, sistematizó sus conocimientos, en medio del silencio y la majestuosidad de la naturaleza montañosa, mientras alrededor de su apacible morada reinaba la idílica vida pastoril de sus compañeros tangut y de unos pocos zúngaros liderados por el príncipe Khong Tsewang.

Finalmente, en 1710, Jamyang Shadba completó su actividad religiosa con la fundación del futuro monasterio de Labrang. En cumplimiento de su deseo, el mencionado príncipe zúngaro cedió la parcela que ahora ocupa Labrang y trasladó su cuartel general a su lado. Además, este contribuyó de manera activa a levantar el monasterio.

Al principio, Jamyang Shadba construyó una pequeña casa llamada *Labrang*, que significa «casa de un lama», y más tarde el monasterio pasó a llamarse «Labrang Tashi Khyil».

Jamyang Shadba murió en 1722, y por aquel entonces Labrang no se había convertido todavía en un gran monasterio. El fundador sólo tuvo tiempo de construir un pequeño templo catedralicio, establecer las escuelas budistas Tsennyi y Gyud, y edificar algunas casas para la comunidad monástica.

MONASTERIO DE LABRANG (DESDE LA ORILLA DEL RÍO)

Labrang debe su auge a dos personas en particular: el segundo Jamyang Shadba, Jigmed Wampo (una reencarnación del primero), un hombre de mente muy activa y práctica, y su discípulo Guntan Dambi Donme (Gungtang Tenpé Drönmé), quien, a través de sus escritos de gran talento sobre filosofía y enseñanza budistas, situó a la escuela Tsennyi de Labrang en una posición brillante entre las escuelas de otros monasterios. En aquella época, los lamas mongoles y más tarde los buriatos —alrededor de la segunda mitad del siglo XIX—, comenzaron a visitar Labrang en gran número, de modo que en la actualidad la influencia espiritual de Labrang sobre toda Mongolia y sobre los buriatos no es en ningún caso inferior a la de la propia Lhasa.

MONASTERIO DE LABRANG (DESDE LA TERRAZA COSTERA SUPERIOR DERECHA)

LABRANG. VISTA DE LOS TEMPLOS PRINCIPALES, AL SUR DE LAS MONTAÑAS

El monasterio de Labrang* se encuentra a una altitud de 3.040 metros sobre el nivel del mar, en la frontera misma de la cultura agrícola, y es el centro religioso, educativo y económico de la meseta de Amdo. Aquí, el viajero puede encontrarse con los tangut, *ngolok*, tibetanos, mongoles, que acuden aquí como peregrinos; y dunganos y chinos, que suelen ser comerciantes de todo tipo. De acuerdo con la diferencia de nacionalidades, se observa una sorprendente variedad de trajes. Las mujeres tangut, tras haber probado los rudimentos de la civilización gracias a la alianza de sangre con los más cultos dunganos, van vestidas de forma especialmente exquisita. Estas damas llevan abrigos de colores, finos sombreros de zorro con borlas rojas y sus ornamentos nacionales en la espalda, en forma de cintas tachonadas de bagatelas doradas y plateadas. Anillos con piedras brillantes y grandes pendientes macizos, que tampoco descuidan los hombres, completan el original atuendo.

EL LAMA, SEGÚN LA INSCRIPCIÓN, ES GUNGTANG RINPOCHE, UN SANTO DE NGARI

La estancia en una colonia comercial dio a los miembros de la expedición la oportunidad de observar a diario la llegada y partida de caravanas de mercaderes.

Se llevaban a Labrang productos manufacturados y metálicos, se conducía ganado† en grandes cantidades y así como lana, pieles de animales, *merlushka* y, en general, todo tipo de pieles a Lanchou Fu, Hechou (Hezhou, actual Linxia), Pekín y Sichuan. Cabe mencionar que los chinos de Sichuan nos hablaban a menudo de la riqueza de su lejana tierra natal del sur y avivaban aún más en nosotros el

---

* Labrang es una palabra tibetana que significa «paz *gegen*» o «casa *gegen*».

† En muchos lugares, cerca de Labrang, las vallas de los campos están hechas de huesos, cráneos y cuernos de animales muertos.

deseo de conocer el apreciado territorio, adonde, vuelvo a recalcar, tanto
ansiaba ir mi difunto maestro Przewalski. En el tranquilo refugio de la
oración, la presencia de comerciantes, agrupados en parte en las inmediaciones del monasterio y en parte en las aldeas vecinas, trajo cierta
algarabía y no poca tentación a la apacible vida de los devotos. Al mismo
tiempo, el éxito del intercambio de mercancías aumentaba sin duda la
popularidad de Labrang como centro de vida y actividad de la región.
Con el enriquecimiento de la población, mejoraba la prosperidad del
monasterio.

LABRANG. Un grupo de Amdo, cerca del *suburgan* blanco

Los lamas, como elemento más culto de la población tangut, descon-
fían de los europeos, y temen que éstos puedan afectar a sus intereses
personales, mientras que la propia gente común se muestra completamente indiferente ante los europeos, y sólo muestran una simple
curiosidad por estos. Es oportuno señalar, sin embargo, que existe la
creencia generalizada de que ascender a las alturas dominantes de una
localidad otorga a esa persona una ventaja para mandar sobre la gente
de los alrededores. La opinión pública considera el ascenso de un particular a alturas prohibidas como un intento criminal de violar su igualdad
con la población circundante y dominarla.

Cuando las comunidades entran en conflicto, cada una de ellas intenta apoderarse del pico más alto de las montañas en el territorio de la comunidad enemiga y erigir allí sus banderas de guerra, conocidas como *lungta*. Después, la comunidad vecina hostil, con temor supersticioso, intenta destruir estas banderas erigidas por los enemigos.

Es comprensible, por lo tanto, que el pueblo proteste enérgicamente, y a menudo, contra los viajeros europeos cuando estos tienen que hacer sus operaciones de sondeo en las cimas de las montañas. Y, si estas cimas están prohibidas, el pueblo puede abrir acciones hostiles contra los viajeros europeos, pues ven en estas acciones un ataque a su independencia y libertad.

En la actualidad, el número total de monjes en el monasterio de Labrang se estima en tres mil, con dieciocho grandes y trescientos treinta pequeños *gegen*, sin contar a los menores reencarnados, cuyo número se extiende también a cincuenta.

El propio jefe de Labrang, Jamyang Shadba, está en su cuarta reencarnación, es muy honrado por los creyentes y posee una influencia decisiva tanto en asuntos seculares como espirituales[*]. Es autor de numerosas obras menores sobre diversas ramas del budismo y se le considera un asceta y contemplativo ejemplar. Rara vez reside en sus aposentos lujosamente amueblados del monasterio, prefiriendo pasar una vida retirada en sus hermosas celdas diseminadas aquí y allá en los alrededores de Labrang, en medio de la rica naturaleza montañosa.

Después de Jamyang Shadba, el *gegen* más importante de Labrang es Guntan Tsang (Gungthang Tsang), reencarnación de uno de los discípulos de Tsongkhapa en Lhasa. Le sigue Goman Tsang, reencarnación de uno de los rectores de la escuela Goman de Lhasa. Este anciano está considerado como un eminente erudito y predicador en todo Labrang, y goza de una popularidad al mismo nivel que Jamyang Shadba.

En Labrang, las reencarnaciones son elegidas siguiendo las instrucciones de Jamyang Shadba.

El *gegen* Guntan Tsang es el ayudante más cercano del abad, especialmente en asuntos de naturaleza secular. Se encarga, entre otras cosas, de la guardia de Labrang, que está debidamente organizada desde hace mu-

---

[*] En el presente, la cuarta reencarnación de Jamyang Shadba procede de una familia tibetana pobre del principado de Derge (Gengqing).

cho tiempo. La guardia se compone de quinientos soldados disciplinados armados con fusiles europeos, sables, lanzas y pistolas caseras de pedernal o incluso de mecha. Este destacamento, acuartelado en el pueblo más cercano a Labrang, está comandado por dos oficiales de inteligencia con el título de «Labrang Nerva».

Además de estas tropas de «primera categoría», Guntan Tsang tiene a su disposición soldados de reserva —tangut, tibetanos y *ngolok* de los alrededores— que están obligados a acudir en ayuda del monasterio en caso de emergencia.

Gracias a los constantes cuidados de Labrang, todas las joyas del venerado santuario budista están completamente a salvo. Tampoco sufrieron daños ni siquiera durante el desastre que supuso el levantamiento de los dunganos en los demás rincones habitados de Mongolia y el noreste del Tíbet. Los numerosos templos del monasterio están repletos de lujosos *burkhan*, de fina factura tibetana e incluso india, a menudo antiguos.

MAITREYA (EN POSTURA DE BUDA), UNA REPRESENTACIÓN ANTIGUA

Con el amable permiso de Guntan Tsang, los miembros de la expedición inspeccionaron algunos de los templos más notables.

Tsokche Dukhang, el principal templo catedralicio de Labrang, sostenido por ciento sesenta y cinco columnas, destaca por la colección completa de los llamados «Mil Burkhan» y la imagen dorada de Londul Lama (Lobsan Dondup), el tercer Wanchin Dashilhunpo (panchen lama). Igualmente ornamentado es el *lhakang* más importante de Labrang, Serdun Chemo (Jinwadian), el templo de Maitreya, que pertenece a las reencarnaciones de Jamyang Shadba y se alza en el extremo noroccidental del monasterio.

El templo tiene un tejado dorado de estilo chino. En el interior del templo hay una gran estatua del bodhisattva Maitreya[*]. Como todos los

---

[*] Cabe señalar que los tibetanos, o los seguidores del budismo tibetano en general, tienen la costumbre de colocar los objetos sagrados de culto más valiosos dentro de estatuas.

*lhakang*, Serdun Chemo tiene pinturas murales. En la pared interior, a la izquierda de la puerta principal, hay una enorme inscripción manuscrita en tibetano sobre lienzo. Esta inscripción cuenta la historia del templo y ofrece una descripción de las reliquias sagradas que hay en él. Entre otras cosas, enumera los objetos sagrados de culto que se encuentran dentro de la propia estatua.

EL BUDA DE LA MEDICINA, BHAISAJYAGURU

Entre estos objetos, se menciona la más preciada entre las reliquias conservadas: un manuscrito sánscrito[*] en hojas de palma, la obra del maestro Buddhapalita sobre la filosofía del «camino medio» (Madhyamaka). Entre los regalos de Bogdikhan[†] a este templo, se encuentra el famoso libro de Kangyur, considerado el canon del budismo tibetano[‡]. El *lhakang* de Jowo fue fundado apenas en 1908 y es el depósito de un santuario úni-

---

[*]   El sánscrito es la lengua literaria de las castas superiores de la India antigua y medieval. El término «sánscrito» podría traducirse como «refinado». Esta lengua recibió el nombre de «sánscrito» en contraste con las lenguas populares, o «prácritas» de la antigua India. (N. del E.)

[†]   Término mongol para referirse al emperador chino Kangxi (1654-1722). (N. del E.)

co: una imagen dorada de Buda, que, según la leyenda, llegó a pasar por las manos del propio maestro inmortal. Dicha imagen se encuentra en una pequeña pagoda sobre un *burkhan* dedicado a Sakyamuni, en el centro del *lhakang* de Jowo. Esta joya se conservó durante mucho tiempo en la India, y después en Lhasa, de donde fue llevada a Labrang por su fundador, Jamyang Shadba.

*YIDAM* (DEIDAD GUARDIANA) HEVAJRA CON SU MITAD FEMENINA (*SHAKTI*)

De los otros dieciocho templos principales, cabe mencionar también Gyudba Dukhang, una escuela de tantra, elemento simbólico del budismo; en este templo destacan las imágenes de Aryabalo, Tsongkhapa y Buda.

‡ Cerca del templo de Maitreya, en una plataforma al aire libre, delante de imágenes de Buda y de maestros indios y tibetanos, tienen lugar las clases de la escuela Tsennyi.

Luego siguen Manba Dukhang, la escuela de medicina; Kyedor Dukhang, la escuela del sistema de simbolismo Hevajra*, y el enorme *chorten* o *suburgan* de Guntan (estupa dorada), que simboliza el corazón de Buda. Su interior está decorado con estatuas e imágenes. También alberga una gran colección de libros y manuscritos tibetanos e indios, y más reliquias sagradas.

Yapin Basen Dukhang es un edificio nuevo, muy elegante, rodeado por un jardín donde los lamas celebran charlas religiosas en verano.

El *lhakang* de Dolma es un templo de arquitectura tibetana, construido recientemente y que se alza junto a un gran *suburgan* blanco de considerable antigüedad. A este *suburgan* se le atribuye un significado místico especial, y los piadosos, sobre todo los que han cometido muchas malas acciones, lo recorren varias veces con inusitada diligencia, rezando plegarias mientras se postran en el suelo.

Por último, entre los templos se encuentra el Barkhang, famoso por albergar la imprenta del monasterio y la producción de libros religiosos. Le sigue el *lhakang* de Boinzet, poseedor de una biblioteca científica india y tibetana; y Choibsen Tobkan, que es un museo de armas antiguas (armas de fuego y armas blancas) y animales disecados de la fauna local.

En las dependencias privadas de los abades de Jamyang Shadba hay una especie de tesoro donde se guarda todo el oro, la plata y las piedras preciosas del monasterio. También hay allí varias reliquias: vestiduras y copas del dalái lama desde la primera a la séptima reencarnación, el látigo del Bogdikhan, un libro de oro que los lamas llevan al pueblo durante los solemnes ritos divinos, e incluso un fósil en forma de pez, hallado en las montañas y también considerado sagrado por los budistas por su origen incomprensible y misterioso, a juicio de los nómadas.

Como centro de actividades culturales y educativas de la región, Labrang cuenta con cuatro escuelas —Gyud, Duinkor, Kyedor y Manbin†— de enseñanza secundaria y una de enseñanza superior (Tsennyi), una especie de academia espiritual. Los alumnos proceden de todas las nacionalidades mencionadas, y los profesores son en su mayoría tibetanos o nativos.

---

\* Deidad de la tradición budista tántrica de Vajrayana. (N. del E.)

† Escuelas de estudios tántricos Gyud, Dukhor y Kyedor, y de medicina tibetana, Menpa. (N. del E.)

EL *LHAKANG* DE SERDUN CHEMO, TEMPLO DE MAITREYA (DERECHA); *LHAKANG* DE JOWO (IZQUIERDA)

EL *CHORTEN* O *SUBURGAN* DE GUNTAN, QUE SIMBOLIZA EL CORAZÓN DE BUDA

UN TIPO ESPECIAL DE JÁIAGRIVA (TAMDIN); DE SU PECHO
EMERGE UN VAJRAPANI FURIOSO; SU CARACTERÍSTICA
DISTINTIVA ES LA CABEZA DE CABALLO (CON LLAMAS EN
LUGAR DE PELO). REPRESENTACIÓN BASTANTE RARA.
(FOTOGRAFÍA DE UNA MINIATURA DE LABRANG DE LA
COLECCIÓN DEL AUTOR)

DORJE PHURBA (PHURBA DE DIAMANTE O DAGA RITUAL), UNA
REPRESENTACIÓN POCO COMÚN. LA PERSONIFICACIÓN DE UN
IMPORTANTE OBJETO DE CULTO. (FOTOGRAFÍA DE UNA
MINIATURA DE LABRANG DE LA COLECCIÓN DEL AUTOR)

Los jóvenes lamas estudiantes se alojan en pequeñas celdas solitarias situadas junto al monasterio, en la ladera de las montañas, como los *ritod* de los ermitaños del Tíbet oriental. En la actualidad, la ciencia tibetana en Labrang no se está desarrollando, sino más bien lo contrario. Como antes, ahora todos los que han terminado el curso de la academia local van a Lhasa durante varios años para llenar allí el vacío de sus conocimientos y obtener un título superior.

En general, Labrang da la impresión de ser un monasterio muy rico, donde el conocedor y amante del budismo encontrará *burkhan* de excepcional belleza y rareza. Según parece, los mecenas y devotos de Labrang no sólo tienen aspecto de ser belicosos y orgullosos, sino también

DOLMA (TARA BLANCA O DEIDAD BUDISTA)

de ser vanidosos y piadosos, pues cuando visitan Lhasa y otros centros de oración del Tíbet, se llevan objetos y artículos para adornar su monasterio natal a su regreso.

En el propio monasterio, en la casa de un funcionario mongol, Tsing Wang, también hay talleres donde se funden *burkhan* de metal, pero el trabajo local es, por supuesto, muy inferior al tibetano, y especialmente al indio en cuanto a su calidad.

Numerosos lamas se dedican, además, a la pintura de iconos, y en verano se puede observar a los artistas trabajando diligentemente en rincones apartados, en plena naturaleza.

EL *SUBURGAN* BLANCO

LABRANG. COLONIA COMERCIAL, TIBETANOS CON PACAS DE HENO

MONASTERIO DE LABRANG; EN PRIMER PLANO ESTÁ EL *LHAKANG* DE DOLMA (NUEVA CONSTRUCCIÓN)

# CAPÍTULO XX

## Monasterio de Labrang (II)

E L monasterio de Labrang, que goza de gran encanto entre los budistas del sur de Mongolia y el noreste del Tíbet, siempre ha atraído a los exploradores europeos. Desde 1885, cuando lo visitó por primera vez Grigori Potanin, ha sido visitado por viajeros franceses, alemanes e ingleses. Sin embargo, la descripción más valiosa y detallada del santuario de Amdo no nos la dio un europeo, sino un buriato: Bazar Baradin, que completó sus estudios superiores en San Petersburgo. Tras abandonar la universidad y recibir apoyo moral y material de la Academia de las Ciencias y de la Sociedad Geográfica, este talentoso joven budista viajó a Labrang, donde permaneció durante todo un año (1906), estudiando en detalle el estilo de vida del monasterio y de sus monjes ascetas[*].

Como en todos los monasterios budistas, en Labrang se celebran varias fiestas solemnes al año, que congregan a un gran número de fieles. *Nifudun Chu Tsung Chu*, o día de la muerte del primer Jamyang Shadba, se honra el 14 de febrero. El día 15 de abril se conoce como la fiesta primaveral del ayuno y la oración, y la misma fiesta otoñal se celebra el 25 de octubre. El 7 de julio, para conmemorar los dos siglos transcurridos desde la fundación de Labrang[†], se celebra también un solemne rito de oración, o *lichya*; y, por último, la quinta fiesta, *Molen* (Monlam) o «del pueblo», completa el ciclo de festividades anuales.

---

[*]   Véase *Gaceta de la Sociedad Geográfica Imperial de Rusia*, tomo XLIV, número IV, 1908, págs. 183-232.

[†]   El monasterio fue fundado en 1709.

Varias decenas de miles de peregrinos acudieron a Labrang durante la celebración del *Nifudun Chu Tsung Chu*. Los templos bullían con los diversos preparativos.

BODHISATTVA MANJUSHRI, UNA REPRESENTACIÓN POCO COMÚN DE ANTIGUA MANUFACTURA INDIA

En vísperas de la transcendental jornada del 14 de febrero, los miembros de la expedición fueron despertados al amanecer por el grito de: «¡Levantaos rápido, mirad cómo se expulsa del monasterio a un demonio con forma de hombre!». Levantándonos de la cama, salimos a la calle y nos encontramos con una imagen de lo más original: un joven tangut vestido y pintado como un payaso, sosteniendo un gran cepillo para el pelo en la mano derecha, que agitaba de un lado a otro, mientras pedía limosna al público de los alrededores. La mitad derecha de la cara de este supuesto «demonio», o *tsolik** como se conoce en mongol, estaba pintada de color blanco, y la mitad izquierda de negro.

En consecuencia, su manto de piel, vuelto del revés, tenía un color doble. Junto al *tsolik* había un hombre que llevaba a la espalda un saco con numerosas monedas de cobre, que caían de todos lados como si fueran una cornucopia. Al acercarse a las afueras del monasterio, uno de los presentes disparó varios tiros al aire, e inmediatamente las voces de la multitud de muchos miles de personas resonaron, fundiéndose en un grito salvaje que rugió de un lado a otro del valle. Simultáneamente, una llama resplandeciente brilló sobre el monasterio en medio de una nube de polvo, ardiendo alrededor de la gigantesca efigie de un *tsolik*. Pasaron unos minutos y el demonio de paja se quemó completamente. Mientras tanto, el extraño lama disfrazado avanzó; después de ascender por el camino de la montaña, desapareció detrás de la colina más cercana e inmediatamente todo el lugar se calmó. Es así como, según la creencia budista, se expulsan los pecados de todo el

---

\* O *dzolik*, en tibetano: *dyar zong*.

monasterio; todo lo impuro, maligno y tentador es personificado en la simbólica figura del monje.

DAKINI (DEIDAD BUDISTA FEMENINA), BRONCE OSCURO
DE EXQUISITA FACTURA

El lama que interpreta el papel de «demonio» está pintado en colores blanco y negro para que todos puedan visualizar cómo, bajo la influencia de innumerables pecados, un lado o parte de una persona —el oscuro— muere, mientras que el otro permanece vivo durante algún tiempo. El *tsolik* se compromete a abandonar el monasterio para siempre y recibe como recompensa por tal abnegación un *yuanbao* de plata que pesa cincuenta *liang*; normalmente el exiliado recauda otro tanto mediante donaciones voluntarias[*].

Después de admirar la original ceremonia desde la distancia, quisimos acercarnos a la procesión y, acompañados por un oficial chino —visitante de Hechou— y cuatro soldados de caballería, nos unimos a

---

[*] Todo este rito se tomó prestado y se trasladó a Labrang desde Lhasa por primera vez en 1907 y se hizo coincidir con el bicentenario del monasterio.

los monjes. Al principio nos recibieron de forma bastante amistosa: aparentemente apenas despertamos curiosidad, pero pronto oímos gritos airados de *¡orus orus!* (¡rusos rusos!) y nos lanzaron piedras desde algún lugar. Un minuto más tarde nos vimos rodeados de rostros malvados e insolentes, que obstaculizaban, amenazantes, al puñado de extranjeros. «Deberíamos cortarlos en pedazos», aconsejó alguien, e inmediatamente se produjo un movimiento entre la multitud. Los miembros de la expedición dieron una vuelta rápida y, aprovechando lo accidentado del terreno, se dirigieron hacia su morada, siguiendo el pie de las colinas que descendían abruptamente[*].

El 14 de febrero, al amanecer, los sonidos de poderosos tambores de oración, panderetas y caracolas llegaron a nuestros oídos desde la dirección del monasterio.

A las ocho de la mañana, una majestuosa y esbelta procesión budista recorría ya las calles de Labrang. Al frente, sobre un brocado dorado, llevaban un libro tibetano de oro, una piedra preciosa y todas las demás reliquias de las que el monasterio se enorgullecía. Parasoles y diversas insignias se balanceaban con orgullo sobre el mar de cabezas, lo que, junto con las vistosas ropas tangut y los mantos rojos y brillantes de los lamas, conformaba un espectáculo vivo y lleno de color.

Tras dar una vuelta completa, la procesión regresó a los templos, cerca de los cuales ondeaban grandes banderas rojas y amarillas, a cuadros. Tras la procesión de oración, interrumpida ocasionalmente por el redoble de las ruedas de plegaria y el sonido de trompetas, la multitud se dispersó pacíficamente hacia sus hogares.

Después del término del festival de Nifudun Chu, Labrang se vació de personas cada día de manera notable. De los habitantes de Amdo que viajaban, apenas quedaban los que no habían tenido tiempo de terminar sus negocios de carácter comercial.

La expedición rusa se encontró en Labrang con la más cordial bienvenida. En ausencia del abad, fuimos amablemente recibidos por el ayudante de Jamyang Shadba, el *gegen* Guntan Tsang, un apuesto anciano

---

[*] Al igual que los tibetanos, los habitantes de Amdo siempre van armados de pies a cabeza, y en caso de disputas acaloradas y malentendidos, no dudan en tomar las armas. Para evitar derramamientos de sangre, la administración de Labrang desarma a todos estos hijos libres de las estepas, durante su estancia en el monasterio.

de sesenta años, de aspecto puramente bíblico. Establecí las relaciones más sinceras y amistosas desde el primer contacto con Guntan Tsang, y sin ninguna dificultad recibí permiso para visitar y estudiar los templos budistas*. En respuesta a mis regalos, sobre todo aquellos de los que estaba tan ansioso por recibir, el anciano me obsequió con varios *burkhan* de calidad, fabricados en metal y también iconográficos, un pequeño *khurde*, dos interesantes cajitas *gau* y dos «libros de oro»[†].

GRAN LAMA EN LA POSTURA DE MAESTRO (ESTATUA
DORADA DE TIPO TIBETANO)

Después de una larga estancia en la estepa y en las montañas, y tras una agradable vida en los campamentos, los locales comerciales de Labrang nos parecieron sofocantes y polvorientos; durante varios días no pudimos librarnos de dolores de cabeza, tos y cierta pesadez en el pecho sin causa aparente.

---

\*   Al igual que el derecho a cazar en los bosques vecinos de Labrang.

†   El sutra *Tsedo* es un sutra sobre la prolongación de la vida; el otro libro, aún más elegante, incluye un sutra sobre «longevidad y prosperidad». Ambos libros están escritos en oro, decorados con miniaturas de Ayusha y enmarcados en encuadernaciones tibetanas de seda amarilla.

Mientras nos familiarizábamos con el centro de oración budista, no olvidábamos los barrancos boscosos de las montañas circundantes, donde en los días buenos realizábamos constantemente excursiones de caza y recogíamos semillas y troncos de árboles, arbustos representativos de la flora local y muestras de rocas.

En los bosques de abetos de las laderas septentrionales que descendían hacia el valle del Sang Chu capturamos las siguientes aves: el faisán verde (*Ithaginis sinensis*), el charlatán gigante (*Lanthocincla maxima*), el piquituerto del Himalaya (*Loxia himalayana*), el trepador de Przewalski (*Sitta przewalskii*), el agateador de Hodgson (*Certhia familiaris Bianchii*), el carbonero montano (*Poecile affinis*), el carbonerito elegante (*Lophobasileus elegans*), el carbonero capuchino (*Periparus beawani*), el mito gorjigrís (*Acredula calva*), el pinzón montano (*Fringillauda nemoricola*) y los hermosos camachuelos cejiblancos (*Carpodacus dubius*). Los habitantes más comunes de los bosques locales eran: la urraca común (*Pica pica*), el rabilargo asiático (*Cyanopolius cyanus*), el charlatán de David (*Pterrorhinus davidi*), el charlatán de Elliot (*Trochalopteron ellioti*), el acentor pardo (*Prunella fulvescens*), el colirrojo siberiano (*Phoenicurus erythrogastra*), el escribano de Godlewski (*Cia godlewskii*) y el chochín común. Por último, a lo largo de los ríos encontramos: el picoibis (*Ibidorrhynchus struthersi*), el mirlo acuático (*Cinlus cashmeriensis*) y la serreta grande (*Mergus merganser*).

En cuanto a los mamíferos, nuestra colección sólo se enriqueció con un ciervo almizclero, cazado por nuestra cuenta, y un par de pieles de un gato interesante, obtenidas en el mercado local.

A menudo iba a las montañas cercanas, o simplemente subía al tejado plano de nuestra casa, para tomar un poco de aire fresco, desde donde tenía una hermosa vista a lo largo y ancho del valle de Labrang.

Aquí se estaba especialmente bien en la estación soleada, con el aire calmo y claro, y el suave cielo azul, en el que los depredadores majestuosos —buitres, quebrantahuesos y águilas— describían orgullosos sus círculos. Abajo, un río claro fluía ruidosamente por un lecho continuo de guijarros. Las laderas septentrionales de las montañas estaban oscurecidas por el bosque de coníferas, las meridionales, sobre todo en el cinturón superior, estaban amarillas por los pastos del año anterior. En aquel momento, los habitantes nativos de Amdo cortaban estas hierbas con hoces, que transportaban al mercado en grandes fajas.

LAMA SOBRE UNA ALFOMBRA DE LEOPARDO; ESTATUILLA
DORADA DE APROXIMADAMENTE 28 CM DE ALTURA,
APARENTEMENTE DE EXCELENTE FACTURA TIBETANA

El tiempo no nos fue muy favorable; casi todo el mes de febrero fue ventoso y polvoriento; sólo por la noche el cielo se aclaraba, y respirábamos más fácil y libremente. Debido al constante velo de polvo que oscurecía el aire, al principio no tenía sentido hacer fotografías. Por la tarde, en raros destellos de silencio y azur, al calor del sol, se extendía el ambiente primaveral: los arroyos murmuraban más alegremente, los gorriones piaban más alto que de costumbre, los cuervos negros mostraban su deseo de anidar y volaban con ramitas en el pico, y las palomas y sus enemigos acérrimos —los gatos— holgazaneaban al sol sobre los tejados.

Había llegado el momento de prepararnos para el camino.

Tenía la intención de enviar la caravana principal directamente a Lanchou Fu. Mientras que yo, al frente de una pequeña patrulla, decidí desviarme ligeramente hacia el noroeste para ver al dalái lama, que se encontraba en Kumbum en ese momento.

El 15 de febrero hice visitas de despedida a una aristócrata local, la viuda de un funcionario tibetano, y a Guntan Tsang, de quien me despedí como si fuera un amigo.

Al día siguiente, inicié mi peregrinación hacia el dalái lama por el camino más corto al ya mencionado monasterio de Kumbum.

TARA BLANCA (DEIDAD BUDISTA); LA DE LOS «SIETE OJOS»
(TERCER OJO EN LA FRENTE Y OJOS EN LAS PALMAS DE LAS
MANOS Y PLANTAS DE LOS PIES)

*GAU* (AMDO)

*GAU* DE TIPO ANTIGUO (AMDO)

*GAU* DE PLATA (LABRANG). REGALO AL AUTOR DE
PARTE DEL *GEGEN* GUNTAN TSANG

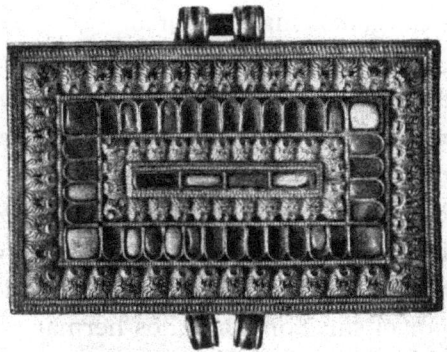

*GAU* DORADO (LABRANG). REGALO AL AUTOR DE
PARTE DEL *GEGEN* GUNTAN TSANG

# CAPÍTULO XXI

## Peregrinación hacia el dalái lama (I)

E N el camino de Lhasa a Pekín, en la gran ruta de peregrinación, no lejos de las profundas aguas del Kokonor, se encuentra uno de los monasterios budistas más famosos, Kumbum. Al ocupar una posición geográficamente favorable, Kumbum es visitado a menudo por nobles peregrinos de tierras lejanas, que se detienen allí durante largo tiempo para descansar y reponer el equipo y los víveres necesarios para proseguir con su viaje.

De forma algo distinta, en las profundidades de la meseta de Amdo, se encuentra otro no menos famoso y rico monasterio budista, Labrang, celosamente custodiado por la belicosa población de nómadas tangut. Labrang disfruta de una mejor situación que Kumbum en cuanto a la seguridad de sus ricos templos y objetos de valor, frente al huracán de la insurgencia mahometana.

Un vistazo a un mapa de Asia central, en particular de la meseta de Amdo, muestra que Kumbum y Labrang están situados en una diagonal noroeste-sureste, a una distancia de doscientos cincuenta kilómetros, y que ambos monasterios están ubicados en la cuenca del río Amarillo: Kumbum en la orilla izquierda, en los pliegues de las montañas marginales que bordean el río Amarillo por el norte, y Labrang en la orilla derecha, en las montañas que bordean inmediatamente el río Amarillo por el sur. Son como dos hermanos que se disputan la gloria y el favor espiritual, vigilándose mutuamente.

Durante la estancia de la expedición en Labrang nos enteramos por los habitantes locales de que el sumo sacerdote budista, el dalái lama, había llegado al monasterio de Kumbum y se había instalado allí para

DESFILADERO CON PABELLONES Y EL MONASTERIO YUYA MU

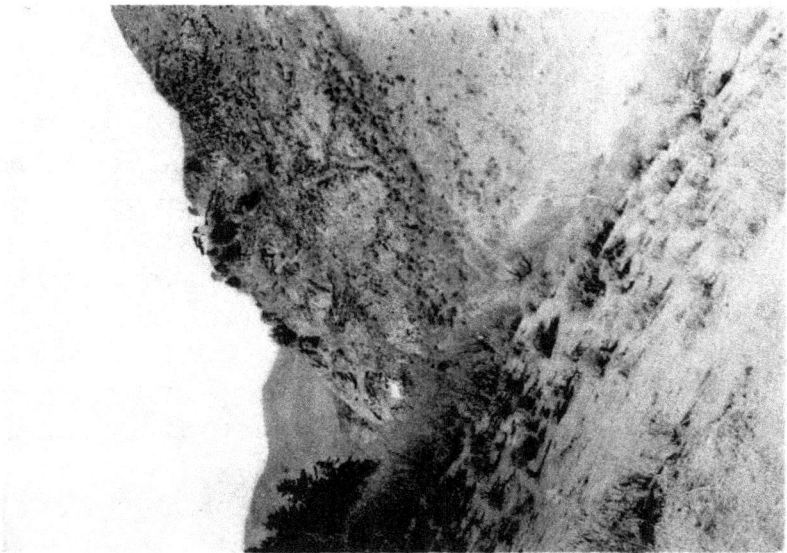

ALREDEDORES DE LABRANG; PABELLONES DE ORACIÓN

descansar y rendir culto hasta el verano. El líder del Tíbet viajaba de Pekín a Lhasa.

Hubiera sido imperdonable, según mi juicio personal, no reunirme con el dalái lama. Ansiaba encontrarme con el gobernante del Tíbet después de su larga estancia en Mongolia y China, y consolidar nuestra antigua amistad. Además, yo tenía muchos mensajes para el dalái lama. Decidí ir a Kumbum en un carruaje ligero, y enviar la caravana por ruta directa a Lanchou Fu, donde el resto de hombres debían esperar mi llegada. Además de mí, el personal del destacamento a Kumbum incluía al intérprete de la expedición, Polyutov. Machang Shang, el capataz del asentamiento comercial de Labrang, alquiló para nosotros tres mulas de carga con dos conductores a caballo; yo y mi compañero teníamos nuestros propios caballos. Así pues, nuestra pequeña caravana constaba de cuatro hombres y siete animales: tres mulas de carga y cuatro caballos.

El 15 de febrero fue la víspera del día de nuestra partida hacia Kumbum[*], por lo que el refugio de la expedición desde la mañana hasta la noche estuvo ocupado por los nativos con los que habíamos confraternizado todo este tiempo, en su mayoría lamas de diversos rangos, tanto locales como nativos del Tíbet, Mongolia e incluso de la propia Transbaikalia; todas estas gloriosas gentes venían a despedirse, a decir unas palabras de ánimo y buenos deseos para el viaje. Por fin estábamos listos. Nuestra ruta nos llevaría a través de la ciudad de Xuanfua Ting (Xunhua), el monasterio de Kumbum y Xining, hasta alcanzar Lanchou Fu.

El 16 de febrero, después de un desayuno temprano, nuestro pequeño grupo se puso en camino: todo estaba minuciosamente preparado.

El sol se elevaba considerablemente por encima de las cimas de las montañas e iluminaba maravillosamente el valle del Sang Chu y las laderas que lo rodeaban. El bosque de coníferas brillaba con un azul acerado, y ocultaba en su espesura muchas cosas interesantes desde el punto de vista científico. Los tejados dorados del monasterio y sus ornamentos (*ganjira*) deslumbraban con el brillo intermitente de los rayos, especialmente jugando con fuerza en la nueva decoración metálica del *suburgan* —la biblioteca del monasterio—.

---

[*] La caravana principal partió de Labrang un día después.

Tras dejar Labrang, pronto desaparecimos en una de las gargantas de las
montañas del norte, subiendo por una
pendiente empinada llena de guijarros
hasta el paso de montaña. Nos acompañaban Machang Shang, con un escudero, y
cuatro gallardos soldados de caballería de
la guarnición del monasterio. Cerca del paso persuadí al anciano para que regresara
a casa y se dedicara a sus estudios, pues al
día siguiente tenía que tomarse la molestia
de organizar la partida de mi caravana
principal a Lanchou Fu. Machang Shang
obedeció humildemente, se desmontó de
su caballo, extendió una estera y, invitán-

LABRANG. EL GOBERNANTE CON SU
ESPOSA DE AMDO

dome a sentarme, me obsequió con una réplica en bronce de la famosa
estatua de Buda, ubicada en Pekín, que está esculpida en sándalo. Esta
ofrenda iba acompañada de los mejores deseos para el viaje. Por mi parte, yo había obsequiado a Machang Shang el día anterior, expresándole
mi gratitud por las molestias tomadas y nuestro uso de sus cómodos aposentos. Parecía que Machang Shang estaba muy satisfecho con la
expedición. Continuamos ascendiendo, y él permaneció largo rato en el
recodo del desfiladero, agitando su sombrero.

«Un hombre excelente, sólo velaba por nuestros intereses, esforzándose al máximo por complacer al jefe de la expedición», afirmó, con un
suspiro, mi compañero Polyutov.

En la cima del paso de Naktseb La, que tenía una considerable altitud,
una larga subida empinada y un corto descenso suave hasta la meseta,
nos detuvimos temporalmente, como era nuestra costumbre, para ajus-
tar nuestras mochilas y nos dirigimos de nuevo en la misma dirección
norte. En esta dirección se encontraba la típica meseta de Amdo, con cadenas montañosas transversales que crecían a medida que viajábamos
hacia el oeste. Entre las montañas había valles de pastos con ríos que
desembocaban en la cuenca del Sang Chu, en el lado de Labrang. Descendimos por uno de esos ríos, el Ganjia Yamba Chu, y ascendimos por otro,
el Yamba Chu.

Las erosionadas cordilleras y los acantilados costeros estaban compuestos de rocas cristalinas. Dejamos marchar a nuestra escolta tibetana, después de recorrer por el paso unos ocho kilómetros como máximo, por lo que los guerreros de Labrang se alegraron sobremanera: inmediatamente se animaron y se alejaron rápidamente al galope.

Habiéndonos quedado sólo con los guías, empezamos a preguntarles por nuestro camino y por la ciudad más cercana, Xuanfua Ting, que estaba a noventa kilómetros, y que debíamos alcanzar en tres días de marcha. En nuestro camino no había viviendas, pero a nuestro alrededor, a mayor o menor distancia, podíamos ver rebaños de carneros y yaks, pertenecientes a los tangut, que vivían secretamente en sus campamentos en un terreno extremadamente accidentado.

IMAGEN DE LA FAMOSA «ESTATUA DE BUDA DE SÁNDALO», UBICADA EN PEKÍN

Siguiendo el valle del río Yamba Chu, vi a lo lejos, en dirección nordeste, el pequeño templo de Jyakhir Gompa, habitado, según decían, por treinta lamas. Junto a este santuario, había un oscuro bosque de abetos, que al principio yo había tomado por un grupo de tiendas de campaña tangut*.

Nuestra primera pernoctación fue en un lugar de altura†; cerca de los macizos montañosos, a orillas de un río de agua congelada, bordeado de hierba del año anterior y arbustos achaparrados. Los guías permanecieron despiertos toda la noche e hicieron turnos de guardia. De vez en cuando se oían sus gritos en dirección a los caballos atados: «¿Quién anda ahí?, ¡puedo verte!». Se decía que tal treta conseguía a veces detener a

* En invierno, los tangut se instalan en las zonas bajas de la meseta, en primitivas construcciones de adobe; en verano vagan con sus tiendas negras por la zona de pastos alpinos.
† Una zona llamada Nemalun, que está a 35 kilómetros de Labrang.

un ladrón, que en tal caso respondía con la frase habitual: «¡Soy yo acercándome al campamento!».

Al día siguiente nos pusimos en camino muy temprano. Debido a un fuerte viento helado en contra, nos congelábamos de frío en la sombra; los animales descansados se movían rápido. Los guías miraban en todas direcciones y nos llamaron la atención exhortándonos: «Los tangut se abalanzarán sobre vosotros sin daros cuenta». Para tranquilizarlos, cabalgábamos en un grupo apretado, con los rifles sobre los hombros.

La naturaleza general del terreno seguía siendo la misma: caminamos por las tierras altas de los prados, ricas en aguas de manantial, y nos fuimos adentrando poco a poco en las montañas, hasta que llegamos sanos y salvos a la cima del puerto de Sechen La.

Desde aquí, hacia el norte, las montañas se elevaban abruptamente y estaban plagadas de profundos desfiladeros pedregosos, a lo largo de cuyo fondo se amontonaban rocas grises en caótico desorden a medida que descendían hacia abajo, hasta el extremo de obstaculizar el avance de la caravana. Aquí el camino era, por lo general, muy difícil, empinado y escarpado. Descendimos por el barranco del río Sechen Chu como si nos adentráramos en un oscuro abismo sin fondo.

A los lados se extendían rincones salvajes, completamente vírgenes, con densos arbustos frondosos, sobre los cuales se destacaban agradablemente, aquí y allá, grandes y pequeños grupos de abetos. Las rocas grises eran aún más hermosas, así como otras piedras gigantes con musgo y hojas verdosas. El silencio de la montaña era roto por numerosos arroyos, que a veces se precipitaban con ruido por pendientes pronunciadas y desprendimientos de rocas.

Entre los mamíferos de las montañas descritas, destacaba el ciervo almizclero, que cazaban los tangut locales haciendo batidas en grupo; y entre las aves observamos las siguientes: faisanes (*Phasianus decollatus Strauchi*), camachuelos rojos (*Carpodacus*), varias especies de colirrojos (*Ruticilla*), hermosos e inquietos pájaros de matorral (*Pterorrhinus davidi et Trochalopteron ellioti*), numerosos herrerillos, lechuzas, acentores y otros. En resumen, la fauna de estas montañas recordaba mucho a la del Nanshan oriental.

Después de descender unos quince kilómetros, el desfiladero se ensanchó de repente, se convirtió en un valle; las montañas se ensancharon y disminuyó su altitud, y pronto vimos el santuario de Martun Gompa, con casas blancas agrupadas alrededor de un pequeño templo, pintorescamente situado en una ladera escarpada, cubierta de un denso bosque de álamos. Un poco más lejos, en la orilla izquierda del río, se encontraba otro templo, Sechen Gompa.

Alrededor de ambos monasterios había tierras fértiles, pero cultivadas de modo tosco y pobre, sobre todo en comparación con la horticultura ejemplar de los chinos.

Por debajo de Sechen Gompa, los asentamientos no eran infrecuentes hasta que el valle se estrechó y quedó finalmente cerrado al paso debido a sus escarpadas orillas.

Aquí, el nivel del cauce volvió a aumentar, aparecieron cascadas, aunque estaban bajo el hielo, y nuestro camino nos llevaba con bastante frecuencia de una orilla a otra. El pie de las montañas tenía un aspecto muy triste y apagado, y cuando soplaba el viento, este siempre producía una masa de polvo que oscurecía el horizonte. El color azul del cielo y el aire claro permanecían en las montañas.

El río Sechen Chu nos condujo a la aldea de Konemen, que contaba entonces con más de cien casas de adobe y unos quinientos habitantes mahometanos: los laboriosos dunganos o *salar*\*. En el pueblo se hallaba una antigua mezquita†, dirigida por un honrado *akhun*, como era sabido por toda la población. Cerca de la mezquita había un *mazar*, con hermosas ventanas talladas, construido, según nos dijeron, en memoria de dos ascetas o mulás. Konemen estaba habitada exclusivamente por agricultores que cultivaban trigo. Las casas de labranza estaban rodeadas de jardines, en su mayoría de melocotoneros y albaricoqueros; también había manzanos y perales en pequeñas cantidades. Aquí hacía calor en verano, aunque el propio valle del río Amarillo, al que ahora nos acercábamos, era más caluroso.

Según los lugareños, existían yacimientos de oro en las inmediaciones de Konemen, pero por alguna razón no se explotaban.

---

\* Los *salar* son un grupo étnico de origen túrquico, que ha conservado el conocimiento de su lengua, también denominada *salar*, y que profesa la religión del islam. (N. del E.)

† Construida, según nos dijeron los residentes locales, hace unos trescientos años.

EL RÍO ZHANG GAGUN (AFLUENTE DERECHO DEL RÍO AMARILLO)

LOS MONJES Y ASESORES MÁS CERCANOS DEL DALÁI LAMA

444 | MONGOLIA, AMDO Y LA CIUDAD MUERTA DE KHARA-KHOTO

Pasamos la noche en la casa del jefe de la aldea. En la noche y la mañana, el silencio de la aldea se rompía con la fuerte llamada a la oración desde lo alto del minarete, desde donde el mulá gritaba: *¡Alá akbar! ¡Alá akbar!*

Ahora era el tercer día de nuestro viaje desde Labrang, por lo tanto, debíamos llegar a la ciudad de Xuanfua Ting. Partimos temprano, como de costumbre, nada más amanecer. Por desgracia, la bruma polvorienta lo ocultaba todo a nuestro alrededor. El viento era tranquilo y cálido. Seguimos nuestro descenso gradual, entre la densa población sedentaria de dunganos y tangut.

La carretera discurría por las terrazas costeras o por el fondo del lecho de guijarros del río. Los lados estaban flanqueados por acantilados altos y bajos de densa arcilla de tonalidad marrón rojiza.

Poco después, el río Sechen Chu se fusionaba con el Chitai Bogou que provenía del este, para formar el río Zhang Gagun (Qingshui).

Desde aquí, en dirección norte, se podía ver el grandioso avance del famoso río Amarillo en su majestuosa marcha, mientras que al sur destacaban las cimas blancas y mates de la montaña Amne Chunak.

Aún más abajo, más cerca del río Amarillo, la caravana pasó por un lugar muy hermoso: a la izquierda, separada de este, se hallaba una cresta como de arcillas conglomeradas, y en medio había un puente peraltado sobre el Zhang Gagun, tras el cual nuestro camino cambiaba inmediatamente la dirección noreste por la noroeste, y después de cruzar algunas estribaciones menores entramos en el valle del río principal. Después de ascender por la orilla derecha de éste durante unos siete kilómetros más, llegamos a la ciudad de Xuanfua Ting —entramos por la puerta oriental, y salimos por la occidental, en la misma calle—, en cuyo extremo superior encontramos alojamiento para pasar la noche.

Al igual que Gui Dui, la ciudad de Xuanfua Ting está situada en la orilla derecha de la parte alta del río Amarillo, a lo largo de su curso y, como todas las ciudades de China, está amurallada. En mi opinión, ni siquiera era una ciudad, sino una pequeña aldea, que constaba de una sola calle con algunas decenas de casas y dos o tres comercios que atendían a la población local.

Al sur, en las montañas, destacaba de forma pintoresca un templo chino dedicado a la oración, o *miao*, con un *hashen*, o sacerdote, a la cabeza.

En general, los rasgos del río Amarillo y su valle eran muy similares a los del distrito de Gui Dui; o al menos eso me parecía a mí. Aquí la anchura del valle se extendía de dos a tres kilómetros, bordeado por montañas grises y sin vida; además, las orillas eran a veces bajas, y otras veces elevadas, especialmente en los estrechos del río, donde a menudo estas eran muy altas —varias decenas de metros— y estaban claramente erosionadas por el viento, dejando una estrecha cresta o un desconcertante saliente como camino o sendero. Por otra parte, la anchura del lecho de grava gris del río se extendía desde ciento cincuenta metros hasta los doscientos cincuenta —incluso trescientos en raras ocasiones—. En el período que visitamos la comarca, a principios de la primavera, corría poca agua en el río, y en varias extensiones su lecho pedregoso quedaba expuesto durante distancias considerables. Era completamente diferente en verano, cuando el río Amarillo solía desbordarse a veces de sus orillas. Su movimiento turbulento y rápido era realmente majestuoso: «sin medida en anchura, sin fin en longitud, rugen amenazadoramente las olas oscuras».

Por encima de Xuanfua Ting, a siete kilómetros y medio, se encontraba la zona de Iman Dzhon, donde se podía tomar una barca para cruzar de una orilla a otra. Había dos barcas pequeñas en total; los porteadores eran quince dunganos de la aldea más cercana. El cruce se hacía bastante rápido, más que en Gui Dui.

Después de la travesía remontamos el curso del río Amarillo durante doce kilómetros, por su orilla izquierda, antes de desviarnos hacia el norte[*], en la garganta del río Goratsetson Khotan, que conducía hasta la pequeña aldea de Lotsi Sangin, donde pasamos la noche. A medida que ascendíamos hacia el norte, el valle del río Amarillo se abría ante nosotros en todo su esplendor. Por todas partes veíamos campos de cultivo, y el 19 de febrero advertimos a un laborioso agricultor chino con un arado, que debía haber salido al campo casi por primera vez esa primavera. Comenzaba la nueva estación: los arroyos murmuraban ruidosamente; el milano negro (*Milvus migrans lineatus*) aparecía entre las aves migrato-

***

[*] La dirección general del valle del río Amarillo en la zona considerada era oeste-este.

rias, y el camachuelo pálido (*Carpodacus stoliczkae*), un tipo de ave residente que no habíamos visto hasta ahora, hacía acto de presencia.

En el fondo del valle, una triste arboleda de abetos revelaba la presencia de un pequeño y pobre templo tangut, Dumino Gompa, bellamente enclavado bajo la protección de acantilados ocres; se dice que fue fundado hace unos veinte años, y que está a cargo de una reencarnación con una congregación de cuarenta personas, que profesan las enseñanzas de la escuela roja*.

AVALOKITESHVARA DE DIEZ CARAS

Al oeste-noroeste se extendían las montañas, en las que, según los habitantes del lugar, vivía el argalí o carnero del Altái (*Ovis ammon*).

La mañana del día siguiente, 20 de febrero, estuvo nublada, gris, oscurecida por una bruma polvorienta, que reducía la visibilidad a unos pocos cien metros. Íbamos en la misma dirección norte, que parecía obstruida por un macizo llano cubierto de vegetación de pradera, más allá del cual estaba la ciudad de Bayan Run (Bayanzhen), a veinticinco kilómetros de nuestro último campamento. Todo este recorrido fue extremadamente difícil para la caravana, debido a los numerosos barrancos y salientes con suelo de loess arcilloso y arenoso.

Aquí y allá había cadenas montañosas de complicados perfiles; también a veces en el este y el oeste podíamos ver peculiares depósitos de estratos de loess que acompañaban al flujo del río Amarillo. La mayor parte del camino lo hicimos para alcanzar el paso de Lonzi Kuntu Pou, y el resto, para descender hacia el valle del río Bayan Run Khoton. El paso en sí era plano, suave, cubierto de tierras de cultivo como si fuera un tablero de ajedrez. Los agricultores aún no habían arado estas tierras, sino que apenas habían repartido el abono, que yacía en pequeños montones

---

*  La doctrina de los sombreros rojos comprende tres de las escuelas más antiguas del budismo tibetano: *nyingma*, *sakya* y *kagyu*. (N. del E.)

de estiércol. El camino a ambos lados del paso estaba cubierto de costras de hielo.

Aquí, en el paso, volvimos a ver un milano solitario que volaba a baja altura, y en lo alto del cielo se elevaban buitres del Himalaya y quebrantahuesos; por otro lado, con menos frecuencia se advertían las admirables águilas reales.

La pequeña ciudad de Bayan Run, donde pasamos la noche, está bellamente dispuesta en las alturas, y tiene murallas redondeadas en la entrada. La población mixta de chinos, dunganos, tangut y mestiza, se estima unos mil habitantes, incluidos los suburbios. Por último, cabe mencionar una pequeña guarnición china de un centenar de hombres, que ocasionalmente realizaba maniobras militares.

Ahora quedaban tres marchas y dos pernoctaciones hasta el monasterio de Kumbum. La primera parada fue en el pueblo de Tsaba (Zhabazhen), y la segunda en la aldea de Savana, donde a la antigua población mixta se habían añadido los *daldos*, que se distinguían por su traje original, especialmente entre las

EL REY SONGTSEN GAMPO, LEGENDARIO FUNDADOR DE LHASA

mujeres. El terreno montañoso fue extremadamente accidentado durante todo el camino hasta Kumbum, de la misma manera que lo había sido hasta Labrang anteriormente. Hacia la mitad de la ruta se hallaba una cadena montañosa transversal, prolongación oriental del macizo rocoso, donde se encontraba el paso de Ladin Ling que separaba Xining de Gui Dui. Mientras que la población agrícola vivía en los valles o montañas secundarias, los nómadas se apiñaban en las cadenas alpinas.

El tiempo fue inconsistente en todo momento, con nubosidad reinante, viento del norte en el horizonte y bruma polvorienta, más espesa en la zona de los valles principales.

Ahora procedo a describir con más detalle esta última parte de la ruta en dirección al monasterio de Kumbum.

Recorrimos el valle de un río sin nombre que desembocaba en el río Amarillo.

A la izquierda se extendían las montañas secundarias llamadas Kuchu; a la derecha sobresalía la cadena montañosa de Kichan Shan (Laji Shan). En las primeras montañas y en los valles adyacentes, observamos los omnipresentes agricultores, y en los desfiladeros de la cresta alpina, a los ganaderos. Aquí y allá se escondían pequeños centros religiosos, de los cuales Didia Gompa estaba situado a mitad de camino, con una población de veinte o treinta lamas. Estaba situado al pie de unos acantilados de arenisca roja cubiertos de bosques de abetos. Frente a Didia Gompa se desplegaba un barranco boscoso. En esta zona nos encontramos con varias bandadas de gorriones chillones (*Petronia petronia*).

Poco después cruzamos la colina baja de Sangtuo Yakhu, detrás de la cual descansamos una hora en el pueblo vecino de Kartya (Kashijia).

Ahora veíamos con más frecuencia que antes a los sembradores abriendo surcos en los campos, y en el camino hacia Kumbum vimos peregrinos de todo tipo, que a menudo viajaban juntos con niños, a los que llevaban a cuestas o de la mano.

Después de todo tipo de observaciones, llegamos, sin darnos cuenta, a la ciudad de Tsaba, a la que entramos durante la apertura del teatro. Su escenario atraía la atención de toda la población circundante. Tsaba era una pequeña y bulliciosa ciudad de provincia, habitada por los *salar*, chinos y mestizos; que suman unas doscientas sesenta familias en total.

Al día siguiente, 22 de febrero, nos pusimos en camino temprano, con el alba. Las nubes se escapaban hacia el suroeste. Los chinos estaban despiertos y se apresuraban a ir a los campos con animales cargados de cestas de abono.

Por delante se alzaba majestuosa una cresta con picos nevados. Avanzábamos a paso ligero. Los rayos del sol brillaban y el alegre canto primaveral de la alondra se escuchaba en la senda.

A las ocho de la mañana ya habíamos llegado a la cima del paso Chinsa Po, coronado por un *obo*, para cuya construcción se utilizaron no pocas piedras recogidas de los caminos. Más adelante, al nordeste, se elevaba una segunda cadena rocosa; en la misma dirección se alejaba el desfiladero, también cercado de paredes rocosas.

La cadena principal tenía un aspecto oscuro porque su manto de prados había sido quemado por el llamado «incendio estepario». En la
vertiente meridional de la cresta se separaban el camino de Gui Dui, que
culebreaba bellamente a lo largo del pie de las montañas, y en la vertiente septentrional el de Xining, que acompañaba el curso del río Chinsa
Gou. Nos desviamos hacia el noroeste, cruzando una serie de colinas laterales, la principal de las cuales es conocida como Nyuxin Shan, y
seguimos temporalmente el río Chidya Gou Tse, y luego otros ríos que se
encontraban entre los cerros contiguos.

En esta ruta extremadamente accidentada y difícil, observamos numerosas alondras, urracas preparando sus nidos, colirrojos de
Przewalski (*Phoenicurus alaschanica*), tarabillas siberianas (*Pratincola tor-
quata maura*), el original —y muy animado en primavera— mirlo
acuático (*Cinclus cashmeriensis*) y algunas otras aves pequeñas, que se vivían en las montañas o en los valles de los ríos. En las alturas azules,
todavía se alzaba orgullosa el águila real.

La aldea de Savana, o Sawan, era pequeña —unos quince hogares— y
estaba formada por una población mixta de agricultores.

La última travesía hasta Kumbum nos pareció especialmente larga, a
pesar de estar aún más animada por los peregrinos y ser aún más atractiva debido al paisaje de la ladera norte de la cresta que acabábamos de
cruzar. Las aldeas situadas junto a la carretera estaban abarrotadas de
gente. Algunas personas se afanaban en las labores del campo, mientras
que otras, con sus bultos al hombro, viajaban en una u otra dirección
desde Kumbum.

Desde aquí se podía divisar el valle del río Xining, con sus arcillas rojas y sus areniscas, así como las últimas alturas tras las que se escondía el
monasterio budista de Kumbum.

Una gran bandada de grajillas centelleó en lo alto del cielo gris.

Después de otra lánguida media hora, nuestra caravana caminaba ya
cerca de los templos del monasterio y de los ocho *suburgan* blancos, y
pronto llegamos a la residencia de un *gegen* familiar, Jayak, donde procuramos un excelente refugio durante dos semanas completas.

# CAPÍTULO XXII

## Peregrinación hacia el dalái lama (II)

E L dalái lama residía en la mansión de un tibetano rico, en el extremo occidental del monasterio, en la ladera de las «alturas occidentales», desde donde se podía ver casi todo Kumbum y las lejanas cadenas montañosas que cerraban el horizonte en el sur. Como todas las casas tibetanas respetables, este edificio estaba rodeado por una alta muralla de adobe, con una entrada principal custodiada por dos pares de centinelas tibetanos.

A mi llegada a Kumbum, el 22 de febrero[*], me apresuré a notificar mi presencia a la oficina del dalái lama, que no tardó en informarme que al día siguiente ya estaba programada una audiencia con Su Santidad.

Al igual que nuestro anterior encuentro en Urga, mi primera audiencia en Kumbum tuvo un carácter oficial. Primero, un elegante funcionario tibetano, con un séquito de tres personas, vino a acompañarme al *labrang* del dalái lama —el recinto espiritual— en cuya compañía Polyutov y yo nos dirigimos a pie, subiendo lentamente la colina.

En un cuarto de hora ya estábamos en nuestro destino: pasamos junto a los centinelas emparejados, que me saludaron, y entramos en un patio adoquinado con losas de piedra. Apenas habíamos dado unos pasos hacia el alto *labrang*, cuando un joven llamado Namgan[†], de pelo corto y vestido de rojo, bajó por los escalones de su amplia escalera para recibir-

---

[*]  La distancia recorrida desde el monasterio de Labrang hasta Kumbum fue de 250 kilómetros, que nos tomó ocho días.

[†]  Del tibetano *ngangnam*, un rango por debajo del cuarto grado (*rimshi*) que ocupaban los jóvenes oficiales pertenecientes a la aristocracia tibetana cuando entraban a formar parte del gobierno. (N. del E.)

nos y, haciendo una elegante reverencia, nos invitó a subir a la parte superior de la casa.

Evidentemente, se esperaba nuestra llegada, ya que en las mesitas había refrigerios en forma de panecillos, galletas, bizcochos, azúcar y otros dulces chinos. Nos sentamos cada uno en nuestra mesa según el rango, y enseguida nos sirvieron té. Después de beberlo, pasamos por una serie de habitaciones, antes de entrar en la sala de recepción del propio dalái lama. También aquí, la sala de recepción del gobernante del Tíbet recordaba a un templo budista, en el que, en el lugar de honor, como en un trono, estaba sentado el sumo sacerdote tibetano en atuendo ceremonial, exactamente como se muestra en la ilustración adjunta en esta página.

Nos acercamos al dalái lama y, tras inclinarnos respetuosamente, intercambiamos *khatas*. Luego el dalái lama sonrió y me tendió la mano, de una manera puramente europea. Después de los saludos mutuos y las preguntas sobre el viaje, pasamos a conversar sobre mi expedición. El gobernante del Tíbet estaba muy interesado en nuestro viaje del año anterior por el lago Kokonor, pero aún más, al parecer, en las ruinas de Khara-Khoto y todo lo que habíamos encontrado allí.

DALÁI LAMA, ILUSTRACIÓN PROCEDENTE DEL LIBRO *UN VIAJERO RUSO EN ASIA CENTRAL Y LA CIUDAD MUERTA DE KHARA-KHOTO* (1911), POR PIOTR KOZLOV

«Ahora nos encontramos por segunda vez», observó el dalái lama: «nuestro primer encuentro fue en Urga hace cerca de cuatro años. ¿Cuándo y dónde nos encontraremos de nuevo? Espero que venga a verme a Lhasa, donde usted, como viajero e investigador, encontrará un gran número de cosas interesantes e instructivas. Si viene, no se arrepentirá del tiempo invertido en tan largo viaje. Usted ha recorrido muchos países, ha visto y escrito mucho. Pero lo más importante aún está por venir: le esperaré en Lhasa... y luego, usted hará no una, sino varias excursiones por los alrededores, desde la capital del Tíbet, donde hay rincones salvajes y vírgenes, tanto en términos de naturaleza como de población. Yo mismo, estaré muy satisfecho de verle después de tales viajes y familiarizarme con sus mapas, colecciones, vistas fotográficas y escuchar personalmente su informe sobre cada viaje. Tengo un gran deseo de traducir al tibetano las obras sobre el Tíbet de los viajeros europeos. Mis secretarios deberán registrar sus palabras vivas en primer lugar y así sentar las bases para trabajos histórico-geográficos sobre el Tíbet central».

EL PALACIO DE POTALA DESDE EL SUROESTE (SEGÚN LA FOTOGRAFÍA DEL LIBRO DE R. MILLINGTON, *FINALMENTE EN LHASA*)

Para concluir, el dalái lama dijo: «No tenga prisa por irse, pues nadie le indicará nada al respecto y de nadie más que de usted mismo dependerá salir unos días antes o después. Nos veremos a diario, necesito hablar con usted sobre muchas cosas».

Durante nuestras conversaciones, bebíamos té servido de una gran tetera de plata corriente. En todo se sentía una agradable informalidad, que podía explicarse por el mutuo y sincero deseo de encontrarnos.

Al día siguiente, me reuní con el dalái lama por la mañana; ahora había desaparecido toda formalidad: vi al sumo sacerdote tibetano en el entorno más simple y agradable. Se me permitió recorrer todas las estancias del dalái lama, ver su despacho, hablar con sus ministros y allegados.

CENTINELAS TIBETANOS EMPAREJADOS EN LA ENTRADA AL PATIO DEL DALÁI LAMA

KUMBUM. CASA-TEMPLO DONDE RESIDÍA EL DALÁI LAMA

Ahora, entre las pertenencias del dalái lama, aparecían con frecuencia objetos europeos. En una de las habitaciones, colgaban en las paredes hasta siete de los mejores binoculares de todo tipo. En otra, se observaban casi la misma cantidad de cámaras fotográficas, que estaban bajo la custodia del secretario del dalái lama, nuestro conocido Namgan.

El dalái lama estaba muy interesado en la fotografía en general y me pidió que enseñara a Namgan varias técnicas fotográficas: toma de fotografías, revelado e impresión, así como el manejo de todo tipo de cámaras, grandes y pequeñas, simples y complejas.

Después de las sesiones de fotografía, solía conversar con los allegados del dalái lama o era invitado a verlo a él mismo, donde pasaba largos ratos de manera informal. En una ocasión, el dalái lama me preguntó si recibía cartas de Rusia con frecuencia, cuándo había recibido la última y qué noticias había en Europa. Cuando llegué a Kumbum, tuve el placer de recibir cartas y periódicos sobre el terremoto de Mesina[*]. Los italianos rendían honor y gloria a los marineros rusos que salvaban a los desafortunados habitantes y sus propiedades. La vívida descripción de tal desastre natural impresionó al gobernante tibetano.

Después de conversar sobre este tema, el dalái lama me invitó a su biblioteca y me entregó un gran atlas

DECIMOTERCER DALÁI LAMA: AWANG LOTSOEN TUBTEN JIGME GYATSO

geográfico alemán, pidiéndome que señalara el lugar de la catástrofe en Italia. Tras hojear el atlas, vi en muchos lugares anotaciones hechas con tinta, o más precisamente con tinta china, en tibetano. Resultó ser la tra-

---

[*] Terremoto ocurrido el 28 de diciembre de 1908, que destruyó casi por completo las ciudades de Mesina y Regio de Calabria, perdiéndose alrededor de 80.000 vidas humanas. (N. del E.)

ducción de los nombres geográficos. La ubicación del terremoto en Italia también estaba marcada con una nota similar.

IMAGEN DE LA FAMOSA ESTATUA DE JOWO SAKYAMUNI EN LHASA

A veces, mi compañero Namgan y yo paseábamos por los alrededores de Kumbum, subiendo a los puntos más altos para hacer todo tipo de fotografías adicionales, y luego, al regresar al *labrang*, nos ocupábamos nuevamente del revelado e impresión. Una vez, mientras revisaba las copias de las fotografías extendidas en la terraza, involuntariamente miré hacia abajo al pórtico del templo y vi cómo el dalái lama bendecía a los fieles. Esta bendición consistía en que el sumo sacerdote tibetano tocaba con una pequeña bandera de oración las cabezas de los tibetanos o mongoles que se acercaban por turnos. Cabe añadir que, debido a la presencia del dalái lama en Kumbum, había una gran multitud de fieles en el monasterio.

Normalmente, si el dalái lama pasea por su azotea o terraza, se espera que todos los empleados, así como todos los que pasan cerca, no se detengan ni miren fijamente, sino que traten de desaparecer lo más rápido y discretamente posible.

Desde el *labrang* del dalái lama, que dominaba todo el monasterio, se abría una maravillosa vista de las lejanas cadenas montañosas del sur, desde donde, en dirección al observador, se desplegaban los mejores pastos alpinos para los numerosos rebaños locales de ovejas y demás ganado.

Al despedirse, el dalái lama pronunció lo siguiente: «Gracias por su visita, me ha dado la oportunidad de obtener respuestas a muchas de mis inquisitivas preguntas. Transmita a Rusia mis sentimientos de admiración y gratitud hacia ese gran y rico país. Espero que Rusia mantenga las mejores relaciones amistosas con el Tíbet y que en el futuro siga enviándonos viajeros e investigadores para familiarizarse mejor tanto con nuestra naturaleza montañosa como con nuestra numerosa población».

UNO DE LOS GRANDES LAMAS

Después de la audiencia oficial de despedida, solemnemente organizada, me invitaron a los aposentos de Namgan, que me eran familiares. Tras ofrecerme el té habitual, apareció el dalái lama, de repente y de forma inesperada, en el ambiente más simple y relajado al que me había acostumbrado hasta el momento. Nos saludamos amablemente y nos sentamos uno frente al otro. El dalái lama volvió a hablar de Rusia con loas a su tecnología, máquinas, instrumentos, así como al armamento del ejército ruso, desde el revólver de sistema «Nagant»* hasta los cañones de largo alcance —de fortaleza y navales— de producción propia. Luego, el dalái lama observó: «No olvide traerme la mejor tela de paño amarillo ruso, similar al de su traje de gala». En respuesta, me incliné ante el dalái lama y anoté su encargo en mi libreta. Al darse cuenta, el dalái lama dijo:

---

\* El cual, por cierto, el dalái lama conocía bien gracias a una copia que recibió como recuerdo de la expedición rusa.

«Eso está muy bien, ya que está en ello, ¡anote también mi segundo encargo sobre el envío desde San Petersburgo de las fotografías de su viaje a mi nombre!».

BODHISATTVA PADMAPANI
(AVALOKITESHVARA)

La última despedida fue la más conmovedora: el protocolo se dejó de lado por sí solo. ¡Comprendí el alma del dalái lama y creí en la sinceridad de su amable invitación a Lhasa!

Poco después, nos despedimos también de los ministros del dalái lama y de su corte; me sentí muy triste por un lado, pero por otro, me sentía feliz. El sentimiento de tristeza se apoderaba de mí cada vez más fuerte, principalmente porque no podía, no tenía la posibilidad de unirme en aquel momento al séquito del dalái lama para dirigirme al corazón del Tíbet junto con su líder supremo.

A continuación, me fueron enviados los regalos del dalái lama, consistentes en polvo de oro, estatuillas de bronce budistas y obsequios de la naturaleza local tibetana: peletería y tela de lana tibetana color burdeos.

Al día siguiente, el 7 de marzo a las nueve de la mañana, como se había acordado la víspera, me visitó Emchi Khambo, con encargos telegráficos adicionales de Su Santidad y con su saludo personal para el viaje. Como es costumbre en las despedidas, el médico personal me ofreció como recuerdo una *khata* de seda acompañada de «preciosas» píldoras tibetanas y una taza de té. Sin embargo, el obsequio más importante de Emchi Khambo consistió en un interesante mapa astronómico tibetano.

Mi compañero tampoco fue pasado por alto por Emchi Khambo, de quien recibió como regalo una *khata*, una moneda de oro y una pequeña dosis de «medicina universal», con las palabras: «Todo esto te lo regalo en virtud de mis mejores relaciones con tu jefe, a quien pido que cuides en vuestro aún largo y difícil camino».

Sobre Emchi Khambo se dice, en general, que es un hombre de «gran cabeza», es decir, médico y matemático superior, y que aspira a llegar a

Rusia no solo para familiarizarse con el país, sino también para estudiar la medicina y la astronomía europeas.

La última vez que me estrechó la mano con fuerza, el Emchi Khambo pronunció: «¿Cuándo y en qué circunstancias nos volveremos a ver?». Yo señalé con la mano en dirección a Lhasa, a lo que mi interlocutor asintió con confianza varias veces.

El resto del día transcurrió en diversos preparativos para el viaje de regreso a través de Xining hacia Lanchou Fu, donde nos esperaba la caravana de la expedición, de la que ahora nos separaba una semana de camino, o lo que era lo mismo, una distancia de doscientos setenta kilómetros.

Temprano en la mañana del 8 de marzo, nuestra caravana renovada, compuesta por tres mulas de carga y cinco caballos de montar, se dirigió con éxito hacia el noreste. El terreno inclinado en esta dirección contribuyó aún más a un desplazamiento más rápido.

Nos detuvimos en las colinas cercanas para admirar Kumbum, ¡quizás por última vez! Después de todo, nos despedíamos de la cuna del reformador del budismo, Tsongkhapa. En memoria de este gran hombre, santo desde el punto de vista budista, se alzaba el «Templo del Techo Dorado», siempre animado por los fieles, y su techo casi siempre arde durante el día con el brillo de los rayos áureos del sol.

La ya conocida ruta hasta Xining la recorrimos en cinco o seis horas. Por el camino, adelantamos una caravana de camellos muy elegante y rica, perteneciente al *gegen* Achya; este era su transporte de avanzada, que partía hacia Pekín. Y aquí, en los campos, por todas partes, trabajaban los chinos bajo el mismo canto primaveral de las alondras.

Como siempre, en Xining nos alojamos en la sede comercial de Tsan Tai Mao, donde los chinos ya habían preparado algunos objetos etnográficos para nosotros.

EL ESTABLO DEL DALÁI LAMA EN KUMBUM

UN PAR DE CABALLOS NEGROS COREANOS EN KUMBUM

Mi compañero tampoco fue pasado por alto por Emchi Khambo, de quien recibió como regalo una *khata*, una moneda de oro y una pequeña dosis de «medicina universal», con las palabras: «Todo esto te lo regalo en virtud de mis mejores relaciones con tu jefe, a quien pido que cuides en vuestro aún largo y difícil camino».

Sobre Emchi Khambo se dice, en general, que es un hombre de «gran cabeza», es decir, médico y matemático superior, y que aspira a llegar a Rusia no solo para familiarizarse con el país, sino también para estudiar la medicina y la astronomía europeas.

La última vez que me estrechó la mano con fuerza, el Emchi Khambo pronunció: «¿Cuándo y en qué circunstancias nos volveremos a ver?». Yo señalé con la mano en dirección a Lhasa, a lo que mi interlocutor asintió con confianza varias veces.

El resto del día transcurrió en diversos preparativos para el viaje de regreso a través de Xining hacia Lanchou Fu, donde nos esperaba la caravana de la expedición, de la que ahora nos separaba una semana de camino, o lo que era lo mismo, una distancia de doscientos setenta kilómetros.

Temprano en la mañana del 8 de marzo, nuestra caravana renovada, compuesta por tres mulas de carga y cinco caballos de montar, se dirigió con éxito hacia el noreste. El terreno inclinado en esta dirección contribuyó aún más a un desplazamiento más rápido.

Nos detuvimos en las colinas cercanas para admirar Kumbum, ¡quizás por última vez! Después de todo, nos despedíamos de la cuna del reformador del budismo, Tsongkhapa. En memoria de este gran hombre, santo desde el punto de vista budista, se alzaba el «Templo del Techo Dorado», siempre animado por los fieles, y su techo casi siempre arde durante el día con el brillo de los rayos áureos del sol.

La ya conocida ruta hasta Xining la recorrimos en cinco o seis horas. Por el camino, adelantamos una caravana de camellos muy elegante y rica, perteneciente al *gegen* Achya; este era su transporte de avanzada, que partía hacia Pekín. Y aquí, en los campos, por todas partes, trabajaban los chinos bajo el mismo canto primaveral de las alondras.

Como siempre, en Xining nos alojamos en la sede comercial de Tsan Tai Mao, donde los chinos ya habían preparado algunos objetos etnográficos para nosotros.

El 10 de marzo, nuestra caravana también dejó Xining. El tiempo empeoró: un viento penetrante con nieve húmeda y lluvia azotaba nuestras caras. Afortunadamente, esta desagradable situación no duró mucho: las nubes se disiparon y aparecieron zonas de cielo azul. En los campos sembraban trigo; aquí y allá, alrededor de los agricultores, vagaban grupos de grullas (*Grus grus*).

Desde Sogo-Khoto, es decir, desde el sur de Mongolia, se dirigía una gran fila de estupendos camellos para unirse a los transportes del dalái lama.

Continuamos moviéndonos río abajo por el familiar valle del Xining, cuyo carácter general seguía siendo el mismo: a veces el río se abría en la extensión del valle, a veces se comprimía de nuevo en un estrecho desfiladero, con altas orillas escarpadas, donde la corriente tranquila y suave inmediatamente se convertía en una rápida y amenazante, y donde el silencio era interrumpido por el ruido de las aguas espumosas que salpicaban los cantos rodados.

BUDA VAJRASANA, RODEADO POR SIETE BUDAS: EN LA PARTE INFERIOR, EN LA ESQUINA DERECHA DE LA FIGURA CENTRAL ESTÁ MANJUSHRI, EN LA IZQUIERDA, EL FEROZ VAJRAPANI

En los lugares poblados, se agolpaban elegantes chinos y había un continuo estruendo de todo tipo de fuegos artificiales, incluyendo petardos infantiles. Los teatros estaban más animados que antes con espectadores de las ciudades y asentamientos vecinos.

Pasada la ciudad de Lowacheng, dejamos el camino principal, que se desviaba hacia el norte en dirección a Pingfan, y empezamos a subir un promontorio rocoso en la orilla izquierda, a cuyos pies se ubicaban hermosamente un templo chino y una isla con una torre de forma peculiar. Desde la cima del promontorio se abría una maravillosa vista del curso superior del río Xining; hacia abajo, al este, el río parecía esconderse, ocultándose en las profundidades de un estrecho desfiladero. El sendero de las caravanas a veces discurría por debajo, otras veces ascendía, serpenteando de forma caprichosa por las cornisas rocosas.

Aprovechando el alto nivel del agua del manantial, los chinos hacían flotar suministros de trigo río abajo, transportados en balsas, y guardados en pieles de buey que parecían calcetines.

EL YA FALLECIDO MÉDICO PERSONAL DEL DALÁI LAMA, EMCHI KHAMBO

A medida que nos alejábamos hacia el este, las montañas circundantes adquirían un carácter más desértico, teñidas de un color gris amarillento, debido a la predominancia de las típicas arcillas o loess en la composición de sus rocas.

Más abajo de la confluencia del río Xining con el Tetung, el río se enriquecía notablemente y sus aguas turbias fluían con más amplitud. Las montañas, en general, se hicieron más bajas y apenas se encontraban cerca de las orillas del río, que surcaba profundamente el suelo de loess.

En los acantilados de la orilla revoloteaban, como mariposas, los treparriscos de alas rojas (*Tichodroma muraria*), y por la superficie caliente de la tierra corrían lagartos recién despiertos.

Bastaba el más mínimo viento para agitar el polvo y oscurecer el aire con él; y sobre la caravana o, incluso sobre un jinete solitario, siempre se levantaba una pequeña nube de polvo, indicando la dirección del camino. Sofocándose por el polvo, la gente estornudaba constantemente y los animales resoplaban.

Ansiosos por llegar a Lanchou Fu, marchábamos a paso forzado, recorriendo hasta cuarenta kilómetros diarios. El mayor cansancio se sentía después del mediodía, cuando el sol calentaba considerablemente. En nuestro penúltimo tramo hacia la residencia del virrey chino, cruzamos el río con la ayuda de una barcaza, manejada por un grupo de quince barqueros.

¡El 15 de marzo finalmente alcanzamos nuestro objetivo!

Ese día nos levantamos muy temprano tras hacer noche en el pueblo de Xingchenna (Xincheng), y caminamos por un sendero muy transitado, atravesando literalmente una nube continua del más fino polvo de loess.

Para orientarme mejor y sofocarme menos con el polvo, intentaba mantenerme a cierta distancia del camino. Así también podía registrar mis observaciones con mayor seguridad.

Se podía ver el cauce del río Amarillo en medio de su amplio valle, que en algunos lugares se dividía en partes debido a los rápidos que surgían del fondo del río. A derecha e izquierda, como anteriormente, se extendían montañas sin vida. El río se apretaba contra la orilla izquierda, dejando un amplio espacio para la población agrícola en la margen derecha. Después de varios kilómetros de marcha, el paisaje cambió; pasábamos por la orilla derecha del río Amarillo, donde se extendía un ramal —un meandro antiguo— con agua notablemente transparente, en cuya superficie aún yacían gruesas capas de hielo azulado. En el banco más cercano, una hermosa garza blanca plateada (*Ardea alba*) caminaba majestuosamente, y desde el acantilado vecino se alzó una gaviota de cabeza negra, o gaviota reidora (*Chroicocephalus ridibundus*); a lo lejos, volaban en fila grandes cormoranes (*Phalacrocorax carbo*).

Hasta donde alcanzaba la vista, el río Amarillo culebreaba corriente abajo, en algunos lugares, apenas aclarando sus anchas aguas.

Más allá del acantilado derecho, formado por un espolón de las montañas, inmediatamente se presentaba un promontorio, en cuya terraza se alzaba un templo chino, pintorescamente dispuesto en forma de anfiteatro.

Tras recorrer siete u ocho kilómetros más, arribamos a Lanchou Fu, que se presentaba primero por cuatro torres históricas, construidas del lado de la ciudad rebelde de Hechou (Linxia), poblada por dunganos.

TAZA DE PORCELANA CHINA PARA TÉ, CON BASE Y TAPA METÁLICAS

Nuestro camino pasaba por una calle rica en almacenes de madera y atestada de sacos de piel con trigo, que parecían odres de vino. Otra calle vecina, aún más concurrida y animada, nos dio la oportunidad de salir al muelle del río Amarillo, al lugar donde los ingenieros europeos estaban construyendo un puente permanente.

Allí mismo, en la posada más cercana, se encontraban mis compañeros en buena salud y completo bienestar.

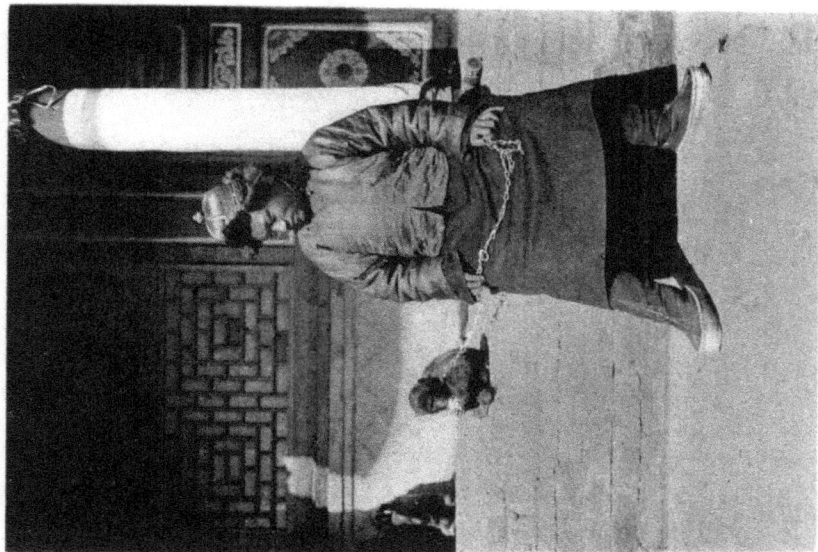

EL SECRETARIO PERSONAL DEL DALÁI LAMA, NAMGAN

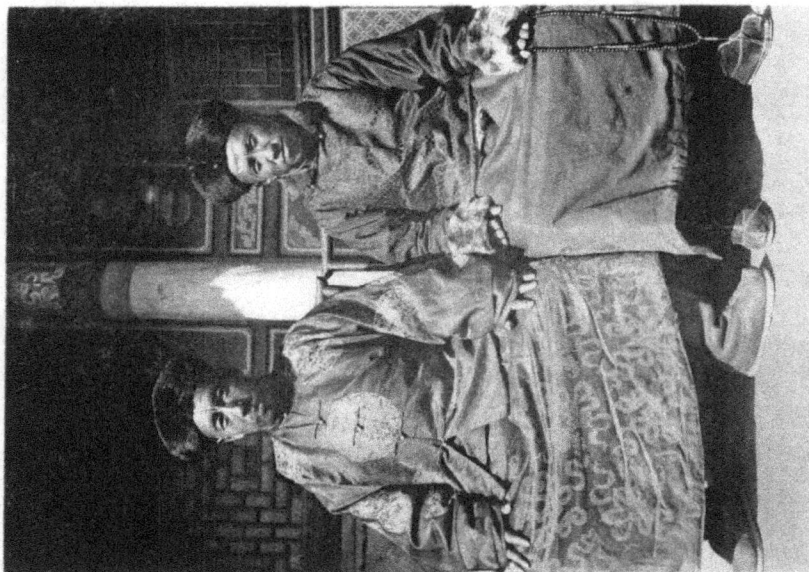

EL MÉDICO EMCHI KHAMBO Y EL SECRETARIO DE ASUNTOS CHINOS
(AMBOS AL SERVICIO DEL DALÁI LAMA)

TERCERA PARTE
# CHINA OCCIDENTAL Y MONGOLIA
1909

# CAPÍTULO XXIII

## De Alasha a Khara-Khoto (I)

E L 15 de marzo, a la llegada de mi grupo desde Kumbum a Lanchou Fu, la expedición se reunió de nuevo, y el primer día de nuestro encuentro con el resto de nuestros camaradas lo pasamos entre amistosas conversaciones e indagaciones mutuas. La caravana principal había recorrido todo el camino de Labrang a Lanchou Fu en seis marchas, haciendo una parada de una semana a mitad de camino, en Hechou.

La ciudad de Hechou se alza sobre el valle del río Daozha (Daxia), cinco kilómetros al sur del propio río, a una altitud de 1.910 metros sobre el nivel del mar. Gregori Potanin escribió: «Hechou fue destruida durante la revuelta musulmana; sus habitantes regresaron hace sólo diez años. A la cabeza de la rebelión local, según los habitantes de Hechou, estuvo Jinsa Akhun, que vivía en Xining y era originario de Hechou. Todos los edificios de la ciudad eran nuevos. Anteriormente, hubo muchos musulmanes en Hechou. En nuestros libros existe una afirmación imprecisa que asegura que Hechou es el centro de la población *salar*[*]; los *salar* están esparcidos desde aquí hacia el oeste, cerca de la ciudad de Xunhua Ting, y su territorio está separado de la cuenca de Hechou por la cadena montañosa de Khara Ula; cerca de Hechou no hay aldeas *salar*; pero los *salar* vienen a menudo a la ciudad para comerciar».

El terreno por el que avanzó la caravana fue accidentado a lo largo de ciento cincuenta y cinco kilómetros de distancia, y sólo gracias a la asombrosa agilidad y estabilidad en las patas de los animales de la caravana —las mulas—, el viaje por senderos montañosos escarpados y empinados de piedra resultó seguro. Desde las inmediaciones del río La-

---

[*] Potanin denominaba a los dunganos (mahometanos chinos) como los *salar*.

brang, hasta la ciudad de Hechou, mis compañeros se encontraron sobre todo con nómadas tangut, y más al noreste comenzaba una asidua cultura agrícola. La población dungana organizaba sus cultivos no sólo en el fondo de los valles, sino también en las empinadas laderas de las colinas e incluso en las cimas de las montañas.

Lanchou Fu, la residencia del virrey Zongdu de Gansu, se asienta en la orilla derecha del caudaloso río Amarillo, que alcanza en este lugar cien metros de ancho, a seis metros de profundidad durante la primavera, en su nivel más bajo. Frente a la parte alta de la ciudad hay un puente flotante sobre el río, junto al cual ingenieros europeos están construyendo un puente permanente. Según los lugareños, que no creen en el arte europeo de la construcción, los europeos no tendrán éxito con el nuevo puente y sus intentos en este sentido serán arruinados por las aguas altas del verano, al igual que fueron destruidos los cimientos de los primeros tramos de la última campaña de invierno-primavera.

En el lado opuesto, en la orilla izquierda, sobre las colinas, hay templos bastante pintorescos, y a lo largo del rápido río hay molinos gigantes, extractores de agua, que suministran a la ciudad y a los campos de trigo el tan necesario líquido. Las imponentes y sólidas murallas de la ciudad antigua* se elevan hasta veinte metros sobre el río y, junto con las cuatro antiguas torres originales erigidas hace trescientos años en las alturas dominantes del suroeste para defenderse de la población de bandoleros de Hechou, crean la impresión de una auténtica fortaleza. Incluyendo el distrito de la fortaleza, Lanchou Fu tiene sólo unos diez kilómetros de circunferencia y está dividida en varios barrios, de los cuales el noroeste, el más próspero, destaca por el hecho de que en él vive Zongdu, y el siguiente, llamado «Militar», es famoso por sus numerosas tiendas y talleres de tipo europeo: carpintería, zapatería, cristalería, etcétera; así como por la fabricación de lana.

También se fabrican aquí tejidos de seda, *dalemba* y otras telas. Todos estos productos de fabricación autóctona, así como los artículos de lujo más raros —bronce y porcelana—, inundan las ricas tiendas.

No obstante, a pesar de contar con una cantidad decente de vegetación y un jardín espléndido, la ciudad entera ofrece un aspecto sucio y desagradable. La población local de seis diez mil chinos sólo tiene una

---

\*    Lanchou Fu es más antigua que Xining.

VISTA DE LA ORILLA IZQUIERDA DEL RÍO AMARILLO, SUBURBIO DE LANCHOU FU

VISTA DE LA ORILLA DERECHA DEL RÍO AMARILLO, SUBURBIO OCCIDENTAL DE LANCHOU FU

débil noción de la limpieza, y los representantes de las naciones europeas más cultas —misioneros y técnicos— son aún demasiado pocos para suavizar el gusto oriental de la residencia del virrey.

Al visitar los edificios locales, prestamos especial atención a las escuelas. Además de la escuela militar, con capacidad para cuatrocientos jóvenes de infantería y caballería, nos mostraron una especie de gimnasio para los hijos de los funcionarios. En esta escuela encontramos un museo bastante bueno con departamentos de mineralogía, botánica y zoología; entre estos últimos, los pájaros disecados y las vitrinas con escarabajos y mariposas parecían particularmente artísticos.

Una vez terminadas las visitas de rigor, nos pusimos manos a la obra con los asuntos urgentes: había que ocuparse de cumplir todas las órdenes

ACTORES CALLEJEROS EN CHINA OCCIDENTAL

del dalái lama e informarle lo antes posible de las informaciones sobre Pekín que logré obtener por telégrafo. Además, teníamos que equipar minuciosamente a un mensajero para encontrarse con el capitán Napalkov —que estaba en Wei Yuan Xien (condado de Weiyuan) en aquel momento—, con la orden de entregar al topógrafo de la expedición, además de un suplemento monetario, la propuesta de explorar lo más completamente posible la parte meridional de la provincia de Gansu y, continuar su marcha por la parte menos explorada del territorio hasta Alasha; donde se reuniría con toda la caravana, aproximadamente a principios de junio.

Los estudios pormenorizados que realizábamos en el campamento se veían a menudo interrumpidos por la llegada de comerciantes que ofrecían toda clase de rarezas del antiguo arte chino, y por las visitas de diversos personajes. Entre los dignatarios, sólo nos visitó el gobernador, o *netai*. El virrey y su numeroso séquito, pasaron lentamente por el campamento y, después de saludar al grupo expedicionario formado para la ocasión, me dejó su tarjeta de visita.

En la orilla del río Amarillo, así como en el lago más cercano, había muchas aves migratorias, que ofrecían un interesante material de observación. Hacia el 22 de marzo llegaron especies delicadas de aves como la lavandera blanca (*Motacilla alba baicalensis, M. leucopsis*) y la lavandera cetrina (*Budytes citreola*), la collalba pía (*Saxicola pleschanka*) y la golondrina común y de montaña (*Hirundo rustica gutturalis et Biblis rupestris*), que de vez en cuando nos amenizaban con sus alegres y brillantes voces. La primavera se acercaba rápidamente; los escarabajos se arrastraban bajo el calor del sol, las mariposas y las moscas zumbaban a nuestro alrededor,

ZONGDU O VIRREY DE LAS PROVINCIAS DE SHAANXI Y GANSU

e incluso aparecían ágiles lagartos. En algunos lugares, la hierba se había vuelto muy verde.

Después de programar la salida de la caravana desde Lanchou Fu el día de la Anunciación, empezamos a preparar el viaje con antelación. Era necesario preparar camellos, reponer al máximo el componente etnográfico de las colecciones de la expedición y terminar una inspección detallada de la ciudad.

El día de la Anunciación, el campamento de la expedición se despertó muy temprano.

Con la salida del sol, apareció el porteador con pérgolas para trasladar el equipaje a la orilla izquierda del río Amarillo. Aquí, después del té y un ligero desayuno, cargamos los camellos, y la esbelta caravana viajó por un largo sendero hacia el lejano norte indígena. Tomamos la dirección a Pingfan, a lo largo de las colinas grises de loess* que a veces se alzaban a derecha e izquierda, como las paredes sombrías y sin vida de una trinchera interminable. El polvo fino y la extrema sequedad del aire

---

* Algunos conglomerados estaban enterrados bajo el loess.

hacían muy arduas las travesías en los días calurosos. Por la noche, sin embargo, dormir se convertía en algo maravilloso, ya que la temperatura descendía a menudo a cero grados centígrados. Los encuentros bastante frecuentes con caravanas de nativos* servían de cierto atractivo para los viajeros en pleno desierto deprimente, y el comienzo de la recolección de reptiles (lagartos de cabeza afilada), insectos —escarabajos, moscas y las primeras modestas mariposas blancas— y aves nos ocupaba su tiempo. Las tarabillas y las cogujadas estaban enfrascadas en juegos amorosos, y sus originales cantos primaverales resonaban en el aire. Las chovas piquirrojas y los camachuelos pálidos (*Carpodacus stoliczkae*) seguían juntos formando grandes bandadas, aunque mostraban una cierta excitación y alegría especial. Los pequeños búhos se dividían en parejas y, al parecer, se preparaban para el período de anidamiento, y sólo un apuesto treparriscos seguía encontrándose solo, sin expresar en modo alguno su humor primaveral.

A medida que nos alejamos del río Amarillo, la falta de agua potable se hizo cada vez más aguda†. Al este de la carretera de Pingfan, en el valle de Pitai Gou, densamente poblado por agricultores, la población extraía el agua vital de pozos de doce a quince metros de profundidad; pero, por otro lado, la profundidad de un acuífero a veces alcanzaba los dos o tres metros.

En todas partes se observaba, en mayor o menor medida, la lucha del hombre contra la naturaleza. En este sentido, los chinos han alcanzado un gran virtuosismo: este pueblo no retrocede ante ninguna dificultad y lleva a cabo con vigor los trabajos más duros, los de Sísifo; así, por ejemplo, cerca de la aldea de Da Hulun, la gente extrae de las entrañas del suelo la tierra adecuada para ellos y, llevándola a hombros en cestos especiales, cubren enormes campos con esta capa fértil, de hasta quince centímetros de profundidad.

Sin embargo, a pesar de todos los esfuerzos, la tierra dista mucho de estar siempre cuidada por los chinos locales; prueba de ello son las nu-

---

*   Con cargas de arroz provenientes de Ningxia y sal de la zona de Ya Tu (Yatou).
†   Incluso los nombres chinos de las zonas indicaban la mala calidad del agua. Por ejemplo, el lugar donde pasamos la primera noche, después de partir de Lanchou Fu, se llamaba «Shui Bu He», es decir, «No bebas agua» (pues era tan mala).

EL *NETAI*, GOBERNADOR DE LA CIUDAD DE LANCHOU FU

merosas aldeas abandonadas, los pozos derrumbados y las tierras de cultivo abandonadas, que abruman al viajero con su silencio de muerte.

Más adelante, en el camino, las amplias y densamente pobladas tierras bajas, cubiertas de suelos grises y poco profundos, pronto fueron sustituidas por un terreno más accidentado pero igualmente triste. El silencio seguía siendo total, y sólo se veían de vez en cuando collalbas pías rápidas y ágiles (*Saxicola pleshanka*, *S. deserti atrigularis*, *s. isabellina*) y rebaños de ovejas que se mezclaban ocasionalmente en los escasos pastos. En los pozos, que servían de punto de reunión para todos los habitantes vecinos, observamos acentores, pinzones mongoles de color rosa claro, gorriones chillones y palomas de montaña.

IMAGEN DE LIU HAI, UNO DE LOS DIOSES DE LA RIQUEZA, SENTADO SOBRE UN SAPO DE TRES PATAS

El lejano noreste, donde la caravana se detuvo lentamente, estaba lleno de cadenas montañosas de capas transversales compuestas de esquistos y areniscas rojas y grises. Hacia el norte-noroeste se oscurecían las imponentes formas de la cordillera de Shulo Shan (Shoulushan), en el suroeste se perfilaban los picos nevados del grupo montañoso general que acompañaba el curso del río Amarillo por el este, y directamente hacia el norte, más allá de las interminables olas de montañas secundarias, se abría el desierto, envuelto en una bruma polvorienta.

El macizo de Shulo Shan consta de varias crestas independientes que se extienden en dirección noroeste-sureste, fusionándose en el sur en una sola cadena densamente cubierta de bosque de abetos y arbustos en la ladera norte, donde encuentran refugio los venados y los ciervos almizcleros. En los desfiladeros, cerca de los manantiales clave, se alojan los pastores chinos; en los alrededores, los buscadores de mineral se dedican a la extracción de cobre, y un poco más allá, en las estribaciones, también se extrae carbón.

EL MUELLE DEL RÍO AMARILLO Y LA MURALLA NORTE DE LA CIUDAD DE LANCHOU FU

EL MOLINO GIGANTE DE EXTRACCIÓN DE AGUA QUE SUMINISTRABA A LA CIUDAD

El 29 de marzo, la mañana pasó desapercibida en un aislado campamento del desierto, y al mediodía nuestros camellos seguían marchando infaliblemente en dirección nordeste. El guía mongol, llamado Delger, y su hijo Daizhi, se desenvolvían con destreza, y no podíamos elogiar lo suficiente la resistencia y el vigor de las invariables «naves del desierto». Una vez más, observamos las pequeñas crestas pedregosas cubiertas de *kharmyk*, valles cubiertos de ajenjo en las partes superiores y de iris multicolores en las inferiores. El ojo atisbaba más de cerca el entorno y anhelaba nuevas impresiones. La primavera, animada con una pequeña zona de vegetación fresca, a veces con árboles, en su mayoría olmos, y a veces con un *deresun* espeso y alto, era recibida con gran alegría.

El lecho pedregoso y arenoso del río seco nos condujo a nuevos asentamientos. Primero, el pueblo chino de Tsa Tsi Shui (Xijisui) y, aún más adelante, la pequeña ciudad de Xuan Hou Pu. El pueblo, alimentado por agua de irrigación, tenía una torre tradicional; sus decentes casas, en número de ciento setenta, y comercios, daban testimonio de una población bastante próspera. Las tierras de labor, cuidadosamente cultivadas, reverdecían con brotes esmeralda, y más allá, hacia el norte, hasta las montañas, se extendía el valle de Chuoye Tang, donde se alimentaban numerosos rebaños de camellos domésticos y dóciles antílopes (*Gazella subgutturosa*). Aquí y allá nos topábamos con pinzones mongoles, palomas montesas y peculiares gangas de Pallas que venían en bandadas desde las arenas de Tengeri para alimentarse de *sulkhir* (*Agriophyllum gobicum*). Tras superar con esfuerzo el valle de Chuoye Tang, la caravana ascendió la cordillera transversal de Geda Shan y se asomó a Mongolia. La frontera del interior de China estaba marcada aquí por la Gran Muralla, de la que ahora sólo eran visibles una erosionada muralla de arcilla y algunas torres de cinco o más metros de altura. Después de algunos kilómetros más, cerca de la bifurcación de los caminos —a la izquierda hacia Tsagan Bulak y a la derecha hacia Ningxia—, apareció un obelisco con caracteres chinos y manchúes escritos sobre él, los cuales indicaban que el viajero ahora entraba en el territorio de Alashán.

Cuanto más al norte nos desplazábamos, más llano se volvía el terreno; el manto herbáceo de barrillas, *deresun* y otras formas florales más delicadas —por ejemplo, el iris púrpura, el astrágalo blanco y la caragana amarilla— salpicaban la extensión de islas de arenas amarillas a lo lejos. Los lagartos correteaban bajo nuestros pies, los escarabajos se arrastraban sobre la tierra y de vez en cuando aparecían serpientes rayadas. Por la noche, los ágiles jerbos retozaban por todas partes. Las gangas de Pallas, en plena época de anidamiento, remontaban el vuelo de vez en cuando cerca de la carretera. De hecho, observamos a estas aves anidando en gran número junto al camino; estaban ocupadas poniendo huevos, que colocaban directamente en el suelo en un agujero, que a veces ni siquiera cubrían con tallos; en ocasiones, los huevos de una pareja se encontraban a sólo dos o tres metros de los de la otra pareja.

Las gangas de Pallas ponían de uno a tres huevos progresivamente; a partir del 5 de abril todos los nidos contenían tres huevos, es decir, una nidada completa. Las hembras se sentaban muy firmemente sobre los huevos y abandonaban el nido sólo *in extremis*, acurrucándose en el suelo, mientras que los machos salían de la manera habitual, con un chillido; las hembras desviaban la atención del perro de la expedición del mismo modo que hacen los urogallos.

Los escasos campamentos mongoles esparcidos aquí y allá, así como las pobres *fanzas* de los chinos —que en el sudeste de Mongolia se dedican a la ganadería (ovejas y camellos) y a viajar—, no estaban muy animados. Sin embargo, en el camino mismo nos encontrábamos a menudo con pequeños grupos de peregrinos que se dirigían lentamente a venerar los santuarios, arrastrando con dificultad sus pertenencias. Esta difícil hazaña solamente estaba al alcance de personas sanas y fuertes, mientras que los más débiles solían perecer de sed y agotamiento antes de alcanzar su ansiada meta. Una de esas víctimas del deber de rezar, un desafortunado lama, ya había sido visto por los expedicionarios como un cadáver sin aliento al borde mismo del camino.

En esta ocasión, la expedición siguió el borde oriental, ya conocido, de las arenas de Tengeri y, con la ayuda de robustos camellos, las superamos en siete marchas. El 2 de abril, a primera hora de la mañana, los viajeros abandonaron las estepas cubiertas de hierba y se sumergieron en un verdadero desierto.

Las ligeras nubes que se cernían constantemente sobre el sol y el viento racheado refrescaban el ambiente, impidiendo que se calentara. El interminable mar gris amarillento, que se extendía hacia el norte y el oeste, ondulaba con alturas redondeadas en forma de dunas de arena. En la superficie lisa y trillada de la tierra se advertían claramente rutas de caravanas, senderos que llegaban hasta dunas coronadas por *obos*, e incluso senderos microscópicos trazados por escarabajos y lagartijas; estos pequeños puntos negros, apenas perceptibles, formaban extraños dibujos y solían terminar en agujeros redondos, donde de vez en cuando desaparecían alegres lagartijas de cabeza ancha.

Al atardecer, mis ojos, cansados de la monotonía, se alegraron de ver una franja herbosa y pantanosa cerca del pozo de Khoir Khuduk; el *deresun*, significativamente reverdecido, daba cobijo a grullas grises, tarros canelos y gansos; los arrendajos del Turquestán volaban de una colina a otra, las aves limícolas parloteaban a lo lejos, los zarapitos chillaban, las gaviotas se elevaban lentamente en el aire, y allí, sobre el borde de las arenas, una bandada de avutardas se dirigía rápidamente hacia el oeste. A medida que el crepúsculo se hacía más denso, el tiempo empeoraba considerablemente, y, hacia medianoche, estalló una violenta tormenta del noroeste. La tienda gemía bajo el viento, la lona se sacudía y se despegaba del suelo, y los ocupantes del interior de la tienda se empaparon de polvo fino, que dificultaba la respiración.

Desde el pozo Khoir Khuduk hasta el lago Shirik Dolon, se extienden los espacios ocupados por areniscas, arcillas y rocas más duras de color rojo oscuro, donde las arenas son a menudo sustituidas por buen pasto, creando un paisaje más o menos agradable. En general, debo decir que el desierto de Gobi a principios de la primavera no está tan muerto como se cree; el acuífero en esta parte de Asia central es relativamente poco profundo y en los lugares más bajos está cubierto por lechos de arcilla arenosa de metro y medio a tres metros y medio de espesor. No obstante, en la mayoría de los casos el agua no es del todo potable, sino salobre o calcárea. La vegetación desértica más diversa sirve de alimento no sólo a los camellos, sino también a los caballos e incluso a las ovejas, de modo que la población mongola de la vecindad inmediata de las arenas de Alashán puede vivir con bastante comodidad y no tiene derecho a quejarse de su suerte. Sólo en años anómalos y excepcionalmente secos, la vida de los habitantes de los lugares desérticos se hace realmente poco envidiable.

En los siete lagos de Shirik Dolon los viajeros encontraron unos «huéspedes» que habían llegado antes que la caravana de la expedición.

Gansos, ánades reales, cercetas, toda una congregación de tarros blancos y varias parejas de inquietos negrones se alojaban aquí. En las orillas verdes y grises cercanas al agua, corrían y retozaban correlimos, andarríos y lavanderas grises y amarillas. Además, arrendajos del Turquestán se escondían entre los arbustos en las lomas adyacentes, y un cernícalo se apresuraba en algún lugar en la distancia.

DINGYUANYING. LA PUERTA SUR DE LA FORTALEZA Y LA PARTE ORIENTAL DEL BAZAR

Tras un breve descanso en los agradables lagos verdes, todos sentimos la necesidad de zambullirnos de nuevo en la zona de arenas sueltas. El fuerte viento de la noche tuvo tiempo de cubrir todos los rastros del camino de caravanas, y el 4 de abril, durante todo el día, los camellos tuvieron que caminar a tientas a lo largo de las dunas en dirección sur. Los hombres se esforzaban por ver lo que les rodeaba, atentos a los contornos de las más leves colinas y de los recovecos rocosos y boscosos.

Por fin, en el horizonte nordeste se perfilaron los contornos del pico en forma de collado de Lotzu Shan, en las inmediaciones del pozo de Shangin Dalai (Xiang Gendalai), y en la llanura más cercana, destellaba la mancha blanca del monasterio de Tsokto Kure (Qogt Hure). En las cercanías del monasterio había una casa de comercio china, a la que nos dirigimos inmediatamente con la esperanza de encontrar algunos artículos de primera necesidad. Por desgracia, no había nada adecuado en el establecimiento, y los miembros de la expedición se limitaron a comprar un carnero cebado, que disfrutamos con especial placer, ya que desde que partimos de Lanchou Fu apenas habíamos comido carne en conserva.

Al caer la tarde salí de la tienda y admiré durante largo rato el austero perfil de la cordillera de Alashán, que hablaba del inminente regreso de la caravana al almacén y estación meteorológica de la expedición, que hacía tiempo habíamos abandonado.

Todo estaba en silencio, sólo desde algún lugar en la oscuridad llegaban los ladridos de los perros mongoles y el peculiar silbido de una lavandera cascadeña que sobrevoló varias veces el adormecido campamento.

Manteniéndose principalmente en dirección noreste, la caravana seguía recorriendo diariamente de treinta a cincuenta kilómetros y dejaba atrás con éxito interminables dunas de arena, barrancos y valles. Finalmente, el 7 de abril, después de haber descansado en el tramo de Tembu, entramos en la llanura forrajera, regada en verano por el agua del desfiladero de Barun Khit, y pronto contemplamos un oasis verde y acogedor. La carretera se animó; a los lados aparecían edificios chinos y mongoles de habitantes asentados, los campos y las orillas de los arroyos brillaban como esmeraldas, rebaños de ovejas y manadas de caballos pastaban en las praderas: todo hacía presagiar la cercanía de la civilización.

Descendiendo de la última altura antes de Dingyuanying, nos encontramos con los europeos: el matrimonio Magnussen, que viajaba a Pingfan para consultar a los mejores médicos. Media hora más tarde saludamos con alegría a nuestros camaradas del almacén, que se las arreglaron no sólo para mantener en condiciones ejemplares todos los bienes de la expedición, sino también para pasar con provecho el tiempo de larga soledad. El observador responsable de la estación meteorológica, el granadero Davydenkov, justificó plenamente la confianza depositada en él y cumplió a la perfección la tarea que se le había encomendado, por lo cual lo ascendí inmediatamente al rango de suboficial mayor.

# CAPÍTULO XXIV

De Alasha a Khara-Khoto (II)

A sí pues, tras una larga ausencia de Alasha, y después de una serie de penalidades y privaciones, la expedición llegó de nuevo a Dingyuanying y, como antaño, se instaló cómodamente bajo el hospitalario cobijo de sus compatriotas.

Los días pasaban desapercibidos; yo estaba ocupado en equipar una caravana pesada, destinada a un viaje directo a Urga, y una expedición ligera, que debía completar la exploración de las ruinas de Khara-Khoto.

De nuevo hubo que reorganizar y clasificar las colecciones histórico-naturales y de otro tipo, y los mayores problemas los causaron, como siempre, las colecciones preservadas en alcohol. Mis compañeros preparaban pan bizcochado, carne seca y cisternas—*lankhons* en mongol— para transportar agua; en definitiva, todos los accesorios necesarios para la próxima y difícil caminata a la Ciudad Muerta.

Se podía decir de antemano que el desierto nos recibiría con hostilidad y agotaría a los cansados viajeros con su aliento seco y ardiente. Pero la perspectiva de un duro trabajo en las arenas calientes no asustaba a nadie.

La conciencia de la importancia de la santa causa de la ciencia y, el pensamiento de un pronto regreso a la patria, proporcionaban nuevas fuerzas y energías.

Muy a menudo, bajo las inclemencias del tiempo, desde por la mañana hasta altas horas de la madrugada, me pasaba el tiempo escribiendo cartas relacionadas con los quehaceres de la expedición y recopilando informes sobre lo que se había logrado hasta el momento. En tales ocasiones siempre me tomaba un pequeño descanso revelando fotografías:

las de Lanchou Fu —retratos de Zongdu y el *netai*, que posteriormente les fueron enviadas—, y numerosas panorámicas, así como nuevos trabajos, como la original imagen de una mujer mongola de Barun Sunit en traje nacional. Las fotografías eran excelentes, y el revelado de estas placas me producía una gran satisfacción.

LA CALLE DEL BAZAR EN DINGYUANYING Y LA PLAZA FRENTE A LA CASA DONDE RESIDÍA LA EXPEDICIÓN

Muy rara vez, en pequeños intervalos, conseguía salir después de terminar los asuntos del día para observar la vida natural de Alashán; los jardines estaban en flor, las lilas ya habían florecido, y las golondrinas se dejaban ver en alegres bandadas cada vez más a menudo.

El viento del sur aumentaba considerablemente la temperatura, mientras que el viento del norte se convertía a menudo en una verdadera tormenta y traía abundantes precipitaciones; en lugar del hermoso cielo azul, la lejanía quedaba envuelta por un sudario sombrío de color amarillo sucio, y la temperatura mínima nocturna alcanzaba los cero grados centígrados.

En las montañas, la primavera empezó mucho más tarde; el 9 de abril las lilas aún no habían florecido, mientras que en el oasis ya se habían marchitado.

Por la mañana, los arroyos amanecían cubiertos de una fina capa de hielo, que no desaparecía hasta la tarde, y las mismas laderas de la cordi-

llera de Alashán, aunque habían adquirido un color morado verdoso oscuro, a veces también se volvían blancas por la nieve fresca.

Los cazadores no olvidaron su trabajo y realizaron bastantes excursiones. La colección ornitológica se enriqueció con interesantes
ejemplares: un zorzal de White (*Turdus dauma aureus*), un papamoscas y
una chocha perdiz o gallinuela. La colección de mamíferos se enriqueció
con dos barales (cabra azul del Himalaya). Los argalíes se escondían en la
parte septentrional de las montañas de Alashán y no se veían tan fácilmente; oímos que para la caza de estos hermosos animales los tiradores
locales formaban un grupo y en caso de éxito permitían al príncipe de
Alasha llevar el botín a Pekín, a los príncipes chinos, en forma del mejor
regalo.

UN RINCÓN ADYACENTE AL PALACIO DE TSING WANG

Las tardes despejadas y tranquilas las dediqué enteramente a observaciones astronómicas, comprobando la definición de las coordenadas
geográficas y de la hora.

Mi amigo, un lama muy curioso e ilustrado llamado Dalai Tsorchi, del
monasterio de Dalai Tsorchi Sume*, en Barun Sunit, se interesaba mucho
por los instrumentos astronómicos y gustaba de observar la Luna y Júpiter a través de un telescopio. De Dalai Tsorchi aprendí muchos detalles

---

* Este monasterio está a quince largas marchas de Urga hacia el sudeste.

curiosos sobre la vida de mis amigos, la familia de Zhong Wang y Shak-dur Gun, a quienes conocí en Urga, durante mi estancia con el dalái lama allí, y aproveché para enviarles mis saludos acompañados de los tradicionales *khadak* azules. De otros conocidos de Alashán sólo intercambié visitas con los apuestos hijos de San-e, el difunto hermano de Tsing Wang. Los jóvenes me recibieron en una sala muy acogedora, amueblada a la manera china; me sirvieron té, dulces y entablaron una agradable conversación, recordando al gran Przewalski, que aún vive en su imaginación bajo la forma de un auténtico héroe ruso. El jardín de la casa de los príncipes, como era de esperar, asombraba por su diseño artístico, la cantidad de flores y arbustos floridos. Aquí crecían manzanos, perales, melocotoneros, nogales, lilas, el característico Salix trepador y algunas otras formas de vegetación leñosa y arbustiva.

Cuando paseaba en mi tiempo libre por la ciudad, que se había vuelto mucho más tranquila y apacible en ausencia de la corte principesca, me gustaba visitar las tiendas de antigüedades chinas, donde a menudo encontraba curiosas muestras de menaje, ropa y arte autóctono. En los comercios chinos suelen verse pájaros cantores: alondras y ruiseñores calíopes (*Calliope tcshebajewi*), cuyo canto disfrutan no sólo los propietarios, sino también los visitantes o transeúntes. Los ruiseñores son especialmente apreciados por su belleza y su canto, y los chinos suelen tener uno o incluso varios. Durante el día, cada pájaro se mantiene en un marco de madera que cuelga del tejado o de la pared de la casa a la sombra. El pájaro es sujetado a este armazón por la parte inferior del cuello con una correa de treinta centímetros de largo; a veces el pájaro sale volando con la correa, pero el dueño lo atrapa hábilmente poniendo el armazón sobre su mano extendida. Por la noche, los pájaros se colocan en una caja grande y espaciosa, cerrada por arriba con una celosía; está convenientemente dispuesta con comederos y espacios para que los pájaros se posen. Los chinos limpian, miman y alimentan a sus favoritos, y tanto por las mañanas como por las tardes salen con ellos al campo, a la montaña o al jardín y, tras dejar los pájaros «al aire libre», los admiran durante una hora o más, sin apartar los ojos de ellos. Les gusta mucho que los espectadores alaben a sus pájaros.

Al final, Dingyuanying empezó a aburrir a los miembros de la expedición; el deseo de avanzar hacia el desierto crecía día a día. Después de terminar todos los preparativos para equipar la caravana, sólo faltaba esperar la llegada del capitán Napalkov, quien nos comunicó por carta que, en vista de su exceso de trabajo físico y moral, tenía prisa por llegar a Alasha y después a Urga.

LA TORRE Y PUERTA DE LA ESQUINA ORIENTAL DE LA FORTALEZA DE ALASHA

El 30 de abril, mi ayudante principal se unió por fin a la expedición. Después de escuchar el informe del topógrafo, dejé a su cuidado las colecciones principales, y yo mismo, acompañado por varios colegas, formamos una caravana ligera que se dirigió a la ansiada ciudad de Khara-Khoto.

El 4 de mayo, mis camellos, veintiuno en número, se alinearon en una esbelta batería y, lenta, pero persistente e incansablemente, se balancearon a lo largo del ocre camino arenoso y pedregoso. A la izquierda, al oeste, hasta donde alcanzaba la vista, se extendía el desierto de colinas, revestido de una cubierta verde dorada de hierbas del año pasado; al norte se perfilaban débilmente los picos de la cadena montañosa de Bain Ula, y al este, arboledas entrelazadas con sus densas copas, formaban grupos frescos, brillantes y pintorescos. La cordillera de Alashán desaparecía gradualmente de la vista. La primera pernoctación a orillas del arroyo Kurete (Kuletugou), bajo la sombra de esbeltos sauces, pareció especialmente agradable a los viajeros en comparación con la atestada y polvorienta Dingyuanying, que se había vuelto odiosa para todos nosotros. Aquí sólo nos rodeaban silenciosas colinas de arena, por las que corrían tímidamente liebres y jerbos; entre los arbustos de *deresun* pastaban cautelosas gacelas persas, y acechaban avutardas y gangas, mientras acudían a beber ruiseñores calíopes, pechiazules, lavanderas blancas y tarabillas. Al calor del sol, en los lugares más abiertos y desprotegidos, merodeaban delgadas serpientes grises, así como moscas negras y estrechas con una mancha blanca en la frente. Toda esta población, a menudo bastante abundante, no interfería con la paz general que nos rodeaba. Al contrario, no hacían sino complementar el paisaje desértico, complaciendo la vista con sus formas.

La parte sur del Gobi, desde Alasha hasta el valle de Goitso, no tiene ese carácter monótono y deprimente que suele atribuirse a todos los desiertos.

La llanura, caracterizada por un suelo de tipo arenoso y arcilloso, está atravesada por suaves pliegues y forma en algunos lugares amplias depresiones*, que acogen valles laterales. Estos han sido formados por cauces de ríos desecados, cubiertos de grava de granito rojo en el fondo, y embellecidos a lo largo de las orillas con esbeltas hileras de olmos[†], *deresun*, *kharmyk* y otras plantas herbáceas y semiarbustivas.

Las cadenas montañosas de Bain Ula, Durubuljin y Khara Ula, que se extienden en dirección transversal oeste-este, aunque carentes de vida y de alimento, aportan una diversidad más agradable al desolador panorama del terreno. La altitud del desierto varía entre los 1.070 y los 1.220 metros; los puntos más altos de los macizos montañosos se elevan hasta los 1.666 metros y las hondonadas con salinas descienden hasta los 820-915 metros.

En la región de las arenas del sur del Gobi se puede sentir una alegría especial, debido a la presencia de los pequeños arroyos y pozos, que se encuentran aproximadamente cada diez a quince kilómetros, y a veces con más frecuencia, y son visibles desde lejos debido a la exuberante vegetación que crece a su alrededor. Al reunir en torno a sí a todos los seres vivos, el agua da la oportunidad de existir a habitantes poco comunes: mongoles y chinos, apiñados en chozas de adobe, yurtas y tiendas. Con sólo cerrar los ojos, sentado en tal oasis bajo la sombra de altos ála-

---

* En el área de la cuenca de Shara Burdu.

† Por ejemplo, el valle de Sumyn Gol y Ulan Moten Gol.

mos, mientras escuchaba el susurro de las densas hojas, podía transportarme mentalmente muy lejos, a los bosques nativos del norte. Mientras tanto, con la llegada de la caravana, todo cobraba vida a mi alrededor. Los nativos venían a abrevar el ganado[*] con más frecuencia de lo habitual y nos observaban durante largo rato. Aquí y allá se oían voces alegres, risas y, a veces, incluso un discreto susurro.

Una joven de quince años, sana, de mejillas sonrosadas, con una cintura sorprendentemente alta y elegante, se acercó al vivaque. Miró temerosa a los extranjeros, especialmente al perro de la expedición, que se esforzaba por saciar su sed en el pozo. Los vivaces y rápidos ojos negros de la mujer del desierto ardían de curiosidad. Miraban fijamente a lo lejos, y una y otra vez se fijaban en objetos nuevos, desconocidos para ella, en los rostros europeos extraños y ajenos...

Sin cambiar ni una sola vez la dirección norte-noroeste previamente escogida, la caravana tomaba el camino que nos era ya familiar, desde que un año atrás marchase con vigoroso esfuerzo hacia el sur.

Desde el famoso pozo Durbun Moto, tomamos un agotador camino hacia el santuario de Shartsang Sume, dejando de lado todas las rutas anteriores y dirigiéndonos al cruce de las arenas de Yamalik. Las alturas de guijarros se alternaban con las tierras bajas arenosas, donde las dunas, a veces de nueve a doce metros de altura, se extendían en largos zigzags de norte a sur y de oeste a este, entrelazándose en extrañas y complejas estructuras.

El monasterio de Shartsang Sume podía verse desde lejos, con sus frescos edificios de color blanco puro brillando al sol. Los ermitaños budistas habían elegido un rincón muy apartado y bonito para su monasterio, entre los pliegues de la montaña, en el frescor, cerca de un hermoso pozo de agua pura y fresca.

Tras hacer girar, según la costumbre budista, el gran *khurde* que estaba a la entrada del patio del monasterio, entramos por la puerta, y vimos los tres templos alineados en fila, con dos *suburgan* en los flancos.

Después de pasar agradablemente el momento más caluroso del día en el frescor del monasterio budista, emprendimos de nuevo nuestro tedioso viaje. Las montañas que colindaban con Shartsang Sume por el

---

[*] En su mayoría camellos y ovejas, que deambulaban todo el día entre los escasos pastos.

norte se alzaban en una escarpada muralla y consistían en granito rosa medio roto y erosionado, cortado por vetas de esquisto arcilloso. El suelo pedregoso era particularmente duro para los blandos pies de los camellos, lo que les causaba mucho sufrimiento y nos hacía desear a todos que la caravana pudiera ser reequipada lo antes posible.

MONASTERIO DE SHARTSANG SUME

En el vasto valle de Shartsang Ara, bordeado desde el norte por el macizo azul oscuro de Arikshan, cerca del pozo de Tsagin Khuduk había un interesante campamento, que tenía al lama Ishi a la cabeza. Aprovechamos la disposición amistosa de este solitario y muy simpático cruzado asiático, y me propuse cambiar a los cansados animales y guías en su oasis. De acuerdo con nuestras expectativas, Ishi respondió con la mayor prontitud a las necesidades de la expedición y se comprometió a enviar todo a Urga, a través de Khara-Khoto. El hospitalario lama nos recibió muy amablemente en su lujosa yurta alfombrada, nos sirvió platos autóctonos, preguntó de manera delicada si la expedición necesitaba dinero y, por último, me expresó su más profundo respeto, al asegurar que estaba orgulloso de conocer a un geógrafo ruso. Al hablar, entre otras cosas, de la luz de mis ojos —la ciudad muerta del Gobi—, me enteré de que a diez kilómetros al este de sus murallas existía un buen pozo; según mi amigo, en estos lugares los mongoles han conseguido encontrar repetidamente numerosos *burkhan* de bronce, dorados y otros objetos fósiles, por lo que Ishi me aconsejó que prestara especial atención a las inmediaciones orientales de Khara-Khoto.

Cuanto más se adentraba la expedición en el corazón del desierto, más insoportable era el calor. A la sombra, la temperatura subía a menudo hasta los 37 °C, y la superficie de la arena al sol se calentaba hasta los 61,2 °C. Era especialmente difícil respirar en las hondonadas cercanas a las marismas, donde casi no había ventilación, y el aire caldeado y viciado, acababa por secar la última humedad del organismo. Incluso los camellos sufrían y abrían bien sus poderosas bocas para intentar atrapar la más mínima brisa. Era extraño observar que con este calor algunas criaturas, como lagartos, serpientes, escarabajos y moscas, no detenían su vida activa ni un solo minuto y, al parecer, incluso se sentían bien.

EL LAMA ISHI

La gente se animaba un poco sólo después de la puesta del sol.

Las noches en el desierto eran realmente encantadoras. El aire fresco y transparente fluía en el cansado pecho como una corriente reparadora; el cielo claro y profundo brillaba con estrellas especialmente cercanas y refulgentes, y el silencio solemne y sensible acariciaba el alma. Cuántas veces en el desierto de Gobi recordé los tristes y a la vez hermosos versos* de mi poeta favorito, Mijaíl Lérmontov:

> En la noche en calma,
> el desierto a Dios atiende,
> y las estrellas en su diálogo se comprenden.
> En el cielo, ¡qué esplendor y qué misterio!
> Duerme la tierra en un resplandor azul,
> ¿por qué me invade ahora el tormento?

Durante las largas marchas de treinta o más kilómetros, agotados por una sed insaciable, muchos de nosotros encontrábamos el único consuelo en escrutar el horizonte con prismáticos.

---

* Extracto del poema *Vykhozhu odin ya na dorogu* (*Salgo solo al camino*). (N. del E.)

En medio del ilimitado mar amarillo cada isla de verdor nos causaba la más emocionante alegría, aunque a menudo plantas poco amistosas e incluso algunos pájaros —lavanderas amarillas y vencejos— rodeaban charcos de agua amargamente salada o pantanos y, entonces, en vez del descanso nos aguardaba la decepción. ¡Qué poco exigentes nos habíamos vuelto!

El 16 de mayo, cuando entramos en la hondonada del valle de Goitso y vimos vastos matorrales de juncos que se mecían tranquilamente, entre los cuales brillaban franjas de agua clara de manantial, nos pareció que no se podía desear nada mejor que aquello. Los integrantes de la caravana olfateaban con avidez el especial olor jugoso y fresco de la vegetación húmeda, y captaban con ansia los agradables sonidos de las voces de los pájaros procedentes de los densos matorrales. El carricero oriental (*Acrocephalus arundinaceus orientalis*) se regocijaba con más energía que los demás, sin dejar ni un momento su original canto chirriante. Una familia de gansos grises y algunos patos estaban felices en la orilla del lago, cerca de la zona de Zuslen. Las grullas damiselas (*Anthropoides virgo*) paseaban en la orilla y los chorlitejos perseguían mosquitos, moviendo rápidamente la cabeza.

Los negrones volaban asustados, anunciando nuestra presencia con un fuerte chillido, y por encima de ellos un aguilucho lagunero se elevaba sigilosamente.

El valle de Goitso es la parte más baja de Mongolia, un rincón cautivador, como apretado por todos lados por las arenas que lo acorralan. Es un territorio que siempre da que pensar y hace reflexionar sobre el pasado geológico del país. Personalmente, creo que tanto Goitso como la continuación de esta cuenca hacia el oeste, es decir, los tramos inferiores de los lagos Etsin Gol, Sogo Nor y Gashun Nor, debieron haber sido una zona continua de agua, un vestigio de un antiguo mar[*]. En la actualidad, debido a la influencia del intenso calor del desierto, la humedad de este mar se ha evaporado casi en su totalidad, dejando al descubierto el fondo rico en sedimentos de Hanhái, así como algunos pequeños charcos de agua en las inmediaciones de los manantiales.

---

[*] Según el geólogo de la expedición, la cuenca de Goitso fue la superficie que más tiempo estuvo bajo las aguas del antiguo mar de Jalja.

VALLE DE GOITSO; PARADA EN EL *OBO* SAGRADO Y LA FUENTE CURATIVA

La población de la cuenca del Goitso es algo más densa que en otras partes del Gobi. En cada travesía nos encontrábamos con campamentos mongoles; camellos, caballos, ovejas e incluso algún ganado con cuernos que no tenían mal aspecto, y parecían bastante contentos con el verde disponible de juncos, tamariscos, saxaúles, *deresun* y raras arboledas de olmos, que Dios sabe cómo han crecido en este repugnante, grumoso y salino suelo.

El 22 de mayo, mientras seguíamos la meseta arenosa de Kuku Ilisu, donde ascendíamos a las colinas en forma de mesa y nos hundíamos en el fondo de las vaguadas, empezamos a notar rastros de una cultura antigua. A los lados de la carretera se veían torres derruidas y, en algunos lugares, acequias destruidas por el tiempo, que antaño habían regado campos de cereales. Nos acercábamos a Khara-Khoto. Aquí se hallaba la alta torre de Boro Tsongyi y, en el noroeste, las grises murallas de la Ciudad Muerta eran apenas visibles a través de la polvorienta bruma.

En la mañana del 22 de mayo de 1909, día de la llegada de la expedición a Khara-Khoto, a cuatro o cinco kilómetros al este de las ruinas de esta ciudad, en un valle con lomas arenosas, los cazadores capturaron un pequeño jerbo muy interesante. Perfectamente conservado en alcohol fuerte, este animal, al ser examinado por los especialistas[*], resultó ser un nuevo género de jerbo enano, *Salpingotus kozlovi*.

SALPINGOTUS KOZLOVI

[*]    Identificado por el científico y conservador del Museo Zoológico de la Academia de las Ciencias de Rusia Boris Vinogradov.

# CAPÍTULO XXV

## Segunda visita a Khara-Khoto

L A expedición cubrió toda la ruta desierta desde Dingyuanying hasta Khara-Khoto —un total de quinientos cincuenta kilómetros— en diecinueve días, sin detenerse una sola jornada y sin descansar en ninguna parte.

Esta vez, nuestro vivaque no estaba en el centro de las murallas históricas de la ciudad, como fuera anteriormente, sino algo más cerca de su ángulo noroeste, bajo las ruinas de una gran *fanza*. Nadie había visitado la ciudad durante nuestra ausencia, las ruinas estaban en la misma posición en que las habíamos dejado[*]. Los objetos que habíamos sacado debajo de los escombros y desperdicios, que habíamos dejado como superfluos, tampoco habían sido tocados.

Con la intención de emplear cerca de un mes en las excavaciones, renové mi amistad con Torgut Beile, que aún vivía en Etsin Gol, a veintitantos kilómetros de Khara-Khoto, conseguí su ayuda para contratar peones y ordené a los comerciantes que nos trajeran agua y ovejas desde Etsin Gol todos los días. El aumento de la actividad física y el incremento del número de bocas en dos o tres veces exigían mucho de ambas partes.

La ciudad muerta cobró vida: la gente se movía, las herramientas repiqueteaban y el polvo se esparcía por el aire. Todos los días, a mediodía, llegaba una caravana de burros con agua y comida desde el valle de Etsin Gol y nos traía noticias. De vez en cuando nos visitaba uno de los funcio-

---

[*] Es necesario mencionar que en los muros de Khara-Khoto aún quedan guijarros que, entre otras cosas, fueron utilizados en su día por sus ciudadanos en algún momento en el pasado.

narios de la administración de Torgut Beile para saber cómo les iba a los rusos en las ruinas.

Yo también quería que mis lejanos amigos y las instituciones públicas supieran algo sobre mí. Así fue como decidí enviar desde Khara-Khoto el último gran correo con un informe a la Sociedad Geográfica y cartas privadas a Urga y Rusia.

RUINAS DE LA CIUDAD DE KHARA-KHOTO (DESDE EL OESTE)

No sólo mis compañeros, sino también los trabajadores nativos, se interesaron pronto por las excavaciones. Hablábamos exclusivamente de Khara-Khoto: por la noche, de lo que habíamos encontrado durante el día anterior; por la mañana, de lo que podíamos encontrar ese día. Nos despertábamos al amanecer y continuábamos nuestro trabajo con relativa frescura; durante el día descansábamos, o más bien languidecíamos por el agotador calor, ya que a la sombra el aire se calentaba hasta 37 °C, y la superficie de la tierra se calentaba por el sol hasta más de 60 °C.

Mi ya maltrecho oficial de campo Ivanov, que tras un accidente —una fuerte caída de un camello— se sentía muy indispuesto todo el tiempo e incluso inspiraba serios temores por su vida, sufría especialmente a cau-

sa del calor. El polvo y la arena levantados por los vientos calientes agotaron definitivamente a todos los integrantes del grupo.

Durante casi todo el mes de nuestra estancia en las ruinas de la ciudad desierta, apenas hubo una vez una fuerte lluvia, que empapó el suelo
y sacudió el aire viciado con ensordecedores truenos. De vez en cuando
caían pequeñas lloviznas, normalmente precedidas por una tormenta del
noroeste o suroeste, que traía nubes de polvo amarillas con unas pocas
gotas de humedad, haciendo que las nubes de lluvia azul oscuro parecie-
ran gris sucio. La aproximación de una tormenta de este tipo siempre es
visible desde lejos por una formidable nube que viene del lejano horizonte y aplasta todo a su paso.

SALA DE ORACIÓN OCULTA O SECRETA EN LA MURALLA NORTE DE LA FORTALEZA

Primero un torbellino recorre el desierto, luego una poderosa ráfaga
de viento levanta la capa superior del suelo y comienza a girar en el aire.
La yurta se dobla contra el suelo, su estructura enrejada cruje como los
huesos de un ser vivo, y la tienda, inflada como una vela, intenta volar
hacia el cielo; por lo general, los mongoles reunidos en el vivaque lanzan
gritos furiosos, perdidos en el ruido de la tormenta, y aferrándose con
manos y pies a la lona de su morada, se esfuerzan por salvarla del ataque
del dios-viento. Esto, por supuesto, no siempre tiene éxito.

Después de tal estado tormentoso de la atmósfera, el horizonte se aclara rápidamente, la temperatura baja un poco y los nómadas pueden dedicarse tranquilamente a la limpieza de sus hogares. Hay polvo y arena por todas partes; no se puede tocar nada sin mancharse las manos agrietadas por el calor. La ropa, hasta entonces húmeda de sudor, se seca y se cubre de una dura costra de sal y pequeñas partículas de arena. Uno se siente cansado y destrozado. El entorno gris y sin vida realza la desagradable impresión de cansancio.

Siempre me alegraba cuando dos milanos negros (*Milvus melanotis*) aparecían en nuestro campamento y recogían la basura. Estos pájaros pronto se familiarizaron con todos nosotros y se posaban audazmente cerca de nosotros, casi pidiendo limosna. Mis compañeros los acostumbraron a ello lanzando trozos de carne al aire, que los milanos agarraban hábilmente. Al perro de la expedición, «Liang», compañero y amigo constante de la caravana durante casi todo el viaje, no le gustaban los pájaros y se peleaba constantemente con ellos. Estos seres vivos —pájaros y perros— no hacían más que animar y divertir nuestra monótona vida en Khara-Khoto, especialmente durante la primera semana, cuando la obtención de resultados en las excavaciones sólo era posible mediante un gran esfuerzo físico.

Las excavaciones propiamente dichas se llevaron a cabo según un plan preestablecido: el grupo mongol de trabajadores, bajo la supervisión de mi compañero buriato, exploró sistemáticamente las ruinas de *fanzas* a lo largo de las pocas calles de Khara-Khoto, y a veces intentó cavar pozos profundos en los lugares que yo había indicado, mientras que el grupo ruso, además de excavaciones dentro de la ciudad, hizo investigaciones fuera de las murallas de Khara-Khoto, tanto cerca como lejos de estas.

Al igual que en la ocasión anterior, se hallaron enseres domésticos, objetos de modesto lujo, de culto, así como escritos, papeles, dinero en metálico y papel moneda, etcétera*. Los billetes fueron descubiertos en un antiguo local comercial.

---

*  Durante la excavación de las ruinas de Khara-Khoto atrapamos un lagarto nocturno muy interesante (*Teratoscincus*), una boa estepar ia (*Eryx kozlovi*) y un murciélago (*Plecotus sp.*)

SEGUNDA VISITA A KHARA-KHOTO | 499

Al caminar despacio por las tranquilas y extinguidas calles y, observar el suelo, cubierto de pequeños guijarros con un dibujo en el suelo, se me nublaban los ojos y todo a mi alrededor se fundía en una masa gris. Levantaba la vista, echaba un vistazo a los alrededores y volvía a caminar, arrastrando lentamente los pies; aquí había un fragmento interesante, allá una cuenta, más adelante una moneda, y luego algo verde, seguramente algún objeto de jade. Desenterraba cuidadosamente el hallazgo con las manos y admiraba durante un largo rato su extraño y original aspecto. Cada cosa nueva que salía a la luz de las profundidades arenosas me provocaba una alegría extraordinaria y excitaba a los demás compañeros a excavar con especial intensidad.

Durante ese mismo período, entre otras cosas, dimos con una interesante sala secreta de oración en el muro norte de la fortaleza, encima de la tercera torre lateral del oeste. Después de retirar el techo derrumbado y otros escombros, apareció la siguiente imagen: contra la entrada del templo había un altar en ruinas, cimientos de los *burkhan*; en la parte inferior de la pared, que estaba intacta, se hallaban frescos que representaban santos y un loro verde bicéfalo*.

Los monótonos y modestos hallazgos finalmente empezaron por aburrirnos; nuestra energía decaía por momentos. Mientras tanto, se hicieron reconocimientos para encontrar y concentrar nuevas excavaciones, cuyo resultado fue un *suburgan*, situado fuera de la fortaleza y a un cuarto de kilómetro de su muralla occidental, en la margen derecha del cauce seco de un río.

Este «famoso» *suburgan* absorbió toda nuestra atención y nuestro tiempo. Presentó a la expedición una gran colección: toda una biblioteca de libros, pergaminos, manuscritos y muchos ejemplares, hasta trescientos, de pinturas de iconos budistas, ejecutados sobre varios materiales; a saber, lienzos, finas materias de seda y papel. Entre las masas de libros y muestras de pintura que yacían desordenadas en el *suburgan*, se hallaban estatuas muy interesantes en metal y madera, de acabados toscos y finos, ilustraciones, maquetas de *suburgan* y muchas otras cosas. La imagen del tapiz era especialmente magnífica, un gran ejemplo del excelente arte

---

* Esta sala de oración, según la conclusión del académico Sergey Oldenburg: «con toda probabilidad, representa una parte cerrada del templo, o *chaitya*. A juzgar por la fotografía, había tres estatuas cerca de la pared: o bien un Buda con dos bodhisattvas o discípulos, o bien tres figuras de bodhisattvas».

del tejido. El valor de los hallazgos aumentaba aún más por su excepcional estado de conservación debido al clima extremadamente seco. De hecho, la mayoría de los libros y manuscritos, así como la iconografía, destacaban por su frescura después de haber permanecido bajo tierra durante varios siglos. No sólo se conservaban bien las hojas de los libros, sino también las cubiertas de papel o seda, en su mayoría de color azul.

EL «FAMOSO» *SUBURGAN*, FUERA DE LA FORTALEZA, AL COMIENZO DE LAS EXCAVACIONES

¡Cuánto interés y alegría despertaba la contemplación de cualquier imagen recién sacada del *suburgan*, de tal o cual libro, o de una u otra de las estatuillas encontradas, especialmente las de bronce o doradas! Jamás olvidaré esos momentos tan felices, como tampoco olvidaré la fuerte impresión que nos causaron a mí y a mis compañeros dos imágenes de escritura china sobre una especie de malla.

Cuando desplegamos las imágenes, contemplamos ante nosotros maravillosas representaciones de figuras sentadas, bañadas en un delicado resplandor azul y rosado. Los santuarios budistas emanaban algo vivo, expresivo y completo; no pudimos apartarnos de su contemplación durante mucho tiempo, eran tan irresistiblemente bellos... Sin embargo, tan pronto como levantamos uno de los lados de algunos de los lienzos, la mayor parte de la pintura se separaba inmediatamente, y con ella, como un ligero fantasma, desaparecía todo el encanto y sólo quedaba un tenue recuerdo de la belleza anterior.

Junto a todas las riquezas mencionadas, en el *suburgan* probablemente estaba enterrado un clérigo, cuyo esqueleto descansaba sentado algo más alto que el pedestal en la pared norte de la lápida. El cráneo de este esqueleto fue añadido a nuestras colecciones[*].

Todas las riquezas recogidas en el famoso *suburgan*: libros, iconos, estatuas y otros objetos, yacían en completo desorden. No obstante, en la parte inferior de la bóveda se distinguía algún patrón: algunas de las estatuas de arcilla estaban colocadas a la misma altura con la cara hacia dentro, como si fueran lamas realizando un ritual divino frente a cientos de hojas manuscritas en escritura Xi Xia (tangut), superpuestas unas sobre otras.

La riqueza del *suburgan* se agrupaba más caóticamente en los estratos más altos de la excavación; los libros yacían amontonados y apartados, apretados unos contra otros o contra imágenes embaladas individualmente en rodillos de madera. Tanto los libros como las imágenes estaban apilados en las posiciones más diversas, al igual que las estatuas contenidas entre ellos. Sólo en la base del *suburgan* se hallaron varios libros cuidadosamente envueltos en paños de seda.

Allí se guardaban, sobre todo, estatuillas de bronce, iconos, tablas grabadas en madera y modelos a escala de *suburgan*.

Se puede concluir que el «famoso» *suburgan* ofreció los mejores hallazgos, sobre todo en el área de libros e iconografía, con el que se enriqueció la expedición, y que además sirvió de base al académico Sergey Oldenburg para crear su obra *Materiales sobre la iconografía budista de Khara-Khoto* (1914). La lista de libros, manuscritos e imágenes aún no se conoce en su totalidad, pero no es exagerado decir que los libros, pergaminos y manuscritos individuales superan los dos mil volúmenes o

---

[*]    Véase F. Volkov *Huesos humanos del suburgan en Khara-Khoto*. Con tres imágenes en el texto. Del segundo volumen de *Materiales sobre etnografía de Rusia*, 1914.

ejemplares; en cuanto a los iconos, el número de estos últimos alcanza, como ya se ha dicho, hasta los trescientos.

EL «FAMOSO» *SUBURGAN*, FUERA DE LA FORTALEZA, AL FINAL DE LAS EXCAVACIONES

El *suburgan* en cuestión se elevaba sobre la superficie del suelo hasta unos ocho o diez metros y constaba de un pedestal, un centro escalonado y una parte superior cónica, medio destruida por el tiempo o la acción humana. En la base del centro del pedestal había un tronco de árbol sin ninguna decoración en su tope.

Dediqué todos mis esfuerzos y mi tiempo al estudio detallado de la capital del reino Tangut, y no dejé de interesarme por los alrededores más próximos de la Ciudad Muerta, donde, según los rumores, aún quedaban ruinas de «Boro-Khoto» (véase el dibujo del diagrama de la página 102). Con este fin, mi compañero Gambo Badmazhapov y dos mongoles viajaron al nordeste* y aportaron algunos datos adicionales sobre la vida de los nativos en el desierto de Gobi. Resultó que en aquellos remotos tiempos en que Khara-Khoto, extendiéndose como un amplio y acogedor oasis a lo largo de las orillas del Etsin Gol que fluía aún más al nordeste,

---

\* Siguieron una ruta a lo largo de una zanja que debía haber sido el antiguo lecho de uno de los brazos del Etsin Gol, ahora cubierto de arena.

estaba en pleno apogeo; la aldea de Boro-Khoto, situada en la orilla izquierda del antiguo canal del Etsin Gol, a veinticuatro kilómetros al
nordeste de Khara-Khoto, no era menos próspera.

GRUPO DE ESTATUAS Y ESTATUILLAS DE ARCILLA Y MADERA ENCONTRADAS, ENTRE OTRAS COSAS,
EN EL «FAMOSO» *SUBURGAN*

Siempre que nos encontrábamos con los nativos, solíamos conversar
sobre Khara-Khoto, sobre si alguien había estado en las ruinas antes de
nuestra visita a la Ciudad Muerta, o si alguien había encontrado algo interesante, etcétera. En esta ocasión escuché muchas historias diferentes,
pero hubo algunas más significativas, que fueron las siguientes...

En primer lugar, los ignorantes y supersticiosos torgut de Etsin Gol,
por miedo a las miradas de los espíritus de Khara-Khoto, procuraban no
ir nunca allí, sobre todo solos, o ni siquiera con el propósito de hacer alguna excavación. No obstante, algunos comerciantes nos aseguraron que
ha habido temerarios entre ellos que se habían reunido en grupos para
excavar en Khara-Khoto, y que, en efecto, realizaron descubrimientos.
Entre estos se hallaron estatuillas de bronce y oro, lingotes de plata y algunas cosas más. Pero un día, hace ya algunos años, una anciana valiente
y feliz encontró tres ristras de grandes perlas.

En compañía de sus hijos, la anciana buscaba unos caballos perdidos; le sorprendió una tormenta y, para escapar de ella, los comerciantes se acercaron a las murallas de Khara-Khoto y pasaron una fría noche bajo su protección. Por la mañana amainó la tormenta, pero antes de partir hacia Etsin Gol, los comerciantes quisieron pasear por la ciudad extinguida. Así, tras recorrer las ruinas, la anciana vio unas cuentas de plata* que yacían al descubierto y brillaban intensamente. Tras admirarlas, se colgó las joyas al cuello.

Cuando llegó a Etsin Gol, todos los comerciantes se dieron cuenta inmediatamente de lo ocurrido y acudieron a contemplar el interesante hallazgo. Uno de los mercaderes llegó incluso a reconocer el valor real de las cuentas y advirtió a la afortunada que no se desprendiera de ellas por nada del mundo.

Mientras tanto, arrivó al lugar una caravana china con un montón de mercancías diferentes. Los comerciantes no dudaron en contar a los chinos semejante incidente: el descubrimiento de las perlas por parte de la anciana. Entonces, las perlas les fueron ofrecidas a los comerciantes chinos que, al principio, las rechazaron por guardar las apariencias. Finalmente, los chinos compraron las perlas con el contenido de toda su caravana.

El negociante del lado *torgut* fue generosamente recompensado por la anciana, que por alegría no dejó de dotar a cada uno de sus compañeros con uno u otro objeto del producto del precioso hallazgo.

Una vez recogido el material de la excavación en el «famoso» *suburgan*, que sin duda arrojará una nueva luz, no sólo sobre el pasado histórico del pueblo tangut y sus habitantes, sino también sobre muchas otras cosas, y tras examinar minuciosamente todas las calles y edificios de Khara-Khoto, empezamos a hacer las maletas para emprender el camino de regreso a casa. Nuestra caravana había alcanzado un gran tamaño, lo cual me causó una preocupación considerable en lo relativo a su integridad en el viaje de vuelta.

Todos los documentos científicos de la presente expedición y todas sus colecciones fueron entregados, sanos y salvos, en un gran convoy a

---

* Generalmente, el momento más oportuno para explorar las ruinas solía ser después de una fuerte tormenta, pues la superficie terrestre cambiaba considerablemente y las capas de arenas eran barridas por completo.

San Petersburgo en otoño de 1909. Todo el material científico de la expedición sería expuesto a principios del año siguiente, 1910, en las recién construidas instalaciones de la Sociedad Geográfica*.

Poco tiempo después, las colecciones de Khara-Khoto fueron transferidas en su mayor parte al Departamento Etnográfico del Museo Ruso, y una parte menor —libros, pergaminos, manuscritos— al Museo Asiático de la Academia Rusa de Ciencias.

A propósito de las singulares muestras de la escritura mongola halladas en Khara-Khoto, el lingüista Vladislav Kotvich escribió lo siguiente:

> Tras su derrota a manos de Gengis Kan en 1226-1227, los tangut, o Imperio Xi Xia, pasaron a formar parte del Estado formado por los mongoles. A pesar de esta derrota, la vida cultural nacional del país no se extinguió, como demuestra la extensa literatura tangut con su peculiar escritura, pero a las influencias a las que hasta entonces habían estado sometidos los tangut (principalmente de China y Tíbet), se añadió una nueva influencia mongola. Esta última influencia no se limitaba a las relaciones políticas, y su carácter puede juzgarse hasta cierto punto por los documentos mongoles que fueron encontrados en Khara-Khoto por la *Expedición Mongolia-Sichuan* dirigida por P. K. Kozlov.
>
> Estos documentos no tienen fechas exactas, pero sus características paleográficas y el hecho de que fueron encontrados junto con billetes emitidos por los mongoles en China, dan razones para atribuir estas muestras a la época de la dominación mundial de los mongoles, es decir, antes de 1368.
>
> Así, gracias al descubrimiento de Kozlov, hemos obtenido una importante adición a los escasísimos documentos genuinos de escritura mongola de esta época. Hasta ahora conocíamos documentos similares (por su origen o ubicación) de la Horda de Oro, Persia, Tur-

BUDA

BODHISATTVA
AVALOKITESHVARA

* Véase *Informe de la Sociedad Geográfica Imperial Rusa de 1910*, págs. 54, 56, 57, 58 con cuatro tablas de dibujos.

questán oriental, Siberia, China y Mongolia septentrional; también hubo monedas acuñadas con leyendas mongolas en la Horda de Oro, Persia y Georgia. A esta lista hay que añadir ahora una nueva zona: el país de los tangut.

BUDA CON DOS CABEZAS

El número total de documentos mongoles encontrados en Khara-Khoto se limita a dieciséis; entre ellos se encuentran una docena de pequeños fragmentos, un pequeño libro manuscrito de treinta y cuatro hojas (14 x 5,7 cm), el resto son documentos de diez o doce líneas. Aunque esta colección es insignificante en volumen, resultó ser bastante diversa en su contenido.

El libro mencionado servía de ayuda para la adivinación, sobre todo para determinar los días felices y desgraciados. Este había sido compilado según modelos chinos, que todavía se utilizan en China hoy en día. El propietario de este libro tenía, al parecer, conocimientos de la lengua china, porque en todas partes se ven palabras chinas, traducidas en caracteres chinos o letras mongolas, y al final del libro hay incluso recetas enteras en chino para preparar medicinas contra las enfermedades que afectan a los caballos. Es evidente que estas recetas eran de especial interés para un pastor mongol, por lo que se escribieron en un libro de adivinación que se utilizaba constantemente, como indica su aspecto desgastado.

Un fragmento de catorce líneas es de carácter didáctico y, por lo que se puede deducir de la parte analizada, representa un extracto de las enseñanzas de Gengis Kan. Tales enseñanzas se han conservado entre las tribus mongolas hasta el día de hoy; a juzgar por este documento, fueron anotadas por los mongoles en época temprana y pudieron servir, junto con las leyendas orales, al famoso historiador persa de principios del siglo XIV, Rashid Eddin[*] como fuente para esas enseñanzas de Gengis, que se recogen en su obra sobre los mongoles. Al parecer, el fragmento llevaba el nombre de Gengis Kan, pero por desgracia esta parte del texto está dañada y sólo se conserva la parte superior de la palabra «Chin», colocada a la altura adecuada sobre las líneas verticales del texto, según las

[*]   Rashid al-Din Hamadani (1247-1318), notable historiador, médico y político persa. (N. del E.)

exigencias de la etiqueta oficial tomada de los chinos. Por otro lado, se ha conservado por completo el nombre de un famoso aliado de Gengis Kan, Bogorchu (o Burdzhi Noyan, según Rashid Eddin). En dicho fragmento se aborda la aliteración habitual en las obras poéticas mongolas, por lo que esta edición ya representa un tratamiento épico de las palabras de Gengis Kan. No hay ninguna parte que se corresponda a esta en las otras ediciones conocidas de las enseñanzas.

En el reverso del mismo fragmento hay cinco líneas de texto impreso de contenido jurídico, al parecer una disposición sobre las funciones de alguna institución, con terminología china.

La mayoría de los documentos son correspondencia comercial: cartas de presentación de regalos, una queja por el robo de un caballo, dos escrituras de deuda de trigo con los nombres y sellos («estandartes») de los deudores, el garante y los testigos; estos dos últimos documentos están escritos con la misma plantilla usada en los recibos de deuda uigures encontrados en el Turquestán oriental y que, al parecer, los mongoles habrían tomado prestada junto con la escritura de los uigures*. Aparte de detalles puramente cotidianos, estos do-

BUDA CON DOS DISCÍPULOS, PROBABLEMENTE KASHIAPA Y ANANDA

cumentos nos proporcionan una serie de nombres, algunos de los cuales probablemente pertenecieron a los tangut. Dado que la escritura tangut está aún por estudiar y que las obras y documentos históricos chinos transmiten sus propios nombres de forma muy distorsionada, la representación mongola puede arrojar luz sobre el carácter de la lengua tangut y, en cualquier caso, aproximar estos nombres, a pesar de todas las imperfecciones del alfabeto mongol, a la forma más cercana a la real. He aquí algunos de estos nombres (con posibles variantes en la lectura): Chongsono (Tsonsono), Sasa (Kasa), Isi nambu (Ishi nambo), Nambu (Ambo), Sut shi (Kut shi), Chan sunan (Tsang kunan), Su sarambat (Soo saramba) y Sin kuli. Es posible que no todos estos nombres pertenecieran a los tangut.

Los documentos mongoles encontrados en Khara-Khoto están escritos en la llamada escritura uigur, y tienen las mismas peculiaridades que son inherentes a los registros de la misma época, aproximadamente, que nos han llegado de los uigures. Esto indica, una vez más, que los mongo-

---

\* Los uigures, pueblo túrquico y errante de Asia central, tomaron prestado, a su vez, el alfabeto de los sogdianos (pueblo de lengua irania que ocupó la región del actual Tayikistán). (N. del. E)

les, al asimilar el alfabeto uigur, no introdujeron inicialmente ningún cambio en él, y las diferencias que representa la escritura mongola moderna aparecieron en una época posterior.

No obstante, dos pequeños fragmentos de ediciones impresas (xilográficas), encontrados entre los documentos de Khara-Khoto, resultaron ser particularmente curiosos. Hasta hace poco no conocíamos xilografías mongolas anteriores a la mitad del siglo XVII. En 1907, Gustav Mannerheim encontró en algún lugar del Turquestán oriental una pequeña xilografía mongola de carácter budista, escrita en letra cuadrada tibetana y perteneciente a la época de la dominación mundial de los mongoles. Ahora hemos recibido de la misma época muestras xilográficas mongolas de escritura uigur. En ellas se establece con especial claridad lo común de los alfabetos mongol y uigur, donde destaca la presencia de la antigua letra M con una línea vertical interrumpida.

En conclusión, los registros de Khara-Khoto son interesantes no sólo por su contenido, sino también por su forma.

UNO DE LOS BUDAS

Finalmente, el académico Sergey Oldenburg me dedicó estas amables palabras:

Entre los numerosos hallazgos notables de Kozlov en Khara-Khoto, ocupa un lugar destacado un pasaje del texto persa del famoso *Libro de los siete sabios* (*Kitab-i-Sindbad*). Este libro, conocido en Oriente y Occidente, se originó en la India y fue muy popular entre los árabes y los persas, cuyos poetas le dedicaron muchos de sus versos. Sabemos que esta obra se difundió en el mundo turco y mongol, pero, sobre todo en relación con estos últimos, no teníamos ninguna indicación directa de las formas en que los «Siete Sabios» se difundieron entre ellos. Ahora sabemos que los persas vivieron entre los tangut, que trajeron aquí la versión persa de ese libro; luego, obviamente, este pasó a los mongoles. Es posible que con el tiempo encontremos sus ecos en el Tíbet, y entonces quedará casi cerrado el círculo de los vaivenes de

BODHISATTVA, CON APARIENCIA DE AVALOKITESHVARA

estos cuentos por el mundo asiático. Gracia al descubrimiento de Kozlov, podremos hablar con más confianza sobre las posibles rutas de los llamados cuentos e historias errantes, y sobre la importancia en estos tránsitos de pueblo a pueblo de las adaptaciones literarias, y no sólo de las narraciones populares.

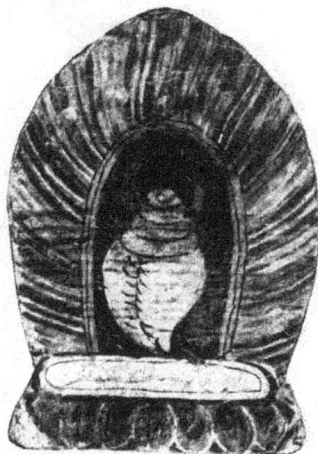

CONCHA SAGRADA, UNA DE LAS «JOYAS» DEL CULTO BUDISTA

La destacada importancia para la iconografía budista de la colección de iconos y estatuillas budistas, obtenida por el coronel Kozlov durante las excavaciones de Khara-Khoto en 1908 y 1909, me impulsó, sin aplazar un estudio detallado y minucioso de esta notable colección, a aceptar la propuesta del Departamento Etnográfico del Museo Ruso y a hacer una descripción preliminar del hallazgo más valioso de nuestro famoso explorador de Asia central y el Tíbet.

Esperamos que esta descripción preliminar, que presenta, en la medida de lo posible, la clasificación del material iconográfico y la descripción de imágenes individuales, brinde a los especialistas la oportunidad —especialmente con la ayuda de las fotografías adjuntas— de introducir un nuevo y rico material en la comunidad científica y que abra una nueva página en la historia del arte budista.*

PARTE DE LA ARMADURA DE UNO DE LOS GUARDIANES DE LAS REGIONES DEL MUNDO (LOKAPALA)

---

\* Sergey Oldenburg, *Materiales sobre la iconografía budista de Khara-Khoto (Imágenes de la escritura tibetana)*. Con 6 tablas y 25 figuras en el texto. Del segundo volumen de *Materiales sobre la etnografía de Rusia*.

MONJE, FIGURA TOMADA DE
UN GRUPO; POSIBLEMENTE
KASHIAPA

FIGURA QUE REPRESENTA A
GARUDA; EXTRAÍDA DE UN
GRUPO QUE RODEABA LA
FIGURA CENTRAL (BUDA,
BODHISATTVA O DEIDAD)

BODHISATTVA (SIN ATRIBUTOS ESPECIALES)

BUDA

BODHISATTVA, CON
APARIENCIA DE
AVALOKITESHVARA

BODHISATTVA, A JUZGAR POR
EL RECIPIENTE EN LA MANO
IZQUIERDA, PODRÍA SER
MAITREYA

BODHISATTVA

BODHISATTVA, CON
APARIENCIA DE
AVALOKITESHVARA

BODHISATTVA SIN ATRIBUTOS

BUDA DEL TRONO DE DIAMANTE

# CAPÍTULO XXVI

## Regreso a Urga

Después de haber trabajado en la «ciudad muerta» de Khara-Khoto durante unas cuatro semanas en las condiciones más difíciles, y de haber completado todas las investigaciones arqueológicas previstas tanto dentro como fuera de la muralla de la fortaleza, la expedición empezó a prepararse para el viaje de regreso.

Todos nos sentíamos muy cansados debido al incesante calor, al polvo y a la suciedad, de los que no podíamos deshacernos por la falta de agua potable. Cada uno de nosotros se sentía ansioso por ver nuevas imágenes de la alegre vida de la naturaleza, por disfrutar de nuevo el verde de los árboles, el sonido de las hojas al viento y el olor de la húmeda vegetación herbácea.

El 16 de junio, nuestra pesada caravana, cargada de tesoros históricos de valor incalculable, se dirigió a la puerta occidental de la capital tangut y, pasando por la esquina noroccidental de sus murallas, se dirigió hacia Etsin Gol.

La arena, muy suelta, dificultaba los desplazamientos, los animales apenas podían mover las patas, pero a pesar de ello el ánimo era alegre.

Tres kilómetros al noroeste de Khara-Khoto, me detuve un rato para examinar las singulares ruinas de Aktyn Khure, o «cercado de los caballos», que en tiempos pasados probablemente sirvió de corral para el ganado de los habitantes locales, y tal vez incluso de ciudadela o puesto avanzado de la guarnición de Khara-Khoto.

Desde el norte, Aktyn Khure linda directamente con el antiguo canal seco del Etsin Gol, y desde el este, el sur y el oeste, está rodeado por un profundo foso que forma una especie de curva cerrada del río, en cuyos lados se construyeron impresionantes murallas de fortificación. En la actualidad, estas murallas están medio destruidas y sus vigas de madera han desaparecido por completo, dejando huecos donde encuentran refugio halcones (*Tinnunculus tinnunculus*), búhos y otras aves rapaces.

En las inmediaciones del «cercado de los caballos» aún pueden verse algunos restos de acequias que antaño regaban los campos. A juzgar por el hecho de que en Aktyn Khure no había vestigios de edificios residenciales, y los fragmentos y hallazgos de cerámica en general eran muy escasos, me inclino a atribuir a estas ruinas una antigüedad mayor que las de Khara-Khoto.

A medida que la expedición se alejaba de la Ciudad Muerta, un sentimiento de inexplicable tristeza se apoderaba de mí; parecía que entre aquellas ruinas sin vida dejaba atrás algo cercano y querido para mí, algo con lo que mi nombre estaría en adelante inseparablemente unido, algo de lo que era doloroso separarse.

Miré hacia atrás muchas veces, hacia las históricas murallas de la fortaleza envueltas en polvorienta niebla y, al despedirme de mi gris y antiguo amigo, con una extraña sensación me di cuenta de que ahora sólo un antiguo *suburgan* quedaba huérfano sobre Khara-Khoto, mientras que su otro compañero permanente había perecido irrevocablemente, destruido por la inquisitiva mente humana.

Después de unas horas más de avance continuo, arribamos al valle del Etsin Gol. El lecho del río estaba seco, al descubierto. El Munungin Gol, en cuya orilla derecha acampamos[*], también estaba completamente seco y sólo en algunos lugares, en los remansos, formaba pequeños lagos o estanques; con el agua proveniente del Nanshan, que ocultaba algunos peces y daba alimento a la fresca vegetación leñosa, arbustiva y, sobre todo, herbácea, de los alrededores.

Los matorrales de vegetación leñosa estaban formados por tres especies: el álamo del Éufrates (*Populus euphratica*), el olivillo (*Eleagnus*) y el sauce (*Salix*).

---

[*]   La anchura del valle de la margen derecha del Etsin Gol en este lugar variaba de uno a dos kilómetros.

REGRESO A URGA | 515

A lo largo del borde del valle crecían el tamarisco, el arbusto de nitro o *kharmyk* (Nitraria Schoberi), bayas de goji (*Lycium turcomanicum*), el apocino (*Apocynum pictum*), *Zygophyllum brachypterum* y el maná de Persia (*Alhagi camelorum*). Algo más infrecuentes en esta zona eran la *Sphaerophysa salsola*, la *Sophora alopecuroides*, la hierba santa (*Hierochloa borealis*), el acicate (*Dodartia orientalis*), la cincoenrama (*Potentilla supina*), el alhelí (*Erysimus altaicum*), la *Arnebia fimbriata*, el regaliz (*Glycirrhyza*), la enredadera (*Cynanchum*) y la hierba *Calamagrostis*.

Grigori Potanin escribió: «En esta estrecha franja de arbustos y hierbas, se une toda la riqueza de la flora local, que no se distingue por la diversidad de formas. No existen praderas tal y como las conocemos en el norte de Rusia, ni tampoco de la forma que existen en Tsaidam o en Ordos; en lugar de pastizales, el río está acompañado por una costa arenosa, que en algunos lugares está salpicada de pequeños arbustos de juncia, que nunca llegan a fundirse en un sólido manto verde».

En cuanto a la vida animal, aquí también era bastante pobre. Entre los animales observamos a las gacelas persas (*Gazella subgutturosa*), lobos, zorros, liebres y roedores más pequeños, pero según el testimonio de los nativos, el valle de Munungin Gol también estaba habitado por gatos monteses e incluso linces.

Las aves que observamos aquí fueron las siguientes. El gorrión del saxaúl (*Passer ammodendri stoliczkae*), que prefería permanecer en la vegetación boscosa. Luego la cogujada común (*Galerida cristata leautungensis*), que habitaba en las partes abiertas del valle. En los prados húmedos advertimos el bisbita campestre (*Agrodroma richardi*) y la lavandera cetrina (*Budytes citreola*), mientras que el alcaudón isabel (*Lanius isabellina*), la curruca enana (*Sylvia nana*), el carricero tordal (*Acrocephalus arundinaceus orientalis*)*, la collalba isabel (*Oenantus isabellina*), la collalba desértica (*Oenanthe deserti atrogularis*), el turdoide del Tarim (*Rhopophilus pekinensis albosuperciliaris*), la golondrina (*Hirindo rustica gutturalis*) y el vencejo (*Apus pacificus*). Tanto al amanecer como al atardecer, cerca de los animales de las caravanas, pasaban volando aves nocturnas como el chotacabras (*Caprimulgus europaeus plumipes*). Un andarríos grande (*Tringa ochropus*) volaba a menudo por los bajíos de las masas de agua

---

\* Estas ruidosas aves anidaban exclusivamente en los cañaverales de la ribera del río.

profiriendo un chirrido agudo, y un faisán (*Phasianus colchicus satscheuensis*) salía volando de los matorrales vecinos para trasladarse a un lugar más seguro. Un águila pescadora (*Pandion haliaetus*) sobrevolaba a menudo las aguas cristalinas del Etsin Gol. Su nido estaba situado en la copa marchita de un álamo gigante centenario, que se erguía bellamente en un recodo de una de las masas de agua más grandes y ricas en peces.

En lo relativo a la vida piscícola de la cuenca del Etsin Gol, las especies más representativas eran el carpín (*Carassius carassius auratus*) y la locha de Kashgar (*Nemachilus yarkandensis*); a esta última también se había referido Potanin. Finalmente, los representantes de las «criaturas dañinas», como solían expresarlo mis cosacos, eran el escorpión y la tarántula; de los que a menudo nos protegíamos con lazos fabricados de crin de caballo, que representaban una barrera bastante fiable frente a las criaturas mencionadas*.

Después del silencio sepulcral y la monotonía del desierto, el valle del Etsin Gol, a pesar de su aspecto miserable, nos pareció un paraíso. El aire era notablemente más húmedo y limpio, el viento ya no quemaba las vías respiratorias, sino que traía una agradable frescura; además, por la noche la temperatura bajaba a 8,5 °C.

Mis compañeros se enjuagaban incansablemente en el agua, se aseaban ellos mismos y lavaban la ropa. En el almuerzo, en lugar de la insípida carne en conserva, disfrutábamos ahora de carne fresca de cordero, sopa y pescado frito, que se obtenía diariamente en cantidades suficientes.

El ganado de los comerciantes locales del, más bien rico, *khoshun* de Batu parecía bien cuidado y alimentado, las yeguas daban leche en abundancia para el *kumis*, y yo iba diariamente a un campamento vecino para disfrutar de esta maravillosa y saludable bebida. Aquí aprendimos por casualidad una costumbre mongola que era nueva para mí. Resulta que tras la muerte del cabeza de familia, durante cuarenta y nueve días, y en algunos casos incluso más, una familia mongola no tiene derecho a sacar nada de su yurta. Por esta razón no pudimos transportar *kumis*, que ob-

---

* Respecto a los reptiles del curso inferior del Etsin Gol, capturamos una rana (*Rana amurensis*) y una nueva especie de sapo (*Bufo kozlovi*), según la clasificación del eminente herpetólogo ruso Sergey Fedorovich Zarevski.

teníamos de la viuda de un mongol rico, al campamento, y tenía que ir yo mismo a la familia en cuestión, donde guardaban un luto estricto por el difunto, para saciar mi sed sin salir de la puerta de su casa.

En la orilla del brazo oriental del Etsin Gol, en el tramo de Yargalante, la expedición se proponía hacer una breve parada para pagar a los nativos y a las autoridades locales. Por lo general, la suma de los gastos se expresaba en varios centenares de *liang* de plata, que me apresuré a remitir a la sede de Torgut Beile. Este señorial príncipe, al parecer, evitaba reunirse conmigo, pues temía que después de visitar Lanchou Fu y Kumbum me hubieran llegado algunas noticias realmente comprometedoras sobre su persona. Nuestras interacciones se limitaban a la correspondencia, los saludos y diversos servicios realizados con éxito, en su nombre, por los funcionarios mongoles.

LA MEJOR TABAQUERA MONGOLA (DE FABRICACIÓN CHINA)

Sin embargo, el último día de estancia de la caravana en Yargalante, Torgut Beile no se contuvo más e inesperadamente apareció en el campamento acompañado por su hijo adolescente y todo un séquito de acompañantes. Nuestro encuentro fue de lo más cordial; agradecí de todo corazón al mandatario su ayuda prestada a nuestro trabajo en Khara-Khoto, y prometí al príncipe que haría una petición ante las instituciones científicas de San Petersburgo para que le concedieran un regalo apropiado, y él, por su parte, apreció los valiosos objetos rusos que ahora se le presentaban como recuerdo.

Tras finalizar todos nuestros negocios y comprar los víveres necesarios, así como algunos caballos de la cuadra del príncipe, al amanecer del 20 de junio ya nos mecíamos de nuevo en nuestras inmutables naves del desierto, en dirección el norte a lo largo del Etsin Gol, ora entre las lomas cubiertas de tamariscos, ora entre el fresco verde esmeralda de los juncos.

Al este se extendían las arenas conocidas por los torgut como Atsa Songjin Ilisu, que significa «torres torcidas»* y Shara Bulangen Ilisu, o «arenas de charcos amarillos»†, mientras que al norte se destacaba vagamente la cima de la montaña Boro Obo, que marcaba la orilla opuesta de la cuenca del lago de agua dulce Sogo Nor y, aún más lejos, las alturas de Noyon Bogdo.

La última noche que pasamos en la orilla del río nos pareció especialmente agradable. Desde la tarde había llovido copiosamente, lo que dejó tras de sí una maravillosa fragancia de hierba húmeda y tierra fresca; las moscas y los mosquitos habían desaparecido por completo, y sólo revoloteaban los grandes e inofensivos grillos. El aire se hizo más fresco al mismo tiempo que las estrellas centelleaban en el cielo despejado. La luna iluminaba suavemente la larga franja de agua, que yacía en el hueco del canal en forma de artesa del Etsin Gol, sombreando los círculos regulares formados por el chapoteo de los peces. Ahora nos acercábamos a la frontera del oasis y el desierto central de Mongolia.

Al entrar de nuevo en la zona desértica, se respiraba un calor todavía persistente, y deseábamos, realmente, una sola cosa: cruzar las arenas lo antes posible y sumergirnos en el agradable frescor de las montañas de Gurbunsaikhan. Hasta ahora habíamos tenido que soportar un largo paisaje eternamente triste y lúgubre, que, por otro lado, nos era familiar. El terreno de cientos y cientos de kilómetros a la redonda estaba cubierto como una gigantesca alfombra de finos escombros, ennegrecidos por el bronceado del sol. El antiestético saxaúl y los escasos arbustos de *kharmyk* parecían plantas raídas y miserables. Aparte de los veloces antílopes (*Gazella subgutturosa*), los monótonos lagartos de cabeza plana, los odiosos tábanos, que nos atormentaban especialmente en las tierras bajas de Sogo Nor, y los ocasionales mosquitos que visitaban el campamento por la noche, no encontramos ningún otro ser vivo. Los nómadas también habían desaparecido; probablemente el calor insoportable había empujado incluso a estos habituales hijos del desierto hacia la región más fresca de las cumbres de Noyon Bogdo. Sólo algunos fuertes torbellinos, como si fueran demonios misteriosos, vagaban por la llanura abierta, donde a ve-

* Así se llamaba la parte sur de las arenas.
† Este era el nombre de la parte norte de las arenas.

ces danzaban salvajemente en un mismo lugar durante largos períodos de tiempo. La naturaleza dormía aquí un sueño profundo, como la muerte, y los esqueletos de los animales aquí fallecidos, camellos o caballos, eran un recordatorio constante de la muerte, testigos mudos de todas las penurias del desierto.

Con una peculiar sensación de alivio, pero al mismo tiempo con una vaga tristeza, abandonamos las posesiones de Torgut Beile y entramos en la tierra de Baldyn Jasagh. La frontera de los dos principados vecinos estaba marcada aquí por una torre de tierra medio derruida y discurría de oeste a sureste, al este del poblado de Baga Khongorye.

Una vez pasada la zona de Ikhen Gun Khuduk, la expedición se desvió de su ruta anterior y eligió un nuevo camino, más directo, hacia el noreste, en dirección a Urga. Nos adentramos en la angostura, enmarcada, por un lado, por las colinas de Khukhu Aryk, y por el otro, por las características alturas de Talen Khairkhan, que se elevaba como un sólido casquete gris oscuro por encima de la llanura. Hacia el norte se veían suaves crestas de cerros pedregosos, por encima de los cuales destacaban los picos de Tsurumtai, Urt Khairkhan* y la cresta de Ikhe Argalinte.

El pozo de Tsogonda y un claro manantial del mismo nombre retrasaron durante algún tiempo el avance de la caravana: en este bonito y apartado rincón fue necesario hacer un alto a causa de la enfermedad de mi viejo compañero Ivanov. El lama, que fue llamado para atenderle, lo alivió sólo por muy poco tiempo. El pobre enfermo se debilitaba de manera visible y, al no creer en la posibilidad de recuperación, estaba muy triste, ya que pensaba y hablaba todo el tiempo de la muerte. El 26 de junio me llamó para despedirse de mí y comunicarme su última voluntad. Parecía que había pocas esperanzas de un desenlace favorable, pero nos animamos mutuamente y no perdimos el buen humor.

Procuramos un poco de entretenimiento en los momentos difíciles por parte de los plumíferos autóctonos de la zona, que acudían a diario a los abrevaderos.

Por las mañanas y por las tardes, en las horas más frescas, bandadas de pájaros se asomaban por todas partes en el horizonte, apresurándose a disfrutar del agua. Los graznidos de los correlimos, los archibebes y los

* Más adelante pasaríamos entre estas alturas.

chorlitos se entremezclaban con las voces de las gangas. El mundo animal, como siempre, respiraba despreocupado con júbilo y algarabía en todas partes.

Después de discutir a fondo la difícil cuestión del futuro destino de Ivanov, el camarada favorito de todos, que había caído enfermo, decidí no molestarle más con agotadoras marchas, y dejarle temporalmente en el área fresca de Tsogonda, donde podría descansar debidamente con la ayuda del oficial subalterno Chetyrkin y del cosaco Sodboev. La caravana principal tenía la intención de proseguir, para luego hacer una larga parada en Gurbunsaikhan, adonde debería llegar el transporte con el pobre enfermo a la primera oportunidad.

Así pues, el 27 de junio, nos despedimos de Ivanov con gran pesar y nos dirigimos enérgicamente hacia la brecha que separaba las montañas de Urt Khairkhan y Tsurumtai. El valle daba paso a unas alturas pedregosas de color marrón oscuro, aún más desoladas que el desierto.

Después de tomar un refrigerio en el tramo de Tsosto* con carne fresca obtenida de los nativos, la caravana se adentró en el desfiladero. Este estaba bordeado de acantilados de conglomerado rojo y olmos aislados que se aferraban a los escarpados riscos. Luego ascendimos por la suave terraza, cubierta con arbustos de saxaúl, que descendía de los montes Tsurumtai. Por delante, a lo lejos, se perfilaban claramente las montañas de Tsun Saikhan; algo más cerca estaban los macizos de Ikhe Argalinte y Dundu Saikhan, cuyo borde occidental quedaba oculto por los picos de Tsyulin y Kuku Nuru.

La primera parada la hicimos en una hondonada de forraje cerca del monasterio de Baishinte Khit, donde nos quedamos durante tres días. Los finos pastos† dieron a nuestros animales la oportunidad de recupe-

---

* La zona de Tsosto tiene un segundo nombre: Bulikte. Los supersticiosos mongoles están convencidos de que la gente que vive en esta zona sólo puede llamarla Bulikte; el uso del segundo nombre —Tsosto— sólo está permitido a cierta distancia de este lugar. La inobservancia de esta norma conlleva, supuestamente, graves consecuencias para el culpable.

† Durante el camino en el valle adyacente a las montañas de Gurbunsaikhan en el lado sur, recogimos, según la clasificación posterior del eminente botánico Vladímir Komarov, las siguientes formas de vegetación: olmo siberiano (*Ulmus pumila*), kharmyk (*Nitraria Schoberi*), ciruelo silvestre (*Prunus pilosa*), cincoenrama (*Potentilla bifurca*), mastuerzo (*Lepidium micranthum*), senecio dorado (*Senecio nemorensis*),

rarse, y el pantano vecino proporcionó a la colección zoológica algunos ejemplares interesantes de correlimos. Mis compañeros atraparon aquí un zarapito real (*Numenius arquaius*), un correlimos zarapitín o de garganta roja (*Ancylochilus subarquatus*) y un archibebe común (*Totanus calidris*). Además, en los carrizales observamos ánades reales, negrones, grullas damisela, charranes comunes, avefrías y otras especies. En los arenales cercanos, un cazador capturó varias lagartijas de Przewalski y una o dos docenas de escarabajos, en su mayoría gorgojos. El tiempo era bueno, por las tardes respirábamos aire limpio, y durante el día el aire transparente nos abría un amplio horizonte azul, donde la cadena de Gurbunsaikhan aparecía nítidamente sobre el cielo claro, con todo su esplendor.

Con la ayuda de un lama, rápidamente establecimos contacto con el Gobierno local de las montañas y con nuestro amigo Jasagh, que hacía poco que se había trasladado al remoto campamento de Barun. Resultó que el joven príncipe había sufrido una desgracia y se escondía de las miradas indiscretas: el hermano mayor de Jasagh, un lama, había muerto de una grave enfermedad contagiosa que se había extendido a varios otros miembros de la familia principesca. Un mensajero del *nirva*, enviado a los funcionarios Tusulakchi y Tsahirakchi, completó muy rápidamente todas nuestras diligencias y nos entregó el correo, que incluía dos cartas de Lanchou Fu y un paquete de Tsokto Badmazhapov, quien, según resultó, había viajado recientemente a través de Baishinte a Urga. Mi colega lamentó que no hubiéramos podido

BODHISATTVA AMITAYUS (DE BRONCE OSCURO, TRABAJO DE ESTILO INDIO)

clemátide (*Clematis fruticosa*), iris (*Iris Bungei*), *Cancrinia pachypappus*, pamplina (*Hypecoum erectum*), *Ptilotrichum canescens*, *Zygophyllum mucronatum*, cola de zorro (*Sophora alopecuroides*), cardo globo (*Echinops turczaninowi*), lupinus (*Thermopsis lanceolata*), grama (*Agropyrum repens*), escorzonera (*Scorzonera mongolica*), ranúnculo (*Ranunculus planta-ginifolius*) y algunas otras.

reunirnos en el monasterio e informó, entre otras cosas, que el capitán Napalkov había abandonado Alasha Yamen el 9 de mayo; de modo que en aquellos momentos, el feliz topógrafo probablemente ya saboreaba todos los beneficios de la vida urbana.

El 2 de julio nos dirigimos también hacia el norte, manteniendo el rumbo hacia las colinas rojas del tramo de Ulan Bulyk, donde planeábamos organizar una excursión bastante larga a las laderas meridionales de Dundu Saikhan para familiarizarnos con la flora y fauna de estas montañas. En la víspera de la caminata, nuestro campamento se animó con la llegada inesperada del sargento mayor Ivanov, que se había recuperado un poco de su enfermedad. Ahora podía contar con un buen y agradable descanso al aire libre, en compañía de todos sus camaradas. La distancia hasta la frontera de nuestra tierra natal se acortaba cada día más, y al mismo tiempo crecía también la esperanza de entregar al enfermo sano y salvo a un médico ruso.

Después de ascender el desnivel de casi un kilómetro por encima del valle del monasterio, acampamos en la orilla de un hermoso manantial, un fuerte arroyo transparente que brotaba del suelo. Al norte, al pie del escarpado macizo, los prados eran de un verde tentador y estaban salpicados de rebaños de ovejas, mientras que más arriba, los desnudos acantilados marrones se alzaban imponentes.

En las estribaciones de Gurbunsaikhan, sobre todo al oeste de la ruta y del campamento de la expedición en el manantial de Ulan Bulyk, añadimos a nuestro herbario: campanillas (*Convolvulus Ammani*), siemprevivas (*Statice tenella*), menta (*Lagochilus diacanthophyllus*), pamplinas (*Hypecoum erecturn*), *Erysimum andrzejoskianum*, astrálagos (*Oxytropis oxyphylla*), ortigas (*Urtica cannabifolia*), cebada silvestre (*Hordeum pratense*), gramíneas (*Stipa splendens et Agropyrum pseudoagropyrum*), centeno silvestre (*Elymus dasystachys*), *Lappula deflexa*, *Crepis tennifolia*, hierba gatera (*Nepeta botryoides*), angiosperma (*Scrophularia canescens*), *Caragana pygmaea*, estelarias (*Stellaria gypsophiloides*), vezas (*Vicia costata*), *Asparagus*, *Taraxacum*, *Carex* y otras.

Los miserables nómadas que vivían en los alrededores del campamento de la expedición, traían todas las tardes su ganado a nuestro manantial, o al pozo de Amyn Usu, y entablaban conversación de buen grado con nosotros. Estas gentes trataban a los forasteros con mucha confianza y respondían a nuestro buen trato —que se manifestaba principalmente en el hecho de que siempre compartíamos con ellos nuestros excedentes—, con un cálido saludo; lo que resultaba especialmente conmovedor por parte de gentes tan pobres, que llevaban toda la vida viviendo en una desesperada necesidad material.

En la fresca y gris mañana del 4 de julio, en cuanto los rayos del sol naciente doraron los puntos más altos de Dundu Saikhan, un pequeño y animado grupo de jinetes se separó del campamento de la expedición y se dirigió directamente hacia el estrecho desfiladero. Dos modestas mochilas y una pequeña tienda de campaña, transportadas en pequeños caballos, indicaban que el alegre grupo iba a realizar una excursión fácil y no muy larga. El ánimo de todos era alegre y jovial. Esperábamos encontrar animales y pájaros interesantes para añadirlos a nuestra colección. Cuanto más nos adentrábamos en las montañas, más brillante y atractiva se volvía la vegetación.

En el cinturón medio de la vertiente meridional de las montañas crecían las siguientes formas de vegetación: groselleros silvestres (*Ribes aciculare*), varias especies de cincoenramas (*Potenlilla nivea, P. bifurca, P. multifida, P. sibirica*), *Sibbaldia adpressa, Leptopyrum fumarioides*, rudas (*Thalictrum foetidum*), orobancas (*Orobanche coerulescens*), androselas (*Androsace villosa*), uvas de gato (*Sedum elengatum*), clemátides (*Clematis orientalis*), hierbas gateras (*Nepeta macrantha*), *Physochlaena physaloides*, acónitos (*Aconitum barbatum*), *Echinosperum strictum*, espuelas de caballero (*Delphinium elatum*) y asteres (*Aster alpinus*).

Fue aquí, en una roca, donde unas cabras montesas (*Capra sibirica*) aparecieron durante un segundo e inmediatamente desaparecieron de nuestra vista; no muy lejos, detrás de un arbusto bajo (*Ribes*), pasó rápidamente un zorro. En el cielo, un águila real se elevaba majestuosamente, mientras que los pinzones, pardillos norteños, collalbas y otros pequeños pájaros confiados retozaban despreocupadamente cerca. Los caballos respiraban con dificultad, pero la empinada subida tocaba a su fin: delante se divisaba el fácil y verde paso de Khurden Daban. Un vasto horizonte se abría ante nosotros desde lo alto del paso. Hacia el norte se extendía la ilimitada lejanía de la llanura de Mongolia central, sobre la que se agrupaban de forma peculiar nubes doradas iluminadas por el sol; los desfiladeros, bordeados de rocas de color rojo oscuro, descendían como serpientes delgadas y sinuosas; en algunos lugares, los prismáticos permitían ver campamentos mongoles y rebaños de ganado: carneros, yaks domésticos y caballos que vagaban por praderas de un verde oscuro.

En los acantilados vecinos se oían los graznidos de los perdigallos altaicos (*Tetraogallus altaicus*), y, en algún lugar no muy lejano, se hacía eco de ellas un cuco. Los vencejos volaban ruidosamente por encima de nuestras cabezas, y una pareja de colirrojos tizones (*Phoenicurus rufiventris*) se movía graciosa y pausadamente de roca en roca. Abajo, bajo el acantilado, un milano se peleaba con un águila; en lo alto de las nubes, dos cormoranes barbudos, seguidos uno tras otro a corta distancia, surcaban majestuosamente el aire sin batir las alas. Permanecimos en la cima de Khurden Daban durante mucho tiempo y disfrutamos de todo lo que nos rodeaba. Sólo las nubes plomizas, que poco a poco cubrían el horizonte, nos obligaron a buscar refugio en un rincón más apartado, tras la cresta de una loma baja, donde rápidamente apareció una tienda de cazador y, junto a ella, una hoguera acogedora. La lluvia no tardó en hacer acto de presencia; el barómetro seguía bajando, borrando toda esperanza de que el tiempo mejorase.

En cuanto dejó de llover, salimos a cazar perdigallos altaicos. El perdigallo local sigue siendo muy común y es conocido por todos los nativos con el nombre de *khoylyk*. En invierno, según los mongoles, desciende al cinturón medio de las montañas, aunque en aquel momento —en verano — permanecía exclusivamente en el cinturón superior. Nos encontramos con esta ave en bandadas de diez e incluso veinte individuos, aunque a veces había nidadas de tres o cuatro aves y parejas individuales. Por las mañanas y al atardecer, cuando hace buen tiempo, el perdigallo emite su silbido característico, parecido al de otras especies, sobre todo el *Tetraogallus thibetanus*. En cuanto se oye el primer sonido de un perdigallo, las aves de otras especies empiezan a responder. El silbido, que puede oírse a gran distancia, suena durante mucho tiempo y tanto más cuanto mayor es el área ocupada por las aves. En tiempo de lluvia, el perdigallo es silencioso, lo que lo convierte en una especie de barómetro, cuyas indicaciones son tenidas en cuenta incluso por los mongoles. Estos últimos a veces cazan perdigallos, lo que hace que estas aves sean muy asustadizas y no sea fácil dispararles. Al percatarse del cazador, el ave se alarma, levanta la cabeza hacia arriba, emite un rápido *ko-ko-ko-ko-ko-ko-ko* y vuela hacia las rocas, normalmente situadas en el lado opuesto del desfiladero. Además de los humanos, el perdigallo es perseguido por el águila real.

Nuestras primeras cacerías de *khoylyk* fueron infructuosas hasta que estudiamos sus hábitats y, como se suele decir, nos acostumbramos al lugar y a las costumbres del ave. Las cosas nos irían mejor más tarde, y la colección ornitológica de la expedición obtuvo varios ejemplares de aves muy interesantes.

Después de pasar dos días en la montaña, tuve que regresar personalmente al vivaque principal, donde me esperaban todo tipo de actividades urgentes y, entre otras, las observaciones astronómicas regulares. A mis compañeros se les asignó la tarea de continuar el estudio de Dundu Saikhan en cuanto a la recogida de especímenes geológicos, botánicos[*] y zoológicos.

En Ulan Bulyk la vida seguía su curso: algunos remendaban prendas y zapatos, otros lavaban la ropa y otros conservaban carne, alimento necesario para las travesías por el desierto.

A mi regreso al campamento, yo mismo, además de las observaciones anteriores, me dediqué inmediatamente a secar las plantas y a preparar

---

[*]  Ambas laderas del cinturón superior de las montañas descritas enriquecieron el herbario de la expedición con la siguiente lista de plantas: *Astragalus mongolicus, Dracocephalum friticulosum, Thalictrum foetidum, Aquilegia viridiflora, Galium verum var. trachy-spermum, Thymus serpyllum, Bupleurum pusilium, Papaver alpinum, Elymus siliricus, E. junceus, Agropyrum cristatum, Linaria vulgaris, Rheum undulatum, Rheum. univerve, Veronica incana, Cerastium arvense, Arabis incarnata, Dontostemon senilis, Eritrichium pectinatum, Ptilotrichum canescens, Arenaria formosa, Androsace maxima, A. septentrionalis, Draba nemorosa, Aster alpinus, A. altaicus, Hesperis aprica var densata, Saxifraga sibirica, Uragopogon orientale, Papaver nudicaule, Amethystea coerulea, Tragopogon orientale, Caryopteris mongolica, Artemisiapectinata, A. palustris, Senecio vulgaris, Alyssum lenense var. leiocarpum, Prunus pilosa, Atraphaxis pungens, Statice aurea, Haplophyllum dauricum, Lophanthus chinensis, Euphorbia pallasi, Lepidium laxifolium, Cymbaria dahurica, Gypsophiia Gmelini, G. glandulosa, Silene glandulosa, Silene repens, Setaria viridis, Agropyrum cristatum, Stipa inebrians, Erodium stephanianum, Arnebia cornuta, Reaumuria songorica, Pedicularis, Matthiola, Chenopodium y Sisymbrium.*

el último correo oficial para casa. Tuve que escribir a la Sociedad Geográfica, a la Academia de las Ciencias, al Estado Mayor y a mi amigo geógrafo moscovita, el profesor Dimitri Nikolaevich Anuchin, quien también hubiera fortalecido mi espíritu en los momentos difíciles del viaje por Asia central.

CHICA MONGOLA (ETNIA JALJA)

En el trabajo continuo, los días pasaban rápidamente. Hasta que un día, un mensajero de Urga llegó inesperadamente al vivaque con correspondencia. Fue entonces cuando a nosotros, ermitaños asiáticos, nos llegó un nuevo soplo de nuestra familia y seres queridos. Sólo entonces sentimos de repente un anhelo inusual en el alma. El tiempo parecía haberse detenido: las horas y los días se avanzaban lenta y tediosamente.

Entre las numerosas cartas de instituciones científicas, parientes y amigos, había también un mensaje del capitán Napalkov, en el que daba informaciones muy interesantes. La carta del topógrafo manifestaba: «A principios de junio, una expedición arqueológica francesa pasó por Urga, en dirección a Kobdo, con el propósito de conocer y estudiar detalladamente las ruinas de las ciudades de Zungaria y el Turquestán oriental. La atención y el interés del mundo científico por la antigüedad de las cuencas del Ulyungur (Ulungur) y del Lop Nor se han despertado aún con más fuerza, y los viajeros de otros países seguirán ahora más que antes los caminos recorridos por los exploradores rusos»*.

Mientras tanto, el destacamento se preparaba poco a poco para el viaje. Nuestros animales de caravana —camellos y caballos—, después de

---

* En la primavera de 1914, el viajero inglés Stein visitó Khara-Khoto. Véase *The Geographical journal*. Septiembre de 1916. *Un tercer viaje de exploración en Asia central, 1913-1916*. Sir Aurel Stein.

descansar y refrescarse en los hermosos pastos del monasterio de Baishinte, se unieron a la expedición y esperaron la señal para partir.

Los excursionistas de las montañas de Dundu Saikhan también regresaron y trajeron consigo más de cien especies diferentes de plantas, una
veintena de especímenes de aves, algunas pieles de roedores y la piel de
una cabra montesa junto con su esqueleto.

Las colecciones entomológicas resultaron ser muy insignificantes y,
en general, se comprobó que, a pesar de su aspecto amable, Dundu
Saikhan, contra todo pronóstico, es pobre en historia natural. Entre los
representantes de la fauna mamífera, las montañas eran habitadas por
cabras montesas, que se reunían en rebaños de quince a veinte individuos; argalíes, que se veían con mucha menos frecuencia y en pequeños
grupos de dos o tres cabezas; gacelas persas, procedentes de los valles,
pastaban a veces en las estribaciones. Entre los roedores se hallaban liebres, picas rupícolas y esteparias, y topos. En cuanto a los depredadores,
la zona de Gurbunsaikhan era rica en lobos, que acosaban constantemente a los rebaños de nómadas, zorros y hurones. Excepcionalmente, a
veces se observaban el leopardo chino bajo y el leopardo moteado, probablemente procedentes del noroeste —las partes rocosas más altas del
Altái mongol—.

El 13 de julio, el campamento de la expedición abandonó la última estancia más o menos larga en las montañas para seguir la ruta de obligada
transición hasta Urga, recorriendo de tres a cuarenta kilómetros diarios.
Al salir de Dundu Saikhan, se abrió ante nosotros una llanura ondulada,
sembrada de pequeños guijarros arenosos y pedregosos, producto de la
erosión de las rocas, o de grandes fragmentos de granito, molidos por la
lluvia y el viento, entre los que se encontraban ocasionalmente trozos
esponjosos de lava.

Lejos, hacia el norte, se oscurecían los picos dentados del triste y expuesto Delger Jangái, y cerca del nordeste, la superficie del pantanoso
lago Bomboten Nor, que sólo aparece en el período de fuertes lluvias, y
que ahora brillaba bajo los rayos del sol matinal.

Por todas partes crecían arbustos de caragana de baja altura, a lo largo de los cauces de los ríos, por encima de los *deresun*, se elevaban
solitarios *tograk* de aspecto miserable, y en las suaves laderas de las coli-

nas había vegetación de pradera, compuesta principalmente de gramíneas amarillentas[*]. Los caballos[†] andaban enérgicamente y adelantaban rápidamente a los lentos y concentrados camellos. A veces nos adelantábamos para elegir una zona de buen forraje, dejábamos pastar a los caballos, y luego nos tumbábamos durante un largo rato observando la naturaleza con nuestros prismáticos[‡].

Las alondras de la zona (*Calandrella rufescens, Otocorys brandti brandti*) remontaban el vuelo y, en algún lugar de las cumbres, descansaban los depredadores: buitres, halcones y, con menos frecuencia, águilas. Una liebre se dejó ver saltando detrás de una colina, luego se sentó con las orejas erguidas y miró atentamente en mi dirección. En algún lugar, a lo lejos, chilló una pica. Una lagartija curiosa y confiada, sin presentir peligro, trepó al borde de mi uniforme para tomar el sol... Una pareja de gacelas persas mordisqueaba tranquilamente la vegetación. Los prismáticos mostraban claramente una ingenua expresión de curiosidad en los ojos de los antílopes y así como su estado de alerta. Al primer susurro sospechoso, la madre se sobresaltó y, tras levantar la cabeza, resopló ligeramente, mirándonos atentamente; un segundo más tarde y, ambos antílopes, estirados en toda su longitud, se alejaron rápidamente hacia la tranquila e infinita llanura.

---

[*] El guía, un apuesto mongol llamado Agvan, nos señaló una hierba venenosa entre las gramíneas, que no sólo enferma a los caballos, sino que a menudo resulta mortal.

[†] Desde la parte baja del Etsin Gol hasta Urga, la expedición disponía de tres o cuatro caballos, que además de mí utilizaban los cazadores y mi ordenanza cosaca.

[‡] La colección herbaria que reunimos desde las montañas de Gurbunsaikhan hasta Urga no se distingue por ser la más completa. Durante el trayecto recogimos: *Stipa splendens, Astragalus adscendens, A. tenis, Odontites rubra, Potentilla multifida, P. tunacetifolia, P. fruticosa, P. bifurca, Poa fastigiata, Beckmannia efuciformis, Papaver nudicaule, Adenohora marsupiiflora, Leonoriis sibiricus, Medicago ruthenica, Lophanthus chinensis, Ribes diacantha, Thalictrum squarrosum, Ulmus pumila, Haplophyllum dahuricum, Caragana microphylla, C. pygmaea, Delephinium dissectum, Sanguisorba officinalis, Phlomis tuberosa, Aconium barbatum, Artemisia laciniata, Linum perenne, Scutellaria scordifolia, Nepeta pinnatifida, Bromus inermis Gentiana decumbens, G. riparia, Campanula glomerata, Hypecoum erectum, Artemisia anethifolia, Ar. Adamsii, Ar. Sieversiana, Ar. sacrorum, Inula britannica, Agrostis latiflora, Salix acutifolia, S. viminalis, Pirus bacata. Populus suaveolens, Crataegus oxyacantha, Prunus padus, Alopecurus ruthenicus, Agropyrum repens, Elymus sibiricus, Setaria viridis, Geranium pratensef, Dianthus chinensis, Hesperis aprica, Smelowskia cinerea y Parnassia palustris.*

Cuanto más avanzábamos hacia el norte, más acogedor se volvía el terreno. El desierto pedregoso era sustituido por la estepa, que estaba abundantemente poblada por nómadas. Cada pozo era un pequeño centro alrededor del cual se agrupaban los nómadas con sus rebaños. Por otro lado, el agua de los pozos cerca de un campamento mongol siempre tenía un olor repugnante, ya que a nadie le importaba su pureza, y el ganado, después de saciar su sed, a menudo se quedaba a pastar o se paraba cerca, contaminando todo alrededor con sus excrementos.

Junto con la vegetación esteparia, el número de animales de la estepa aumentaba día a día. Las curiosas marmotas siberianas chillaban de vez en cuando, levantándose sobre sus patas traseras y para observar la llanura desierta. Las avutardas se alimentaban en grupos aquí y allá, en tanto que las gacelas de Mongolia (*Antilope gutturosa*) y gacelas persas (*Antilope subgutturosa*) seguían cautivando la vista del viajero*.

El horizonte oriental se estrechaba por la alta muralla de las montañas Ara Urte, compuestas de rocas rojizas, principalmente granito; rocas, picos y precipicios destacaban como manchas oscuras entre los prados, que se desplegaban sobre las suaves laderas de la cordillera y a lo largo de las orillas de dos caudalosos arroyos Baga Atatsik e Ikhe Atatsik.

URGA. FUNCIONARIO MONGOL, APARENTEMENTE DEL SÉQUITO DEL KAN BOGDO GEGEN

Pasada la altura de Gangen Daban, que se elevaba a unos 1.671 metros de altitud, la caravana descendió al valle de Buguk Gol, y allí, desde

---

* La gacela de Mongolia se encuentra casi siempre en grandes manadas, exclusivamente en áreas de estepa, mientras que la gacela persa permanece en el desierto la mayoría de las veces en pequeños grupos, e incluso en solitario. Así pues, los antílopes mencionados también lindan en la frontera entre el desierto y la estepa.

una de las crestas secundarias, se abrió, por fin, la vista del río Tola, tan familiar y deseado, que brillaba al sol con un color gris acero.

Urga apareció en la distancia...

El majestuoso y oscuro macizo de Bogdo Ula dormitaba, envuelto en una neblina azul; los tejados de los templos del centro de oración mongol ardían bajo los rayos de despedida de la luz del día poniente, mientras que los *suburgan* refulgían con luz blanca. Los rebaños de ovejas regresaban pacífica y tranquilamente de los pastos a sus hogares, y, en algún lugar muy, muy lejano, se oyó el batir de un látigo. El aire se congeló en un silencio palpable, y los cansados viajeros no perturbaron la paz general con sus voces. Se detuvieron como ensimismados, y contemplaron con asombro los vagos contornos de la capital de Mongolia. Ahora comprendían con alivio que el difícil viaje había terminado.

ESCENA CALLEJERA EN URGA, EN LA COLONIA RUSA. DOS MUJERES MONGOLAS (NÓTESE SU PEINADO ORIGINAL Y ADORNO EN LA CABEZA) CONVERSAN CON UNA JOVEN RUSA, DE PIE EN EL PORCHE DE SU CASA

Involuntariamente, recordé la luminosa imagen de Przewalski, que en dos ocasiones experimentó, en estas mismas alturas, sentimientos de deleite y alegría al regresar a su patria. Tanto entonces como ahora, la situación había cambiado radicalmente.

Nuestra vida nómada quedaba atrás; el sentimiento europeo no estaba lejos y una fuerte emoción nos poseía a todos.

En vista de la crecida de las aguas del Tola, decidimos pasar la noche aquí, para que, al amanecer del día siguiente —el 26 de julio—, pudiéramos dar los últimos pasos de la travesía con más éxito.

La noche de verano pronto cubrió la tierra. El cielo transparente estaba brillantemente cubierto de estrellas. El campamento quedó en silencio, sólo de vez en cuando se oían las voces de los compañeros que hablaban tranquilamente de «lo que nos preparaba el día venidero».

En cuanto a mí, no pude pegar ojo durante mucho tiempo. Mi imaginación me transportaba a Amdo, Labrang, Kokonor y Khara-Khoto. Las imágenes de los representantes característicos de Mongolia, China y Tíbet, pasaban ante mí como si estuvieran vivas. El momento de la despedida del dalái lama vigorizaron mi espíritu, fortalecieron mi cuerpo e infundieron el pensamiento de la posibilidad de un nuevo viaje —un viaje en el que debería cumplir uno de los preceptos de mi gran y querido maestro—.

Apenas había amanecido en el día transcendental, cuando la caravana de la expedición se puso en marcha, descendiendo poco a poco hacia las profundidades del valle. El Tola estaba embravecido: sus altas y fangosas olas rompían ruidosamente, bañando las orillas. La caravana se detuvo, recogió las mochilas y los fusiles, y cruzó el ancho río sin peligro. Después de una hora más de viaje, el edificio del consulado ruso aparecía por fin en la distancia.

La impaciencia crecía a cada paso. Pero por fin, a las puertas de la casa conocida, vimos y oímos hablar a los rusos. Una cordial reunión de compatriotas, preguntas mutuas, cartas de amigos y parientes, telegramas de bienvenida, una habitación limpia, diversas viandas, ropa de cama fresca... todo esto renovó tanto a los viajeros, que el pasado parecía ahora un engañoso sueño.

FIN

# Glosario

**Aimag** (Mongol) — Unidad administrativa más grande de Mongolia. También parroquia o comunidad asociada a un monasterio budista

**Akhun** (Túrquico) — Término empleado en Asia central para denominar a un académico o líder religioso musulmán

**Amban** (Manchú) — Alto funcionario del Gobierno chino

**Ayusha** (Mongol) — Deidad budista asociada a la longevidad, conocida más comúnmente por el término sánscrito Amitabha

**Beile** (Manchú) — Título comúnmente usado para referirse a los príncipes manchúes

**Beizi, beise** (Manchú) — Título chino para denominar a los oficiales manchúes o mongoles usado durante la dinastía Qing

**Bulag** (Mongol) — Manantial o fuente

**Burkhan** (Mongol) — Literalmente «dios», ídolo de Buda representado en pintura o escultura

**Chaitya** (Sánscrito) — Templo o santuario budista característico de la arquitectura india

**Chorten** (Tibetano) — Estupa

**Daban** (Mongol) — Paso de montaña

**Dalemba** (Ruso) — Tela compuesta de tejido de sarga, utilizada en la confección de abrigos y trajes

**Daotai** (Chino) — El magistrado jefe de un circuito chino (división política histórica de la dinastía Tang equivalente a una provincia)

**Datsan** (Tibetano) — Escuela superior de estudios tibetanos de la tradición *gelug*

**Dukhang, dugan** (Tibetano) — Salón de reuniones o templo en un monasterio

**Fanza** (Ruso) — Del chino *fang zi*, casa o vivienda

**Futai** (Chino) — General de un gobernador

**Fuyeh** (Chino) — Buda viviente

**Ganjira** (Sánscrito) — La cúspide adornada de una estupa o templo budista

**Gegen** (Tibetano) — Alto representante de una comunidad religiosa; tutor de un monje o un grupo de monjes en un monasterio budista

**Gelug** o **gelugpa** (Tibetano) — Escuela de budismo tibetano fundada por Tsongkhapa

**Gol** (Mongol) — Río

**Gompa** o **gomba** (Tibetano) — Término para denominar un monasterio, lugar de retiro o templo

**Gyud** o **gyü** (Tibetano) — Enseñanzas tibetanas relativas al tantra o ritos esotéricos

**Heshen** o **heshang** (Chino) — Monje budista

**He** (Chino) — Río

**Jasagh** o **dzsak** (Mongol) — Título del gobernante de un *khoshun* (provincia)

**Khainag** (Mongol) — Bóvido resultante de un cruce entre el yak y la vaca doméstica, en tibetano se conoce como *dzo* o *dzomo*

**Kharmyk** (Mongol) — Un arbusto del desierto que produce bayas comestibles (*Nitraria sibirica*)

**Khit** o **khid** (Mongol) — Monasterio

**Khoshun** (Mongol) — Un pequeño principado secundario o comunidad religiosa

**Khuduk** (Mongol) — Pozo

**Khural** (Mongol) — Templo o lugar de reunión

**Khurde** (Mongol) — Rueda o cilindro de oración que contiene una larga tira de papel con mantras budistas

**Khuree** (Mongol) — Monasterio

**Kumis** (Túrquico) — Bebida de leche de yegua fermentada, también llamada *ayrag* por los mongoles

**Kutuktu** o **khutukhta** (Mongol) — Título mongol de altos jerarcas budistas, lamas reencarnados y abades de grandes monasterios

**Kurma** (Mongol) — Chaqueta china de una sola fila de botones con mangas anchas

**Lhakang** (Tibetano) — «Casa de los dioses» en tibetano, templos budistas dedicados a guardar objetos sagrados

**Lungta** (Tibetano) — Literalmente «caballo de viento», banderas de plegaria de diversos colores atadas a lo largo de sogas unidas a un poste clavado en la tierra

**Mazar** o **mazaar** (Árabe) — Mausoleo dedicado a algún santo o líder religioso

**Migtsema** (Tibetano) — Oración dedicada a Tsongkhapa

**Miao** (Chino) — Templo

**Merlushka** (Ruso) — Piel de un cordero de raza con lana gruesa

**Nagaika** o **nagayka** (Ruso) — Látigo corto empleado para dirigir un caballo

**Ngolok** o **golok** (Tibetano) — Grupo étnico tibetano

**Nirva** o **nyerpa** (Tibetano) — Un mayordomo o administrador. En algunos monasterios, el *nyerpa* estaba a cargo de los almacenes bajo la autoridad de un administrador superior

**Nuruu** (Mongol) — Cordillera

**Nor** (Mongol) — Lago

**Obo** (Mongol) — Túmulo o marca fronteriza

**Pembu** o **pombo** (Tibetano) — Jefe o maestro

**Qian** (Chino) — Pequeña moneda china, de bronce, con un agujero en el centro

**Ritod** o **ritö** (Tibetano) — Lugar de retiro en la montaña dedicado a la meditación

**Setai** (Chino) — Oficial del ejército chino

**Shan** (Chino) — Montaña

**Shui** (Chino) — Arroyo o riachuelo

**Suburgan** (Mongol) — Estupa, estructura erigida para conmemorar a los budas

**Sulkhir** (Mongol) — Planta herbácea perteneciente a la familia del amaranto

**Suma** (Mongol) — Sede de una unidad administrativa

**Sume, süm** (Mongol) — Templo

**Tologoi** (Mongol) — Pequeña montaña aislada o pico

**Tsampa** (Tibetano) — Harina de cebada tostada

**Tsennyi** (Tibetano) — Filosofía y lógica budista

**Us, usu** (Mongol) — Agua, río

**Ula** (Mongol) — Montaña

**Wang** (Chino) — Príncipe

**Yamen** (Chino) — Sede administrativa o residencia de un mandarín en la China feudal

**Zhentai** (Chino) — Comandante de un cuartel o guarnición militar

# Bibliografía asociada

Baradin, Bazar. *Viaje a Labrang: un monasterio budista en las afueras del noreste del Tíbet en 1905-1907*, 1908.

Grumm-Grzhimailo, Grigor. *Descripción de un viaje a China Occidental, tres volúmenes*, 1899-1907.

Ivanov, A. I. *Manuscritos tangut de Khara-Khoto*, 1909.

Ivanov, A. I. *La circulación del papel en China antes del siglo XV. Con tres dibujos en el texto.*

Ivanov, A. I. *Materiales sobre la etnografía de Rusia.*

Kozlov, Piotr. *Actas de la expedición de la Sociedad Geográfica Imperial Rusa en Asia Central, realizada en 1893-1895. Informe del subdirector de la expedición P. Kozlov.*

Kozlov, Piotr. *Mongolia y Kham: Logros de las expediciones de la Sociedad Geográfica en la Rusia imperial, cinco volúmenes*, 1905-1907.

Obruchev, Vladímir. *Asia central, norte de China y Nanshan*. Volúmenes I y II, 1900.

Oldenburg, Sergey. *Icono budista tomado de las ruinas de Khara-Khoto*, 1909.

Oldenburg, Sergey. *Materiales sobre la iconografía budista de Khara-Khoto*, 1914.

Pelliot, Paul. *Les documents chinois trouves par la mission Kozlov a Khara-Khoto*, 1914.

Pevtsov, Mijaíl. *Viaje por el este de Turquestán, Kunlun, el borde norte de la meseta tibetana y Zungaria en 1889 y 1890. Actas de la expedición al Tíbet. Parte 1.* Publicación de la Sociedad Geográfica Imperial Rusa de San Petersburgo, 1895.

Potanin, Grigori. *En los dominios tibetano-tangut de las afueras de China y Mongolia central*, 1893.

Pozdneev, Aleksay. *Esbozos de la vida de los monasterios budistas y del clero budista en Mongolia en relación con las relaciones de este último con el pueblo*, 1887.

Przewalski, Nikolái. *Mongolia y el país de los tangut, un viaje de tres años por las tierras altas orientales de Asia*, 1875.

Sandberg, Graham. *Tibet and the Tibetans*, 1906.

Tsybikov, Gombojab. *Peregrino budista en los santuarios del Tíbet*, 1919.

Vladimirtsov, Boris. *Budismo en el Tíbet y Mongolia*, 1919.

www.ingramcontent.com/pod-product-compliance
Lightning Source LLC
Chambersburg PA
CBHW050231270326
41914CB00033BA/1875/J